Gabriele M. Knol

Der Niederrhein

Landschaft, Geschichte und Kultur
am unteren Rhein

DuMont Buchverlag Köln

Umschlagvorderseite: Der Rhein bei Rees
Umschlagklappe vorn: Neuss, St. Quirin, Hochchor
Umschlagrückseite: Landschaft bei Xanten
Frontispiz S. 2: Wesel, Rheinansicht von W. Hollar

© 1990 DuMont Buchverlag, Köln
2. Auflage 1991
Alle Rechte vorbehalten
Satz, Druck und buchbinderische Verarbeitung: Boss-Druck, Kleve

Printed in Germany   ISBN 3-7701-2283-6

Kunst-Reiseführer in der Reihe DuMont Dokumente

In der vorderen Umschlagklappe: Übersichtskarte des Niederrheins

In der hinteren Umschlagklappe: Karte der Grafschaft Moers, 1591

VESALIA

Rhenus

W. Hollar delin.

Inhalt

Die Natur arbeitet allein

Erdaltertum und Erdneuzeit bringen nützliche Rohstoffe

Spricht man vom ›Niederrhein‹, stellt man sich in der Regel eine Landschaft vor, in der Weiden und Felder von Alleen durchzogen werden, Pappeln und Kopfweiden Wasserläufe und feuchte Auen flankieren sowie Dörfer und verstreut liegende Bauernhöfe das Siedlungsbild bestimmen. Dieses Image ist nicht nur das Ergebnis erfolgreicher Fremdenverkehrswerbung, es entspricht durchaus dem typischen Bild. Selbstverständlich gibt es auch hier Ausnahmen!

In den südlichen und östlichen Bereich des Niederrheins reichen bedeutende Lagerstätten hinein: Die Steinkohlevorkommen des Ruhrkarbons werden ebenfalls auf der linken Rheinseite, z. B. in Kamp-Lintfort abgebaut (s. auch S. 347 ff.). Tertiäre Braunkohle wird in ausgedehnten Tagebauen bei Grevenbroich gefördert. Hinzu kommt noch eines der größten Steinsalzbergwerke Europas bei Borth (nördlich von Rheinberg). Die Förderung und Verarbeitung dieser Rohstoffe bildet eine Übergangszone zwischen der ›typischen‹ Agrarlandschaft des Niederrheins und der Industrie- und Stadtlandschaft an Rhein und Ruhr.

Im Erdaltertum hatte sich während der variskischen Hauptfaltung (vor rund 320 Mill. Jahren) das Variskische Gebirge – der Vorläufer des Rheinischen Schiefergebirges – herausgehoben. Nördlich des Faltengebirges sanken riesige Bereiche langsam in einer großen Mulde, einer Geosynklinale, ab. In die sogenannte subvariskische Saumtiefe transportierten Flüsse ständig Ablagerungsmaterial, so daß gewaltige Sedimentschichten für das weitere Absinken des Meeresbodens sorgten. Im Oberkarbon entstanden auf diese Weise etwa 4000 m mächtige Schichtpakete. Rund zweihundertmal kam der Ablagerungsprozeß zum Stillstand, und die Küstenbereiche entwickelten sich in einem feuchtwarmen Klima zu Niedermooren. Ein dichter Wald aus Siegelbäumen, Schuppenbäumen, baumartigen Farnen, Schachtelhalmen und Bärlappgewächsen fand ideale Lebensbedingungen vor.

Setzte sich nach einiger Zeit die Absenkung des Bodens wieder fort, wurden die Waldsumpfmoore überschwemmt und mit neuen Sedimentschichten bedeckt. Aus dem Pflanzenmaterial entwickelte sich durch die Vorgänge der Inkohlung zunächst Torf, dann Braunkohle und schließlich Steinkohle. Die lockeren Sedimente, die die verschiedenen Kohleflöze trennen, wurden ebenfalls verfestigt: z. B. wurde aus Schlamm Schieferton, aus Sand Sandstein, aus Geröllen Konglomerate. In den ungefähr 3000 m mächtigen flözführenden Schichten des Oberkarbons beschränkt sich der Anteil an Kohlenlagen auf 1,5%. Nach rund 50 Millionen Jahren, im Übergang vom Karbon zum Perm, fand der Ablagerungs- und Senkungsprozeß ein Ende.

Die ursprünglich horizontal gelagerte Folge von Moor- und Sedimentschichten wurde ebenso von der noch immer dauernden variskischen Gebirgsbildung erfaßt und aufgefaltet.

Im Perm (vor 270–220 Mill. Jahren) überflutete wieder ein Meer Bereiche nördlich des Variskischen Gebirges – vor allem im Gebiet des späteren Niederrheins. Die damit verbundenen Ablagerungen drückten die Oberkarbonschichten weiter in die Tiefe. Die Kohle führenden Schichten, die im Ruhrtal teilweise zu Tage treten, werden nach Westen und Norden durch ein immer mächtigeres Deckgebirge überlagert. So wird die Kohle z. B. in Neukirchen-Vluyn aus einer mittleren Abbautiefe von 650 m, in Dinslaken sogar aus einer Tiefe von 890 m gewonnen.

Die neuen Meeresüberschwemmungen (Transgressionen) brachten einen weiteren wertvollen Rohstoff: das Salz. Unter den Bedingungen eines trockenheißen Klimas kam es zu starker Verdunstung des Meerwassers, so daß in der Küstenregion mächtige Salzablagerungen entstanden. Auch dieser Vorgang wiederholte sich – ähnlich der Kohlebildung – mehrfach.

Heute liegt auf dem Oberkarbon in einer Tiefe von 700 bis 900 m eine ungefähr 200 m mächtige Schicht von Stein- und Kalisalzen. Die Salzlagerstätte mit einer Fläche von mehr als 300 km² dehnt sich von einer Verbindungslinie Rheinberg–Alpen–Sonsbeck nach Nordosten aus. Die Doppelschachtanlage der Deutschen Solvay-Werke in Borth fördert jährlich rund 4 Millionen Tonnen. In einer Tiefe von 900 m kann – dank der hohen Standfestigkeit des Salzes – der Abbau weitgehend mechanisiert betrieben werden. Spezialgeräte arbeiten in den riesigen unterirdischen Kammern von 600 m Länge, maximal 24 m Breite und 18 m Höhe. Übertage stehen Aufbereitungsanlagen zur Weiterverarbeitung als Industrie-, Gewerbe- oder Speisesalz. In einer Saline kann das ohnehin schon hochwertige Steinsalz (98%ige Reinheit) in einen praktisch absolut reinen Zustand gebracht werden. Das Steinsalzbergwerk Borth und die Chemiebetriebe Rheinberg gehören mit ca. 2600 Mitarbeitern zu den größten Arbeitgebern im Kreis Wesel.

Überspringen wir einmal 180 Millionen Jahre Erdgeschichte, um zum dritten bedeutenden Rohstoff am Niederrhein zu kommen. Im Tertiär vor rund 40 Millionen Jahren begann ein weiterer großräumiger Inkohlungsprozeß. Das Grundgebirge der heutigen Niederrheinischen Bucht begann sich zu senken, und in dieser Zone entwickelten sich, vom subtropischen Klima begünstigt, weitflächige Moorgebiete. Man kann heute wieder – gefahrlose – Spaziergänge durch solche historischen Pflanzengesellschaften machen. Im Schloßpark Paffendorf nordwestlich von Bergheim, dem Informationszentrum der Rheinischen Braunkohlewerke AG, wurden Moortypen des Hauptflözes der niederrheinischen Braunkohle – soweit es rezente Pflanzenarten erlauben – wieder angelegt. Nachfahren der tertiären Flora, die sich bis heute in subtropischen Regionen erhalten haben, ermöglichen jetzt im Forstlehrgarten eine Wanderung in tertiären Landschaftstypen.

Dieser Vorgang der Kohlebildung in der südlichen niederrheinischen Bucht ist nach geologischem Zeitverständnis eine junge Entwicklung. Es fehlte an der Zeit, noch lange mächtige Sedimentschichten darüber anwachsen zu lassen, denn die Inkohlung blieb im Stadium der Braunkohle stecken. Maximal 100 m mächtige Kohlenflöze werden von bis zu 300 m Abraum bedeckt. Im Gegensatz zur Steinkohle- und Steinsalzgewinnung wird die Braunkohle im Tagebau gefördert. Großraumbagger mit einer Tagesleistung von mehr als 200 000 m³ und dementsprechende Absetzer, die den Abraum in die ausgekohlte Grube kippen, sorgen für gigantische Erdbewegungen im südöstlichen Niederrhein, schaffen die Grundlagen für eine völlig neu gestaltete Landschaft (s. S. 293 ff.), den ›Reißbrett-Niederrhein‹.

Die Gletscher und Flüsse der Eiszeiten formen das Land

Die stärksten Veränderungen der Erdoberfläche erfuhr das Niederrheingebiet während des Pleistozäns (vor 2 Mill.–10 000 Jahren): Gletscherzungen schütteten den parallel zum Rhein verlaufenden Höhenzug von Kranenburg bis Krefeld-Hüls auf, und die Flüsse transportierten gewaltige Schottermassen heran, die beiderseits des Moränenwalls eine Folge unterschiedlich hoher Terrassenflächen bildeten.

Ein Vorgang, der bereits um die Wende vom Oligozän zum Miozän (vor 23 Mill. Jahren) eingesetzt hatte, bestimmte den Lauf der eiszeitlichen Gewässer und ihre Hauptabflußrichtung nach Nordwesten. Die Scholle des Niederrheingebietes war in mehrere Stücke zerbrochen, die sich zum Teil absenkten (z. B. der Venloer Graben) oder emporschoben wie der Horst der Ville. Die Bruchlinien zwischen den Einzelschollen verlaufen von Südosten nach Nordwesten. Parallel dazu ziehen sich die Süchtelner Höhen hin, ebenfalls ein Horst, der aufgrund der Spannungen in der Erdkruste hochgedrückt wurde. Da der Druck im südlichen Bereich stärker war, sind die Schollen hier weiter nach oben gehoben worden, nach Nordwesten fallen sie dagegen ab.

In diese tektonisch vorgegebenen Bahnen wurden in den Kaltzeiten die großen Wasser- und Schottermassen gelenkt. Während der ältesten Kaltzeit herrschten am Niederrhein Klimaverhältnisse ähnlich denjenigen Grönlands oder Alaskas heute. Die Gletscher der ersten nordischen Inlandvereisung (Drenthe-Eiszeit) drangen zwar noch nicht bis an den Rhein vor, aber die Kälte ließ nur eine spärliche Vegetation zu. Diese Tundrenflora war nicht in der Lage, die Abtragung von Boden und Gestein zu bremsen, so daß in der kurzen sommerlichen Auftauphase große Schuttmengen aus den Mittelgebirgen in das nördlich vorgelagerte Tiefland transportiert wurden. Ausgedehnte Schotterfluren entstanden am Niederrhein; die sogenannte Hauptterrasse bildete sich. Da die Hebungsprozesse im Bergland auch auf die Senke des Niederrheins übergriffen, schnitten sich die Gewässer, vor allem der Rhein, in diese Geröllmassen ein und erodierten breite Täler. Reste der Hauptterrasse sind am Niederrhein im Bereich der Süchtelner Höhen und den sich westlich anschließenden Schwalm-Nette-Platten erhalten. Rechtsrheinisch zieht sich die Hauptterrassenkante vom östlichen Stadtgebiet Düsseldorfs über Duisburg, Oberhausen-Sterkrade, Brünen nach Bocholt.

In der mittleren Kaltzeit (Saale-Kaltzeit) bewegten sich Eismassen von Skandinavien bis ins Rheinland, einzelne Gletscherzungen schoben sich sogar in linksrheinisches Gebiet vor. Eiszeit herrschte am Niederrhein. Vier Gletscherzungen versperrten das Rheintal: die Loben von Düsseldorf, Moers, Xanten und Kranenburg. Ihre Höchststände sind heute noch gut im Gelände zu erkennen, denn sie hinterließen nicht nur gewöhnliche Endmoränen an den Zungenrändern, sondern da sie auch ehemalige Hauptterrassen zusammengestaucht und aufge-

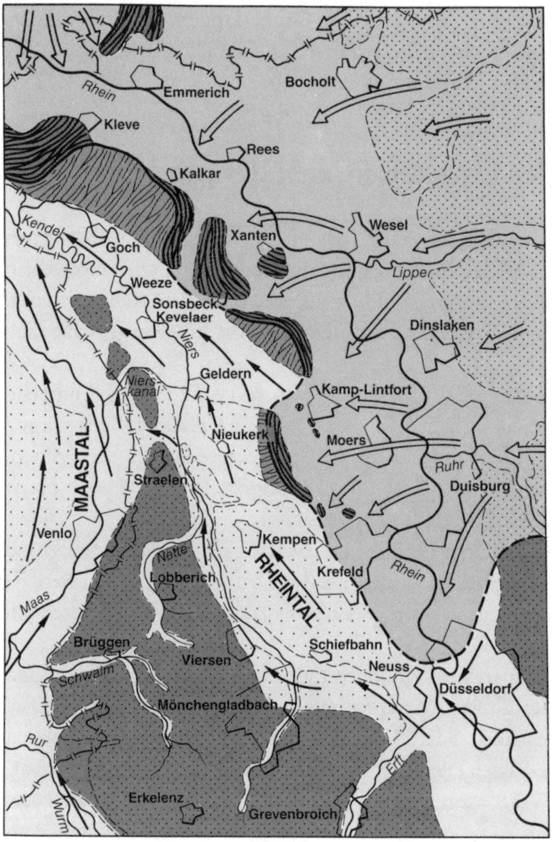

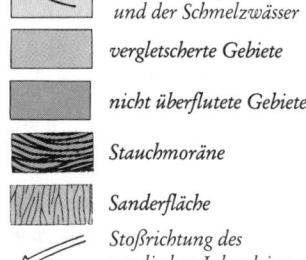

Die weiteste Ausdehnung der Vergletscherung am Niederrhein

→	Fließrichtung des Rheins und der Schmelzwässer
▦	vergletscherte Gebiete
▨	nicht überflutete Gebiete
▤	Stauchmoräne
▥	Sanderfläche
⇦	Stoßrichtung des nordischen Inlandeises

schoben hatten, erreichten ihre Ablagerungen beachtliche Höhen bis um die 90 m. Der mehrfach unterbrochene Hügelzug parallel des Rheins vom Hülser Berg bis zum Reichswald stellt somit eine Stauchendmoräne dar. Auf seiner östlichen – ehemals dem Eis zugewandten – Seite fällt er steiler ab, da in späterer Zeit oftmals Rheinschlingen die Hänge untergraben und abgetragen haben. Hier befinden sich die Relikte der einst ausgedehnten Sanderflächen, Schwemmfächer, die das Schmelzwasser aus den Gletschergeschieben bildete.

Während der mittleren Eiszeit war also das Bett des Rheins durch Gletscher versperrt, so daß der Fluß sich einen neuen Lauf suchen mußte. Auf der Höhe von Neuss bog der Rhein bereits nach Nordwesten ab, um – gerahmt von den Süchtelner Höhen und dem Stauchendmoränenwall – sich dort ein neues Tal zu graben. Dabei schnitt er sich weit in die alte Hauptterrasse ein und löste sie stark auf. In den Zeiten starker Wasserfluten transportierte er den größten Teil der Hauptterrassenschotter ab. Schließlich ließ seine Kraft nach, die Erosionsphase hörte auf, und

10

der Rhein begann, auf einem tieferen Niveau eine zweite ausgedehnte Terrassenflur, die Mittel-terrasse, aufzuschütten. Diese entwickelte sich am Niederrhein nur linksrheinisch; das rechts-rheinische Gebiet stand ja noch unter dem Einfluß des Eises. Das Kempener Land sowie die Aldekerker Platte sind Reste dieser Mittelterrasse.

Auf die Saale-Kaltzeit folgte nach einer Warmzeit, einem Interglazial, eine weitere Kaltzeit, die das Relief am Niederrhein mit prägte. In der Weichsel-Kaltzeit drang das Eis nicht mehr so weit nach Süden vor, so daß das Gebiet wieder ähnlichen Bedingungen wie zur Drenthe-Kaltzeit ausgesetzt war. Ungehindert von einer dichten Vegetationsdecke bearbeitete der Rhein in mehreren breiten Abflußrinnen und unzähligen Flußschlingen die Erdoberfläche. Er durch-brach mehrfach den Stauchendmoränenwall, erodierte stark die Mittelterrasse und schüttete die Niederterrasse auf, die sich heute als ausgedehnteste Fläche erhalten hat. Das Kendel- und Donkenland in der Niersniederung oder die Isselebene zwischen Wesel und der niederländi-schen Grenze gehören u. a. zur Niederterrasse. Um die Mitte der Weichsel-Kaltzeit fand der Rhein sein heutiges Tal; das ›Fremdgehen‹ im Niersbett und anderen Abflußrinnen hörte auf! Zurück blieb ein System von breiten Auen und feuchten Rinnen, die Zeugnis von ehemals großen Wassermengen ablegen, heute jedoch nur noch von bescheidenen Wasserläufen durch-flossen werden – denen die Kraft fehlt, eine solche weitflächige Terrassenlandschaft heraus-zumodellieren.

Mit dem Anstieg der Temperaturen nach der Weichsel-Kaltzeit breitete sich dichter Eichen-Birken-Wald aus, der auf diese Weise die Oberflächenformen, die unterschiedlichen Terrassen-reste, konservierte.

Nun pendelten sich auch die Klimaverhältnisse ein, die heute für den Niederrhein charakteri-stisch sind. Das typische Niederrhein-Wetter dürfte den unerfahrenen Fotografen und sonnen-gewöhnten Touristen zum Verzweifeln bringen! Die hohe Feuchtigkeit in Luft, Boden und Vegetation sorgt dafür, daß häufig Dunstschleier und Nebel die Fernsicht verhindern. In Rhein-nähe gibt es sogar 50 bis 70 Nebeltage im Jahr; in einer Entfernung von 5 bis 10 km vom Fluß sind es immer noch 30 bis 50 Nebeltage. Dafür verhindert die hohe Feuchtigkeit eine zu starke Abkühlung, so daß es am Niederrhein milde Winter mit nur rund einem Dutzend Eistagen sowie ungefähr 56 Frosttagen gibt. Mäßigung bringt das maritime Klima ebenfalls im Sommer: An durchschnittlich 28 Sommertagen steigen die Temperaturen über 25 °C. Die jährlichen Niederschläge pendeln zwischen 700 und 750 mm. Die größten Regenmengen bringt zwar der Hochsommer und die geringsten das Frühjahr; doch ist das kein Faktor für die Reiseplanung, denn die Unterschiede zwischen dem Niederschlagsmaximum und -minimum sind nicht groß.

Der ›Niederrheiner‹ fühlt sich übrigens keineswegs vom Wettergott vernachlässigt! Fragt man, was ihm an seiner Heimat besonders gefalle, wird oftmals das Wetter mit seinen Nebel-stimmungen an erster Stelle genannt. Entdecken Sie doch auch die Reize einer Sinfonie in Grau!

Der Mensch gestaltet die Landschaft am Niederrhein

Die ersten Spuren des Menschen

Einer der ersten Rheinländer hat posthum große Bekanntheit erlangt: der Neandertaler. Auch wenn der Fundort seines Grabes schon zur ›grenzenlosen‹ Zeit des Paläolithikums nicht im Niederrheingebiet, sondern auf den ersten Höhen des Bergischen Landes lag, sollten wir großzügig sein und diesen Altsteinzeitmenschen in unsere Betrachtungen einbeziehen. Seine Berühmtheit darf nicht darüber hinwegtäuschen, daß wir von seinen Nachfahren nicht mehr – oder noch nicht – allzuviel wissen.

1856 wurden bei Ausräumungsarbeiten in der ›Kleinen Feldhofer Grotte‹ im Neandertal östlich von Düsseldorf eine Schädeldecke sowie weitere Skeletteile gefunden. Der Lehrer und Naturforscher Johann Carl Fuhlrott erkannte, daß es sich nicht um Reste eines Höhlenbären, sondern um menschliche Knochen handelte. Ein Teil dieser Relikte, dazu noch erläuternde Zeichnungen und ein anatomisches Modell des Neandertalers werden heute im Rheinischen Landesmuseum in Bonn gezeigt.

Der Neandertaler und seine Zeitgenossen lebten als Jäger und Sammler rund 50 000 v. Chr. zwischen den westlichen Hängen des Bergischen Landes und dem Rhein. Da sie auf diese Weise zumindest den Terrassen- und Auenbereich rechts des Rheins mitnutzten, können sie durchaus als die ersten wirtschaftenden Menschen am Niederrhein bezeichnet werden.

Während der Jungsteinzeit (ungefähr ab 4000 v. Chr.) griff der Mensch schon stärker in die Naturlandschaft ein, denn aus dem Südosten Europas gelangte der Ackerbau auch in das Rheinland. Doch seine größte Verbreitung fand er zur Zeit der Bandkeramiker, der Rössener und der Michelsberger Kultur nur in den südlichen Bereichen des Niederrheins, wo sich die Lößböden ausdehnen. In den nördlichen Waldgebieten – zerteilt durch breite, nasse Flußauen – lebten zur selben Zeit noch Menschen auf der Wirtschaftsstufe der Wildbeuter ähnlich dem Neandertaler. Zum Ende der Steinzeit hatten sich die Unterschiede in der Landnutzung weitgehend aufgehoben: Die Viehhaltung dominierte nun in den wirtschaftlich genutzten Gebieten des Rheinlandes. Aus dieser Zeit sind Siedlungsreste, in größerem Ausmaß jedoch Hockergräber erhalten.

Die Bronzezeit (ab 2000 v. Chr.) hat am Niederrhein ausgesprochen wenig Spuren hinterlassen. Man vermutet, daß sich trotz des Auftauchens der Metallverarbeitung in der Wirtschaftsweise kaum etwas geändert hat. Eine Zweiteilung des linken Niederrheins, wie sie sich zur Altsteinzeit durch die Landnutzung ausdrückte, kann nun anhand der Bestattungsformen verfolgt werden. Im südlicheren, noch vom Löß geprägten Landesteil setzte man die Toten in Urnengräbern bei, einer Beerdigungsart, die typisch war für die ackerbautreibenden Kulturen Mitteleuropas. Im Norden pflegte man dagegen immer noch die Grabhügel-Bestattung, die sich zur sog. ›Niederrheinischen Grabhügelkultur‹ entwickelte.

Auch die letzte Epoche vor der gut durch gegenständliche und schriftliche Quellen dokumentierten Römerzeit läßt für den Niederrhein noch viele Fragen offen. Die Eisenzeit (ab 1000 v. Chr.) brachte zwar dem Rheinischen Schiefergebirge wesentliche Veränderungen, wie z. B. die Besiedlung bis dato unbewohnter Gebiete, aber für den Niederrhein ließ sich nichts dergleichen feststellen. Im Gegenteil; im Laufe des 5. Jh. verschwinden in einigen Gebieten sogar die Zeugen menschlicher Besiedlung. Auf der rechten Rheinseite fehlen stellenweise für einige Jahrhunderte selbst die Gräber. Im Großraum Duisburg waren dagegen mehrere Nekropolen mit Tausenden von Gräbern der Hallstattzeit bekannt, die inzwischen bis auf wenige Beispiele durch Raubgrabungen, Bebauungen und andere Veränderungen im Gelände verlorengegangen sind.

Weiter rheinabwärts in den Niederlanden haben Funde ergeben, daß während der Eisenzeit Menschen die sandigen und hochwassersicheren Terrassenflächen verlassen und sich auf den schweren, lehmigen Böden in den Niederungen neue Wirtschaftsflächen erschlossen haben. Der Wald wurde durch die sich ausbreitende Metallverarbeitung nun auch stärker beansprucht, denn er lieferte das Brennmaterial für die kleinen Eisenschmelzen. Westlich von Nieukerk wurden während des 5. Jh. v. Chr. Raseneisenerzfelder entdeckt und das Erz dort auch verhüttet. An Fundstücken ließ sich sogar die Verhüttungstechnik ablesen.

Die Römer legen den Grundstein zum heutigen Landschaftsbild

Im Jahre 59 v. Chr. wurde Gajus Julius Caesar die Verwaltung der gallischen Provinzen übertragen, was zu jener Zeit keineswegs eine leichte Aufgabe gewesen sein muß. In der Provinz Germania inferior stand für den Politiker Caesar zwar schon der Rhein als die natürliche und am leichtesten zu verwaltende Grenze fest, doch blieb dem Feldherrn noch eine Reihe ungelöster Probleme. Die beiden wichtigsten waren, einmal den Widerstand der einheimischen Bevölkerung zu brechen und zum anderen die Überfälle rechtsrheinischer Stämme auf das linke Ufer zu verhindern. Am Ende seines Gallischen Krieges (58–51 v. Chr.) hatte es Caesar geschafft, am niedergermanischen Limes für Ruhe und Ordnung zu sorgen. Volksstämme, die sich hartnäckig seinem Eroberungsdrang widersetzten, wurden zum Teil ausgerottet, wie z. B. die Eburonen im südlichen Niederrheingebiet. Andere, die bereit waren, sich unterzuordnen, genossen Caesars besonderen Schutz, denn er war in dieser fernen Grenzprovinz durchaus auch auf wohlwollende Einheimische angewiesen.

Der militärische Alltag bestimmte nun das Geschehen am linken Niederrhein. Militärlager mußten errichtet werden, um die Grenze zu sichern, denn der Strom mit seiner breiten versumpften Aue reichte alleine nicht aus. So entstanden als älteste Lager Köln, Neuss, Xanten und schließlich noch Moers. Die dort stationierten Legionen mußten versorgt werden. An diesem Punkt merkten die Einheimischen am deutlichsten, daß neue Herren ins Land gekommen waren, da die Bauernhöfe Lebensmittelabgaben zu leisten hatten. Die römische Verwaltung

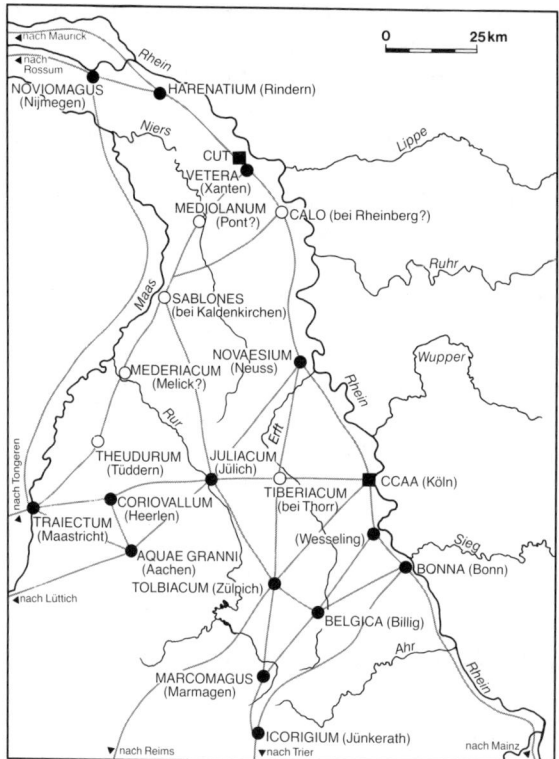

Die Hauptstraßen in der römischen
Provinz Niedergermanien

erfolgte durch Angehörige der Streitkräfte, und auch die Rekrutierung Einheimischer hatte letztendlich zur Folge, daß die neue Macht im Land anfangs auf wenig Gegenliebe stieß.

Ungefähr ab 20 v. Chr. setzte sich allmählich ein Gesinnungswandel durch, denn für breitere Bevölkerungsschichten konnte es beachtliche Vorteile bringen, wenn man sich mit den Gegebenheiten des römischen Wirtschaftslebens arrangierte. In der Nachbarschaft der Militärlager ließen sich zunehmend Handwerker und Kaufleute nieder, da die Männer des Castrums eine gute Kundschaft darstellten. So entstanden kleine Vorstädte an den Militärsiedlungen. Im Laufe der Zeit verschmolzen diese beiden Siedlungskerne zu einem einheitlich ummauerten Ort: Eine Stadt entwickelte sich. Nun ist es auch einleuchtend, daß wir die ältesten Städte am linken Niederrhein auf der römischen Grenzlinie finden.

Die Kelten und Germanen kannten zwar Vorformen der Stadt, sogenannte ›oppida‹, aber die fortgeschrittene Stadtkultur führten die Römer ein. Wie es der Plan von Neuss zeigt, bestimmt ein rechtwinklig verlaufendes Straßennetz den Grundriß. Große öffentliche Gebäude und Komplexe, vom Forum bis zur Badeanstalt – den Thermen – durchsetzten die Wohnviertel. (Gute Ausstellungen dazu zeigen das Niederrhein-Museum in Krefeld-Linn und das Regionalmuseum in Xanten.) Die Gewerbeviertel trugen wesentlich dazu bei, die römische Herrschaft beliebter zu machen. Für eine ständig wachsende Zahl Einheimischer bot sich hier die Chance, als Handwerker oder Händler zu besseren Verdienstmöglichkeiten zu kommen und den Lebensstandard zu heben. Die Römer gaben den Einheimischen neue wirtschaftliche Perspektiven und soziale Aufstiegsmöglichkeiten, da auch sie in den Genuß der römischen Bürgerrechte kommen konnten.

Das römische Wirtschaftswunder des 1. und 2. Jh. n. Chr. kündigte sich an. Straßen wurden gebaut, Kleinstädte entstanden an Verkehrsknotenpunkten, Gewerbesiedlungen an nutzbaren Lagerstätten, wie z. B. Erzlagern, Steinbrüchen und Tongruben. Große Gutsbetriebe auf dem Land sorgten für ausreichende Gerste- und Weizenproduktion. Neue Pflanzen wie der Pfirsichbaum wurden eingeführt, der Weinbau breitete sich aus. Die innenpolitisch stabilen Verhältnisse und der wachsende Wohlstand erlaubten einen regen Handel; selbst Lebensmittelimporte aus fernen Ländern erreichten das Rheinland. In Neuss wurden Reiskörner, die wahrscheinlich aus Indien stammen, und Feigen bei einer Ausgrabung entdeckt.

Auch in der Architektur läßt sich beobachten, daß die Rheinländer sich nicht mehr gegen die Romanisierung sträubten: Römische Hausformen und Bauweisen setzten sich überall durch. In Xanten wurde um 100 n. Chr. neben dem alten Militärlager Vetera Castra eine neue Siedlung gegründet und in den Rang einer Colonia erhoben. Colonia Ulpia Traiana wurde mit den Maßen 620 m mal 900 m neu gebaut. Holzhäuser verschwanden nun aus dem Stadtbild; Steinbauten oder Kombinationen von Steinbau und Fachwerk, aufwendige öffentliche Gebäude und Einrichtungen, vom Amphitheater bis hin zur Wasserver- und -entsorgung, zeigen den hohen Stand des römischen Städtebaus. Auf dem Land übernahm man ebenfalls die mediterrane Bauweise bei den Herrenhäusern. Nur die Neben- und Wirtschaftsgebäude wurden weiter nach einheimischer Tradition errichtet, wie z. B. die Grubenhäuser, bei denen auf eine Grube im Erdreich gleich das Satteldach gesetzt wird. (Ein anschauliches Beispiel befindet sich im Niederrhein-Museum in Krefeld-Linn.)

Modell des Legionslazarettes aus Vetera I in Xanten-Birten

Vergleicht man die Entwicklungen in jener Zeit an den beiden Ufern des Niederrheins, so erkennt man ein deutliches Ungleichgewicht: Hier eine Bevölkerung, die auf einem hohen zivilisatorischen Niveau lebt, deren wirtschaftliche Aktivitäten einer breiten Schicht einen guten Lebensstandard erlauben, und dort eine Bevölkerung, deren Lebensweise sich in den vergangenen drei Jahrhunderten wenig geändert hat. Noch immer bestimmt die Landwirtschaft den Alltag, hin und wieder unterbrochen von kriegerischen Aktionen. Nachdem die Römer ihre Expansionsbestrebungen nach Osten und den Traum, die Elbe zur Grenze zu machen, aufgeben mußten – die Schlacht im Teutoburger Wald 9 n. Chr. war ein deutliches Zeichen –, lebte man mehr oder weniger friedlich für sich auf beiden Seiten des Rheins. Doch der einseitige Wohlstand erweckte den Neid der Stämme auf dem rechten Ufer, die sich wohl mit der Absicht, später die andere Rheinseite zu erobern, im 3./4. Jh. zum Stammesverband der Franken zusammengeschlossen hatten.

In dieser Zeit überschritten die Franken schon häufiger den Limes, um sich in Beutezügen ihren Teil vom römischen Wohlstand zu holen. Die Bedrohung wurde schließlich so stark, daß die römischen Städte ihre Befestigungsanlagen verstärken mußten. In einigen Fällen reichten die Mittel nur noch dafür aus, einen kleineren Teil der Stadt zu sichern, wie z. B. in Xanten in der Mitte des 4. Jh. Aber auch dieser Schutz genügte bald nicht mehr. Xanten fiel in die Hände der Franken, die damit den Hauptort, das Verwaltungs- und Wirtschaftszentrum der nordöstlichen Region, eingenommen hatten. Die Römer versuchten nun, sich westwärts an die Maas zurückzuziehen, wobei die Sicherheit der dorthin führenden Straßen zu einer wichtigen militärischen Aufgabe wurde. Aus diesem Grund erhielt z. B. Asperden nordwestlich von Goch ein Kastell.

Die schnell steigenden Militärausgaben zwangen die Regierung in Rom, die Steuern zu heben. Besonders stark traf dies die Landwirtschaft und dabei mehr den Kleinbauern und Tagelöhner als den Großgrundbesitzer. Auch die Handwerker und Kaufleute wurden zur Kasse gebeten. Niemand konnte den neuen Lasten entkommen, denn Rom nahm den Provinzbürgern die Freiheit, ihren Wohnsitz und ihren Beruf zu wechseln. Das Lebensniveau sank, und die sozialen Gegensätze verschärften sich. Franken ließen sich sogar schon Ende des 4. Jh. im linksrheinischen Gebiet nieder. Der ›kleine Mann‹ finanzierte die Verteidigung der Grenzprovinz, die immer stärker durch die Nachbarn bedroht wurde, während die Verwaltungs- und Militärspitzen das Krisengebiet allmählich aufgaben und verließen.

454 hatten es die Franken geschafft, den ganzen linken Niederrhein zu besetzen, und 486 gehörte ihnen die gesamte römische Provinz Gallien. Wie wird sich nun die veränderte Lage für das Land am Niederrhein auswirken? Werden die Franken nun das weiterführen, was sie über den Rhein lockte?

Fränkische Bauern und die ersten Christen

Und es kam natürlich anders! Das Niederrheingebiet rückte vom anfänglichen Mittelpunkt des fränkischen Interesses bald in eine Abseitslage. Die Franken zogen weiter nach Südwesten, und das Zentrum ihres Reiches legten sie schließlich in die Ile de France, nach Soissons und Paris. Aber trotzdem gab es grundlegende Veränderungen für das Land am Niederrhein.

Das Gebiet war nun nicht länger den antiken und mediterranen Einflüssen ausgesetzt, sondern es entwickelte sich allmählich zum Teil eines großen germanischen Kulturraumes. Dabei bildete sich zunächst noch einmal eine Zweiteilung des Niederrheinbereiches heraus: Die südliche Hälfte stand deutlich unter dem Einfluß der aufstrebenden Bischofstadt Köln, während der Norden abseits dazu – aber auch zum sächsisch-friesischen Raum – lag. Erst unter den Karolingern gelangte der nördliche Niederrhein in eine zentralere Position und wurde zum Ende des 7. Jh. nach Siegen über die Sachsen und Friesen vollständig in das fränkische Reich integriert.

Als ein weiteres einendes Band entwickelte sich ab dem frühen 6. Jh. das Christentum. In spätrömischer Zeit waren zwar bereits kleine christliche Gemeinden entstanden, aber erst König Chlodwigs Taufe um 500 bewirkte eine stärkere Christianisierung im Frankenreich. So bildet die Religion eine Brücke zwischen der Antike und dem römischen Erbe sowie dem sich ankündenden Mittelalter. Aber auch auf weit irdischere Dinge hat das expandierende Christentum gewirkt, z.B. indem es für die Erhaltung der doch stark vernachlässigten Stadtkultur sorgte. Mit dem Niedergang des Römischen Reiches war auch das einst blühende Städtewesen in der Provinz Germania inferior untergegangen. Nach einer päpstlichen Vorschrift mußten die neuen Bischofssitze in städtischen Siedlungen errichtet werden – so in Köln und Trier geschehen. Zum anderen entstanden auf Märtyrergräbern wie z.B. in Xanten kleine Kirchen, die dann im Laufe der Zeit häufig vergrößert wurden und gleichzeitig als Kristallisationspunkte für neue Ansied-

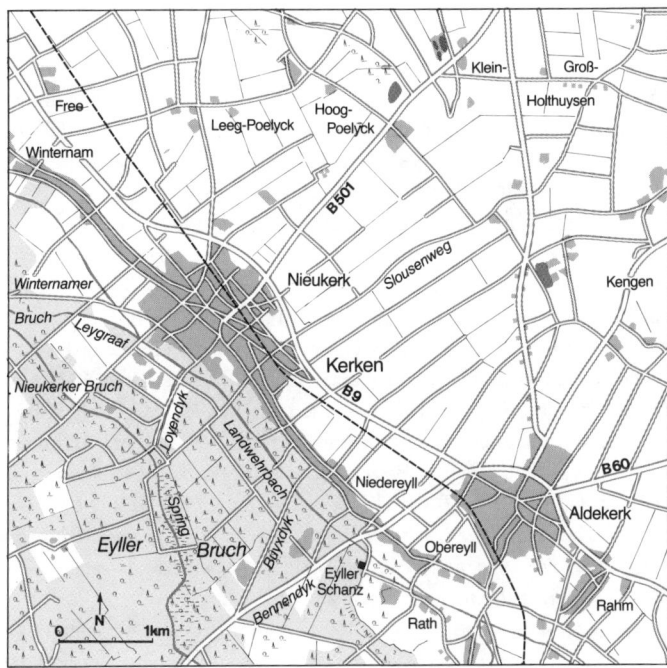

Fränkische Landnahme im frühen Mittelalter. Die Siedlung reiht sich entlang der Terrassenkante, die höheren, trockenen Flächen werden ackerbaulich genutzt, und die niedrigere, feuchte Aue dient als Weideland.

lungen wirkten. Trotz dieser neuen Impulse erreichten Stadtkultur und städtisches Leben nicht annähernd die Bedeutung, die sie für die römische Geschichte erlangt hatten.

Die Franken bevorzugten dagegen das Landleben. Auch wenn sie nicht alle Flächen weiternutzten, die schon von den Römern unter den Pflug genommen waren – eine erneute Ausbreitung des Eichen-Birken-Waldes auf römischen Ackerflächen wurde mit Hilfe von Plaggenhorizonten im Waldboden nachgewiesen –, so haben die fränkischen Bauern im großen Stil Neuland erschlossen. Man spricht in der Historischen Geographie von einer ›fränkischen Landnahme‹, die sich in den einzelnen Gebieten u. a. in einer Häufung von Ortsnamen-Endungen wie -heim, -ingen, -dorf oder ihren Verkürzungen -um, -em, -en zeigt. Neben den Orts- und Hofnamen, die über Jahrhunderte hinweg Veränderungen ausgesetzt waren, gibt es noch andere Quellen, wie z. B. Urkunden oder auch das Wissen über historische Agrartechniken, die erlauben, die Besiedlungsgeschichte einer Landschaft zu rekonstruieren.

Beispielhaft hat der bedeutende Niederrhein-Forscher Albert Steeger die fränkische und frühmittelalterliche Landerschließung im Kempener Land herausgearbeitet. Für den gemischtwirtschaftlichen Betrieb des fränkischen Bauern war eine Lage möglichst nah zum Acker und zur Weide die günstigste. Solche Standorte gab es hinreichend an den Rändern der trockenen Terrassenflächen und den angrenzenden feuchten Niederungen. Sandige Böden wurden dabei trotz ihrer geringeren Fruchtbarkeit vorgezogen, weil sie meist weniger dicht bewaldet – damit einfacher zu roden – und letztendlich auch leichter zu bearbeiten waren. Aus diesen Gründen wurden zuerst die Randbereiche des Kempener Landes besiedelt. Im 9./10. Jh. griff die Landnahme auf die inneren Flächen der Kempener Mittelterrasse über. Aus einer großen herrschaftlichen Rodung entwickelte sich erst spät im 14. Jh. die Stadt Kempen, während das gesamte Umland schon lange mit Gütern von weltlichen und geistlichen Grundherren überzogen war. Einzelhöfe und Hofgemeinschaften, an deren Spitze ein Salhof oder Herrenhof stand, bestimmten das Siedlungsbild. Auch in der Architektur hatte man sich deutlich von den römischen Vorgaben gelöst: Fachwerk war wieder gefragt.

Nähere Einzelheiten über die Lebensweise der fränkischen Bauern und Herren geben Funde aus den teilweise ausgedehnten Gräberfeldern. Sie verraten, daß eine reiche, berittene Adelsschicht das Land beherrschte. Einen beeindruckenden Blick in das Leben eines fränkischen Fürsten aus Gellep während der ersten Hälfte des 6. Jh. bietet das Niederrhein-Museum in Krefeld-Linn. Hervorragend sind hier nicht nur die Grabbeigaben präsentiert, darunter auch ein goldener Helm, den man auf einer Briefmarke des Jahres 1977 wiederfindet, sondern auch die archäologischen Vorarbeiten werden anschaulich dargestellt. Eine Schmuckkollektion aus fränkischen Frauengräbern des 6. und 7. Jh. befindet sich im Nachbarraum. Unter fränkischen Gräbern wurden mehrfach Pferdegräber entdeckt. Der Sattel einer vornehmen Dame des frühen 7. Jh. wurde 1974 in Bislich bei Wesel auf einem 800 Gräber umfassenden Friedhof gefunden und wird heute im Rheinischen Landesmuseum Bonn gezeigt. Die erhaltenen Bronzebeschläge verzieren ein rekonstruiertes Holzgestell. Es ist bemerkenswert, daß die Dame nicht auf einem Pferd, sondern auf einem Maultier zu reiten pflegte.

Besonders das Kunstgewerbe unter den Grabbeigaben bezeugt, daß sich die Franken keineswegs nur mit der Urbarmachung von Ländereien und der Landwirtschaft beschäftigten.

Friesische und fränkische Händler besorgten ihnen Kunstgegenstände aus Europa, Südrußland und dem Orient, die sie auch als Anregungen für eigenes Kunsthandwerk nutzten. Neben den Importen aus fernen Regionen wurden den Toten auch heimische Produktion wie Glas aus Köln oder niederrheinische Keramik mitgegeben.

Während des 8. Jh. endete diese Tradition der Grabbeigaben, denn christliche Beerdigungsriten setzten sich durch. Schließlich wurden auch die Reihengräberfelder aufgegeben und statt dessen Friedhöfe um die Kirchen angelegt. Zunehmend tritt die Kirche als Institution auf; sie ist auf dem Weg, mit und gegen die weltliche Herrschaft das Geschehen während des Mittelalters mitzubestimmen. Ein gutes Beispiel wird hierfür der Kölner Erzbischof Bruno, ein Bruder Otto des Großen, liefern.

Stadtgründungen als Gesellschaftsspiel

Das Mittelalter brachte dem Niederrhein ein solch wildes politisches Hin und Her, daß wir es unterlassen sollten nachzuspüren, wer sich mit wem gegen wen verbündete, wer dann seinem Bundesgenossen in den Rücken fiel, wie rheinischer Klüngel auf die internationale Ebene gehoben wurde. Kurz: Beschränken wir uns darauf, die Hauptakteure der obersten Gesellschaft am Niederrhein vorzustellen und zu verfolgen, wie sich in dem »undurchdringlichen Gestrüpp diplomatischen und militärischen Gerangels um existierende oder behauptete Rechtstitel der verschiedensten Art« (Georg Droege) Stadt und Land während des Mittelalters entwickelten.

Als neuer bedeutender Mitspieler auf der politischen Bühne erschien die Kirche. Anfangs noch unter dem besonderen Schutz des Königs, der sie bevorzugte und weltlichen Herrschern gegenüber verteidigte, entpuppte sie sich im 12./13. Jh. als eine expandierende Territorialmacht. Einerseits durch diplomatische und selbst kriegerische Aktionen, andererseits durch Landschenkungen und Stiftungen wuchs ihr Landbesitz stetig. Auf diese Weise gelang es den Kölner Erzbischöfen, weite Gebiete des südlichen Niederrheins in ihre Gewalt zu bringen. Das Königshaus versuchte seinen verlorenen Einfluß über die Kirche durch die Unterstützung kleinerer weltlicher Herren, wie z.B. diejenigen von Kleve und Geldern, zu ersetzen, die damit dem König wieder zu einer Stärkung seiner Macht verhelfen sollten. Auch unter den nach Unabhängigkeit strebenden Bürgern konnte er Verbündete finden, deren Städte er daraufhin als reichsfrei, d.h. ihm unmittelbar untergeordnet, erklärte, wie z.B. Kaiserswerth 1181 oder Köln 1288 bzw. 1475.

Somit stoßen wir am Niederrhein auf stark zersplitterte Territorien, die teilweise sogar unter der Herrschaft verschiedener Landesherren stehen. Nur in den Gebieten später Landnahme, wie den ausgedehnten Rodungsflächen der Grafschaften Kleve und Geldern, konnte sich geschlossener Landbesitz entwickeln. Ein weit verbreitetes Relikt - sei es als Element im Gelände oder in der Namensgebung - erinnert an diese Zeit starker territorialer Aufteilung: die Landwehren. Bepflanzte Wälle oder natürliche Grenzlinien wie Wasserläufe sicherten entweder ein ganzes Territorium (z.B. die Klevische Landwehr), einzelne Städte (z.B. Rees, Rheinberg, Xanten oder Geldern) oder auch kleinere Bereiche wie Dörfer, Kirchspiele, Bauern-

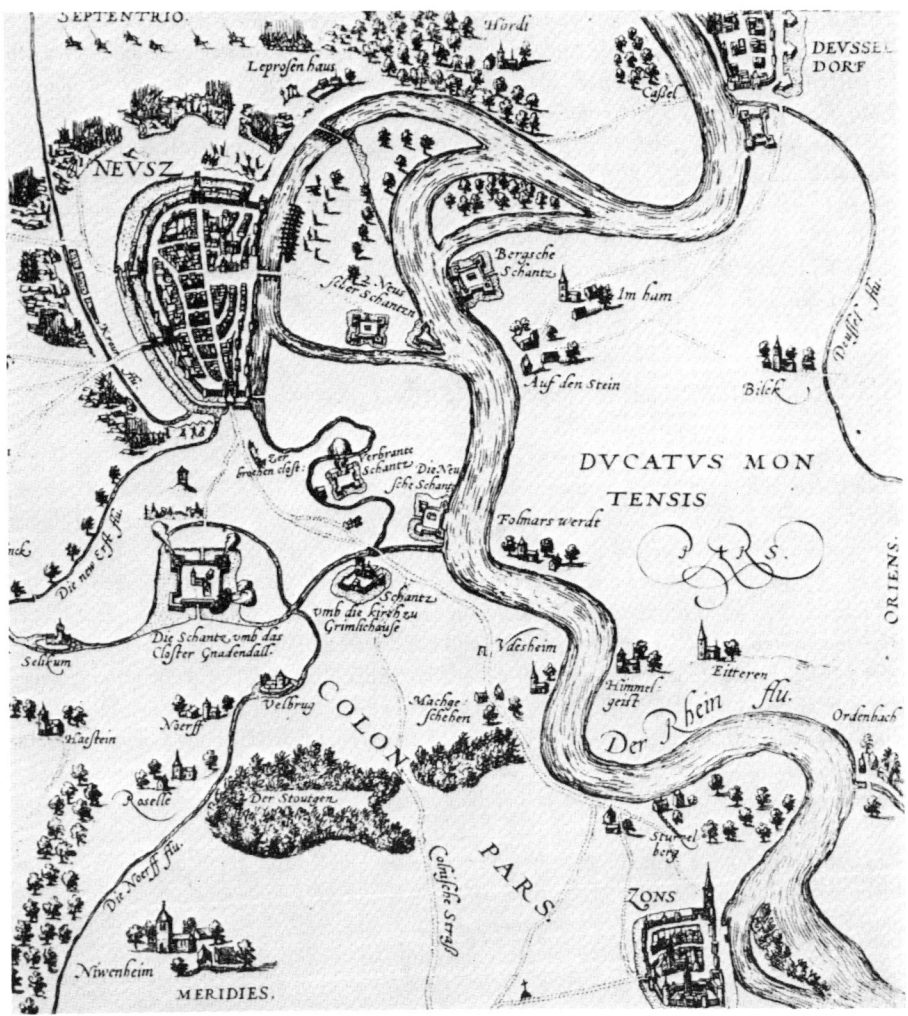

Karte von Neuss und Umgebung, 1586

schaften bis hin zu einzelnen Herrensitzen. Zwischen Menzelen und Sonsbeck existierten noch eine Reihe dieser mittelalterlichen Festungswälle im Gelände. (Auf topographischen Karten 1:50 000 sind sie leicht zu erkennen.) Noch weit häufiger finden sich Hinweise auf die historische Grenzsicherung und -markierung in Namen von Orten und Höfen. Der häufigste ist eine Abwandlung von ›Dyck‹ (auch ›Dyk‹, ›Diek‹ oder ›Dick‹), der aber auch für Deiche ohne Festungscharakter verwendet wurde.

Im frühen Mittelalter – mit einer Blütezeit im 11./12. Jh. – entstand eine Vielzahl von befestigten Herrensitzen, die in ihrer Anlage besonders an die naturräumlichen Bedingungen angepaßt sind. Große Erdhügel, sog. Motten, wurden in den feuchten, schwer zugänglichen Flußauen für die Niederburgen aufgeschüttet. Um die künstlichen Geländeerhöhungen, deren größte über 10 m Höhe und bis zu 100 m Durchmesser erreichten, wurden Wassergräben angelegt, die häufig auch noch eine inselartige Vorburg, den Wirtschaftsteil des Herrensitzes, umfaßten. Einige der Holz-Erde-Konstruktionen wandelte man mit der Zeit in feste Häuser sowie Wasserburgen um oder verlegte den Standort des Herrenhauses vom Hügel auf die Vorburg (z. B. Tüschenbroich). In anderen Fällen wurde die gesamte Anlage aufgegeben und dafür an anderer Stelle ein neuer Herrensitz errichtet, wie es der Umzug der Herren von Krickenbeck von ihrer Motte Alt-Krickenbeck zur Wasserburg Schloß Krickenbeck zeigt. Ein anschauliches Beispiel der Motte Husterknupp befindet sich im Landesmuseum in Bonn. (Ein Faltblatt zu den mittelalterlichen Burghügeln im Naturpark Schwalm-Nette gibt die Parkverwaltung heraus.)

Im Schutz einer solchen Burg konnten sich Vororte entwickeln, Vorstufen städtischer Siedlungen, denen schließlich im Hochmittelalter auch vereinzelt Stadtrechte verliehen wurden. Um eine im 11. Jh. erbaute Burg der Herren von Moers entstand ein Suburbium, dem 1300 die Stadtrechte verliehen wurden; östlich der Burg Linn wuchs eine kleine Stadt, die 1318 erstmals als solche erwähnt wird. Heute noch läßt sich das Ausmaß dieser ehemaligen Zwergstadt an dem gut erhaltenen Stadtgraben ablesen (s. S. 112 f., 135 f.).

Im 13. Jh. erlebte das Land am Niederrhein zwei Stadterhebungswellen, eine zu Beginn des Jahrhunderts und eine zweite ab 1240. Um ihre Macht zu festigen und dies auch räumlich auszudrücken, gründeten die großen Landesherren eifrig Städte. Großzügig wurden Stadtrechte verteilt: Rees und Xanten erhielten sie 1228, Goch und Geldern 1229, Rheinberg 1232, Emmerich 1233. In der zweiten Hälfte des 13. Jh. galt es, eine verstärkte Landflucht – weg von der Hörig-

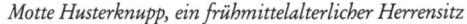

Motte Husterknupp, ein frühmittelalterlicher Herrensitz

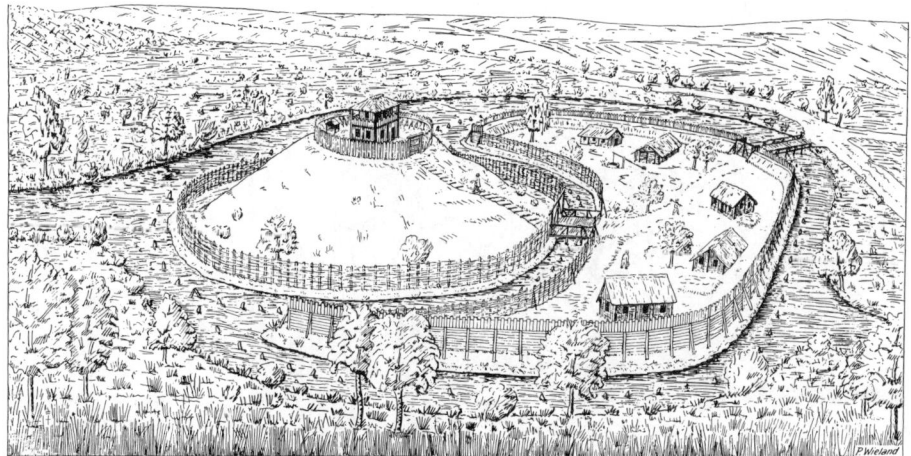

keit zu einem Grundherrn und hin in die ›freie Luft‹ einer Stadt – zu steuern. Damit diese Bevölkerungsströme aber auf dem eigenen Gebiet blieben, gründeten die Landesherren neue Städte, wie z. B. 1241 Wesel, 1242 Kleve und Kalkar. Man schloß sogar untereinander Verträge ab, um das Abwandern in fremdes Land zu beschränken und sich so seine Arbeitskräfte zu erhalten. 1242 wurde ein Vertrag zwischen Geldern und Kleve unterzeichnet, 1255 einer zwischen dem Grafen von Geldern und dem Kölner Erzbischof und 1260 zwischen dem Grafen von Geldern und dem Stift Xanten.

Dieser Städteboom wäre trotz aller machtpolitischen Erfordernisse ein beachtliches Pleiteunternehmen geworden, hätte sich nicht auch gleichzeitig ein Wandel im Wirtschaftsleben vollzogen, der die wirtschaftlichen Grundlagen für ein Fortbestehen der neuen Städte legte. Gewerbe und Handel schufen die finanzielle Basis. Die naturräumlichen Bedingungen am Niederrhein ließen bald ein blühendes Textilgewerbe entstehen. In der südlichen Hälfte waren es Flachsanbau und Leinenweberei, die wesentliche Impulse vom bedeutenden Tuchmarkt in Köln erhielten, und im nördlichen Bereich brachten die Wollproduktion und -verarbeitung den Städten wie Kalkar, Goch und Kleve Wohlstand. Die hergestellten Güter wurden nicht nur auf den lokalen Märkten angeboten, sondern sie gelangten auch in den internationalen Handel. Kaufleute aus niederrheinischen Kleinstädten erschienen selbst auf den ›Weltmessen‹ jener Zeit in Brabant und Antwerpen. Ein entsprechend entwickeltes Handels- und Transportsystem war die Voraussetzung dafür. Hierbei konnte das Niederrheingebiet auch seine Standortgunst ausnutzen: die Lage am Rhein, aber auch seine Nähe zur Nordseeküste mit den bedeutenden Hafen- und Handelsstädten Flanderns.

Der Rhein stellte während des Mittelalters die alles dominierende Wasserstraße dar. Geradezu ein ›Muß‹ für den Landesherren war die Errichtung von Zollstätten an seinem Ufer. Der Kölner Erzbischof besaß sie mit Neuss, das 1372 von Zons in seiner Funktion abgelöst wurde, Rheinberg und Kaiserswerth. Die Herren von Kleve schöpften ihren Anteil an den Rheinzöllen in

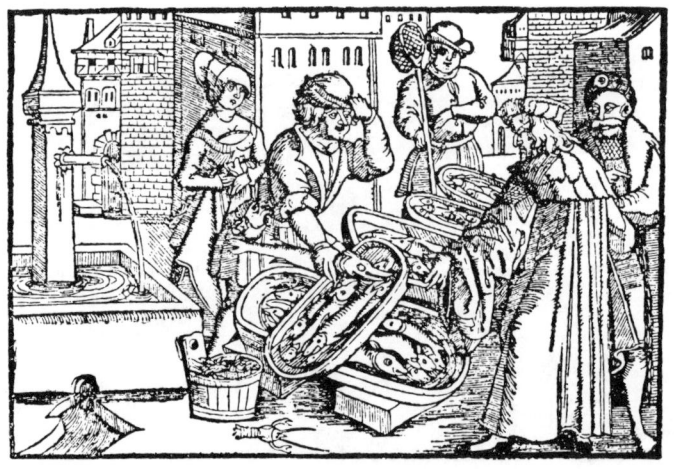

Fischverkäufer in der mittelalterlichen Stadt. Holzschnitt von H. Frank, 1576

Die Klever Herzöge vor einer Stadtansicht mit Schwanenburg und Stiftskirche. Ölgemälde von H. Veltmann, um 1640

Orsoy, Büderich und Griethausen ab. Letzteres wurde nach einer Rheinverlagerung 1385 durch Beek bei Xanten ersetzt. Eine andere Städtegruppe, die ebenfalls stark vom Rheinhandel profitierte, waren die Hansestädte Neuss (seit 1475), Wesel und Emmerich (1407). Wenig hatte die alte Hansestadt Duisburg von ihrem Rang, denn schon um 1275 verlegte der Rhein sein Bett, und die Stadt verlor damit ihre Lage am Strom.

Zeugnisse des spätmittelalterlichen Wirtschaftswunders finden wir heute noch an vielen Orten des Niederrheins. Nicht nur in den Rathäusern, Tuchhallen und Bürgerhäusern drückt sich der einstige Wohlstand aus, sondern auch auf dem sozialen und kulturellen Sektor wurden bleibende Denkmäler gesetzt. Eine Reihe historischer Bauten, die im 14./15. Jh. der Armenfürsorge dienten, sind heute noch erhalten, wie z. B. das Frauen- und das Männerhaus in Goch. So verfügte Kalkar um 1500 über zwei Beginenkonvente, einen großen und einen kleinen Armenhof sowie weitere Stiftungen und Armenhäuser.

Eine besondere Einrichtung, die sich teilweise auch in den Straßennamen widerspiegelt, so in Nieukerk, Rheinberg, Straelen, Voerde, Viersen – früher auch in Xanten – waren die Beginenhöfe. Ende des 12. Jh. entstanden diese Frauengemeinschaften in Belgien. Ohne ein Gelübde abzulegen oder nach bestimmten Ordensregeln zu leben, hatten sich unverheiratete Frauen nach selbstaufgestellten Regeln zusammengeschlossen, um ihr Leben dem Gebet und in besonderem Maße der Wohltätigkeit zu widmen. Die Beginenhöfe, ursprünglich außerhalb, später in den Städten gelegen, bestanden aus mehreren Häusern mit Kirche, Hospital und Herberge. Diese soziale Institution wurde größtenteils durch Stiftungen wohlhabender Bürger finanziert. – Auch der Kirchenbau, wie es zahlreiche spätgotische Pfarrkirchen und durch Schenkungen ermöglichte Kirchen der Bettelorden belegen, profitierten vom bürgerlichen Reichtum. Die schönsten und künstlerisch wertvollsten Spuren hinterließ der Wohlstand in den Schnitzaltären z. B. von Kalkar, Xanten, Kranenburg, Kempen, Kleve und Straelen.

Preußisches Prelude

Das 17. und 18. Jh. brachten dem Niederrhein unruhige Zeiten, denn das Gebiet wurde zum Objekt internationaler Politik und daraus resultierend leider auch zu einem internationalen Kriegsschauplatz. Bereits im letzten Drittel des Dreißigjährigen Krieges kämpften kaiserliche, spanische, niederländische, schwedische, französische, bayerische und hessische Söldner auf diesem Boden. Manche Stadt erlitt dabei schwerste Schäden, wie z.B. Kleve während der Auseinandersetzungen im Jahre 1635 um die Festung Schenkenschanz, oder Kalkar, das schon Ende des 16. Jh. von spanischen Truppen erobert worden war. Den schlimmsten Ruf unter den Besetzern am Niederrhein erlangten in jener Zeit die Hessen. 1641 nahmen sie Xanten ein; 1640 bis 1645 lagen hessische Truppen in Kalkar. Spanische Heere hatten im ausgehenden 16. Jh. Moers erobert, 1607 hielten sie Krefeld und die Burg Cracau besetzt. Ludwig XIV. bezog den Niederrhein in seine Expansionspolitik mit ein. Mit teilweiser Unterstützung durch Landesherren am Niederrhein begann er 1672 von hier einen Überfall auf die Niederlande. Bündnisse der Kölner Kurfürsten verwickelten Gebiete am unteren Niederrhein immer wieder in kriegerische Auseinandersetzungen. Im Spanischen Erbfolgekrieg (1701–1713/15) kämpften kurkölnische Truppen auf der Seite Frankreichs. 1740 begann ein neuer Krieg, der Österreichische Erbfolgekrieg, in dem der Kölner Kurfürst Clemens August Kaiser Karl VII. unterstützte – familiäre Hilfeleistungen im Hause Wittelsbach.

Diese kleine Auswahl an kriegerischen Ereignissen soll genügen, um die Zerstörungswellen, die über niederrheinisches Gebiet gingen, anzudeuten. Doch gab es immer wieder Friedens-

Friedrich Wilhelm der Große Kurfürst. Kupferstich, 1683

Marodierende Truppen plündern ein Dorf. Kupferstich, um 1690

zeiten, in denen Neues aufgebaut werden konnte, das sich zum Teil bis heute erhalten hat. Ein bemerkenswertes Beispiel ist in diesem Zusammenhang die Fossa Eugeniana. Die Spanier traten in den 1640er Jahren nicht nur als Kriegsherren, sondern auch als Bauherren am Niederrhein in Erscheinung. Mit dem unvollendeten Werk versuchen sie, durch einen Kanal Maas und Rhein zu verbinden (s. S. 343 ff.).

Wesentliche Impulse für neue Entwicklungen am Niederrhein kamen aus einer weiteren Art von Kämpfen, den Glaubenskämpfen zwischen der katholischen und protestantischen Kirche. In einzelnen Regionen setzte sich der neue Glaube schnell durch. So gab es bereits in der Mitte des 16. Jh. protestantische Gemeinden in Wesel und Neuss. Doch Ende des 16. Jh. wurden die Gläubigen gezwungen, zum Katholizismus zurückzukehren. Eine entscheidende Förderung erlebte der Protestantismus im frühen 17. Jh., nachdem ein Herrscherhaus dieses Bekenntnisses zu einem mächtigen Landesherrn am unteren Niederrhein geworden war. 1614 übernahmen die Kurfürsten von Brandenburg die Nachfolge der Herzöge von Kleve. Unter ihrem Schutz und ihrer Förderung fanden Glaubensflüchtlinge auch aus anderen Ländern, wie z. B. den Niederlanden, der Schweiz oder der Pfalz, eine neue Heimat und Existenz.

Diese Protektion geschah keinesfalls nur aus humanitären Gründen, sondern handfeste bevölkerungs- und wirtschaftspolitische Motive standen dahinter. In erster Linie ging es den Brandenburgern darum, ihre westliche Grenzprovinz, die durch Kriege Bevölkerungsverluste und starke ökonomische Schäden erlitten hatte, wieder zu stärken und zu festigen. Das Interesse und der anfängliche Eifer brandenburgisch-preußischer Herrscher flaute relativ schnell ab, da man sich lieber um eine Festigung des preußischen Kernlandes bemühte. Trotzdem haben sich bis heute deutliche Spuren in der Landschaft und der Wirtschaftsstruktur des Niederrheins erhalten.

Für eine großflächige Ansiedlung von Glaubensflüchtlingen wurden weite Teile des Reichswaldes südöstlich von Kleve gerodet. Die Kolonisationsphase begann Ende des 17. Jh. mit der Entwicklung von Pfalzdorf. Im frühen 19. Jh. war dieses Gebiet so dicht besiedelt, daß Gruppen von Siedlern die Dorfgemeinschaft verließen und die benachbarten Orte Louisendorf und Neulouisendorf gründeten. Andere hatten bereits in den 1790er Jahren Pfalzdorf aufgegeben und in Ostfriesland Neupfalzdorf angelegt. Das oftmals rechtwinklige Straßennetz sowie das auffallende Karree der Ortsmitte von Louisendorf (Abb. 60) zeigen heute noch, daß es sich bei diesen Dörfern um planmäßige Ansiedlungen handelt.

Das Textilgewerbe am Niederrhein erfuhr ebenfalls eine starke Förderung durch die preußische Wirtschaftspolitik. Aber auch die oranischen Statthalter der Grafschaft Moers bemühten

Der Bortenwirker und seine Frau bei der Arbeit. A. Gobber, um 1790

Johann Moritz von Nassau-Siegen, kurbrandenburgischer Statthalter in Kleve

sich in ähnlicher Weise um den Ausbau der gewerblichen Textilherstellung und -verarbeitung. Der Aufstieg Krefelds zu einem Zentrum der Textilindustrie geht auf jene Anfänge zurück. Den Aktivitäten der toleranteren Landesherrn war der Erfolg beschieden: nicht nur durch das Abwerben protestantischer Unternehmer und Handwerker, die unter den neuen günstigen Lebensbedingungen mehr Energie in ihre Arbeit stecken konnten, sondern auch durch das Überwinden der längst veralteten Zunftbeschränkungen aus dem Mittelalter. Im klevischen Land sowie in Moers und Krefeld konnte ohne konfessionelle Beschränkungen eine zeitgemäße Gewerbepolitik betrieben werden. Auf die alte Tradition der Leinenweberei als bäuerliches Hausgewerbe folgte eine weit größere Produktion im Verlagssystem, d.h. die Textilfabrikanten – in Krefeld die ›Seidenbarone‹ – ließen das Rohmaterial zu den Webern bringen, die in Heimarbeit die Gewebe herstellten.

Aus der Menge niederrheinischer Städte traten ab der Mitte des 17. Jh. zwei besonders hervor: Kleve und Düsseldorf entwickelten sich zu Residenzstädten. Unter dem kurbrandenburgischen Statthalter Johann Moritz von Nassau-Siegen erlebte Kleve ab 1647 einen Bauboom, der sich nicht nur auf repräsentative Gebäude beschränkte, sondern auch die Anlage weitläufiger Gärten und Landschaftsparks miteinbezog. Ähnliche Bauaktivitäten verwandelten Düsseldorf zum Ende des 17. und Beginn des 18. Jh. zu einer prachtvollen Residenz. Hier schuf sich der Kurfürst Johann Wilhelm aus dem Hause Pfalz-Neuburg – bekannter als Jan Wellem – einen würdigen Regierungssitz.

Die zahllosen kriegerischen Auseinandersetzungen des 16. bis 18. Jh. hinterließen auch auf dem Land deutliche Spuren. Bedeutende Herrensitze – vor allem in der Nähe territorialer Grenzen – wurden zu Hofesfesten ausgebaut. Wassergraben und Vorburg oder zumindest ein die Zufahrt schützender Torturm gaben den Herrenhäusern einen burgähnlichen Charakter. So dienten beispielsweise in den Grenzstreitigkeiten zwischen Geldern und Kurköln die Häuser

Gastendonk und Velde auf der kölnischen Seite und die Dorenburg auf der geldrischen als wichtige Stützpunkte.

Seit der Mitte des 17. Jh. setzte sich ein weiteres Element im ländlichen Raum durch, das bis heute zum Landschaftsbild am Niederrhein gehört: die Alleen. Noch 1950 betrug ihr Anteil an der Straßenbegrünung im Bereich des Naturparks Schwalm-Nette rund 60%. Leider hat sich der Bestand zu Beginn der 80er Jahre schon auf 18% reduziert. Ein wichtiger Bestandteil der alten bäuerlichen Kulturlandschaft wurde der zeitgemäßen Vorstellung von Straßenführung geopfert.

Französisches Intermezzo

Mit dem Einmarsch französischer Truppen in das Rheinland begann 1792 eine rund zwanzig Jahre andauernde Fremdherrschaft. Im Bereich von Verwaltung und Wirtschaft löste der französische Einfluß Entwicklungen aus, die das Überwinden längst überholter, aber noch gültiger mittelalterlicher Ordnungen beschleunigte. Dem Grundsatz »Freiheit, Gleichheit und Brüderlichkeit« zufolge wurden Feudalrechte abgeschafft, die Zünfte aufgelöst und die Gewerbefreiheit eingeführt, der Kirchenbesitz verweltlicht (Säkularisation) und die Binnenzölle durch ein einheitliches Grenzzollsystem ersetzt.

Als einschneidendste Veränderung erfuhr das Land am Niederrhein erneut eine Trennung wie schon zu Zeiten des römischen Imperiums: Der Flußlauf wurde zur Staatsgrenze. Doch dieses Mal wurde damit ein Wirtschaftsraum zerschnitten, denn die eisen- und metallverarbeitenden Gewerbe des Bergischen Landes besaßen im niederrheinischen Gebiet einen wichtigen Absatzmarkt. Die Fabrikanten schienen mit einer längeren Gültigkeit der störenden Zollgrenze gerechnet zu haben, denn eine Reihe von ihnen verlagerte die Produktion aus dem Mittelgebirge in das niederrheinische Tiefland. Besonders die dortige Textilindustrie profitierte davon. Doch auch die Einbindung in das französische Empire und seine Wirtschaftspolitik brachten kurzfristige Vorteile, die durch die Kontinentalsperre noch verstärkt wurden. Die große Konkurrenz der englischen Textilfabrikation wurde dabei vorübergehend ausgeschaltet und neue Rohstoffmärkte, z. B. Spanien als Woll-Lieferant sowie neue Absatzmöglichkeiten in Frankreich, für die niederrheinische Textilproduktion gewonnen.

Nachhaltiger wirkten die französischen Eingriffe auf die Landwirtschaft, weil mit radikalen Veränderungen wichtige Voraussetzungen für eine zeitgemäße, ›moderne‹ Landwirtschaft durch staatliche Maßnahmen, wie z. B. der Gründung von Gesellschaften zur Wirtschaftsförderung – société d'émulation et d'agriculture – geschaffen wurden. Die Fruchtwechselwirtschaft, die eine bessere Ausnutzung der Böden erlaubte, löste die alte Dreifelderwirtschaft ab. Der Zuckerrübenanbau nahm in den Zeiten der Kontinentalsperre einen enormen Aufschwung, da man vom Zuckerrohrimport aus dem englischen Westindien abgeschnitten war. Bei der Viehhaltung erfuhr die Pferdezucht eine besondere Förderung. Dies geschah jedoch nicht, um der Landwirtschaft wieder zu dem erforderlichen Pferdebestand zu verhelfen, der durch die Kriegswirren im 17. und 18. Jh. stark dezimiert worden war. Napoleon war weit mehr daran interes-

Geburtsurkunde von 1814 aus Krefeld; von 1805 bis 1814 wurden die Eintragungen in französischer Sprache vorgenommen

siert, in der Grenzprovinz eine ausreichende Zahl an Pferden für seine militärischen Aktionen zur Verfügung zu haben.

In Nachfolge der spanischen Bemühungen, Maas und Rhein durch die Fossa Eugeniana zu verbinden, startete Napoleon ebenfalls ein Kanalbauprojekt. Mit der gleichen Intention begann er 1808 den Bau des Nordkanals. Südlich von Straelen und in Neuss sind Reste dieser Bauruine erhalten, denn bereits 1811 wurde das Unternehmen abgebrochen.

Schwere Folgen für den Kirchenbesitz hatte die Säkularisation. 1802 begann der Verkauf von Kircheneigentum zum Nutzen der Staatskasse. Zahllose Kirchen- und Stiftsgebäude wurden abgerissen, die Baukomplexe ehemaliger Stifte und Klöster oft bis auf die Kirchen reduziert, die dann in der Regel als Pfarrkirchen weitergenutzt wurden.

Neues aus der preußischen Provinz

Nach dem Abzug der Franzosen 1814 behielt das Niederrheingebiet trotz tiefgreifender Veränderungen seine Randlage bei: Aus einer französischen Grenzprovinz wurde nun eine preußische. Dabei zerteilten die tonangebenden Herrscher auf dem Wiener Kongreß (1814/15) endgültig den niederländisch-niederrheinischen Kulturraum. Die heute noch gültigen Grenzverläufe wurden festgelegt.

Ein verbindendes Element war noch zu Beginn des 19. Jh. die niederländische Sprache, mit der sich die preußischen Beamten jedoch nicht anfreunden wollten. Der preußische Staat erließ demzufolge eine Verordnung, in der der Gebrauch des Niederländischen bei offiziellen Anlässen in den Kreisen Rees, Kleve und Geldern ausdrücklich verboten wurde. Heute werden

29

dagegen wieder dienstlich geförderte Niederländisch-Kurse für Beamte im Regierungsbezirk Düsseldorf abgehalten.

Trotz der deutlichen Abgrenzung zum Nachbarstaat gab es in den verschiedensten Bereichen weiterhin starke Einflüsse aus den Niederlanden, wie z. B. in der Landwirtschaft sowie in der Verarbeitung agrarischer Produkte. Nicht nur Rinderrassen aus den Niederlanden wurden bevorzugt, sondern auch die Herstellung holländischer Käsesorten setzte sich langsam durch. Niederländische Margarinewerke errichteten in den 1880er Jahren Zweigbetriebe im Klever Land, wie z. B. in Goch und Kleve.

Im Trend der Zeit erfuhr auch am Niederrhein die Landwirtschaft im Laufe des 19. Jh. eine bemerkenswerte Entwicklung und Intensivierung. Die landwirtschaftliche Nutzfläche nahm deutlich zu, da ehemaliger Gemeinschaftswald aufgeteilt und in großem Ausmaß gerodet wurde. Sumpfige Niederungen wurden trockengelegt, Bachläufe begradigt, Bruch- und Heideflächen für eine landwirtschaftliche Nutzung erschlossen. Neue Fruchtfolgen, zu denen nun ebenfalls Futterpflanzen (Roter Klee, Wicke und Luzerne) gehörten, setzten sich im Ackerbau durch und lösten dabei die Dreifelderwirtschaft ab, bei der im regelmäßigen Abstand ein Feld brachliegen mußte, um sich für die folgenden zwei Jahre des Ackerbaus regenerieren zu können. Auf diese Weise konnte dauernd rund ein Drittel der Ackerfläche höchstens als Grünland genutzt werden. Ab der Mitte des Jahrhunderts verbesserten sich die Düngemöglichkeiten, da zum einen Kunstdünger und zum anderen wachsende Güllemengen durch eine verstärkte Viehzucht verwendet werden konnten. Für eine Reihe niederrheinischer Städte, wie z. B. Xanten, blieb die Verarbeitung landwirtschaftlicher Produkte in kleinen Betrieben ihr bescheidener Anteil an der industriellen Entwicklung.

Völlig anders sah es dagegen im südlichen Bereich des Niederrheins aus. Im Gebiet zwischen Rheydt, Mönchengladbach, Dülken, Viersen und Krefeld sorgte eine stark expandierende Textilindustrie für deutliche Veränderungen: Um mittelalterliche Stadtkerne entstanden in den besten Lagen prachtvolle Villen, Wohnhäuser von Fabrikanten und aufwendig gestaltete öffentliche Gebäude. Zu Wasserläufen und Bahnlinien hin orientiert wuchsen Fabriken und Betriebe am Stadtrand. Arbeiterwohnviertel dehnten sich schnell aus, erreichten dabei häufig die stadtnahen Dörfer und verschmolzen mit ihnen.

Trotz anschließender ›offizieller‹ Eingemeindungen haben zahlreiche ehemalige Dörfer auch als städtischer Vorort ihren alten Charakter teilweise noch bewahren können. So trifft man mancherorts zwischen Wohnblocks auf enge und gewundene frühere Dorfstraßen mit Fachwerkgebäuden und Baukomplexen, die auch nach mehreren Umbauten noch verraten, daß es sich um einstige Bauernhöfe handelt. Ein gutes Beispiel ist hierfür die Geneickener Straße in Rheydt; selbst die Eickener Straße in Mönchengladbach weist als Fußgängerzone in ihrer Bebauung noch einige Spuren ländlicher Architektur auf. Man kann geteilter Meinung über die rekonstruierte Hofanlage aus Fachwerk (Eickener Str. 255, ursprünglich 17./18. Jh.) sein, für die die Nachbarschaft mit einem großen asphaltierten Parkplatz und dem Wohn- und Geschäftsblock keine glückliche Ergänzung bedeutet.

Im ausgehenden 19. Jh. ermöglichten die wirtschaftlichen Verhältnisse beachtliche Bauaktivitäten. Nicht nur die Städte erlebten einen gründerzeitlichen Bauboom, einerseits durch private

Initiativen, zum anderen durch geplante Stadterweiterungen, wie z. B. in Mönchengladbach, Viersen, Krefeld oder Düsseldorf. Auch auf dem Land ahmten reiche Bauern städtische Architektur nach, wobei Neubauten im neogotischen Stil besonders beliebt waren. Neugotische Herrenhäuser mit Zinnen, Maßwerk oder Türmchen findet man beispielsweise bei Haus Ingenray und der Villa von Eerde (beide Geldern), bei Haus Bockdorf (Kempen) oder bei Haus Horst (Mönchengladbach-Giesenkirchen).

Namhafte Kölner Architekten und Dombaumeister erhielten Aufträge am Niederrhein: Ernst Friedrich Zwirner führte 1854 die neugotische Umgestaltung von Schloß Moyland durch. Nach Plänen von Heinrich Wiethase wurden in den 1860er und 70er Jahren abgebrochene Kirchen z. B. in Alpen, Hüls und Waldniel vergrößert neugebaut. Vincenz Statz bevorzugte ebenfalls die Neugotik bei seinen Kirchenneubauten sowie Renovierungen. St. Klemens in Süchteln, St. Peter in Hinsbeck und die Wallfahrtskirche St. Maria in Kevelaer können hierfür als Beispiele genannt werden.

Bereits in der Mitte des 19. Jh. bemühte man sich um die Denkmalpflege und eine wissenschaftliche Bestandsaufnahme. 1857 bis 1868 entstand die erste rheinische Kunstdenkmäleraufnahme von Ernst aus'm Weerth. Nach wie vor ein Standardwerk für den Kunsthistoriker und Grundlage für zahllose Reiseführer über Gebiete des Rheinlandes ist die vielbändige Publikation des 1893 ernannten Provinzkonservators Paul Clemen. Im Auftrag des Provinzialverbandes gab er die Reihe ›Die Kunstdenkmäler der Rheinprovinz‹ heraus.

Das Zeitalter der ›Vogelfreien‹ auf der Bönninghardt

Während in den meisten Gebieten des Niederrheins die Verbesserungen in der Landwirtschaft sowie die industrielle Entwicklung einem größeren Kreis der Bevölkerung den Lebensunterhalt sicherte, gab es einen Bereich, in den Glanz und Elend der Gründerzeit nicht vordrangen: die *Bönninghardt,* den Höhenzug zwischen Sonsbeck und Alpen. Hier übertraf die Not noch alles, was sich in den kleinen Weberhäusern oder im Schatten der Fabriken abspielte.

Die Hügel der Bönninghardt boten mit ihren trockenen, nährstoffarmen Böden, die sich auf den gestauchten Moränenwällen gebildet hatten, keine Grundlage für die Landwirtschaft. Den Bewohnern blieb nicht viel mehr, als in den Wäldern und Heideflächen Beeren und Pilze zu sammeln sowie Zweige, um daraus Besen zu binden. Die Nachkommen pfälzischer Siedler, die nicht das Glück hatten, sich in fruchtbareren Gebieten niederlassen zu dürfen, wie z. B. in Pfalzdorf oder Louisendorf südöstlich von Kleve, lebten größtenteils unter dem Existenzminimum jener Zeit. Plaggenhütten und ärmliche Katen dienten noch Ende des 19. Jh. als Wohnungen – eher Behausungen.

Verachtet und ausgestoßen von der sie umgebenden Gesellschaft blieb den Bönninghardtern – fast – nur noch der Weg in die Kriminalität. Man spricht am Niederrhein vom ›Zeitalter der Vogelfreien‹ auf der Bönninghardt. Rechtschaffene Leute wagten sich nicht mehr in das Gebiet, weder die französische noch die preußische Verwaltung kümmerte sich um die Mißstände, so daß der Hügelrücken zu einem idealen Unterschlupf für Räuber und Marodeure wurde. Berühmt-berüchtigte Persönlichkeiten trieben ihr Unwesen, sorgten gelegentlich für ›ausgleichende‹ Gerechtigkeit. 1802 gelang es den Behörden, den 1778 in Grefrath geborenen Mathias Weber zu verhaften. Der ›Fetzer‹ hatte drei Jahre lang eine der berüchtigsten Banden im Rheinland geführt, die auch oft in der Bönninghardt Unterschlupf suchte und fand. 1803 endete der Zeitgenosse und Berufskollege des Schinderhannes, dessen Arbeitsgebiet mehr im Mittelrheinischen lag, in Köln unter der Guillotine.

In der Mitte des 19. Jh. machte ein neuer Räuber am unteren Niederrhein große Karriere: Wilhelm Brinkhoff. Seine Gaunerstücke brachten ihm sogar Sympathien in Kreisen der Begüterten außerhalb der Bönninghardt ein, wie aus zeitgenössischen Presseberichten hervorgeht. 1862 stand er in Kleve vor Gericht; doch von seiner Strafe verbüßte er nur wenig. Es gelang ihm, aus der Schwanenburg auszubrechen und in Amerika unterzutauchen.

Erst um die Wende zum 20. Jh. startete die preußische Regierung Förderungsprogramme auf der Bönninghardt. Backsteinhäuser traten an die Stelle der Plaggenhütten, neue Brunnen wurden gegraben, eine verbesserte Viehzucht und der Obstanbau entwickelten sich zu Stützen in der Landwirtschaft, und mit dem Straßenbau fand letztendlich der Anschluß an das Umland statt.

Unsere Zeitgenossen

Die stärksten Zerstörungen, die das Land am Niederrhein in seiner Geschichte erfahren hat, bilden den traurigen Anfang der jüngsten Vergangenheit. 1940 überfiel die Wehrmacht vom niederrheinischen Gebiet aus die Niederlande. Daraufhin wurde das Rheinland besonders in das

Das zerstörte Xanten. Th. Eberling, 1946

Mädchen aus Zyfflich mit dem ›Kleinen Gespann‹,
um 1940

Kriegsgeschehen hineingezogen, und rheinische Städte erlebten ihre ersten Luftangriffe. Im Winter 1944/45 gehörte der Niederrhein zu den wichtigsten Kriegsschauplätzen: Vom Brückenkopf Nimwegen stießen britische Truppen nach Südosten vor, um gemeinsam mit den aus Westen angreifenden Amerikanern die deutsche Armee einzukesseln und zu vernichten. Dieser Vormarsch wurde durch unzählige Bombenangriffe unterstützt, denen weite Teile der niederrheinischen Städte zum Opfer fielen. Zu einem strategisch herausragenden Ziel entwickelte sich Wesel, der Eisenbahnknotenpunkt am Niederrhein. Im März 1945 überschritten die Alliierten dort den Rhein; zurück blieb ein Trümmerfeld: Wesel wurde zu 97% zerstört.

Der Wiederaufbau im neugeschaffenen Bundesland Nordrhein-Westfalen leitete eine besonders intensive Entwicklung längs des Rheines ein. Einen großen Teil trug hierzu die neue Landeshauptstadt Düsseldorf bei. Als Sitz der Landesregierung wurde die Stadt zu einem großen Verwaltungszentrum, wobei die frühere Funktion als ›Schreibtisch‹ des Ruhrgebietes bald auch wieder auflebte. Die chemische Industrie, die bereits um Köln herum Abschnitte des Rheintales prägte, dehnte sich weiter nach Norden aus und bestimmt nun im Dormagener und Uerdinger Raum ebenfalls das linke Rheinufer. Durch den Wiederaufbau alter Werke und eine verstärkte Ansiedlung neuer Betriebe hat sich der Rheinlauf von Dormagen bis auf die Höhe von Kamp-Lintfort zu einem wichtigen Standort von Industrie- und Dienstleistungsbetrieben entwickelt. Die Städte sind stark gewachsen und mit alten Dorfkernen und zahllosen neuen Wohnsiedlungen in ihrem Umland zu einer verstädterten Zone verschmolzen. Die zersiedelte Landschaft trägt dort kaum mehr typisch niederrheinische Züge. Noch extremer hat sich das Bild der Landschaft im südöstlichen Bereich des Niederrheins gewandelt, wo die Braunkohletagebaue und die rekultivierten Flächen mit den allerjüngsten Ortschaften ein auf dem Reißbrett entworfenes Niederrheingebiet darstellen.

Westlich der Linie Mönchengladbach–St. Tönis–Neukirchen-Vluyn–Kamp-Lintfort, die hier in nordöstlicher Richtung nach Voerde abschwenkt, dominiert die Landwirtschaft in der Bodennutzung. Ihr Anteil an der Bruttowertschöpfung ist dagegen verschwindend gering; in den Kreisen Kleve, Wesel und Viersen, die im groben diesem Gebiet entsprechen, liegt er zwischen acht und einem Prozent. Wenn auch weidende Kühe vor Pappelreihen oder Kopfbäumen zum Image des Niederrheins gehören – und kaum ein Fremdenverkehrsprospekt darauf verzichtet –, so nimmt das Ackerland jedoch die mit Abstand größte Fläche ein. Rund zwei Drittel der landwirtschaftlichen Nutzfläche in den erwähnten Kreisen gehören dem Getreideanbau, dabei vor allem der Gerste.

Als neuer Wirtschaftszweig mit zunehmender Bedeutung hat der Fremdenverkehr gerade im ländlich geprägten Raum Eingang gefunden. Die Nähe zu den Ballungsgebieten an Rhein und Ruhr sorgt dafür, daß auch an Wochenenden, wenn der Strom der Berufspendler nachläßt, ein reger Verkehr von der Stadt aufs Land fließt. Wege für Radfahrer, Wanderer und Reiter durchziehen inzwischen die attraktivsten Gebiete, natürliche wie künstliche Seen werden für den Wassersportler erschlossen, Erholung oder Abwechslung bieten zahlreiche Campingplätze. Zu dem großen Angebot an Freizeit- und Erholungseinrichtungen kommen wieder eine große Zahl von kulturellen Sehenswürdigkeiten.

Mit enormem Aufwand sind aus manchem Trümmerfeld des Zweiten Weltkriegs kunsthistorische Schätze rekonstruiert worden. Nicht nur mittelalterliche Kirchen und historische Profanbauten entstanden aus alter Bausubstanz und neuen Materialien, sondern auch Straßenzüge und sogar Ortsbilder erhielten beim Wiederaufbau wesentliche Elemente ihres alten Charakters. Internationale Anerkennung bekam beispielsweise die grundlegende Sanierung des Stadtkerns von Straelen. Im Rahmen des europäischen Denkmalschutzjahres 1975 wurde neben Alsfeld, Berlin, Trier und Rothenburg o. d. T. Xanten als deutsches Beispiel für vorbildliche Sanierungsmaßnahmen sowie die gelungene Wiederbelebung einer historisch wertvollen Altstadt genannt. Xanten erhielt im November 1988 – bislang als erster und einziger Ort im Regierungsbezirk Düsseldorf – den Titel eines staatlich anerkannten Erholungsortes.

Der Fremdenverkehr am Niederrhein trägt inzwischen auch seinen Teil dazu bei, daß die Staatsgrenze immer deutlicher aufgehoben wird und der ehemalige niederrheinisch-niederländische Kulturraum eine neue Belebung erfährt. In grenzüberschreitender Zusammenarbeit verschiedener Fremdenverkehrsämter wird besonders das ›Fietsen‹ gepflegt – das Radfahren. So werden beispielsweise jährlich Anfang August die ›Internationale Fietsvierdaagse Nijmwegen‹ veranstaltet, vier Tage mit organisierten Radwanderungen im Raume Nimwegen–Kleve.

Städte und Gemeinden am Niederrhein

An Rhein und Ruhr

Düsseldorf – jüngste Hauptstadt am Rhein

Während auf der linken Rheinseite die römische Zivilisation bereits hochentwickelten Städtebau hervorbrachte, war das spätere rechtsrheinische Stadtgebiet von Düsseldorf noch mit dichten Wäldern und großen Sümpfen bedeckt. In einigen heutigen Vororten sind Relikte der Jungsteinzeit und der Eisenzeit gefunden worden, wie zum Beispiel Knochen und Werkzeuge des Neandertalers oder Urnen der Niederrheinischen Grabhügelkultur in Düsseldorf-Golzheim. Die frühesten Siedler bevorzugten die höher gelegenen, trockenen Heide- und Sandflächen. Das feuchte Gebiet der Rheinaue wurde erst in fränkischer Zeit besiedelt. Einzeln stehende Herrenhöfe durchsetzten den ausgedehnten Auewald. Kaiserswerth besaß als Gerichtsstätte bereits Bedeutung, Bilk als Kirchort, bevor Dusseldorp überhaupt in Erscheinung trat.

Die Anfänge des Fleckens Dusseldorp an der Mündung der Düssel in den Rhein liegen weitgehend im Dunkeln, vermutlich entwickelte er sich ab dem 7./8. Jh. aus einer Siedlung von Fischern und Bauern. 1135 wurde er erstmalig in einer Kölner Schreinsurkunde erwähnt. Ende des 12. Jh. kam das Dorf in den Besitz der Grafen von Berg, die daraufhin anfingen, es als Stützpunkt gegen den Kölner Erzbischof auszubauen. Graf Adolf VII. verlieh dem kleinen Ort nach dem Sieg über den Kölner Erzbischof in der Schlacht bei Worringen 1288 die Stadtrechte. Anläßlich des 700jährigen Jubiläums wurde am Burgplatz/Ecke Müller-Schlösser-Gasse ein *Denkmal* errichtet.

Vordringlichste Aufgabe wurde nun die Sicherung des nur 3,8 ha großen Stadtareals (Kölns Fläche umfaßte zu jener Zeit 401 ha!). Vermutlich begann man auf der Westseite mit der Sicherung der Stadt, da von hier eine zweite Gefahr drohte, nämlich Hochwasser und Eisgang. Um die Mitte des 14. Jh. hatte man die Wall-Graben-Sicherung aus dem frühen Mittelalter durch eine Stadtmauer ersetzt. Eine einzige Straße durchzog das Stadtgebiet: die *Altestadt*, die die Nordseite des Stiftsplatzes tangiert.

Die Bewohner Düsseldorfs erhielten 1263 das Recht, eine Fährstelle am Westende der Altestadt zu errichten. Doch eine besondere Belebung des Wirtschaftslebens kann der Ort daraus nicht erfahren haben, denn solche Rheinübergänge gab es häufiger. Zum anderen gehörte das Land auf dem gegenüberliegenden Ufer dem größten politischen Konkurrenten im Rheintal, dem Kölner Erzbischof, der Zollstätten an den Handelswegen, die sein Territorium erreichten, anlegen ließ. Die älteste, heute noch erhaltene Bebauung jener mittelalterlichen Hauptstraße stammt aus dem 17. Jh. (Häuser Nr. 6, 8 und 14).

Den größten Raum nahm in der Stadt des 13./14. Jh. die Stiftsimmunität von **St. Lambertus** ein (Abb. 1). Auf dem zentralen Platz stand bereits eine Pfarrkirche, die Graf Adolf nach der Stadterhebung durch den Neubau einer Stiftskirche ablöste. In der ersten Bauphase von 1288 bis ungefähr 1350 errichtete man einen freistehenden Chor mit zwei Jochen und einem ⅝-Schluß sowie die beiden Untergeschosse des Westturmes. Zur Mitte des 14. Jh. gingen den Stiftsherren die Mittel aus, den Kirchenbau mit einem neuen Langhaus zu vollenden. Provisorisch wurde der gotische Chor nach Westen abgeschlossen, und ein flacheres Langhaus der Vorgängerkirche verband den Ostteil mit dem neuen unvollendeten Westturm. In den 1380er Jahren verbesserte sich nicht nur die finanzielle Situation des Stiftes, sondern die kleine Stadt erfuhr auch eine Erweiterung ihres Areals auf das Fünffache. Den Grafen von Berg war 1380 die Herzogswürde verliehen worden, und sie bemühten sich, Düsseldorf zu einer entsprechenden Residenz auszubauen. Davon profitierte ebenfalls die Stiftskirche St. Lambertus, die nach 1390 wesentliche Teile einer neuen Ausstattung erhielt. Neben dem Altenberger Dom wurde die Stiftskirche zunehmend als Grablage der Herzöge von Berg genutzt. Das herausragende Grabmal im Scheitel des Chorumgangs erinnert an Herzog Wilhelm den Reichen († 1592). Der Kölner Bildhauer Gerhard Scheben schuf das Monument 1595–99, das in Anlehnung an antike römische Grabplastik mit einem aufwendigen Figurenprogramm dem Herrscher huldigt.

Eine andere neue Funktion der Kirche brachte eine weitere Verbesserung der finanziellen Lage. Seit 1383 hatte der Herzog durch Reliquienankäufe aus benachbarten Orten St. Lambertus zu einem Wallfahrtsziel werden lassen. Papst Bonifatius IX. unterstützte seine Aktivitäten, indem er die Kirche mit reichen Ablässen versah, um den Pilgerstrom auch nach Düsseldorf zu lenken. Die Rechnung ging auf: 1394 wurde der Kirchenbau im gotischen Stil vollendet. An den Chor wurde ein Umgang angefügt, der sich in den Seitenschiffen der Hallenkirche fortsetzt. Die Wände des ehemaligen Binnenchores wurden mit großen Fensterdurchbrüchen versehen, die nun der gesamten Anlage das Bild eines Hallenchores geben (Abb. 2). Auf der Südseite legte man

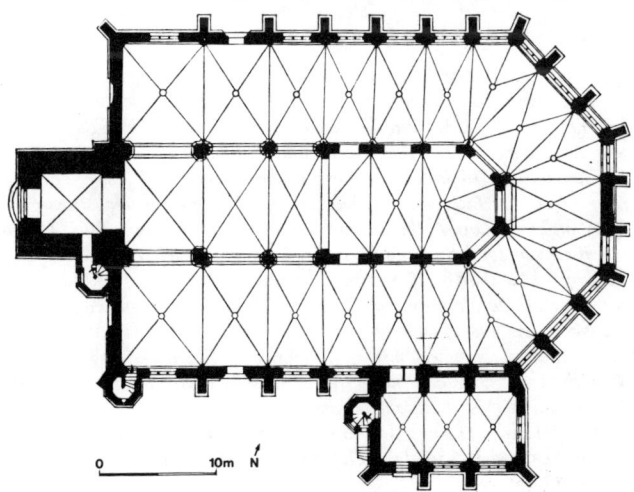

Düsseldorf, St. Lambertus,
Grundriß

0   10m N

eine zweigeschossige Sakristei an, die einen kleinen Dachausbau mit Nischen erhielt, um dort Reliquien zur Schau zu stellen.

Nach schweren Sturmschäden im Jahre 1606 und der Explosion des nördlich der Stiftsimmunität gelegenen Pulverturms 1634 bekam die Kirche ihre heute noch erhaltene barocke Innenausstattung (Hochaltar 1691–98, vier Nebenaltäre, Kanzel, Beichtstühle). Im Jahre 1815 brannte der Westturm ab und wurde zwei Jahre später nach Plänen von Adolf von Vagedes mit seiner hohen, leicht gedrehten Schieferpyramide wieder errichtet (Abb. 1).

Das mittelalterliche Stadtwachstum führte bis zum Ende des 15. Jh. zu einer beachtlichen Ausdehnung nach Osten und auch Süden. Im Vergleich mit anderen Städten des Rheintals, die sich bereits im früheren Mittelalter als Handelsplätze zum Teil auch von internationalem Rang etabliert hatten, erhielt Düsseldorf erst spät – um 1400 – den großen Marktplatz. Bis dahin diente das nördliche Ende der heute nicht mehr existierenden Krämerstraße als städtischer Marktplatz. Mit dem Stadtrecht waren Düsseldorf neben dem Wochenmarkt auch zwei Jahrmärkte (zu Pfingsten und zum Lambertitag am 17. September) zugestanden worden. Ende des 15. Jh. wurde die Stadt ebenfalls in die Hanse aufgenommen. Trotz all dieser Bemühungen gelang es Düsseldorf jedoch nicht mehr, den Anschluß an den überregionalen Handel zu bekommen und daraus Wachstumsimpulse für die städtische Entwicklung abzuleiten.

Die letzte mittelalterliche Ausbauphase bezweckte eine Verbesserung der Fortifikationsanlagen. An der Südwestecke der Stadt wurde eine Zitadelle mit vier Bastionen angelegt und zusätzlich die Befestigung der Stadt verbessert. Die Herzöge von Jülich-Berg und Kleve (1423 hatte das Herzogtum Jülich das Bergische Territorium geerbt, und 1510 kam durch Heirat das Klever Herzogtum noch hinzu) dachten daran, ihren Stützpunkt im Rheintal zu stärken und diesen in der kommenden Zeit als Residenz auszubauen. Doch die Baupläne scheiterten: Unter Wilhelm dem Reichen kam es nicht zum beabsichtigten Neubau eines Schlosses auf dem Festungsgelände, statt dessen blieb das Terrain unbebaut. Erst zur Regierungszeit Johann

Düsseldorf   1 St. Lambertus   2 Stadterhebungsdenkmal   3 Schloßturm (Schiffahrt-Museum)   4 Rathaus   5 Palais Spee (Stadtmuseum)   6 St. Andreas   7 Ehem. Klosterkirche des Karmelitessenklosters   8 Kreuzherrenkirche   9 St. Maximilian (ehem. Franziskanerkirche)   10 Reiterstandbild Jan Wellem   11 Land- und Amtsgericht   12 Radschlägerbrunnen   13 Neanderkirche   14 Berger Kirche   15 Heine-Monument (B. Gerresheim)   16 Schloß Jägerhof (Goethe-Museum)   17 Schalenbrunnen   18 Tritonengruppe   19 Bergischer Löwe   20 Lichtsäule (G. Uecker)   21 Kunstverein ›Malkasten‹/Malkastenhaus   22 Hofgärtnerhaus (DuMont-Lindemann-Archiv/Theatermuseum)   23 Ratinger Tor   24 Kunstakademie   25 Johanneskirche mit Reiterstandbild Kaiser Wilhelm I. und Bismarckdenkmal   26 Ehem. Landgerichtsgebäude (Justizministerium)   27 Stahlhof   28 Kaufhof (ehem. Warenhaus Tietz)   29 Carsch-Haus (Kaufhaus Horten)   30 Verwaltungsgebäude Mannesmann-Werke (1911/12) und Mannesmann-Haus (1985)   31 Rheinische Provinzialstände (bis 1988 Landtag) mit Brunnengruppe ›Vater Rhein und seine Töchter‹   32 Landtag NRW   33 Rheinturm (Fernmeldeturm)   34 Wilhelm-Marx-Haus   35 Tonhalle   36 Landesmuseum Volk und Wirtschaft   37 Ehrenhof-Anlage (Kunstmuseum, Kunstpalast)   38 Thyssen-Hochhaus (›Drei-Scheiben-Haus‹)   39 Kö-Galerie   40 Edelstahlplastiken (H. Antes)   41 Brunnenskulptur (H. Mack)   42 Kunsthalle und ›Kom(m)ödchen‹   43 Kunstsammlung Nordrhein-Westfalen   44 Deutsches Keramikmuseum/Hetjens-Museum (Palais Nesselrode)   45 Palais Wittgenstein (Kultur- und Bildungszentrum Bilkerstraße)   46 Schauspielhaus   47 Opernhaus

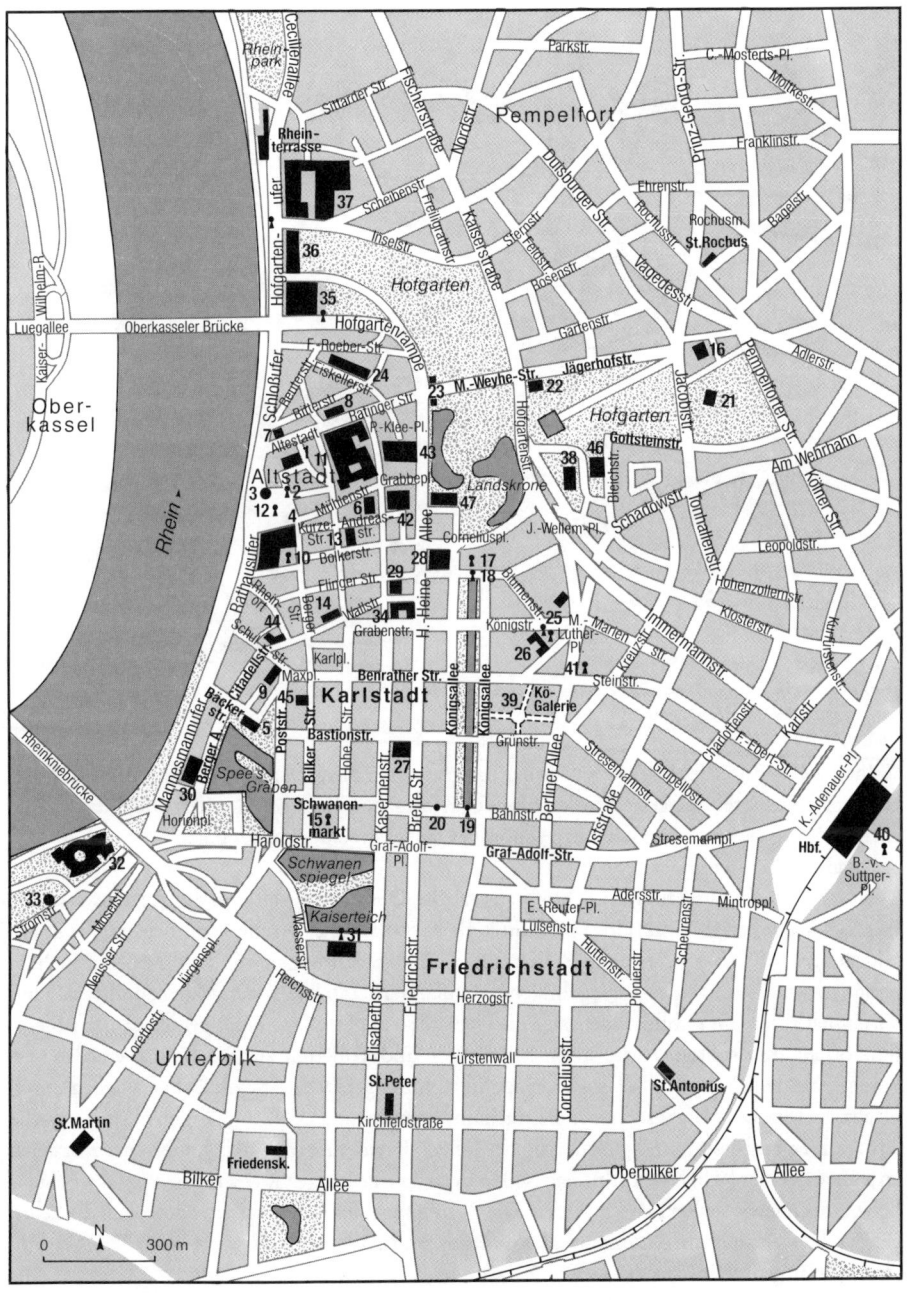

Rhein
park

Cecilienallee

Rhein-
terrasse

Pempelfort

Parkstr.

C.-Mosterts-Pl.

Mörsestr.

Fischerstraße

Sittarder Str.

Nordstr.

Duisburger Str.

Franklinstr.

Kaiserstraße

Scheibenstr.

Ehrenstr.

Rochusm.
St.Rochus

Rochusstr.

Bagelstr.

Sternstr.

37

Luegallee

Kaiser-Wilhelm-R.

Oberkasseler Brücke

36

35

Hofgartenufer

Düsselstr.

Tußelstr.

Freiligrathst.

Hofgarten

Rosenstr.

Jahnesstr.

Jacobistr.

Adlerstr.

Ober-
kassel

E.-Roeber-Str.

Hofgartenrampe

Schloßufer

Franciskellerstr.

24

Ratinger Str.

M.-Weyhe-Str.

Jägerhofstr.

Pempelforter Str.

16

21

23

22

Ritterstr.

8

Hofgartenstr.

Hofgarten

Gartenstr.

Am Wehrhahn

Rhein

Altestadt

7

P.-Klee-Pl.

Landskrone

Gottsteinstr.

46

38

Bleichstr.

Schadowstr.

Altstadt

11

43

Grabbepl.

Tonhallenstr.

3

12

2

6

47

J.-Wellem-Pl.

Kurze-Andreas-Str.

42

Hohenzollernstr.

Klosterstr.

4

Mühlenstr.

Allee

Cornelliuspl.

Mertensgasse

13

10

Bolkerstr.

28

17

Leopoldstr.

Karlstr.

Flinger Str.

29

Heine-Allee

18

Blumenstr.

25

M.-Marter-

Charlottenstr.

Rathausufer

Bergerstr.

14

Wallstr.

34

Königstr.

26

Luther-Pl.

Kreuzstr.

Immermannstr.

Kurfürstenstr.

44

Schulstr.

Grabenstr.

Karlpl.

41

Steinstr.

F.-Ebert-Str.

Citadellstr.

Maxpl.

Benrather Str.

39

Kö-
Galerie

Karlstr.

Bäcker-
str.

9

45

Karlstadt

Hohe Str.

Königsallee

Grünstr.

Stresemannstr.

Berger A.

5

Poststr.

Bastionstr.

Königsallee

Grupellostr.

Mannesmannufer

Rheinkniebrücke

Spee's
Graben

30

27

Kasernenstr.

Breite Str.

Bilker

Bahnstr.

Berliner Allee

UIstraße

Stresemannstr.

K.-Adenauer-Pl.

Horionpl.

Haroldstr.

Schwanen-
markt

15

20

19

Stresemannpl.

40

Hbf.

32

Schwanen-
spiegel

Graf-Adolf-
Pl.

Graf-Adolf-Str.

B.-v.-
Suttner-
Pl.

33

Museumstr.

Neusser Str.

Jürgenspl.

Kaiserteich

31

E.-Reuter-Pl.

Luisenstr.

Adersstr.

Mintroppl.

Scheurenstr.

Wasserstr.

Friedrichstr.

Elisabethstr.

Friedrichstadt

Herzogstr.

Cornelliusstr.

Pionierstr.

Hüttenstr.

Reichsstr.

Lorettostr.

Unterbilk

Fürstenwall

St.Peter

St.Antonius

St.Martin

Kirchfeldstraße

Bilker

Friedensk.

Allee

Oberbilker

Allee

0   N   300 m
     ▲

Schiffsfeuerwerk zur Hochzeit von Herzog Johann Wilhelm mit Jakobäa von Baden am 16. 6. 1585 in Düsseldorf. Kupferstich von F. Hogenberg

Wilhelms II. – Ende des 17. Jh. – wurde der Baugrund den Bürgern zur Verfügung gestellt. Franziskaner errichteten als erste Siedler hier ein Kloster am heutigen Standort der Maxkirche. Zu den ältesten erhaltenen Gebäuden gehört der langgestreckte Bau des Palais Spee, in dem sich das Stadtmuseum befindet.

Trotz des nicht ausgeführten Schloßbaus erlebte Düsseldorf während der Regentschaft des Herzogs Wilhelm (1539–92) eine rege Bautätigkeit. Renaissance-Architektur begann, das Stadtbild zu prägen. Aber auch neue Zielsetzungen und Erfahrungen aus den großen Seuchenperioden des Spätmittelalters spiegeln sich im geplanten Städtebau wider: Man bemühte sich um ein einheitlicheres Stadtbild, indem sich die Gebäude einer Straße an einer gemeinsamen Fluchtlinie orientieren sollten. Ferkelställe, Misthaufen und Toiletten zur Straße hin wurden verboten, statt dessen die Straßengossen eingeführt, brandgefährdete Strohdächer wurden durch Dachziegel ersetzt. Mit dieser neuen Bauordnung bemühte man sich, allmählich die hygienische Situation zu verbessern und gleichzeitig der jungen Residenzstadt ein angemessenes Aussehen zu geben. In einer Polizeiverordnung von 1554 wurden die Bürger angewiesen, einmal wöchentlich die Straße vor ihrem Haus zu fegen. Die Begrenzung der Renaissancestadt ziehen die heutigen Straßenverläufe von *Ritterstraße*, *Hunsrückenstraße*, *Neustraße*, *Flingern-* bzw. *Wallstraße* in ihrer Verlängerung bis zur *Bäckerstraße* nach.

Als monumentales Zeugnis jener Epoche sind der Marktplatz und das Rathaus zu sehen. Nicht mehr existiert dagegen das **Schloß**. Die bedeutendsten Architekten der Renaissance im Rheinland, Alessandro Pasqualini und sein Sohn Maximilian, planten den Neubau, der die mittelalterliche Burg ersetzen sollte. In der zweiten Hälfte des 16. Jh. entstand die vierflügelige Anlage um einen Innenhof.

Ein Brand im Jahre 1872 zerstörte den Sitz der Landesherren bis auf einen runden Flankierturm, der heute das Rheinpanorama mitprägt, und das Erdgeschoß des ehemaligen Galerieflügels. Isoliert steht heute der fünfgeschossige **Schloßturm** am südlichen Ende des Burgplatzes (Abb. 1). Die drei unteren, runden Geschosse entstanden wahrscheinlich in der ersten Hälfte des 16. Jh. schon vor dem Dienstantritt Alessandro Pasqualinis, während das vierte, polygonale Geschoß mit seiner Gliederung durch toskanische Halbsäulen dem italienischen Architekten zugeschrieben wird. In der Mitte des 19. Jh. wurde nach Plänen des Kunstakademieprofessors Rudolf Wiegmann das oberste Geschoß mit den nachträglich verglasten Zwillingsarkaden aufgesetzt. Heute befindet sich im Turm das *Schiffahrt-Museum* (s. Praktische Reiseinformationen: Museen).

Nach Süden schließt sich das Ensemble mit Marktplatz und **Rathaus** an, das nach schweren Kriegsschäden wieder neu aufgebaut wurde. Der Backsteinbau entstand 1570 bis 1573 unter der Leitung des Duisburger Maurermeisters Heinrich Tussmann. Die Pläne entwarf vermutlich Maximilian Pasqualini, der als herzoglicher Landesbaumeister zur gleichen Zeit auch an der klevischen Schwanenburg arbeitete. Stilistisch ist das Düsseldorfer Rathaus in die Übergangszeit von der Gotik zur Renaissance einzuordnen. Die dem Marktplatz zugewandte Hauptfassade wird durch acht Fensterachsen und zwei Fialengiebel bestimmt. Die Mittelachse dieser Schauseite bildet ein polygonaler Turm, der aus der Bauflucht hervortritt. Sein oberstes

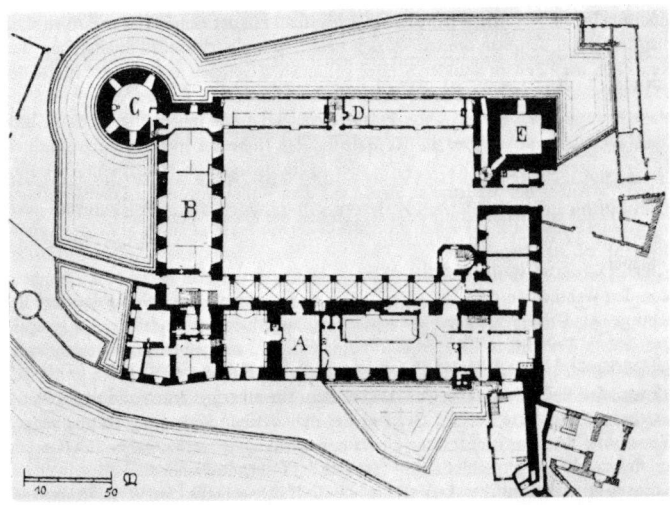

Grundriß des Schlosses mit den 1693 errichteten Kolonnaden, 1756

Geschoß wird durch einen spätgotischen Maßwerkfries abgeschlossen. Die laternenbekrönte Schweifhaube, die Figurennische mit einer Figur der Justitia im mittleren Geschoß sowie das Portal des linken Gebäudeteils sind Veränderungen aus der Mitte des 18. Jh. (Farbabb. 3).

Im Zusammenhang mit dem Neubau des Rathauses erhielt der **Marktplatz** in der Mitte des 16. Jh. ebenfalls eine neue Gestaltung, für die vermutlich auch Maximilian Pasqualini verantwortlich zeichnete. Das Handelszentrum der Stadt wurde 1551 mit einer Markthalle ausgestattet (im Zweiten Weltkrieg zerstört), um empfindliche Waren vor Wettereinflüssen zu schützen. Andernorts nutzte man aus diesem Grund Teile des Rathauses, wie z.B. in Kalkar, wo das Erdgeschoß als Tuchhalle fungierte. In der zweiten Hälfte des 16. Jh. entstand an der Mühlenstraße – zum Düsselbach orientiert – eine *Fleischhalle,* für deren Betrieb man auf fließendes Wasser angewiesen war. Bis ins 19. Jh. hinein wurde die Fleischhalle in ihrer ursprünglichen Funktion genutzt.

Mit einer anderen Maßnahme, die städtische Wirtschaft zu fördern, wurde zum Ende des 16. Jh. der Bereich der Neustadt südlich des Marktplatzes verändert. Die Hafenstraße weist auf das 1609 fertiggestellte Hafenbecken hin. Bis 1853 kündete noch ein Kran vom einstigen Hafenbetrieb. Neben seiner wirtschaftlichen Funktion übte der Hafen noch eine weitere wichtige aus; er war Verbindungsstück zwischen den Wassergräben der Zitadelle und dem Rhein. Dadurch trennte er ebenfalls die Stadt von der Zitadelle ab.

Zwischen 1538 und 1614 wurde nach Plänen aus der Architektenfamilie Pasqualini die *Zitadelle* errichtet. Auf einer ehemaligen Bastion, der im 19. Jh. geschleiften Festung, steht heute das **Palais Spee** (zweite Hälfte 17. Jh., Bäckerstraße) mit den historischen und kulturgeschichtlichen Sammlungen des *Stadtmuseums.* Anhand von Plänen und Modellen (z.B. ein großes Stadtmodell mit der baulichen Situation um 1800) wird deutlich, wie sehr die Stadtentwicklung von den Festungsanlagen bestimmt war. Ihre Linienführungen lassen sich in den Verläufen von Straßen, Grün- und Wasserflächen auch heute noch rekonstruieren. Ausstellungsräume zu den Themen ›Künstlervereinigung Junges Rheinland‹, ›Kunstakademie‹ oder eine Sammlung von Stichen aus dem Katalog der Kurfürstlichen Galerie des 18. Jh. dokumentieren den hohen Rang des Düsseldorfer Kulturlebens.

Im Park, der sich an die Ostecke des Stadtmuseums anschließt, zieht der Verlauf des Wassergrabens *(Spee's Graben)* die Konturen der historischen Bastion nach. Den Hauptweg durch das Festungsgelände und die Verbindung zur Stadt stellte die *Citadellstraße* dar, die mit ihrer Bebauung aus dem 17. bis 19. Jh. ein sehenswertes Ensemble bildet. Wohn- und Geschäftshäuser aus dem 17. wie 18. Jh. haben in der *Kurze Straße* die Schäden der Kriegsjahre und die Abrißwelle der Nachkriegszeit überdauert.

In diese von der Renaissance geprägten Ausbauphase der Stadt fallen bis zur Mitte des 17. Jh. auch zwei bedeutende Kirchenbauten: die ehemalige Jesuitenklosterkirche, heutige katholische Pfarrkirche St. Andreas (1622–29 errichtet) sowie die frühere Franziskanerklosterkirche, heute katholische Pfarrkirche St. Maximilian (1655 begonnen). Herzog Wolfgang Wilhelm von Pfalz-Neuburg (Regierungszeit von 1614–53), der im protestantischen Glauben erzogen worden war, trat aus politischen Gründen zum Katholizismus über. Seine Heirat mit der katholischen Prinzessin Magdalena von Bayern ist ebenfalls vor dem Hintergrund seiner Erbansprüche zu sehen.

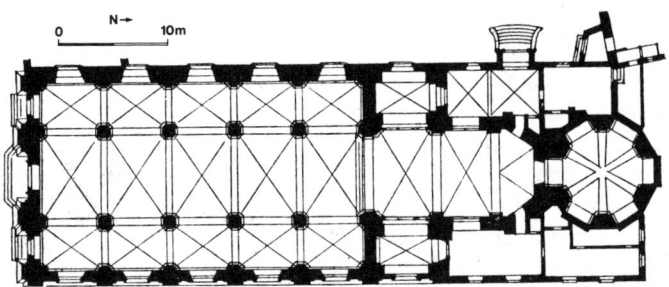

Düsseldorf, St. Andreas,
Grundriß

(Im Vertrag zu Xanten von 1614 waren Jülich und Berg an das vom Protestantismus zum Katholizismus übergetretene Haus Pfalz-Neuburg gefallen; daraufhin erschienen nun pfälzische Landesherren in Düsseldorf.)

Wolfgang Wilhelm bemühte sich nun besonders um eine Förderung des katholischen Glaubens in seiner Residenzstadt, indem er die Jesuiten ein Kloster errichten ließ. Zwischen 1622 und 1629 entstand die dazugehörige Klosterkirche als eine dreischiffige Emporenhalle. Die St. Andreas geweihte Kirche ernannte der Herzog zur Grablege des neuen Herrscherhauses in Düsseldorf. Zu diesem Zweck wurde nach 1667 an den Chor ein kleiner Zentralbau als *Mausoleum* angefügt, in dem sich unter anderem der Sarkophag des 1716 gestorbenen Kurfürsten Jan Wellem befindet. Auf Löwenfüßen steht der zinnerne Sarkophag in der Mitte des runden Raumes. Die Schauseite des monumentalen Sarges, der dem Hofbildhauer Gabriel de Grupello und seiner Werkstatt zugeschrieben wird, dient der Verherrlichung des Kurfürsten. Ein großes Medaillon mit seinem Porträt überragt den Deckel, flankiert vom Wappen des Verstorbenen und einem runden Relief, das in den Hafen einfahrende Schiffe zeigt. Der Wohlstand unter seiner Regentschaft wird damit angesprochen.

Durch die Staffelung der Baukörper entsteht in der Außenansicht eine malerische Folge geschweifter Hauben – vom Dach des Mausoleums bis zu den bekrönenden Laternen der beiden Chorflankentürme (Abb. 3). Im Inneren weist der Kirchenbau eine reiche Stuckdekoration auf, die der Straßburger Johann Kuhn von 1632 an nach italienischen Vorlagen anfertigte. Die Dekoration sowie die Gliederung des Kirchenraumes, die Verbindung einer spätgotischen Emporenhalle mit römischen Bauten der Spätrenaissance bzw. des Frühbarock, gehen auf das Vorbild der Neuburger Hofkirche (1607 begonnen) zurück. Damit stellt St. Andreas ein einzigartiges Beispiel römisch-süddeutscher Barockarchitektur am Niederrhein dar. – Auch die Gründung eines **Karmelitessenklosters** (1642) fällt in die Regierungszeit Wolfgang Wilhelms. Nördlich der Lambertuskirche steht die **ehemalige Klosterkirche** (1712–16 erbaut) am Schloßufer.

An der Verlängerung der Altestadt, der Ratinger Straße, wird die spätgotische **Kreuzherrenkirche** nach rund 160jähriger Unterbrechung seit 1969 wieder als Gotteshaus genutzt. In der einstigen Klosterkirche, einem zweischiffigen Hallenbau, fand man bei den Restaurierungsarbeiten sogar Reste mittelalterlicher und barocker Wandmalereien, die die Nutzung der Kirche als Warenlager, Stall und Verwaltungsgebäude überdauert hatten.

Zwei Jahre vor dem Tod Wolfgang Wilhelms wurde noch ein Franziskanerkloster auf dem Gelände der Zitadelle gegründet. Die erste Klosteranlage mit Kirche entstand 1655 bis 1668; sie wurde jedoch schon in der ersten Hälfte des 18. Jh. durch Neubauten ersetzt. In den 1730er Jahren errichtete man die Kirche, die heute als katholische Pfarrkirche dem **hl. Maximilian** geweiht ist. Der schlichte Außenbau mit Backsteinmauerwerk und Sandsteinpilastern wird von einem ungewöhnlichen Dach abgedeckt: Quergestellte Mansardendächer begrenzen das Satteldach des Langhauses, die Kuppel über der Fassade sowie das Mansarddach des Chores werden von Laternen mit Zwiebelhauben bekrönt. Die Innenausstattung zeigt in den Stukkaturen wie im Mobiliar die Formensprache des Rokokos.

Ein neues und glanzvolles Kapitel der Stadtgeschichte läßt sich über die Regierungszeit *Johann Wilhelms II.* (1679–1716) schreiben, der als *Jan Wellem* auch noch lange nach seinem Tod unter Düsseldorfern lebendig und zu einem Stadtpatron aufgestiegen ist. Obwohl Jan Wellem zunächst mit der Habsburger Erzherzogin Maria Anna, einer Stiefschwester des Kaisers, und nach deren Ableben mit der letzten Prinzessin aus dem Hause Medici, Anna Maria Luisa von Toscana, verheiratet war, ist er nicht als großer Politiker auf der europäischen Bühne in die Geschichte eingegangen, sondern als großer Mäzen der Künste.

Dabei begann Jan Wellem seine Regierungszeit am Niederrhein mit einer finanziellen Belastung von 20 000 Talern, die er seinem Vater für die vorzeitige Abtretung des Herzogtums Jülich-Berg (1679–90) zu leisten hatte. Aber auch ohne diese Zahlungen hätte der herzogliche Etat nicht ausreichen können, die hochtrabenden Baupläne Jan Wellems zu realisieren. Es war die Zeit des Absolutismus, und mancher Herrscher versuchte, dem Vorbild des Zeitgenossen Ludwig XIV. nahe zu kommen. So ist es denn auch bezeichnend, daß heute kaum mehr Städtebau oder Gebäude an den Bauherren Johann Wilhelm erinnern, dafür jedoch ein anschauliches Bild des absolutistischen Landesherren durch Werke – vor allem der Bildhauerei – überliefert ist.

Um seine Imagepflege bemühte sich Jan Wellem persönlich, schließlich gab er auch selbst den Auftrag zu seinem **Reiterstandbild** auf dem Marktplatz (Farbabb. 3). Von 1695 an beschäftigte sich der Hofbildhauer Gabriel de Grupello mit den Entwürfen. Zwischen 1703 und 1711 entstand die Bronzeplastik. Der mit einer Rüstung bekleidete Herrscher lenkt ein ruhig dahinschreitendes Pferd; im übertragenen Sinn wird damit die Staatsführung angesprochen. Zudem war die Form einer bronzenen Reiterfigur zur Zeit des Barocks die künstlerisch wie materiell aufwendigste Möglichkeit der Repräsentation. Sogar diese am meisten geschätzte Art der Darstellung verstand Jan Wellem noch zu steigern: Entgegen der sonst üblichen Weise ließ er sich als Reiter mit seinem höchsten Rangabzeichen, dem Kurhut, verewigen. Seinem Vater war 1685 die Kurwürde verliehen worden, und nach dessen Tod erlangte Jan Wellem als Herrscher des Hauses Pfalz-Neuburg auch den Titel des pfälzischen Kurfürsten. Das barocke Reiterbildnis steht auf einem klassizistischen Sockel aus Ratinger Marmor, der nach Entwürfen des Architekten Adolf von Vagedes 1822 bis 1830 ausgeführt wurde.

Jan Wellem sorgte nicht nur dafür, daß sein Abbild durch sämtliche Techniken der Bildenden Künste überliefert wurde, sondern er war gleichzeitig ein großer Kunstsammler. Um dieser Leidenschaft Raum zu geben, ließ er nach 1709 zwischen dem Südflügel des Schlosses und dem Rathaushof einen **Galeriebau** errichten. Das dreiflügelige Gebäude beherbergte im Erdgeschoß

Gipsabdrücke antiker Statuen und im Obergeschoß eine berühmt gewordene Gemäldesammlung mit beispielsweise 40 Bildern von Peter Paul Rubens. Durch einen Katalog des Oberbaudirektors Nicolas de Pigage, dem Architekten des Benrather Schloßbaus von 1755 bis 1773, ist der Bestand des Jahres 1778 überliefert. Einige Blätter mit Stichen der Exponate sind im Stadtmuseum zu sehen. – Diese Galerie entwickelte sich bereits im 18. Jh. zu einer wichtigen Sehenswürdigkeit der Stadt. Namhafte Touristen, wie z. B. Johann Wolfgang von Goethe oder Alexander von Humboldt, reisten dafür an. 1805 brachte Maximilian Josef von Pfalz-Zweibrücken die Sammlung nach München, wo sie den Grundstock der Alten Pinakothek bildete. Vom Galeriegebäude sind heute nur noch Reste des östlichen Flügels am Burgplatz zu sehen. Durch die hohen Rundbogenfenster fiel das Licht auf die Antikensammlung.

Auf dem Burgplatz steht das Denkmal eines nahezu ausgestorbenen Düsseldorfer Brauchs: das Radschlagen. Den **Radschlägerbrunnen** schuf Alfred Zschorsch 1954 (Abb. 5); vom Düsseldorfer Heimatdichter Hans Müller-Schlösser stammt das Spruchband am Rand der Brunnenschale: »Radschläger wolle mer blieve, wie jeck et de Minsche och drieve« – Radschläger wollen wir bleiben, wie verrückt es die Menschen auch treiben.

Das erste Düsseldorfer *Opernhaus* entstand ebenfalls zur Regierungszeit Jan Wellems an der Mühlenstraße. Seinen Standort nimmt heute das **Land- und Amtsgericht** (1912–21 erbaut) mit seiner monumentalen neuklassizistischen Architektur ein.

Der absolutistische Herrscher war ebenfalls bestrebt, seine Residenzstadt nicht nur tagsüber im rechten Licht erscheinen zu lassen, und führte um 1700 die Straßenbeleuchtung ein. Schriftliche Quellen überliefern, daß sich die Öllaternen in Schloßnähe auffällig konzentrierten. Im Kirchenbau wurden unter der Regierungszeit Jan Wellems besonders die evangelischen Gemeinden aktiv, denn ihnen waren nun eigene Gotteshäuser erlaubt. Den katholischen Kirchen gegenüber waren sie allerdings auch im wörtlichen Sinne zurückgestellt: Nach einer Bauverordnung durften sie nicht an öffentlichen Straßen errichtet werden, sondern mußten entweder durch einen Hof oder durch eine kleine Gasse von diesen getrennt sein. 1684 konnte die reformierte Gemeinde die Neanderkirche an der Bolkerstraße weihen, drei Jahre später die lutherische ihre Kirche nahe der Berger Straße (Hausnr. 18 b).

Im Vergleich zu den katholischen Gotteshäusern fallen diese beiden Kirchen durch ihre schlichte Gestaltung des Außen- wie Innenbaus auf. Trotzdem kann die **Neanderkirche** als ein frühbarockes Bauwerk bezeichnet werden: Nicht nur die geschweifte Turmhaube mit bekrönender Laterne, sondern auch die beiden Portale, das ehemalige Hauptportal auf der Nordseite und der heutige Eingang im unteren Turmgeschoß, zeigen typische barocke Formen. Der erste Türsturz wird von einem weit ausladenden, reich profilierten Gesims gebildet, der zweite von einem sogenannten gesprengten Dreiecksgiebel. Dieses Motiv wiederholt sich in der Giebelwand durch den vorgesetzten Turm.

Im Innenraum, einem tonnengewölbten Saal, baute man 1849 wegen des Platzmangels auf drei Seiten eine Empore ein. Hierdurch wird die ungewöhnliche Altarstellung an einer Seitenwand noch betont.

Der katholischen Bautradition stärker verwandt erscheint – auf den ersten Blick – der Innenraum der **Berger Kirche.** Hier steht der Altar in einer abgeschrägten Apsis. Wenn auch bei der

Gestaltung des Altarraumes nach dem Wiederaufbau (1960–66) sich Altar, Kanzel und Orgel übereinander gestaffelt in modernen Formen präsentieren, so ist eine solche Vereinigung der drei Prinzipalstücke älteste protestantische Tradition. Bereits Martin Luther hat sich für diese Anordnung ausgesprochen. Bis zur vollständigen Zerstörung der Berger Kirche 1943 prägten eine barocke Kombination von Altar, Kanzel und Orgel sowie Empore an beiden Längsseiten den Innenraum.

Um die Wende zum 18. Jh. wurden auf dem wirtschaftlichen Sektor der Stadt einige Voraussetzungen geschaffen, mit deren Hilfe ein Anschluß an die gewerbliche Entwicklung, die sich bereits im Bergischen abzeichnete, möglich war. Der Kurfürst ließ das Zunftwesen neu ordnen, sorgte für die Errichtung neuer Postlinien sowie einer ›fliegenden Brücke‹ über den Rhein und förderte die ersten Fabrikgründungen vorwiegend im Textilgewerbe.

Durch den plötzlichen Tod Jan Wellems im Jahre 1716 erlebte die Stadt einen Rückschlag, denn sein Bruder und Nachfolger Karl Philipp zeigte wenig Interesse an Düsseldorf. Er holte sich Teile der Kunstsammlung nach Schwetzingen und residierte zunächst in Heidelberg, ab 1720 in Mannheim.

Der nächste Landesherr Karl Theodor zog es zwar auch vor, in Süddeutschland zu residieren, jedoch besuchte er die Stadt mehrfach. Vor allen Dingen besaß er im Grafen von Goltstein einen fähigen Statthalter, der sich sehr für die Entwicklung der verlassenen Residenzstadt einsetzte. Somit wurde die Regierungszeit von Karl Theodor von Pfalz-Sulzbach (1742–92) doch noch zu einem positiven Kapitel für die Düsseldorfer Stadtgeschichte.

Deutlichstes Relikt ist die Stadterweiterung nach Süden, die sogenannte **Karlstadt.** Ein rechtwinkliges Straßennetz, das sehr an den Verlauf des antiken römischen Schemas erinnert, prägt den in den 1770er Jahren geplanten Stadtteil. Ansatzpunkt dieses städtischen Wachstums war die 1701 begonnene *Infanteriekaserne* an der Ostseite der heutigen Kasernenstraße, ein Gebäude, das zu jener Zeit bereits außerhalb der Stadtbefestigung lag. Im Stadtviertel zwischen Karlplatz und Schwanenmarkt, Kasernenstraße und Poststraße begannen die Bauaktivitäten jedoch recht schleppend, da wegen der hohen Grundstückspreise die Nachfrage gering blieb. Erst als nach 1787 Baugrund kostenlos vergeben und jedem Bauherrn zusätzlich eine Steuerfreiheit von 20 Jahren gewährt wurde, vollzog sich der erhoffte Ausbau der Karlstadt. Die ältesten Gebäude sind heute noch in der *Bilkerstraße* (z.B. Nr. 5 und 15) erhalten. Zahlreiche weitere Häuser dieser Straße und der Bastionstraße stammen im Kern auch aus dem späten 18. Jh., erhielten jedoch zu Beginn des 19. Jh. eine klassizistische Fassade. – Im Süden der Karlstadt, am *Schwanenmarkt,* erinnert das **Heine-Monument** (1981 zum 125. Todestag von Bert Gerresheim geschaffen) an den Dichter, der 1797 in der Bolkerstraße 53 geboren wurde. Heinrich Heines Totenmaske bot die Vorlage zu dem Landschaftsobjekt aus zwei monumentalen ruhenden Gesichtshälften (Abb. 6).

Außerhalb des befestigten Stadtgebietes begannen Mitte des 18. Jh. die Arbeiten auf zwei Großbaustellen. 1752 fing man an, nach Plänen des Aachener Stadtbaumeisters Johann Josef Couven ein 1713 errichtetes Jagdhaus durch den Neubau des **Schlosses Jägerhof** zu ersetzen (Abb. 9). 1763 war der Sitz der bergischen Oberjägermeister vollendet; heute beherbergt das Gebäude *Kunstgewerbe-Sammlungen* sowie das *Goethe-Museum.* In seiner architektonischen

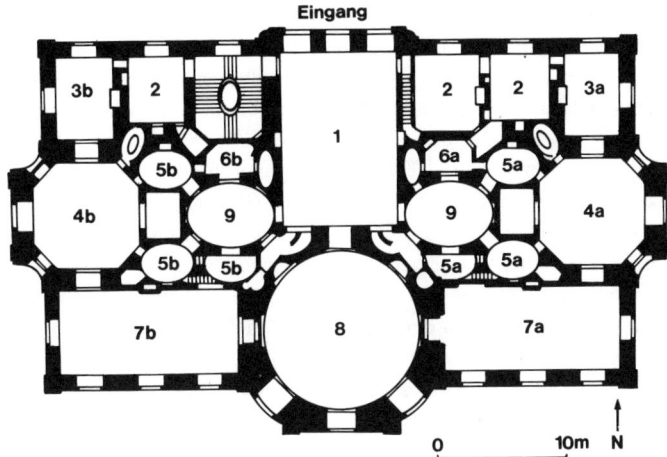

Schloß Benrath, Raum-
folge im Erdgeschoß
1 Vestibül
2 Ordonnanzräume
3 Salons
4 Schlafzimmer
5 Garderobe
6 Bäder
7 Gartensäle
8 Kuppelsaal
9 Lichthöfe
a = Räume des Kurfürsten
b = Räume der Kurfürstin

Gestaltung folgt es dem Vorbild französischer Landschlösser und Lusthäuser – maisons de
plaisance. Dementsprechend mußte auch die Umgebung neu gestaltet, d. h. ein Schloßpark
angelegt werden. Die Anfänge des Hofgartens, das Teilstück zwischen Jägerhofstraße und Golt-
steinstraße, sind somit ebenfalls in die Mitte des 18. Jh. zu datieren.

Während der Kurfürst Karl Theodor bei den ersten Plänen Couvens zum Schloß Jägerhof
noch kostensparend eingriff, schienen ihm bei dem Neubau des **Benrather Schlosses** keine
Mühen und Kosten zuviel. Er ließ dort weder den Prinzenbau, den Herzog Philipp Wilhelm in
der Mitte des 17. Jh. errichtet hatte, noch das barocke Wasserschloß (1660–67 angelegt) nach
eigenen Vorstellungen aus- bzw. umbauen, sondern ließ letzteres abreißen, um an dessen Stelle
ein neues Lustschloß zu setzen. Ein solches maison de plaisance diente nicht der öffentlichen
Repräsentation, sondern fungierte eher als fürstlicher Freizeitwohnsitz. Um den privaten
Charakter zu wahren, wurde zwar nicht auf den standesgemäßen Luxus verzichtet, doch das
Ganze bekam kleinere Ausmaße. Betrachtet man des Gebäude von außen, erscheint es zunächst
als unglaublich, daß das Schloß innen vier Geschosse mit mehr als 80 Räumen birgt (Abb. 13).

Ein anderes Merkmal des Landschlosses ist seine enge Verbindung mit der Natur. Nicht
nur im Dekor der aufwendigen Innenausstattung sind Formen der Natur allgegenwärtig,
sondern auch Gebäude und Schloßpark sind deutlich aufeinander bezogen. So gehen z. B. die
drei Hauptachsen des Gartens von den drei hofseitigen Türöffnungen des zentralen Kuppel-
saales aus. Die Pläne für den Außenbau wie die innere Gestaltung entwarf Nicolas de Pigage. Das
Hauptgebäude entstand zwischen 1757 und 1760. Die Innenausstattung wurde 1773 durch
Handwerker und Künstler, die ebenfalls an der Hauptresidenz in Mannheim arbeiteten, im Stil
Louis XVI. fertiggestellt. Die Verbindung von Bauwerken und Natur, eine Landschafts-
und Gartenarchitektur, die auf Blickachsen und Aussichtspunkte ausgerichtet ist, prägt den
Benrather *Schloßpark* in einer ähnlichen Weise wie die verschiedenen Parkanlagen in Kleve. Im

westlichen Wirtschaftstrakt des Benrather Schlosses befindet sich heute das **Naturkundliche Heimatmuseum Benrath.**

Unter der Regentschaft Karl Theodors wurden zwei wichtige kulturelle Einrichtungen ins Leben gerufen. 1770 gründete er die ›Kurfürstlich öffentliche Bibliothèque‹, die Vorläuferin der heutigen Landes- und Stadtbibliothek. Die Attraktivität der kurfürstlichen Galerie zog nicht nur Touristen und Künstler an, sondern auch Studierende. Der Düsseldorfer Maler Lambert Krahe erkannte die Gunst der Stunde und eröffnete eine Zeichenschule, aus der 1777 die ›Kurfürstliche Maler-, Bildhauer- und Baukunstakademie‹ hervorging. Auf dem Direktorenstuhl folgten ihm u. a. Peter Cornelius und Wilhelm von Schadow. – Auch die Künstler-Gesellschaft ›Malkasten‹ entwickelte sich in jener Zeit zu einem internationalen Treffpunkt und kulturellem Zentrum in Pempelfort vor den Toren der Stadt.

Die französische Besetzung des Rheinlands brachte der Stadt kurzfristig schwere Zeiten. Düsseldorf wurde vom linken Rheinufer aus beschossen und dabei Teile der Altstadt sowie das Schloß stark zerstört. Doch bereits 1801 wurde der Grundstein zu einem neuen Stadtausbau gelegt. Zwei Personen gestalteten dabei das Stadtbild in der ersten Hälfte des 19. Jh. entscheidend: der Gartenbaumeister Maximilian Friedrich Weyhe und der Architekt Adolf von Vagedes. Auf dem Terrain der geschleiften Festungsanlagen entstanden Straßen mit repräsentativer Bebauung wie z. B. die Königsallee und die nördlich angrenzenden Erweiterungen des Hofgartens. Der Wassergraben der ehemaligen Stadtbefestigung wurde begradigt und bildet seitdem die Mittelachse der Königsallee. Zu Ehren Friedrich Wilhelm IV. und seines Besuches 1851 in Düsseldorf wurde die Mittelallee in **Königsallee** umbenannt (Abb. 7).

Die älteste Bebauung plante Adolf von Vagedes; vornehme Wohnhäuser im klassizistischen Stil entstanden hauptsächlich auf der Ostseite der Königsallee, während die Grundstücke an der Kanalstraße, dem Straßenzug westlich des Stadtgrabens – heute der Abschnitt zwischen Benrather Straße und Opernhaus – zur Hälfte noch unbebaut waren. Die Fortsetzung bildete der Exerzierplatz bis zum Südende des Stadtgrabens.

Ende des 19. Jh. wandelte sich das Bild der Königsallee durch den Nutzungswandel zahlreicher Häuser. Hausbesitzer vermieteten die Erdgeschoßräume als Läden und Lager. Für die gewerbliche Nutzung wurden die Gebäude verändert: Parterrefußböden auf Straßenniveau verlegt, Schaufensterfronten vergrößert und teilweise ein bis zwei Geschosse auf das Haus aufgesetzt. Lohnten sich diese Arbeiten nicht, riß man die Wohnhäuser ab und baute Geschäftshäuser neu.

Gleichzeitig bemühte sich die Bürgerschaft um eine repräsentative Ausstattung der Königsallee mit Brunnen und Denkmälern. Im neubarocken Stil schuf Leo Müsch 1882 den **Schalenbrunnen** am Corneliusplatz. Das imposanteste und sicherlich am meisten fotografierte Denkmal ist die wasserspeiende **Tritonengruppe,** 1902 von Fritz Coubillier geschaffen (Abb. 4). Weniger beachtet steht dagegen der bronzene **Bergische Löwe** (1963 von Philipp Harth), das Wappentier der Stadt Düsseldorf, am südlichen Ende des Stadtgrabens. Dieses moderne Denkmal ersetzt zwei hölzerne Löwen (von 1916 und 1934).

1   DÜSSELDORF   Rheinpanorama mit St. Lambertus und Schloßturm ▷

3 DÜSSELDORF St. Andreas mit herzoglichem Mausoleum
◁ 2 DÜSSELDORF St. Lambertus, Hochchor

4 DÜSSELDORF Tritonengruppe im Stadtgraben der Königsallee
5 DÜSSELDORF Radschlägerbrunnen auf dem
Burgplatz, A. Zschorsch, 1954

6 DÜSSELDORF Heine-Monument auf dem
Schwanenmarkt, B. Gerresheim, 1981

7   DÜSSELDORF   ›Sehen und Gesehen werden‹ auf der Kö

8   DÜSSELDORF   Ehem. Warenhaus Tietz an der Königsallee

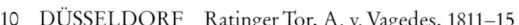

9   DÜSSELDORF   Schloß Jägerhof (Goethe-Museum), J. J. Couven, 1749–63

10   DÜSSELDORF   Ratinger Tor, A. v. Vagedes, 1811–15

11 DÜSSELDORF Tonhalle, ehem. Planetarium

12 DÜSSELDORF Kunstsammlung Nordrhein-Westfalen (Landesgalerie)

13 DÜSSELDORF   Schloß Benrath, N. de Pigage, 1756–73
15 DÜSSELDORF-KAISERSWERTH   Ev. Kirche an der Fliedner-Straße ▷
14 DÜSSELDORF-KAISERSWERTH   Barbarossapfalz

16 DÜSSELDORF-KAISERSWERTH Suitbertus-Stiftsplatz

17 Winterfreuden für Flachländer (bei Kaiserswerth)

18 DUISBURG Stadttheater, 1911/12

19 DUISBURG Wilhelm-Lehmbruck-Museum, ›Die Kniende‹

20 DUISBURG Blick vom Außenhafen auf Schwanentorbrücke, Salvatorkirche und Rathaus

21 DUISBURG Auf der Rheinbrücke zwischen Homberg und Ruhrort

22 DUISBURG Im größten Binnenhafen der Welt

24 REES St. Mariä Himmelfahrt ▷

23 VOERDE Kraftwerk Götterswickerhamm und Haus Wohnung

25 RINGENBERG Bildhauerarbeiten im Wasserschloß

26 EMMERICH-LEEGMEER Heilig-Geist-Kirche, Schrottkreuz, W. Kuhn, 1966

27 HOCHELTEN   St. Vitus auf dem Eltenberg

28 Mit 2000jähriger Geschichte: Gütertransport auf dem Rhein

Schräg über den Graf-Adolf-Platz, vor dem Fernmeldeamt, finden Sie die **Lichtsäule** (1981 von Günther Uecker), eine zeitgenössische Skulptur, die mit ihren 300 computergesteuerten Strahlen auf die Funktion des dahinterliegenden Gebäudes, das Senden von Impulsen, hinweist. Mit dem Verlauf der Haroldstraße schließt sich der Halbkreis der klassizistisch geprägten Neustadt.

Wenden wir uns dem Norden der Innenstadt zu. Für den nördlichen Teil der ehemaligen Stadtbefestigung war keine Wohnbebauung geplant. In *Pempelfort,* vor den Toren der Stadt, besaßen wohlhabende Bürger Düsseldorfs Landhäuser mit ausgedehnten Gärten. Einige von ihnen waren allgemein bekannt und sind durch Pläne oder Gemälde überliefert, wie z. B. der Knapp'sche Garten oder der **Jacobigarten.**

In der Mitte des 19. Jh. setzte sich die 1848 gegründete Künstlervereinigung, die sich später ›**Malkasten**‹ nannte, für den Erhalt des Jacobigartens ein, denn durch seine früheren Besitzer, die Familie Jacobi, war das Anwesen bereits zu einer wichtigen Begegnungsstätte geworden. Heinrich Heine, Christoph Martin Wieland, Johann Gottfried Herder und Johann Wolfgang von Goethe gehörten zu den Gästen des Hauses. Diese Tradition führten die Künstler fort, indem sie 1860 den Garten übernahmen und ein Fest- und Gesellschaftshaus bauten (Einweihung 1867). Im Zweiten Weltkrieg wurde das Gebäude zerstört. Zwischen 1950–54 entstand das jetzige **Malkasten-Haus,** das sich nördlich anschließende *Wohnhaus der Familie Jacobi* wurde in alter Form wieder aufgebaut. Heute werden Haus und Garten der Jacobis noch immer vom Düsseldorfer Künstlerverein Malkasten gepflegt und sind der Öffentlichkeit zugänglich.

Ausgangspunkt der **Grünanlagen des Hofgartens** wurde der zum Schloß Jägerhof gehörige **alte Hofgarten,** der sich östlich der Hofgartenstraße ausdehnt und im Süden von der kanalisierten Düssel begrenzt wird. Kurfürst Karl Theodor wünschte keinen privaten Park zu seinem Lusthaus, sondern eine öffentliche Grünanlage. Nach Plänen von Nicolas de Pigage entstand in der zweiten Hälfte des 18. Jh. der ältere Teil des Hofgartens, in dem die aufkommende Mode des englischen Landschaftsgartens bereits zu erkennen ist. (Unter der Herrschaft Karl Theodors, der auch die bayerische Kurwürde besaß, begannen wenig später die Arbeiten am Englischen Garten in München.)

Nicolas de Pigage entwarf ebenfalls das **Hofgärtnerhaus** an der Kreuzung Hofgartenstraße/Jägerhofstraße. Während der Napoleonischen Feldzüge wurde es 1796 gesprengt und der Park durch den Bau von Schanzen verwüstet. 1802 wurde das Gebäude nach altem Vorbild neu errichtet, ein zweites Mal nach den Zerstörungen des Zweiten Weltkriegs. Seit 1988 beherbergt das ehemalige Hofgärtnerhaus das *Theatermuseum der Stadt Düsseldorf,* das *Dumont-Lindemann-Archiv.*

Im Westen schließt sich, durch die Hofgartenstraße getrennt, an den alten – auch fiskalischen – Hofgarten der neue Teil an, den zu Beginn des 19. Jh. Maximilian Friedrich Weyhe gestaltete. Dieser **städtische Hofgarten** wurde als englischer Landschaftspark (s. S. 297 ff.) angelegt.

Die Verlängerung der Ratinger Straße – eine neu angelegte Verbindung zum Schloß Jägerhof, die heutige Maximilian-Weyhe-Allee – erhielt 1811–15 nach Plänen von Adolf von Vagedes eine klassizistische Stadttoranlage. Zwei dorische Tempel, die ehemaligen Zollhäuser, flankieren den Straßenbeginn. Das **Ratinger Tor** (Abb. 10) kann als ein Vorläufer der 1818 von Karl

Friedrich Schinkel fertiggestellten Neuen Wache in Berlin gesehen werden. So bietet neben Kleve auch Düsseldorf Anregungen für Bauten in der preußischen Hauptstadt.

Seit der Mitte des 19. Jh. erlebte Düsseldorf ein städtisches und wirtschaftliches Wachstum von bislang unbekanntem Ausmaß. Die Entwicklung des Eisenbahnnetzes brachte der Stadt, die bis dahin eher im Schatten alter Gewerbegebiete, wie z. b. dem Bergischen oder dem Textilgebiet um Krefeld und Mönchengladbach, gestanden hatte, eine Lagegunst durch seine zentrale Position, denn auch der Ausbau des Bergbaus und der Eisenindustrie im Ruhrgebiet gab Düsseldorf wichtige Impulse. Zum Ende der 1830er Jahre endeten die beiden ersten Bahnlinien in Düsseldorf. Die *Bahnhöfe* der *Elberfelder Bahn* und der *Köln-Mindener-Bahn* standen in dem Bereich, der von Graf-Adolf-Straße und Luisenstraße begrenzt wird. Damit war die wesentliche Voraussetzung für die Entstehung neuer Wohn- und Gewerbeviertel südlich der klassizistischen Stadterweiterung sowie der Karlstadt gegeben. Ab 1854 entstand hier die sogenannte **Friedrichstadt**. Aber auch westlich der Königsallee und nordöstlich des Hofgartens wuchsen neue Stadtviertel.

Zum Ende des Jahrhunderts kristallierte sich immer deutlicher eine neue Funktion Düsseldorfs heraus: Verwaltungszentrum, der ›Schreibtisch des Ruhrgebiets‹ zu sein. Dabei profitierte die Stadt besonders von ihrer Vergangenheit als Residenz und dem klassizistischen Stadtausbau, der große Parks und Grünanlagen wie repräsentative Straßenzüge gebracht hatte. Gegen eine solche Konkurrenz konnte z. B. Duisburg trotz seiner günstigeren Lage und expandierenden Wirtschaft nicht ankommen. Mit der Königsallee als Mittelachse begann sich zum Ende des 19. Jh. eine City zu bilden. Durch den Abriß der alten Kaserne und dem sich östlich anschließenden Exerzierplatz im Karree zwischen Königsallee, Benrather Straße und Kasernenstraße gab es auch noch neues Bauland in bester Lage. Banken, Verwaltungen, wie z. B. die Oberpostdirektion oder das Kreishaus, Schulen (Hohenzollern-Gymnasium, Luisenschule), eine Synagoge sowie Schauspielhaus und Lustspielhaus fanden hier ihren Standort. Mit dem Zusammenschluß der verschiedenen Bahnlinien und Bahnhöfe in Düsseldorf zum **Hauptbahnhof** (1891) dehnte sich auch der tertiäre Sektor mit seinen Einrichtungen nun auch nach Osten aus. Nach Westen setzte sich schließlich die Entwicklung der City zum Mannesmannufer in die Nähe des Hafens fort.

Der Rhein hatte sich bis zum Ende des 19. Jh. immer noch als Grenze des städtischen Wachstums gehalten. Erst 1898 wurde die **Oberkasseler Brücke** als erste feste Straßenbrücke eröffnet; die älteste **Eisenbahnbrücke** beim Vorort *Hamm* tat bereits seit 1870 ihren Dienst. Mit Eingemeindungen im Jahre 1909 auf beiden Rheinufern vergrößerte sich das Stadtgebiet nahezu auf das Doppelte, so daß Düsseldorf mit rund 111 km² zur flächengrößten Stadt Deutschlands aufstieg.

Neben dem Bauboom, den die Industrialisierung auslöste, wahrte Düsseldorf mit seinen neuen Stätten der Kunst ebenfalls seinen guten Ruf als Kunststadt. Dringlichste Aufgabe wurde dabei, der 1872 durch den Schloßbrand obdachlos gewordenen **Kunstakademie** ein neues Gebäude zu geben. Nördlich des mittelalterlichen Stadtkerns stand geeigneter Baugrund zur Verfügung. Ähnlich wie in Köln war unter Napoleons Herrschaft am Rhein nördlich der Altstadt ein *Sicherheitshafen* angelegt worden. Um die Jahrhundertmitte hatte man das Hafenbecken wieder zugeschüttet und mit dem einstigen Hafenbereich neues Gelände in zentraler

Rheinansicht mit Schloßturm und der 1898 eröffneten Oberkasseler Brücke

und geeigneter Lage gewonnen. Der repräsentative Bau wurde nach Plänen von Hermann Riffart 1879 im Stil der Neorenaissance fertiggestellt. Mit der Ausrichtung des langgestreckten, dreigeschossigen Gebäudes von Westen nach Osten wollten die Bauherren sämtlichen Ateliers das damals für notwendig erachtete Nordlicht ermöglichen. Auch heute dient das historische Bauwerk noch immer seiner ursprünglichen Funktion.

Ein bedeutender Kirchenbau in der Stadterweiterung östlich der Königsallee fiel in die gleiche Zeit; 1875 wurde der Grundstein zur **Johanneskirche** auf dem Königsplatz – heutigem Martin-Luther-Platz – gelegt. Diese Baupläne erregten große Diskussionen unter den katholischen Düsseldorfern, die nach wie vor auf protestantischen Kirchen hinter Höfen oder an kleinen Gassen bestanden. Erst mit einer Genehmigung des preußischen Königs und deutschen Kaisers konnte die Kirche auf dem gewünschten Platz begonnen und 1881 geweiht werden. Nach den Entwürfen der Architekten Kyllmann & Heyden steht die Johanneskirche durch ihr Baumaterial, zwei verschiedenfarbige Ziegel und Werkstein, sowie der Verwendung gotischer Elemente im konstruktiven Aufbau – bereichert um Formen der florentinischen Renaissance und des Klassizismus – in der Nachfolge Karl Friedrich Schinkels, des berühmten preußischen Architekten. Die Johanneskirche muß der katholischen Bevölkerung erst recht ein Dorn im Auge gewesen sein, denn der 85 m hohe, grünpatinierte Turm ragt weithin sichtbar als Landmarke in der Rheinebene.

Die beiden Denkmäler auf dem Martin-Luther-Platz, das **Reiterdenkmal Kaiser Wilhelms I.** auf der Achse zwischen dem Haupteingang zur Johanneskirche und dem Portal des **ehemaligen**

67

Düsseldorf, Alleestraße mit Stadttheater und Bismarckdenkmal, um 1910

Landgerichtsgebäudes (im Stil des Berliner Klassizismus, heute Sitz des Justizministeriums) und das **Standbild Otto von Bismarcks,** gehörten Ende des 19. Jh. zu einem Figurenprogramm, mit dem die Stadt Düsseldorf ihre Treue zum Kaiser und Deutschen Reich demonstrierte. Auch in anderen Städten entstanden zu jener Zeit repräsentative Straßen, die mit Denkmälern des Kaisers, seines Kanzlers und seines Feldmarschalls Helmuth Graf von Moltke ausgestattet die Berliner Siegesallee kopierten. In Düsseldorf übernahm die *Heinrich-Heine-Allee,* früher Alleestraße genannt, diese Funktion.

Einige Zeugnisse der profanen Architektur aus dem späten 19. und beginnenden 20. Jh. geben heute noch einen guten Eindruck von der aufstrebenden Großstadt, wie z. B. das monumentale Gebäude des **Stahlhofs** (1906–08 errichtet), der erste repräsentative Verwaltungsbau in der Düsseldorfer Innenstadt. Die großen Architekten dieser Zeit bekamen auch in Düsseldorf Aufträge; so entwarf Josef Maria Olbrich das 1909 fertiggestellte **Warenhaus Tietz** an der Königsallee – den heutigen **Kaufhof** (Abb. 8); der auf Warenhäuser spezialisierte Düsseldorfer Architekt Otto Engler baute das **Carsch-Haus** (heute ein Teil des **Kaufhauses Horten**), dessen Fassaden- und Fenstergestaltung Einflüsse des nahegelegenen, ehemaligen Warenhauses Tietz zeigt. Peter Behrens plante das **Verwaltungsgebäude der Mannesmann-Werke,** das 1911/12 am Rheinufer errichtet wurde. Auch historische Gebäude der öffentlichen Verwaltung sind noch erhalten. 1880 bekamen die **Rheinischen Provinzialstände,** der Vorläufer des Landschaftsverbands Rheinland, ein repräsentatives Gebäude am Kaiserteich, dem Übergang zwischen Karlstadt und Friedrichstadt.

Die Brunnengruppe ›**Vater Rhein und seine Töchter**‹ zwischen dem Ständehaus und dem Kaiserteich wurde 1897 aufgestellt. Das neobarocke Denkmal, dessen Entwurf aus einer Festdekoration anläßlich des Besuches Wilhelms I. 1884 in Düsseldorf stammt, sollte um die Jahrhundertwende als eine Huldigung des Kaisers verstanden werden. Der bärtige Mann, der über einer bewegten Frauengruppe thront, personifizierte nicht nur den Rhein, sondern die gesamte Rheinprovinz. – Bis zum Jahre 1988 diente das Ständehaus als Sitz des *Nordrhein-Westfälischen Landtags.* Nicht weit davon entfernt an der Rampe zur Rheinkniebrücke befindet sich im *Horion-Haus* (1911) der Dienstsitz des Ministerpräsidenten.

Die Rolle einer Hauptstadt ist für Düsseldorf keineswegs so neu wie die Bestimmung der britischen Besatzung aus dem Jahre 1946, die die Stadt an die Spitze des neu geschaffenen Landes Nordrhein-Westfalen setzte. Bereits zu Beginn des 16. Jh. galt Düsseldorf als Hauptstadt der Herzogtümer Jülich, Kleve, Berg sowie der Grafschaften Mark und Ravensberg. Doch hatte diese Funktion nicht solche Auswirkungen auf die Stadt und ihre Wirtschaft gehabt, wie sie es heute zeigt. Schließlich zogen es die Landesherren teilweise vor, ihre Hauptstadt zu verlassen und anderswo zu residieren. Die heutige Landesregierung, die sich durch den Neubau des **Landtagsgebäudes** (1988) am Rhein einen Schwerpunkt im Südwesten der Innenstadt geschaffen hat, gehört mit zu den bedeutendsten Arbeitgebern Düsseldorfs. Herausragendes Bauwerk am Rheinufer ist der 236 m hohe **Rheinturm** (Fernmeldeturm der DBP).

In der Zwischenkriegszeit fallen einige Ereignisse des Kulturlebens auf. Als Gegenreaktion auf die etablierte Kunstszene im Umfeld der Kunstakademie wurde 1919 die Künstlergruppe ›Junges Rheinland‹ gegründet, der u. a. Max Ernst, Otto Dix und Otto Pankok angehörten. Johanna Ey – bekannter als Mutter Ey – unterstützte die jungen Künstler und wurde somit zur meistgemalten Frau Deutschlands. Die neuen Strömungen zeigten schließlich auch Auswirkungen auf die konservative Kunstakademie, an die namhafte Künstler gerufen wurden, wie z. B. Paul Klee (1931) oder Ewald Mataré (1932). Diese Ansätze, Düsseldorf auch zu einem Zentrum moderner Kunst werden zu lassen, wurden unter der nationalsozialistischen Herrschaft schnell und gewaltsam unterdrückt. Im Bereich der Architektur wurde Wilhelm Kreis zur herausragenden Persönlichkeit. Als Abschluß der Heinrich-Heine-Allee, dem damaligen Hindenburgwall, errichtete er zwischen 1922 und 1924 das **Wilhelm-Marx-Haus,** das erste Bürohochhaus Deutschlands. Das dreizehngeschossige Haus mit seinem kreuzförmigen Grundriß besteht aus einer Kombination von Beton und dem traditionellen Baumaterial am Niederrhein, dem Backstein.

Seine nächste Aufgabe wurde der Entwurf eines Ausstellungsgeländes, mit dem die Stadt sich bemühte, den Anschluß an das Kölner Ausstellungswesen und die gerade fertiggestellte neue Kölner Messe zu halten. In den Jahren 1925/26 entstand der Backsteinkomplex direkt am Hofgartenufer nördlich der Hofgartenrampe. Die nördlichen Gebäude gruppieren sich symmetrisch um einen Innenhof, dessen Mittelachse vorbei an einem großen, runden Springbrunnen zur gleichfalls runden **Tonhalle** (Abb. 11), dem ursprünglichen Planetarium, führt. Unter der Kuppel mit nahezu 50 m Durchmesser verbirgt sich der größte Konzertsaal Düsseldorfs (rund 2000 Plätze). Zwischen 1974–78 wurde das Innere des Backsteinbaus neu gestaltet; dabei kehrten Bilder von Künstlern des ›Jungen Rheinlands‹ wieder an ihren alten Platz zurück. Zur Zeit des Nationalsozialismus waren sie als ›entartete Kunst‹ entfernt worden.

Die **Ehrenhof-Anlage** öffnet sich im Südosten zum Hofgarten; diese Innenseite ist die eigentliche Schaufassade, die Rheinfront dagegen nur Rückseite. Die Hallen wurden mit der ›Gesolei‹ – Gesundheit, soziale Fürsorge, Leibesübungen – eingeweiht, eine Ausstellung, die vom 6. 5. bis 17. 10. 1926 über sieben Millionen Besucher anzog. Im gleichen Zeitraum fanden zahlreiche Tagungen und Kongresse statt, so daß Düsseldorfs Versuch, als internationaler Ausstellungs- und Kongreßort Aufmerksamkeit zu erlangen, ein Erfolg wurde – aber zunächst nur ein kurzlebiger. In den 30er Jahren wurde der Ehrenhof intensiv für Ausstellungen genutzt, die alle einen politischen und volkserzieherischen Charakter besaßen. Nach der Schließung der letzten Ausstellung 1938 wurden die Hallen zu Getreidespeichern umfunktioniert – Vorratswirtschaft für den geplanten Krieg.

Heute beherbergen die Gebäude am Rheinufer einige Museen. Im Bau des ehemaligen Reichswirtschaftsmuseums, der den Hofgarten zum Rhein hin abschließt, befindet sich das **Landesmuseum Volk und Wirtschaft.** Den westlichen und nördlichen Flügel des Ehrenhofs nimmt das **Kunstmuseum** ein. Schwerpunkte der Ausstellung europäischer Kunst vom Mittelalter bis zur Gegenwart sind Werke der Düsseldorfer Malerschule des 19. Jh. und der Künstlervereinigung ›Junges Rheinland‹. Im **Kunstpalast** werden Wechselausstellungen gezeigt; Tradition besitzen die jährlichen Großen Düsseldorfer Kunstausstellungen während des Winters.

1939 zählte Düsseldorf rund 540 000 Einwohner, und im Laufe des Krieges flüchtete ungefähr die Hälfte der Bevölkerung aus der Stadt. Etwa 6000 tote Zivilisten waren zu beklagen. Vom 1. 3. bis 17. 4. 1945 war Düsseldorf Front. 85% der Gebäude im Stadtkern waren zerstört oder beschädigt, sämtliche Rheinbrücken hatte die zurückweichende Wehrmacht gesprengt.

Nach den ersten Jahren der provisorischen Lösungen und des Wiederaufbaus, der sich an den alten Maßstäben orientierte, begann Ende der 50er Jahre unter der Leitung des Stadtplaners Friedrich Tamms ein großmaßstäblicher Städtebau, der Düsseldorf vor dem Hintergrund des allgemeinen Wirtschaftswunders auch bald wieder den Rang eines überregionalen Verwaltungszentrums brachte. Die Stadt übernahm einen Teil der Funktionen Berlins für die deutsche Wirtschaft; Banken, Verbände, Unternehmen und Versicherungen kehrten zu dem alten Standort der Vorkriegszeit zurück und zogen – als Agglomerationseffekt – weitere nach. Trotz dieser Entwicklungen auf dem wirtschaftlichen Bereich verstand man es, den Boom der Bürohochhäuser maßvoll zu lenken, indem nur einige als ›städtebauliche Akzente‹ errichtet wurden, wie z. B. das **Mannesmann-Haus** (1958) oder das **Thyssen-Hochhaus** (Drei-Scheiben-Haus; 1959).

Bis in die Gegenwart hat die führende Rolle des tertiären Sektors nicht dazu geführt, amerikanischem Städtebau, wie z. B. in Frankfurt, nachzueifern, sondern die moderne Architektur mit der lokalen Bautradition zu verbinden. Japanische Verwaltungsgebäude aus Backstein sind gelungene Beispiele dafür. So hat u. a. die Königsallee ihren alten Charakter einer repräsentativen Flanierstraße wieder erhalten. 1986 wurde nach Plänen von Walter Brune die **Kö-Galerie** eröffnet. Das Lieblingskind der Innenstadtplanung im späten 20. Jh. präsentiert sich an Düsseldorfs feinster Einkaufsstraße natürlich als eine besonders aufwendig gestaltete Passage. – Auch die Altstadt hat Teile ihres ehemaligen Stadtbildes – oft in Form rekonstruierter und vorgesetzter historischer Fassaden – zurückbekommen und stellt damit eine werbewirksame Kulisse für die ›längste Theke Europas‹ dar.

Den Kontrast zur historischen Bausubstanz, den jüngsten Städtebau, findet der Bahnreisende gleich bei seiner Ankunft mit der postmodernen Bebauung des **Bertha-von-Suttner-Platzes** auf der Rückseite des Hauptbahnhofs. Durch die Renovierung des Hauptbahnhofes und die Gestaltung des Platzes, z. B. mit den **Edelstahlplastiken** von Horst Antes (1988), ist aus dem Hinterausgang des Bahnhofs eine zweite Schaufassade geworden.

1988 wurde auch die **Brunnenskulptur** mit den gestaffelten Dreiecken von Heinz Mack vor der Landeszentralbank am Platz der Deutschen Einheit aufgestellt.

Im kulturellen Leben gelang es der Stadt ebenfalls, an die große Tradition anzuknüpfen und wieder zu einer bedeutenden Stätte zeitgenössischer Kunst zu werden. Neue Ausstellungsgebäude, wie z. B. die **Städtische Kunsthalle** (1967) oder die **Kunstsammlung des Landes Nordrhein-Westfalen** (Abb. 12) von 1986, vervollständigen das Angebot von Sammlungen in historischen Gebäuden, wie z. B. das **Hetjens-Museum/Deutsches Keramik-Museum** im einstigen **Palais Nesselrode**, das **Goethe-Museum** im Schloß Jägerhof oder auch das **Kultur- und Bildungszentrum Bilkerstraße – Palais Wittgenstein** (zu städtischen Museen s. auch Praktische Reiseinformationen: Museen).

In unmittelbarer Nachbarschaft des Thyssen-Hochhauses entstand 1965–70 nach Plänen von Bernhard Pfau das **Schauspielhaus** am Gustav-Gründgens-Platz. Der weiße, fensterarme Baukörper mit seinen geschwungenen und abgerundeten Formen bildet einen deutlichen Gegensatz zum Drei-Scheiben-Haus der Thyssen-Verwaltung.

Nach den Zerstörungen des Zweiten Weltkriegs erhielt das alte **Opernhaus** (1873–75 nach dem Vorbild der Semper-Oper in Dresden errichtet) Ende der 50er Jahre einen Neubau an der Südecke des Hofgartens. Seit der Saison 1964/65 besteht die *Deutsche Oper am Rhein,* eine Theatergemeinschaft der Städte Düsseldorf und Duisburg.

Das Kabarett **Kom(m)ödchen** von Kay und Lore Lorentz im Gebäude der Kunsthalle gehört mit zu den bedeutenden Bühnen Düsseldorfs.

Ein aktuelles städtebauliches Problem ist für Düsseldorf die *Rheinfront,* denn das Zentrum liegt an der verkehrsreichen, vierspurigen B 1, dann am ausgedehnten, flußbegleitenden Parkstreifen und erst in dritter Linie am Rhein. Nach einem Beschluß vom 15. 7. 1987 wurden baureife Pläne für den 1800 m langen, vierspurigen und doppelstöckigen Straßentunnel zwischen der Oberkasseler Brücke und dem Bereich des neuen Landtags angefertigt, der Baubeginn für Ende 1989 projektiert. Damit soll Düsseldorf wieder an den Rhein herangeführt werden.

Kaiserswerth

Diese Schwierigkeiten mit dem Verkehrsaufkommen kennt die ehemalige Reichsstadt Kaiserswerth nicht, dagegen beeinträchtigt die Nähe des Flughafens in Lohausen die Idylle. In dem 1929 eingemeindeten nördlichen Vorort trifft man auf ein Straßenbild, das noch in starkem Maße die typischen Züge einer niederrheinischen Kleinstadt bewahrt hat. Kaiserswerth gehört, wie z.B. Bilk, Gerresheim oder Himmelgeist, zu den Siedlungen, in denen sich schon dörfliches Leben im Schatten romanischer Kirchen regte, bevor das Dorf an der Düsselmündung überhaupt in der Geschichtsschreibung auftauchte. Des weiteren erhielt Kaiserswerth rund 100 Jahre vor Düsseldorf, vermutlich 1181 durch Kaiser Friedrich I., bereits die Stadtrechte. Die

Entwicklung zur Reichszollstätte begann mit einer karolingischen Missionsstation. Ende des 7. Jh. überließ der Hausmeier Pippin dem angelsächsischen Missionsbischof Suitbertus das Königsgut Rinhusen, um diesem einen Stützpunkt für die Christianisierung des rechtsrheinischen Gebietes zu geben. In der Folgezeit entstand ein Benediktinerkloster auf einer Insel in der Rheinaue. Die alte Bezeichnung für Insel ›Werid‹, ›Werdene‹, ›Werther‹ existiert auch in der Form ›Ward‹ und ›Werd‹ am linken Niederrhein. Die erste Klosterkirche wurde bezeichnenderweise dem Hl. Petrus, dem Felsen, geweiht. Ende des 9. Jh. fand ein Patrozinienwechsel statt, und der Kirchenneubau wurde unter den Schutz des inzwischen heiliggesprochenen Suitbert gestellt. Der Schrein mit seinen Reliquien gehört zu den bedeutenden Werken dieser Gattung, da er durch seine lange Entstehungszeit (um 1220 begonnen und im frühen 14. Jh. vollendet) verschiedene gestalterische Prinzipien vereinigt.

Das Kirchengebäude von **St. Suitbertus** wurde beim Wiederaufbau nach dem Zweiten Weltkrieg weitgehend in den Zustand aus der Mitte des 13. Jh. gesetzt. Am deutlichsten zeigt sich dies im Verzicht auf die vier 1870–73 errichteten West- und Chorflankentürme. Auch der gerade fertiggestellte romanische Bau (2. Hälfte 12. Jh.) verlor 1243 aus strategischen Gründen wegen einer bevorstehenden Belagerung seinen damaligen Westturm, der sich vermutlich über dem westlichen Mittelschiffjoch erhob. Heute bekrönt ein kleiner, stählerner Glockenstuhl (1951) über der Vierung die schlichte Kirche. Nur sparsam verwendete Bauplastik, wie z.B. ein Rundbogenfries über den Fenstern des Mittelschiffes oder die Rahmung des Westportals mit eingestellten Säulen und Wülsten, schmücken die Fassaden. Auf der Nordseite wird die Front durch eine Vorhalle (Anfang 13. Jh.) und die Sakristei aufgelockert. Der Portalvorbau mit seinen Säulen und der Vielfalt an Rundbögen stellte einst den repräsentativen Haupteingang dar.

Im Inneren der Kirche fällt der Chor als aufwendiger gestalteter Bereich auf. Im Gegensatz zu den Pfeilern, die in einfacher Form die untere Zone der Langhauswände bilden, stehen die-

Düsseldorf-Kaiserswerth   1 St. Suitbertus   2 Ruine der Barbarossapfalz   3 Altes Zollhaus   4 Mühlenturm 5 Ehem. Diakonissen-Stammhaus   6 Theodor-Fliedner-Kirche   7 Schloß Kalkum

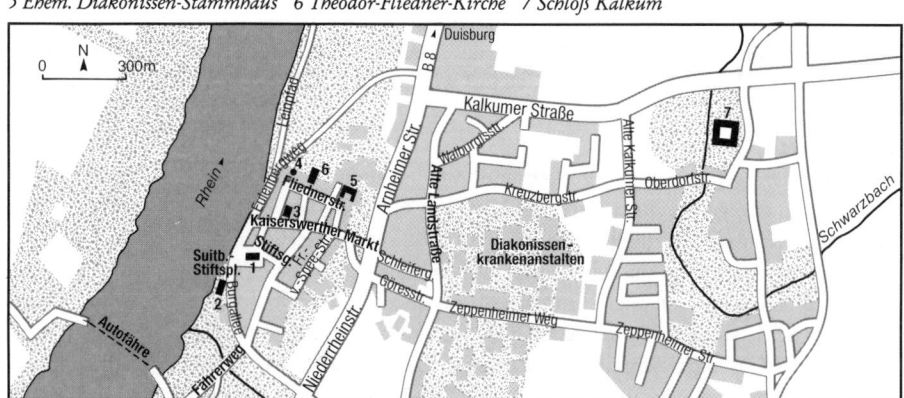

Kaiserswerth, rechts erhebt sich die Barbarossapfalz über das Festungsstädtchen. Kupferstich von M. Merian, 1646

jenigen des Chores. Hier wurden den Wandvorlagen schlanke Dienste vorgelegt, die in der Mitte durch Schaftringe (Wirtel) und oben durch verkröpfte Kapitelle miteinander verbunden sind. Auch in den Anteilen von Wand- und Fensterflächen unterscheiden sich Langhaus und Chor. Es ist bereits die Gotik, die sich in der Gestaltung des Chores ankündigt; doch er gehört noch zu den letzten spätromanischen – staufischen – Chorbauten. 1230 begonnen, wurde der Chor 1237 geweiht und 1264 die Gebeine der Heiligen Suitbertus und Willeicus dorthin überführt.

Im 11. Jh. wurde die benediktinische Ordensregel von St. Suitbertus durch eine Stiftsverfassung abgelöst. Die Bezeichnung ›Suitbertus-Stiftsplatz‹ weist darauf hin. Dieser Platz bildete gemeinsam mit der Kirche den Mittelpunkt des Immunitätsbezirkes. Bis heute hat sich dieses Ensemble mit seiner historischen Bausubstanz weitgehend erhalten (Abb. 16). Die Häuser der Stiftsherren umschlossen den Platz, auf dem sich bis 1786 der Stiftsfriedhof befand. Nur wenige Durchgänge erlaubten einen Zutritt in die Immunität; ein solches Beispiel stellt auf der Ostseite der **Torturm** mit seiner barocken Schweifhaube (17. Jh.) dar. Neben den Wohngebäuden der Kanoniker gehörten auch Wirtschaftsgebäude zum Stift. Ebenfalls am östlichen Ende (Haus Nr. 1) steht das **ehemalige Kornhaus,** das Ende des 16. Jh. in seinem Erdgeschoß die Stiftsschule beherbergte. Das heutige Gebäude stammt aus dem 17. und 18. Jh., wie der größte Teil der Kanonikerhäuser. Doch eine beachtliche Zahl dieser Wohnhäuser weist noch Reste mittelalterlicher Bausubstanz (z. B. Nr. 7 und 15) auf. Der stimmungsvolle, mit alten Bäumen bestandene Suitbertus-Stiftsplatz ähnelt sehr dem Kapitel in Xanten, dem dortigen Immunitätsbezirk.

Neben dem Stift entwickelte sich die **Barbarossapfalz** zum zweiten prägenden Faktor in der Geschichte Kaiserswerths. Pfalzen erfüllten im frühen und hohen Mittelalter bis zur Mitte des 13. Jh. mehrere Aufgaben. Sie dienten den Herrschern, die noch nicht an einem bestimmten Ort ständig residierten, sondern ihre Amtsgeschäfte auf Reisen erledigten, als vorübergehender Sitz. Damit fungierten die Pfalzen als oberste Verwaltungs- und Gerichtsstätten. Außerdem trugen sie als Wirtschaftshöfe mit zur Versorgung der königlichen, kaiserlichen oder bischöflichen Hofhaltungen bei.

Als strategisch und politisch bedeutender Punkt wurde die Pfalz häufig Ziel militärischer Angriffe; auch Kaiserswerth blieb nicht davon verschont. Nach verschiedenen Belagerungen und Eroberungen seit dem frühen 13. Jh. wurden die Pfalz und die Stadt im Spanischen Erbfolgekrieg 1702 fast vollständig zerstört. Kaiserswerth erholte sich von diesem Schlag, die Burg steht seitdem nur noch als Ruine. 1899–1908 führte der erste Provinzialkonservator Paul Clemen neben wissenschaftlichen Untersuchungen auch Sicherungsarbeiten am verfallenden Baubestand durch. 1969–74 wurde die Pfalz erneut gesichert (Abb. 14).

Ein salischer Königshof gilt als Vorgängerbau der im 11. Jh. zur Burg ausgebauten Pfalz. Fundamente östlich des Rheindammes, der das Gelände der ehemaligen Pfalzinsel durchschneidet, werden diesem Bau zugeschrieben. Unter Kaiser Friedrich Barbarossa, der 1174 Kaiserswerth zur Reichszollstätte und 1181 zur Stadt erklärt hatte, wurden die Befestigungsanlagen gemäß dem neuen Status verbessert. An der Rheinfront ragt das Mauerwerk dieser Ausbauphase noch rund 14 m hoch. Basalt und senkrechte Tuffbänder, in die Türen, Fenster und Schlitzöffnungen gelegt wurden, prägen die Fassaden, während im Innenausbau der zu Ende des 12. Jh. noch wenig verwendete Backstein vermauert wurde. Der *Palas*, das Hauptgebäude der Pfalz, bot einstmals eine ungewöhnlich umfangreiche Raumfolge. Nicht nur die üblichen Repräsentations- und Wohnräume, ergänzt durch einige Wirtschaftsräume, wie z.B. die Küche, befanden sich in dem Gebäude der Barbarossapfalz, auch größere Lagerräume und Pferdeställe gehörten dazu. Im südlichen Teil der Ruine ist noch ein Brunnenturm erhalten. Durch diese umfangreiche Nutzung des Palas als Wehr-, Wohn-, Repräsentations- und Lagerbau – nach dem Motto ›Alles unter einem Dach‹ – ist die Barbarossapfalz ein völlig untypischer Burgenbau auf deutschem Boden. Er steht statt dessen in der Tradition französischer und englischer Burgenarchitektur. Die Kaiserswerther Pfalz hat zwar wenig mit rheinischen Burgen gemeinsam, dafür aber berühmte englische Verwandtschaft: den ältesten Bau des Towers (Norman Keep oder White Tower).

Zurück in den niederrheinischen Alltag! Durch seine Lage am Strom und einen alten Rheinübergang, der die Straßen von Essen und Elberfeld mit der alten, linksrheinischen Römerstraße verband, war Kaiserswerth in den mittelalterlichen Rheinhandel einbezogen. Der schmale, langgestreckte Straßenmarkt entwickelte sich zum wirtschaftlichen Zentrum des Städtchens. Heute bietet der **Kaiserswerther Markt** noch eine Menge historischer Bausubstanz, wenn auch nicht mehr aus dem Mittelalter. Nur das **Alte Zollhaus** (Nr. 4) von 1635 überstand die Zerstörung des Jahres 1702. Fassaden aus dem 18. bis 20. Jh. bestimmen heute das Straßenbild. An der Rheinfront bildet der renovierte **Mühlenturm**, der schon in der Stadtansicht Merians von 1646 erscheint, wieder den Abschluß des historischen Ortskerns.

Ein bedeutender Bau für die Geschichte von Kaiserswerth sowie die Entwicklung konfessioneller Sozialfürsorge ist das **ehemalige Diakonissen-Stammhaus**. 1836 eröffnete der evangelische Pfarrer Theodor Fliedner seine ›Pflegerinnen- und Diakonissenanstalt‹, in der Frauen für karitative Arbeiten als eine außerhäusliche Berufstätigkeit ausgebildet wurden. In dieser Tradition stehen die ausgedehnten Anlagen des Diakoniewerks und des Krankenhauses

›Florence Nightingale‹, die östlich der Alten Landstraße heute eine größere Fläche bedecken als der Ortskern von Kaiserswerth.

Parallel zum Kaiserswerther Markt verläuft die **Fliednerstraße** (Abb. 15), die ein gut erhaltenes Ensemble klassizistischer Architektur, aber auch einen Eindruck vom protestantischen Gemeindeleben bietet *(Fliedner-Museum)*. Im Mittelpunkt steht die **Theodor-Fliedner-Kirche**, ein 1806–11 errichteter Saalbau. Die symmetrisch gestaltete Fassade mit ihrer reichen Gliederung von Pilastern und Gesimsen wird von einer geschweiften Laterne bekrönt. Zu beiden Seiten flankieren Gebäude der evangelischen Gemeinde den Kirchenbau: links das *Pfarrhaus* und rechts die 1785–87 erbaute *Schule*. Bei den Häusern fallen die hochliegenden Erdgeschosse auf; der Kircheneingang befindet sich auf einem noch höheren Niveau. Mit dieser Bauweise versuchten die Bewohner flußnaher Orte, Hochwasserschäden an Häusern und Mobiliar möglichst gering zu halten.

Im Nordosten schließt sich an Kaiserswerth der Vorort **Kalkum** an, der ebenfalls auf einen frühmittelalterlichen Königshof zurückgeht. Eine gotische Wasserburg wurde im 18. Jh. durch ein dreiflügeliges **Schloß** ersetzt. Zu Beginn des 19. Jh. erhielt das Herrenhaus klassizistische Umbauten (Farbabb. 4). Im Anschluß daran wurde in den 1820er Jahren nach Plänen des Düsseldorfer Gartenarchitekten Maximilian von Weyhe der *Landschaftspark* westlich des Schlosses angelegt. Die nach dem Zweiten Weltkrieg restaurierten und umgebauten Räume des Schlosses und der Vorburg beherbergen heute einen Teil des Hauptstaatsarchivs Düsseldorf.

Kehren wir noch einmal zurück zum Rhein! Nach Norden verläßt ein alter Leinpfad, der auch heute noch diesen Namen trägt, den Ortskern von Kaiserswerth. Derartige Lein- oder Treidelpfade führten über weite Strecken längs des Flusses. Auf ihm gingen die Pferde, die an langen Leinen oder Treideln – Seilen – die Schiffe stromaufwärts zogen. **Haus Werth**, rund 2 km nördlich von Kaiserswerth, war ehemals eine Treidelstation. Durch seine Lage im Trinkwasser-Schutzgebiet der Stadt Duisburg ist das noch erhaltene Wohnhaus mit Stall für die Treidelpferde heute dem Verfall ausgesetzt.

Duisburg – ein alter Hafen von europäischem Rang

Die Schäden des Zweiten Weltkriegs und der anschließende Neuaufbau der Stadt mit den – heute anerkannten – typischen Fehlern der Nachkriegszeit, wie z. B. das Aneinanderreihen großer, die historischen Maßstäbe sprengender Gebäude mit ihren gesichtslosen Glasfassaden oder eine Schneisen schlagende Straßenführung, haben die Spuren des alten Duisburg weitgehend verwischt. Um in der modernen Großstadt noch ein Bild von der historischen Entwicklung zu bekommen, empfehle ich, dem Stadtrundgang einen Besuch des **Niederrheinischen Museums** der Stadt Duisburg voranzustellen. Vier Modelle der Stadt (im Maßstab 1:500) geben anschaulich den Stand der Jahre 883, 1000, 1200 und 1566 wieder und ermöglichen in hervorragender Weise, das Wachstum und die Veränderungen zu verfolgen. Zwei weitere Modelle mit dem Vorkriegszustand und demjenigen von 1983 erlauben einen Rückblick in das 20. Jh.

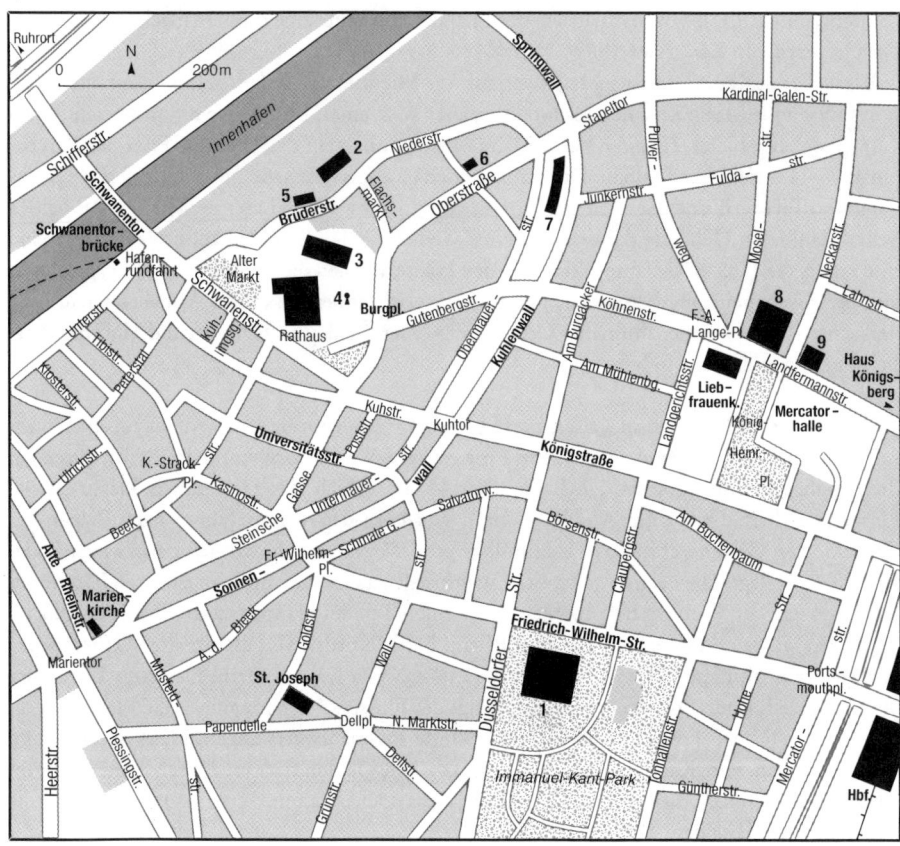

Duisburg   1 Wilhelm-Lehmbruck-Museum   2 Kultur- und Stadthistorisches Museum Duisburg   3 Salvator-
kirche   4 Mercatorbrunnen   5 Karmelkirche   6 Dreigiebelhaus   7 Reste der Stadtmauer   8 Stadttheater
9 Duisburger Hof

Die Stadtgeschichte – nicht die Siedlungsgeschichte, die bis in die Hallstattzeit zurückreicht – beginnt mit einer fränkischen Königspfalz. Nach neuesten archäologischen Ergebnis-
sen ist gesichert, daß die Pfalz und eine Siedlung schon in der Mitte des 5. Jh. bestanden haben.
Der Standort orientierte sich zu den wichtigen Verkehrslinien jener Zeit; die Mündung der
Ruhr in den Rhein sowie der Beginn des Hellwegs konnten von dieser Stelle kontrolliert werden. Mit dem Aufschwung des Handels wuchs die Kaufmannssiedlung früh zu einer Stadt, vergleicht man die Entwicklungen mit anderen Markt- und Handelsstädten im Rheinland. Dafür
endete Duisburgs Karriere als Handelsplatz bereits im Hochmittelalter, denn der Rhein verlagerte seinen Lauf während des 13. Jh. rund zwei Kilometer nach Westen und legte damit den

Hafen trocken. Schnell verlor auch der König das Interesse an der jungen Reichsstadt, und 1290 verpfändete Rudolf von Habsburg die Stadt an den Grafen von Kleve. Selbst der Rang einer Hansestadt vom 14. bis 17. Jh. vermochte nicht den Verlust der Hafennähe zu ersetzen: Duisburg sank zu einem klevischen Landstädtchen ab.

Wenige Baudenkmäler aus der älteren Vergangenheit Duisburgs sind heute noch erhalten; sie befinden sich in der Nähe der **Salvatorkirche** (Abb. 20). Ein romanischer Vorgängerbau dieser Kirche aus der Mitte des 12. Jh. wurde durch Ausgrabungen nachgewiesen. In der ersten Hälfte des 15. Jh. entstand die dreischiffige Basilika, die an den Westturm der Vorgängerkirche aus dem 14. Jh. angefügt wurde. Der vorgesetzte Turm brannte 1467 ab. Nach seinem Vorbild errichtete man 1479 bis 1513 einen neuen dreigeschossigen Westturm, der jedoch durch eine Verlängerung der Seitenschiffe stärker in den Kirchenraum integriert wurde. 1900–04 erhielt der Turm nach dem Vorbild der Aldegundiskirche in Emmerich das abschließende, achteckige Geschoß. Seit 1571 wird die Salvatorkirche ausschließlich für protestantische Gottesdienste genutzt. Hieraus erklärt sich die sparsame Innenausstattung, die sicherlich auch noch durch die Nutzung als Kornmagazin der preußischen Armee 1815/16 gelitten hat.

Eine reichhaltige Dokumentation des Geisteslebens der Stadt vom 16. bis zum frühen 19. Jh. blieb jedoch durch die Epitaphe erhalten. Die herausragende Person, deren wissenschaftliche Leistungen noch heute geschätzt sowie in der See- und Luftschiffahrt angewendet werden, ist der Kosmograph *Gerhard Mercator* (1512–94). Der Begründer der modernen Kartographie schuf ein umfangreiches Kartenwerk, das den geographischen und topographischen Wissensstand aus den Entdeckungsreisen des 16. Jh. in der nach ihm benannten Mercator-Projektion wiedergibt. Originale dieser Karten und Globen stellt das Kultur- und Stadthistorische Museum Duisburg aus. Zusätzlich wird das Leben in der Stadt zu seiner Zeit dokumentiert. – In der südlichen Chorkapelle der Salvatorkirche wurde ein Epitaph zu seinem Gedenken eingemauert. – Vor der Kirche auf dem Burgplatz erinnert der **Mercator-Brunnen** (1878) an den berühmtesten Duisburger, der nur wenige Schritte entfernt, in der Oberstraße 4, wohnte. Eine Gedenktafel an der Wand eines Berufsschulgebäudes weist auf das 1943 zerstörte Haus hin.

Rund ein halbes Jahrhundert nach dem Tod des Kartographen gründete der Große Kurfürst Friedrich Wilhelm 1655 in Duisburg eine reformierte *Universität*. Eine größere Anzahl von Epitaphen für die Professoren dieser Hochschule sind in die Wände der Salvatorkirche eingelassen. Durch ihre konfessionelle Beschränkung und die Konkurrenz der niederländischen Universitäten hat diejenige Duisburgs weder über das klevische Land hinaus an Bedeutung gewonnen, noch hat sie der Stadt besondere Impulse oder Anziehungskraft gegeben.

Zwei Zeugnisse aus dem geistlichen Leben während des Mittelalters und der Neuzeit bietet das Altstadtviertel nördlich der Salvatorkirche. An der Brüderstraße, benannt nach den ›Minderbrüdern‹, den Minoriten, steht die ehemalige **Minoritenkirche.** Allerdings existiert nur noch der Chor aus dem späten 13. Jh.; der einschiffige Neubau der heutigen Karmelkirche wurde 1959 bis 1961 an das frühgotische Mauerwerk angesetzt.

Duisburgs ältestes erhaltenes Wohnhaus hat an der Nonnengasse die Jahrhunderte überdauert. 1536 erstmals erwähnt, gehörte das **Dreigiebelhaus** von 1608 bis zur Säkularisation zum Komplex eines Zisterzienserinnenklosters. Im 19. Jh. wurde das Gebäude zu einer privaten

Höheren Mädchenschule umfunktioniert. Heute stellt das restaurierte Ensemble mit seinem von einer hohen Backsteinmauer umgebenen Vorhof eine Oase niederrheinischer Stadtkultur dar, die so in der Altstadt nicht mehr zu finden ist.

Nicht weit davon entfernt wurden in einer Grünanlage zwischen der Obermauerstraße und dem Kuhlenwall Reste der **mittelalterlichen Stadtmauer** (13. Jh.) restauriert und teilweise aus altem Baumaterial wieder rekonstruiert.

Zu dem Bereich des Stadtzentrums, in dem ein größerer Teil der alten Bausubstanz die Zerstörungen während des Zweiten Weltkriegs überstanden hat, gehört auch das 1902 eingeweihte **Rathaus**. Im 19. Jh. hatte die aufstrebende Stadt mehrere Vergrößerungen und Neubauten ihres Rathauses erlebt. Das mittelalterliche Rathaus war 1802 durch einen Neubau am Burgplatz ersetzt worden, dem bereits 1843 ein neues Gebäude folgte. Nach dem Abbruch alter Häuser auf der Burg sowie an der Salvatorstraße und der Pfeffergasse konnte Ende des 19. Jh. der viergeschossige Rathausbau in Angriff genommen werden. Nach Plänen von Friedrich Ratzel wurde es im Stil der Spätgotik und der Frührenaissance errichtet. 1905 vollendete man den Rathausturm mit dem steilen Satteldach, der nun mit dem erst 1904 fertiggestellten Turm der Salvatorkirche den Burgplatz überragt. – Als Symbol für Stadtrechte, wie z. B. der Hohen Gerichtsbarkeit oder der Marktfreiheit, steht ein überlebensgroßer *Roland* als Reliefskulptur an einer Gebäudeecke zum Alter Markt.

Ein interessanter Einblick in die repräsentative Architektur des frühen 20. Jh. bietet die Bebauung der Landfermannstraße am König-Heinrich-Platz. Mit dem **Stadttheater** (Abb. 18)

Duisburg, Königstraße, um 1930

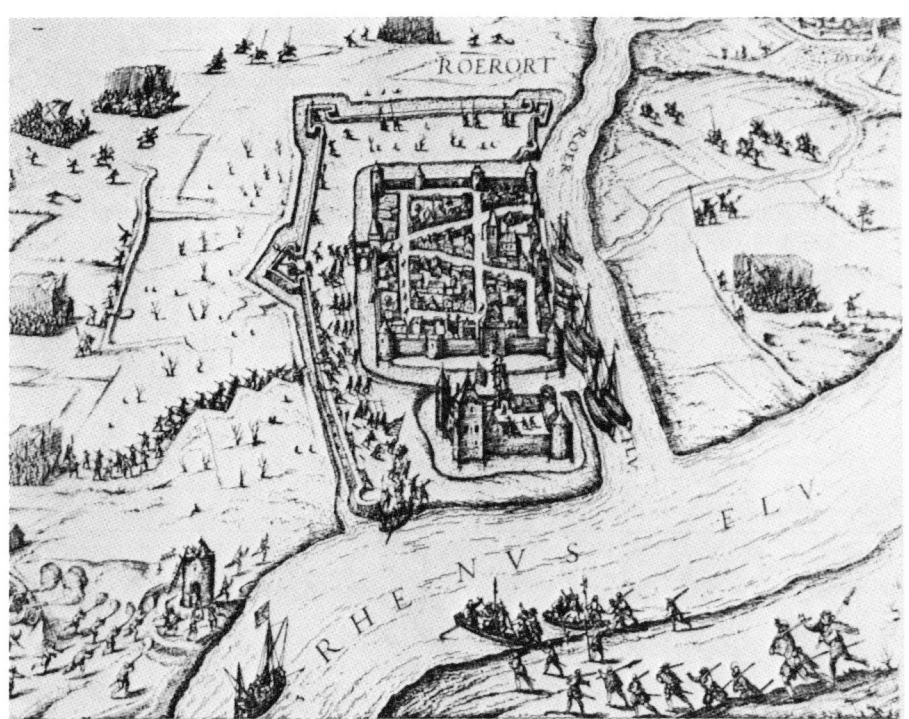

Die spanische Belagerung der Festung Ruhrort 1587. Kupferstich

und dem **Steigenberger Duisburger Hof** stehen sich zwei gegensätzliche Baurichtungen gegenüber, die, zeitlich gesehen, gerade fünfzehn Jahre auseinander liegen. Hier sind es die pompösen Formen eines Musentempels, der mit den sechs Kolossalsäulen und dem vorgelagerten Schmuckgiebel unverkennbar historisierende, klassische Züge trägt, dort die nahezu asketisch wirkenden Formen eines alten Büro- und Hotelgebäudes. Hinter der antikisierenden Fassade des 1911/12 errichteten Theaters verbarg sich jedoch die modernste Bühnentechnik Deutschlands jener Zeit. Bei näherer Betrachtung zeigt der 1927 fertiggestellte Geschäfts- und Hotelbau nicht nur schmucklose und funktionale Architektur. Ein Ornamentfries und ein Gesims mit aufgesetzten figürlichen Darstellungen umlaufen die Fassade im Erdgeschoß; der kubische Vorbau des Hoteleingangs erweckt mit seinen Säulen und den Ansätzen von Stalaktitengewölben sogar mediterran-orientalische Reminiszenzen.

Kehren wir zurück zur Wirtschaftsgeschichte der Stadt. Ab dem ausgehenden 17. Jh. lebte die Funktion Duisburgs als Handelsort – auch für den Rheinverkehr – wieder auf. 1674 wurde eine regelmäßige Schiffsverbindung, die Börtschiffahrt, in die Niederlande eröffnet. Kolonialwaren wie Zucker, Tabak und Kaffee kamen rheinaufwärts, Eisen- und Stahlwaren aus dem Bergischen und Märkischen wurden über Duisburg weitertransportiert.

Starke Konkurrenz erlebte der Umschlagplatz südlich der Ruhr durch eine Fischer- und Schiffersiedlung auf dem nördlichen Ufer. 1716 wurde in einem alten Ruhrarm der erste Ruhrorter Hafen für die Kohleverladung gebaut. Erst zu Beginn des 19. Jh. entschlossen sich die Duisburger, ihre Hafenanlage wesentlich zu verbessern, indem sie Stadt und Rhein mit einem Kanal verbanden. Auf diese Weise entstand der 1831 fertiggestellte **Außenhafen.** Bis zum Ende des 19. Jh. wurde dieser um den **Innenhafen** (Abb. 22) verlängert; damit hatte Duisburg seine Hafennähe wiedergewonnen.

Doch in **Ruhrort** wurde mit preußischer Förderung – im Gegensatz zu den durch private Mittel finanzierten Bauaktivitäten in Duisburg – ein weit umfangreicheres Hafengelände errichtet. 1860 begann der Bau des **Nord-** und **Südhafens,** 1872 wurde der **Kaiserhafen** angelegt.

Die Hafenbecken in Duisburg und Ruhrort   1 Anlegestelle Schwanentor (Hafenrundfahrt)   2 Anlegestelle Rheingarten, Homberg   3 Hebeturm Homberg   4 Anlegestelle Schifferbörse   5 Museum der Deutschen Binnenschiffahrt   6 Museumsschiffe

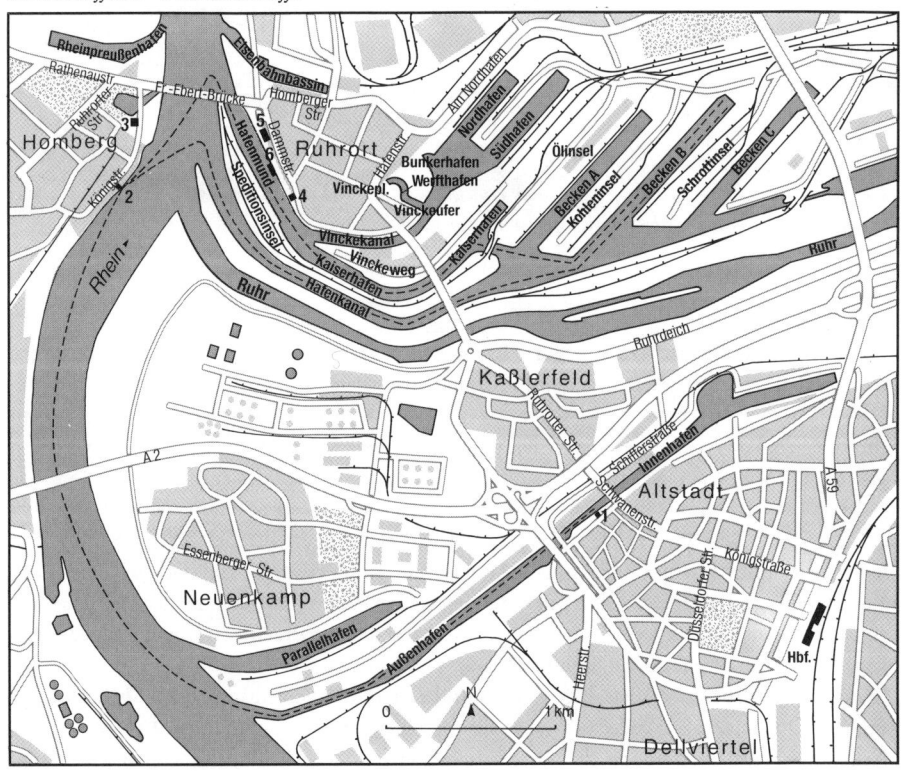

Duisburg-Ruhrort, Rheinbrücke nach Homberg, um 1917

Von 1905 bis 1908 folgten die **Hafenbecken A, B, C,** der **Hafenkanal** und der **Hafenmund.** Die Anschlüsse an das Eisenbahnnetz, ein expandierender Kohlenabbau, eine Schwerindustrie im gründerzeitlichen Boom lassen die Häfen, die mit der Eingemeindung Ruhrorts 1905 zur Betriebsgemeinschaft ›Verwaltung der Duisburg-Ruhrorter Häfen‹ zusammengeschlossen wurden, zum Tor des Ruhrgebietes und schließlich zum größten Binnenhafen der Welt werden. 1986 umfaßten die Duisburg-Ruhrorter Häfen 19 Hafenbecken mit 43 km Kai- und Uferlänge. Zusammen mit den nichtöffentlichen Hafenbecken wurden in allen Duisburger Häfen 1986 insgesamt 52,5 Mio. Tonnen Güter umgeschlagen (zum Vergleich: Hamburg rund 57 Mio. Tonnen). Bei solchen Ausmaßen ist es auch nicht verwunderlich, daß eine *Rundfahrt* durch den Duisburger Hafen rund zwei Stunden dauert. In der Saison von April bis Oktober verkehren die Schiffe fahrplanmäßig zwischen den Steigern *Schwanentor* in der Altstadt, *Schifferbörse* in Ruhrort und *Rheingarten* auf der linksrheinischen Seite in Homberg.

Damit sind die Einblicke, die Duisburg dem reisenden Schiffsfreund bietet, keinesfalls erschöpft. Er sollte in Ruhrort aussteigen und das **Museum der Deutschen Binnenschiffahrt** im ehemaligen Rathaus besuchen. Außerhalb des Museumsgeländes findet er weitere Zeugnisse der historischen Schiffahrt, wie z.B. das Museumsschiff ›Oscar Huber‹ (Raddampfer von 1922), den Eimerketten-Dampfbagger (Baujahr 1882), einen Dampfkran aus dem Jahre 1897. Der frühere Leinpfad wurde zum ›Binnenschiffahrts-Lehrpfad‹ umgestaltet. In dieser Reihe von Denkmälern des Industriezeitalters darf eine Rarität des linksrheinischen Hafens in **Homberg** nicht fehlen. 1854 bis 1856 wurde der **Hebeturm** am Eisenbahnhafen errichtet. Mit seinem Gegenstück diente er vor dem Bau der Eisenbahnbrücke 1885 dazu, Waggons von den Gleisen auf ein Fährschiff zu hieven.

Kehren wir nach diesem Ausflug in die Wirtschafts- und Verkehrsgeschichte wieder in die Stadtmitte und zur Kunst zurück! Im Kantpark steht das **Wilhelm-Lehmbruck-Museum** (Abb. 19). Mit dem Lebenswerk des Duisburger Bildhauers Wilhelm Lehmbruck (1881–1919) und Wechselausstellungen zeitgenössischer Kunst gehört es zu den bedeutendsten Stätten der Bildhauerkunst des 20. Jh.

Wir verlassen Duisburg in nördlicher Richtung und gelangen nach **Dinslaken**. Im Schutz der sumpfigen Aue des Rotbaches lag die Motte der seit 1163 bezeugten Herren von Dinslaken. Dem frühesten Befestigungsbau folgte im 12. Jh. eine **Burg,** deren Reste in den Grundmauern des heutigen **Kreishauses** stecken. Nach dem Zweiten Weltkrieg wurden die aus dem 17. und 18. Jh. stammenden Relikte der Wasserburg in den Neubau der Verwaltung miteinbezogen. Aus dem Mittelalter – von dem Erweiterungsbau unter Adolf II. von Kleve in der ersten Hälfte des 15. Jh. – stammt nur noch die Ruine eines Rundturmes, die dem Freilichttheater im einstigen Burggraben als Kulisse dient. 1273 wurde der Ort südlich der Burg von Graf Dietrich VII. von Kleve zur Stadt erhoben.

Die Burgkapelle und die kleine Kirche am Standort der Pfarrkirche **St. Vincentius** stellten ehemals die beiden Gotteshäuser der Kleinstadt dar. Bis 1436 unterstand die Pfarrkirche der Pfarre Hiesfeld, einer Bauernschaft östlich des Stadtkerns, dann erhob sie der Kölner Erzbischof zur selbständigen Pfarre. Zu dieser Zeit begannen die Bürger mit dem Neubau einer dreischiffigen Backsteinkirche, deren Ostchor mit seinen auf Rundpfeilern ruhenden Kreuzrippengewölben die Zerstörungen des Zweiten Weltkriegs überdauerte. Im Kontrast zum klein gegliederten, gedrungen wirkenden Ostteil steht der westliche Kirchenraum mit dem neuen Hochchor, der 1950/51 nach den Plänen des Kölner Architekten Otto Bongartz errichtet wurde. Das hochgezogene Oval des Westchores, das nur an den Randzonen von langen, schmalen Fenster- bzw. Türöffnungen durchbrochen ist, beherbergt einen Brüsseler Schnitzaltar des ausgehenden 15. Jh. Die Passionsszenen des Altarschreines werden durch Flügelgemälde mit Bildern aus dem Leben Christi ergänzt.

Um 1480 wurde in Dinslaken einer der großen Bildschnitzer des Mittelalters geboren: Heinrich Douvermann, dessen Hauptarbeiten in Xanten, Kalkar und Kleve zu den Meisterwerken spätgotischer Schnitzkunst gehören.

Die Geschichte des Ackerbürgerstädtchens Dinslaken verlief – abgesehen von Wechseln unter den Herrschern – ruhig, selbst die Nähe des Ruhrgebietes und die gründerzeitliche Industrialisierung zeigten zunächst keine Auswirkungen. Erst zum Ende des 19. Jh. siedelten sich metallverarbeitende Betriebe, vor allem Walzwerke an. 1909 bis 1913 wurde die Großschachtanlage **Lohberg** abgeteuft.

Nahe der Mündung des Rotbaches und des Lohberger Entwässerungsgrabens in den Rhein endet – ›unterstrichen‹ durch das Kraftwerk **Götterswickerhamm** – die Industrielandschaft des Ruhrgebietes in der Rheinaue, und die typische Niederrheinlandschaft setzt sich durch. Diesen

Wechsel der Kulturlandschaft, den Kontrast zwischen modernster Energieversorgungsanlage und herrschaftlichem Wasserschlößchen betont **Haus Wohnung** (Abb. 23). Doch die Herren auf Haus Wohnung waren durchaus der modernen Technik gegenüber aufgeschlossen. Seit 1880 ungefähr trieb der Rotbach eine Turbine in ihrer Öl- und Kornmühle bei der Vorburg an.

Rund drei Kilometer weiter nördlich wurde ein anderer Herrensitz kultureller Mittelpunkt einer sehr jungen Stadt. **Haus Voerde** gab den Dörfern, die sich 1981 zur Stadt zusammenschlossen, nicht nur den Namen, sondern inmitten junger Wohnsiedlungen ein, wenn auch winziges, historisches Zentrum. Das Herrenhaus der mittelalterlichen Wasserburg wurde Ende des 18. Jh. im klassizistischen Stil umgestaltet. Relikt eines älteren spätbarocken Baus ist der Eckturm von 1668 mit seiner laternenbekrönten Schweifhaube.

Der Lauf des **Wesel-Datteln-Kanals** in der Lippe-Aue (erbaut zwischen 1915 und 1931) zog auf seinem südlichen Ufer einige Großbetriebe an, die **Friedrichsfeld** zum industriellen Schwerpunkt Voerdes werden ließen. Die Ortsgeschichte der letzten beiden Jahrhunderte zeigt jedoch, daß Friedrichsfeld weit stärker mit der Garnisonsstadt Wesel verbunden war.

Seit dem 17. Jh. diente die **Spellener Heide** als Truppenübungsplatz. Lange Zeit wohnten die Soldaten während der Manöver in Zelten oder Privatquartieren; als jedoch während des Krieges 1870/71 auch eine große Anzahl Kriegsgefangener untergebracht werden mußte, entschloß man sich zum Bau einer Barackensiedlung. Teile des Straßennetzes sowie der öffentliche Park sind Relikte des ehemaligen Truppenlagers Friedrichsfeld, das in den beiden Weltkriegen ebenfalls wieder als Gefangenenlager fungierte. Nach 1945 begann die Gemeinnützige Wohnungsgesellschaft für den Kreis Dinslaken m.b.H. mit der Anlage des heutigen Wohnviertels, worin auch die letzten Überbleibsel der Barackensiedlung abgerissen wurden.

Wesel – eine preußische Festung

Wesel gehört zu den Städten, die der Zweite Weltkrieg nahezu vollständig auslöschte. So präsentiert sich die Stadt heute als eine moderne Kreisstadt, deren Bausubstanz zum größten Teil aus den 50er und 60er Jahren stammt. Nur die Zeugnisse, die das Straßennetz der Innenstadt bietet, erschließen wenige Aspekte der Stadt aus der Zeit vor 1680. Vergeblich sucht man die Spuren der mittelalterlichen Siedlung, die 1241 vom Klever Grafen Dietrich die Stadtrechte verliehen bekam. Selbst Wesels Funktion als bedeutender Hafen des Herzogtums Kleve und Hansestadt von 1407 bis 1669 ist nahezu in Vergessenheit geraten.

Nach aufwendigen Rekonstruktionen und Restaurierungen erhebt sich auf der Westseite des Großen Markts die **Willibrordi-Kirche**. Die heute oft genutzte Bezeichnung ›Dom‹ für das Gotteshaus ist nicht zutreffend, sondern eine ›Notlösung‹ aus den ersten Nachkriegsjahren: Bischofskirchen konnten beim Wiederaufbau mit einer stärkeren Unterstützung durch die öffentliche Hand rechnen, und so ›verlieh‹ man der Kirche den notwendigen Rang eines Domes. Aus kunsthistorischer Sicht ist dieses durchaus zu vertreten, handelt es sich doch bei der Willibrordi-Kirche um eine der letzten großen Schöpfungen gotischer Kathedralarchitektur. Seit 1540 jedoch wird die fünfschiffige Pfeilerbasilika als evangelische Pfarrkirche genutzt, denn die Stadt erlebte im 16. Jh. einen starken Zustrom protestantischer Glaubensflüchtlinge aus den Niederlanden, England und Frankreich. Der spätgotische Kirchenbau bewahrt mit seinem Namen das Andenken an den hl. Willibrord, einen Friesenmissionar im 8. Jh.

Ende des 15. Jh. holten die Weseler Bürger den Xantener Dombaumeister Johann von Langenberg in ihre Stadt, um die bestehende Kirche durch einen Neubau zu ersetzen. Wie bei anderen Kirchen am Niederrhein, so z. B. an der Salvatorkirche in Duisburg oder St. Viktor in Xanten, fügte man an den spätromanischen Westturm ein neues Langhaus an. Die Auswirkungen der Reformation spiegeln sich an der Willibrordi-Kirche wider, denn der Bau wurde nicht nach den ursprünglichen Plänen mit einem Chorumgang und einem Kapellenkranz ausgeführt, sondern in einer schlichteren Weise vollendet. Auch verzichtete man zunächst auf die Gewölbe mit ihrem filigranen Rippennetz und überspannte die Schiffe mit flachen Holzdecken. Erst bei einer umfangreichen Instandsetzung zum Ende des 19. Jh. wurden die Kirchenschiffe eingewölbt und der Hochchor mit einem Chorumgang umgeben. Mit dem Wiederaufbau nach dem Zweiten Weltkrieg versuchte man weitgehend, den Zustand des 16. Jh. zu rekonstruieren.

Im Osten schließt sich an die Willibrordi-Kirche der *Große Markt* an. Einstmals Zentrum einer Stadt, die durch Handelsschiffahrt auf dem Rhein und der Lippe zu Wohlstand gekommen war, hat dieser Platz jegliche historische Bausubstanz verloren.

Zwischen 1680 und 1730 bauten die Preußen Wesel zu einer Festung aus. Der ummauerte Stadtkern wurde in die ausgedehnten Fortifikationsanlagen, die man nach dem System des

Wesel 1 Willibrordi-Kirche 2 Zitadelle mit Schillmuseum 3 Schilldenkmal 4 Berliner Tor 5 Wasserwerk

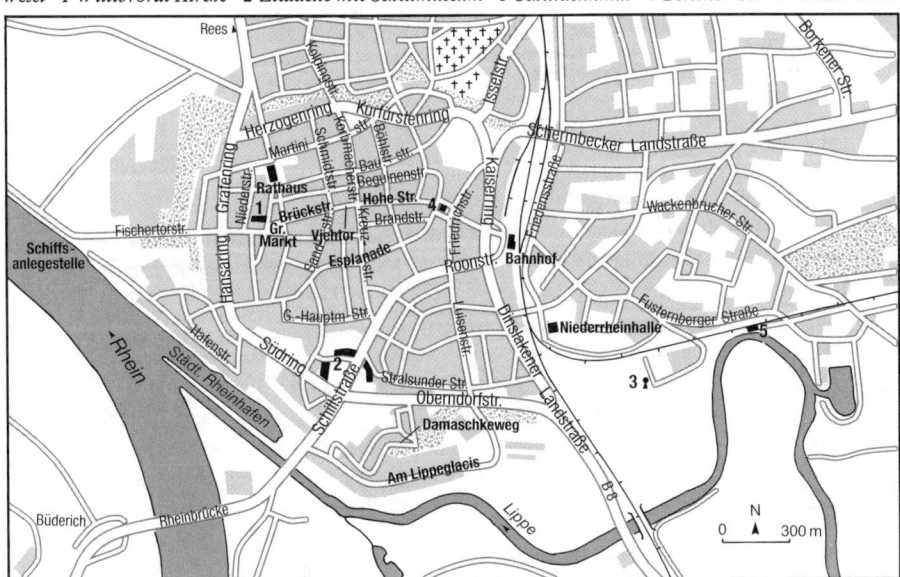

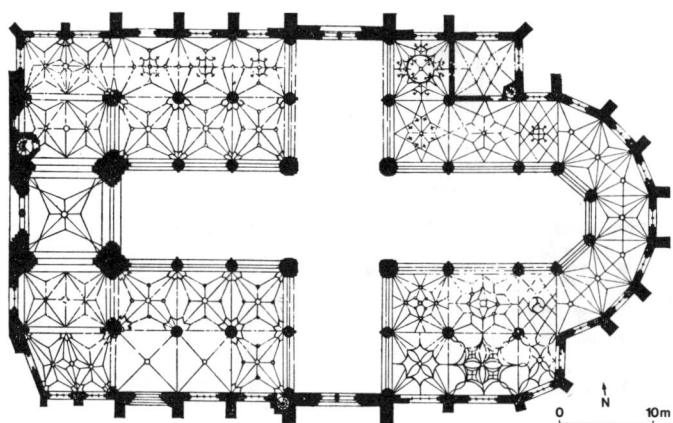

Wesel, Willibrordi-Kirche, Grundriß

0   N   10m

großen Festungsbaumeisters jener Zeit, Sébastien Vauban, errichtete, einbezogen. Ein größerer Teil des sternförmigen Bastionssystems ist im südwestlichen Stadtbereich erhalten. Die Auffahrt zur Lippe- und Rheinbrücke durchschneidet den Komplex der ehemaligen **Zitadelle.** Das Ensemble des Zitadellentores mit vorgelagertem Wall und Graben wurde nach Kriegszerstörungen ebenfalls wieder aufgebaut. Der dreiflügelige barocke *Torbau* stammte ursprünglich von dem Ingenieur und Generalquartiermeister Dupuy und wurde 1718 fertiggestellt (Farbabb. 17). Im Ostflügel des Gebäudes befindet sich das **Schillmuseum.** Die kleine Ausstellung dokumentiert die letzten Lebenstage der elf Schillschen Offiziere, die 1809 wegen ihres Widerstandes gegen die französische Besatzung erschossen wurden. Nach Plänen von Friedrich Schinkel fertigte man in der Königlichen Berliner Eisengießerei aus französischen Kanonenrohren das klassizistische Denkmal und stellte es 1835 als Grab- und Erinnerungsstein am Hinrichtungsplatz nahe der Lippe auf.

Von der ersten Bauphase der Zitadelle sind zwischen der Bundesstraße B 8 und der Lippe Reste weiterer Befestigungsanlagen erhalten. Der gezackte Verlauf des Damaschkeweges und der Straßenname ›Am Lippeglacis‹ weisen auf die Fortifikationsanlagen hin. Zwei Bastionen und das dazwischen liegende Ravelin wurden in diesem Gelände entfernt und überbaut, Teilstücke eines gedeckten Weges sind dagegen noch sichtbar.

Zu Beginn des 19. Jh. errichtete man zwischen den beiden Bastionen östlich des Zitadellentores einen neuen Gebäudekomplex, der heute noch – von der Schillstraße unterbrochen – erhalten ist. Bäckerei, Gefängnis und eine Kaserne befanden sich in dem Halbrund des zweigeschossigen Backsteinbaus. – Einen kleinen Exkursionsführer zu den Weseler Festungsanlagen gibt die Stadt Wesel (Amt 80) heraus, der zu allen Relikten, auch den linksrheinischen, führt.

Zusammen mit den militärischen Einrichtungen erhielt Wesel zu Beginn des 18. Jh. auch eine neue Stadtbefestigung. Als einziger Stadtzugang ist noch das **Berliner Tor** am östlichen Ende der Fußgängerzone erhalten. 1718–22 wurde es von dem Festungsoffizier Jan de Bodt gebaut, einem vielbeschäftigten Ingenieur in Preußen. Er entwarf Festungspläne für Küstrin und

Wesel, Berliner Tor, Grundriß der ehem. Gesamtanlage mit den 1892 abgebrochenen Arkadenflügeln

Stettin, arbeitete am Berliner Zeughaus sowie am Potsdamer Schloß mit. Seine Fähigkeit, Fortifikationsarchitektur mit einem repräsentativen Charakter zu versehen, spiegelt auch das Berliner Tor auf der ehemaligen Feldseite wider. Der Backsteinfassade wurden Elemente klassischer Tempelarchitektur vorgesetzt. Dorische Säulen tragen einen geschmückten Architrav,

Wesel mit dem sternförmigen Befestigungssystem, Luftbild, vor 1930

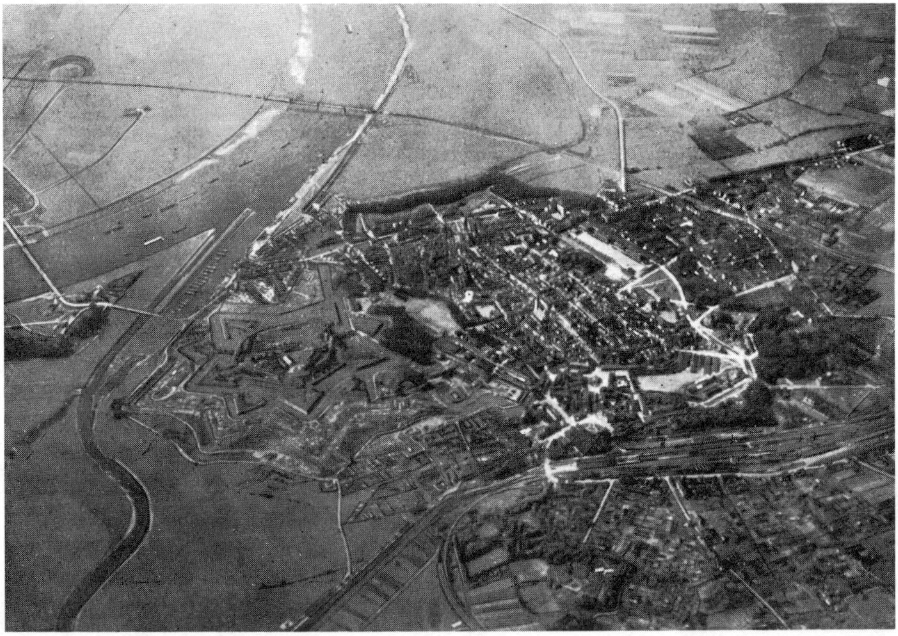

Skulpturen von Minerva und Herkules flankieren die Durchfahrt. Das Tympanon über dem Eingang zeigt ein Relief mit Personifikationen der beiden Flüsse, die die Entstehung und Entwicklung Wesels entscheidend mitgeprägt haben: Rhein und Lippe.

Die Befestigungsanlagen haben dagegen das Stadtwachstum und damit verbunden das wirtschaftliche Wachstum gebremst. Die Rayonbestimmungen der Festung verhinderten eine Ansiedlung größerer Industriebetriebe nahe des Stadtkernes oder die Ausdehnung bereits bestehender kleiner Werke. Trotz der günstigen Lage zu schiffbaren Flüssen und der Funktion als Eisenbahnknotenpunkt am Niederrhein vollzog sich im 19. Jh. in Wesel kein gründerzeitlicher Industrie-Ausbau. Erst zum Ende des Jahrhunderts begann man, die Befestigungsanlagen zu schleifen, und nach dem Ersten Weltkrieg setzte eine Industrialisierung ein, die über die typischen Gewerbe eines ländlich geprägten Ortes hinausreichte. – Einen ungewöhnlichen Lehrpfad bietet die Stadt zu ihrer Wasserversorgung. Kernstück ist das 1886 in Betrieb genommene **Wasserwerk I** mit seiner Maschinenanlage von 1903 (Termine der Führungen bei den Stadtwerken Wesel, Emmericher Straße 21–29, ✆ 02 81/67 10).

Nordwestlich der Stadtmitte wird Wasser in einer anderen Weise vermarktet, denn die Rheinaue wurde zu einer Freizeitlandschaft umgestaltet. Ein Campingplatz auf der *Grav-Insel,* der sich rühmt, »eine der größten Familienerholungsstätten Europas« zu sein, und die zahlreichen Parkplätze am Auesee deuten an, welche Besucherscharen hier an schönen Tagen anzutreffen sind.

Neben dem Wochenendrummel bietet das nordwestliche Stadtgebiet aber auch Beschauliches, wie z. B. das **Schwarze Wasser,** ein kleines Naturschutzgebiet um einen Heidesee, das Wildgatter im **Diersfordter Wald, Schloß Diersfordt** mit der Kapelle oder das **Bislicher Heimatmuseum.**

Auf dem Weg zum letzten rechtsrheinischen Höhepunkt: Hochelten

Nähert man sich Rees von Süden über die Bundesstraße B 8, sollte man einen Abstecher zum nahegelegenen **Haus Aspel** machen. Im 10. Jh. ließ der Pfalzgraf Richizo auf einer Landzunge des Aspeler Meers (mit ›Meer‹ werden Altrheinarme bezeichnet) einen Hügel aus römischem Bauschutt der ehemaligen Colonia Ulpia Traiana aufschütten. Auf diese Motte setzte er die erste feste Burg, die im 12. und 13. Jh. verändert wurde. Im 15. Jh. brach man Steinblöcke des Festungsbaus heraus, um damit die Reeser Stadtmauer auszubessern. Vom alten Burgbau ist heute oberirdisch nichts mehr erhalten. Die Funktion eines repräsentativen Wohnsitzes übernahm im 18. Jh. die Vorburg, die zu einem barocken Schloß ausgebaut wurde.

Eng mit der Geschichte der Grafen von Aspel ist auch diejenige der Stadt **Rees** verbunden (Umschlagvorderseite). Als ältester Siedlungskern entwickelte sich eine Siedlung um das Marienstift, welches die Gräfin Irmgardis in der ersten Hälfte des 11. Jh. gründete. Wenig später vermachte sie das Stift dem Kölner Erzbischof, der darin einen willkommenen Anlaß sah, sein Einflußgebiet noch weiter rheinabwärts auszudehnen. Er verlieh der Siedlung 1228 die Stadt- und Befestigungsrechte. 1392 gelangte Rees in den Besitz der Herzöge von Kleve, den großen Widersachern des Kölner Erzbischofs am unteren Niederrhein.

Das historische Ortsbild hat der Zweite Weltkrieg vernichtet. Im Südosten wurde die mittelalterliche **Stadtbefestigung** rekonstruiert, wo sie heute noch aufgrund der topographischen Lage an der Mündung des Reeser Altarmes in den Rhein die städtische Bebauung abgrenzt. Die Türme erfüllten im Laufe der Jahrhunderte verschiedene Funktionen: Sie dienten nicht nur der Sicherung der Stadt vor dem Feind, sondern u. a. als Eisbrecher. In harten Wintern konnte sich das Treibeis in den zahlreichen Rheinschlingen gut ausbreiten und dabei besonders die stromnahen Siedlungen in Prallhanglage bedrohen.

Am östlichen Ende des langgestreckten Marktplatzes liegt durch eine Häuserzeile abgetrennt die Stiftskirche St. Mariä Himmelfahrt. Nach dem Brand im Jahre 1245 wurde die romanische Kirche durch einen gotischen Neubau ersetzt. Zu Beginn des 19. Jh. war das Gebäude derart beschädigt und baufällig geworden, daß es schließlich abgerissen wurde. Zwischen 1820 und 1828 entstand nach Plänen des Bauinspektors Karl Gottlieb Heermann der Neubau der Pfarrkirche **St. Mariä Himmelfahrt.** Dieses seltene Beispiel klassizistischer Kirchenarchitektur am Niederrhein wurde im Zweiten Weltkrieg bis auf die Umfassungsmauern zerstört. Beim Wiederaufbau in den Jahren 1956–63 rekonstruierte man weitgehend die dreischiffige Pseudobasilika des frühen 19. Jh. Die Formensprache des Klassizismus bestimmt den Innen- wie Außenbau. Korinthische Säulen trennen die drei Schiffe und tragen das kassettierte Tonnengewölbe des Mittelschiffes (Abb. 24). In dem monumentalen Kirchenraum befinden sich einige Relikte der Innenausstattung des gotischen Vorgängerbaus, wie z. B. eine thronende Muttergottes aus dem zweiten Viertel des 14. Jh.

Eine Rarität stellt die Holzskulptur im südlichen Seitenchor dar: Es handelt sich dabei um die einzige vollständig erhaltene *Georgsgruppe* am Niederrhein. Die um 1530 geschnitzte Darstellung umfaßt nicht nur den Kampf des Heiligen mit dem Drachen, sondern auch die gerettete Prinzessin Aja und die Stadt.

Stärker als Rees hat **Emmerich** im Laufe der Jahrhunderte Bedrohungen durch den Rhein erlebt. Zu Beginn des 13. Jh. und noch einmal im 14. Jh. untergrub der Fluß die Fundamente der ehemaligen Stiftskirche St. Martin und brachte Teile zum Einsturz. So wurde der älteste Siedlungskern um die Aldegundiskirche bereits im frühesten Mittelalter mit Hilfe eines kleinen Ringdeiches von rund 100 m Durchmesser geschützt. Eine Deichstraße – die heutige Steinstraße – verband die Siedlung um St. Aldegundis, den vor dem Ringdeich liegenden Großen Markt und das Martinsviertel. In der Mitte des 11. Jh. hatten die Stiftsherren die Enge des ältesten Ortskernes verlassen und einen knappen Kilometer rheinabwärts die neue Stiftskirche St. Martin errichtet. Diese Kirche übernahm die führende Rolle in dem sich entwickelnden Städtchen, denn in ihr wurden 1233 die Feierlichkeiten zur Stadtrechtsverleihung abgehalten. Noch im selben Jahr begannen die Bürger, das erweiterte Stadtgebiet mit einer Mauer zu sichern. Der Verlauf der Wallstraße und des Großen Walls gibt die Ausdehnung des mittelalterlichen Emmerichs wieder.

Von Anfang an war das wirtschaftliche Leben ebenfalls auf den Strom orientiert. Neben Ackerbürgern lebten Fischer in dem Viertel westlich von St. Aldegundis. Im 14. Jh. erhielt der Marktort auch den Rang einer Hansestadt und erlebte einen bemerkenswerten Wirtschafts- und

Bauboom. Der Spanisch-Niederländische sowie der Französisch-Niederländische Krieg brachten das Ende der Schiffahrt und des Handels für Emmerich. Während die meisten Häfen am Niederrhein erst mit dem Aufkommen der Dampfschiffahrt und der beginnenden Industrialisierung wieder an Bedeutung gewannen, gelang dies Emmerich schon im ausgehenden 17. Jh.

1674 wurde die Bört- oder Rangschiffahrt nach Köln sowie Amsterdam eingerichtet. ›Bört‹ bedeutet ›Rang‹ oder ›Reihenfolge‹, d.h. die Schiffe verkehren in einer festgelegten Reihenfolge. Im 18. Jh. besaßen in Emmerich acht Schiffe das Recht für den regelmäßigen Linienverkehr. Die Börtschiffe mit einer durchschnittlichen Ladekapazität von 280 t fuhren meist unter Segel, da das verzweigte Wassernetz am unteren Niederrhein und die oftmals sumpfige Aue die Anlage von Lein- oder Treidelpfaden sehr erschwerten oder verhinderten. Nachdem sich in der Mitte des 19. Jh. die Dampfschiffahrt weitgehend durchgesetzt hatte, konnte die Börtschiffahrt sich nicht länger gegen diese Konkurrenz behaupten und mußte den mit Dampfkraft angetriebenen Schleppkähnen weichen.

Für Interessierte bietet sich der Besuch des **Rheinmuseums Emmerich,** Martinikirchgang 2 an, in dem nicht nur die Geschichte der Rheinschiffahrt anhand von Modellen, Gerätschaften und Karten dargestellt wird, sondern auch ihre Verflechtung mit der Stadt und dem städtischen Wirtschaftsleben.

Wie in zahlreichen anderen Städten am Niederrhein ist auch in Emmerich das alte Ortsbild und der größte Teil (97%) der historischen Bausubstanz im Zweiten Weltkrieg zerstört worden.

Der Rheinzoll bei Emmerich. Gemälde von Bleuler, um 1840

Die beiden mittelalterlichen Kirchen wurden schwer beschädigt und sind demzufolge weitgehende Rekonstruktionen und Neubauten aus der Nachkriegszeit. Um 700 weihte der hl. Willibrord eine Kirche zu Ehren des hl. Martins auf dem Standort von **St. Aldegundis.** Dieser Vorgängerbau wurde im großen Stadtbrand von 1439 ebenfalls zerstört. 1449 begann Johann von Wintern mit der Errichtung der gotischen Pseudobasilika. Nach dem Vorbild der Stiftskirche in Kleve stellen auch hier die drei Kirchenschiffe drei deutlich voneinander getrennte Räume dar: Jedes Schiff besitzt einen eigenen halbrunden Chorabschluß, das Sternengewölbe des Mittelschiffs wird zwischen den einzelnen Jochen, aber auch zu denjenigen der Seitenschiffs durch breite Backsteingurtbögen getrennt. Zwischen 1483 und 1514 wurde in die westlichen Joche ein Turm eingesetzt. Mit dem polygonalen Turmgeschoß auf einem quadratischen Unterbau folgte der Baumeister dem Vorbild des Utrechter Doms. Als Archidiakonat – die erste Vertretung des Bischofs – besaß Emmerich seit dem frühen Mittelalter enge Verbindungen zum Utrechter Bistum.

Einen ungewöhnlichen Grundriß bietet heute die Kirche **St. Martin:** Ein Chor mit drei Apsiden schließt sich rechtwinklig an das Langhaus an. Bereits in spätgotischer Zeit wurde der geostete romanische Bau nach Süden umorientiert, weil der alte westliche Teil am unterspülten Rheinufer im 13. und noch einmal im 14. Jh. eingestürzt war. Vom ersten Kirchenbau, der um 1140 fertiggestellt wurde, existiert heute nur noch die dreischiffige Krypta im weitgehend ursprünglichen Zustand. Besonders interessant sind hier die Stützen, die das Gewölbe tragen. Zu dieser frühen Bauphase gehört ebenso der dreiteilige Chor, dessen aufgehendes Mauerwerk in späteren Zeiten jedoch stark verändert wurde. Markantester Eingriff wurde der Durchbruch großer gotisierender Fenster im 17. Jh. (Zur Zeit befindet sich die Kirche im Umbau.)

Für den Liebhaber zeitgenössischer Kirchenarchitektur und Ausstattung bietet **Emmerich-Leegmeer** einen sehenswerten Bau an der Wassenbergstraße, Ecke Hansastraße. In der **Heilig-Geist-Kirche,** einer Beton- und Glaskonstruktion (1966 eingeweiht) des Architekten Dieter G. Baumeverd, hängt ein vieldiskutiertes, aus Industrieabfällen zusammengestelltes Schrottkreuz von Waldemar Kuhn (Abb. 26).

Verläßt man das Emmericher Stadtgebiet über die B 8 Richtung niederländische Grenze, so trifft man bald auf ein überraschendes Panorama, das eigentlich für das Mittelrheintal charakteristisch ist. Aus einem verengten Rheinthal erhebt sich unvermittelt eine Anhöhe, die in diesem Fall nicht von einer Burg, sondern von einer Kirche bekrönt wird – St. Vitus in **Hochelten.** Diese markante Erhebung rund 2 km vom Rheinbett entfernt ist das Relikt eines eiszeitlichen Gletschervorstoßes. Eine Zunge der Eismassen schob sich von Nordosten her am heutigen **Eltenberg** vorbei und kam linksrheinisch an der Linie Nimwegen–Kranenburg–Kleve zum Stillstand. Noch heute zeigt der geschwungene Geländeanstieg den Rand der ehemaligen Gletscherzunge, des sogenannten Kranenburger Lobus, an. Der Stauchendmoränenwall zwischen Kleve und Elten wurde nach der Eiszeit vom Rhein durchschnitten und teilweise abgetragen. Der rund 80 m hohe Eltenberg begrenzt seitdem die Flußaue.

Solch ein strategisch wichtiger Punkt wurde schnell als Standort für einen Herrensitz interessant, und somit errichtete Ende des 9. Jh. der Gaugraf im Hamaland auf dem Eltenberg eine *Burg.* Im 10. Jh. erscheint sie bereits in der Geschichtsschreibung, da 944 Kaiser Otto I. auf

Die Ruine St. Vitus auf dem Eltenberg, Zeichnung von J. Finkeboom aus dem Skizzenbuch 1660–65

Eltnon eine Urkunde ausstellte. Bei Ausgrabungen 1964/65 wurden Fundamente der Anlage aus dem 10. Jh. freigelegt. Ein Palas, verschiedene Wohnbauten und eine Saalkirche – allesamt Holzkonstruktionen – sowie ein steinerner Rundbau mit anschließender Kapelle konnten identifiziert werden.

Ende des 10. Jh. ließen die Burgherren eine erste Kirche aus Tuffstein errichten. Mit diesem Neubau hatte sich auf dem Eltenberg ein bedeutender Wandel vollzogen: Aus der Burg war 960 ein Damenstift geworden, das Kaiser Otto II. 973 in den Rang eines Reichsstifts erhob. Das Stift wurde zunächst unter das Patronat des hl. Petrus gestellt, dieser jedoch schon 970 durch den hl. Vitus abgelöst, dem bevorzugten Heiligen des regierenden Kaiserhauses (s. S. 271). Im ersten Viertel des 12. Jh. trat an die Stelle der ersten Stiftskirche ein Neubau. Von der romanischen Kirche, die in der zweiten Hälfte des 14. Jh. stark verändert wurde, sind zahlreiche Zeichnungen des Amsterdamer Architekten Justus Finkebooms erhalten. **St. Vitus** wird dabei als Ruine gezeigt, denn im Spanisch-Niederländischen Krieg wurde die Kirche bis auf ihre Außenmauern zerstört. Beim Wiederaufbau (1670–77) verkleinerte man die Kirche und ersetzte die

Klostergebäude auf der Nordseite durch neue im Süden und Westen. 1811 wurde das Stift aufgelöst, vier Jahre später die Kirche zur Pfarrkirche erklärt. – Die ehemaligen Häuser der Stiftsdamen wurden in den 1830er Jahren abgerissen. Erhalten blieb nur westlich der Kirche der zweigeschossige Bau von 1667, in dem die Äbtissinnen aus dem Hause Salm-Reifferscheid lebten.

Nach den Zerstörungen des Zweiten Weltkriegs baute man St. Vitus in den mittelalterlichen Formen – weitgehend im Stil der salischen Romanik – wieder auf. Rekonstruktionen und die Reste der historischen Bausubstanz vermitteln heute erneut den Eindruck eines bedeutenden Bauwerks aus dem frühen 12. Jh. Die Gestaltung der Mittelschiffwände ist hierfür ein Beispiel. Auch der fünfgeschossige Westturm, dessen Süd- und Westwand im Krieg zerbombt wurden, zeigt wieder die typische Flächengliederung im Außenbau. Das Mauerwerk der sich verjüngenden Geschosse trägt romanischen Bauschmuck: Blendbögen verbinden Lisenen, Rundbogenfriese zieren die oberen Abschnitte der Geschosse. Sparsam ging man dagegen mit Fensterdurchbrüchen in den Turmwänden um.

Die exponierte Lage von St. Vitus fand im 17. Jh. große Beachtung. Die Kirche mit ihrem hoch aufragenden Westturm wurde als Blickpunkt – point de vue – in die Klever Landschafts- und Gartenarchitektur einbezogen (Abb. 59). Leider verhindern Dunst und Nebel im Rheintal oft solche Fernsicht. Doch auch bei mäßigen Sichtverhältnissen bietet der Eltenberg interessante Ausblicke auf die nähere Umgebung in der Rheinaue, so z. B. auf Emmerich.

Am nordwestlichen Hang des Eltenbergs liegt **Elten,** ein Ort, der im Mittelalter ebenfalls vom Rheinhandel profitierte, dabei jedoch nicht zur Stadt aufstieg. In der Mitte des 15. Jh. errichtete man die dreischiffige Pseudobasilika **St. Martin.** – Fast alle Straßen, die von Elten ausgehen, führen zur niederländischen Grenze, denn auf drei Seiten ist die Gemeindegrenze gleichzeitig Staatsgrenze. Noch zu Beginn der 1960er Jahre sahen hier die Grenzverhältnisse völlig anders aus. Vom 23. 4. 1949 bis 31. 7. 1963 unterstand Elten niederländischer Verwaltung und wurde erst im August 1963 in das Gebiet der Bundesrepublik Deutschland zurückgegliedert.

Übergänge ins Westfälische

Die Schwierigkeiten, den nordöstlichen Bereich des Niederrheingebietes abzugrenzen, sind größer als beispielsweise im Westen, wo 1815 die Grenze zwischen dem niederländischen und deutschen Bereich festgelegt wurde. Das relativ junge Datum zeigt, daß diese Verwaltungslinie eine alte Kulturlandschaft zerteilt. Mag die Staatsgrenze rechtsrheinisch auch bis auf die Höhe von Praest noch eine Hilfe sein, so wird es weiter südlich notwendig, eine andere Abgrenzung zu finden.

Versuchen wir, die Niederrheinlandschaft mit Hilfe natürlicher Linien einzugrenzen! Es böten sich der kanalisierte Lauf der Issel oder der deutliche, bewaldete Geländeanstieg um rund zehn Meter zur Mittelterrasse an. Zwischen dem Lauf der Issel und der Lippe ist jener derart aufgelöst, daß es problematisch wird, dort eine Trennungslinie zwischen dem Rheinischen und Westfälischen zu legen. So gehörte das Land an der Lippe einst zum Klever Herzogtum, waren die kleinen Siedlungen mit ihren Herrensitzen, wie z. B. Krudenburg, zum Fluß orientiert, der, eng verbunden mit dem Weseler Hafen, die Wirtschaftsader des ausgedehnten Waldgebietes darstellte. Lassen wir also die Abgrenzung des Niederrheingebietes irgendwo im Hünxer- wie im Dämmerwald im Dunkeln liegen!

Im Schutz der feuchten Isselaue errichtete der Freigraf Sveder von Dingden um 1220 eine Burg, die zum Ausgangspunkt von **Ringenberg** wurde. Noch im 13. Jh. kam der Herrensitz durch Heirat zur Grafschaft Kleve. Der Klever Landesherr bemühte sich um eine Erschließung der Bruchlandschaft und siedelte aus diesem Grund holländische Kolonisten an. Diese verfügten über die notwendigen Erfahrungen, feuchte Auen zu entwässern und zu kultivieren. Auch in anderen Gebieten, wie z. B. bei Kranenburg oder im Uedemerbruch, holte man niederländische Pioniere ins Land. So entstand in der ersten Hälfte des 14. Jh. die Siedlung Ringenberg nordwestlich der Wasserburg. Nach schweren Zerstörungen im Dreißigjährigen Krieg wurde die »gänzlich ruinierte, auch ganz und gar zum Steinhaufen gewordene Burg« um 1660 auf dem alten Grundriß neugebaut – dieses Mal jedoch als ein repräsentatives **Wasserschloß** (Abb. 25). Der rechte Seitenflügel hat mit seinem risalitartig übergiebelten Eingang und den hohen Kaminen, die von schmiedeeisernen Wetterfahnen bekrönt werden, das Bild niederländischer Architektur des späten 17. Jh. bewahrt. Im Schloß befinden sich heute eine Kunstgalerie sowie die Dirk-Baegert-Stiftung, die junge Künstler fördert.

Ein sehenswertes Gebäude historisierender Fabrikarchitektur des vergangenen Jahrhunderts stellt der Backsteinbau der **Kornbrennerei** im Ortszentrum dar.

In der Mitte des 13. Jh. stiftete der Herr von Ringenberg isselaufwärts bei **Marienthal** ein **Augustiner-Eremiten-Kloster,** das älteste dieses Ordens auf deutschem Boden. Seit dem Ende des 16. Jh. widmeten sich die Mönche auch der Pfarrseelsorge. Nach der Säkularisation wurde der Klosterkomplex bis auf die Kirche und einen Kreuzgangflügel abgerissen. Der einschiffige, kreuzrippengewölbte Backsteinbau wird – nach strengen klösterlichen Bauvorschriften – nur von einem kleinen Dachreiter überragt. – Einen Reichtum besonderer Art bietet die Ausstattung der **Klosterkirche.** Während der Amtszeit des Pfarrers Augustinus Winkelmann (1924–54) gelangte bemerkenswerte Sakralkunst im Stil des rheinischen Spätexpressionismus in das Gotteshaus, wie z. B. die 1927 gefertigten Glasfenster des Chores von Heinrich Diekmann oder die zur selben Zeit gewebten Wandbehänge im Chor von Trude Dinnendahl-Benning. Wandgemälde, Bronzetüren und selbst die Grabsteine des Friedhofs weisen auf die Bedeutung des Kunstschaffens in Marienthal seit den 1920er Jahren hin.

Einen weiteren Exkurs in die Kunst des 20. Jh. bietet der Besuch von **Haus Esselt** mit dem **Otto Pankok-Museum** südwestlich des Dorfes Marienthal. 1958 erwarb der Maler den Herrensitz, der im späten 15. Jh. erstmals erwähnt wurde. Im ehemaligen Wirtschaftsgebäude des Hofes werden Werke des Künstlers ausgestellt.

Auf Siedlungs- und Wirtschaftsgeschichte, die in starkem Maße von einem Fluß bestimmt war, stoßen wir in **Krudenburg.** Im Schutz der namensgebenden Burg aus dem 14. Jh. entwickelte sich die Siedlung vorrangig als ein Fischer- und Schifferort. Vom 16. bis zur Mitte des 19. Jh. florierte die Schiffahrt und Flößerei auf der Lippe. Ausgedehnte Wälder beiderseits des Flusses lieferten Eichenholz, das größtenteils dem niederländischen Schiffsbau diente. Mit der

*Otto Pankok, Landweg,
1928. Otto-Pankok-
Museum, Haus Esselt*

anfallenden Eichenlohe wurden die zahlreichen Gerbereien Wesels beliefert. In Krudenburg
wurde hauptsächlich Klafter- und Krummholz gehandelt.

Nicht nur für den Verkehr auf der Lippe, sondern auch für die Überquerung des Flusses war
Krudenburg der wichtigste Ort am unteren Lippelauf. Als älteste ständige Einrichtung nutzte
man bis zum 19. Jh. eine verschiebbare Pontmühle an der schmalsten Stelle, um die Lippe zu
passieren. Dann errichtete man eine niedrige Brücke, die sich zum Alptraum der Lippe-Schiffer
entwickelte. Es ist überliefert, daß sie die Mützen nahmen und drei Vaterunser beteten, wenn
sie unter der Brücke hindurchfuhren. Trotzdem endete für manchen hier die Fahrt, so daß man
1835 die stehende Brücke durch eine Schiffsbrücke, eine Gierponte, ersetzte.

Bereits 1827 hatte der Ort einen Überwinterungshafen erhalten und war zum Winterquartier
der Lippe-Schiffer geworden. Bis zur Mitte des 19. Jh. gehörte der Schiffsbau mit zum örtlichen
Wirtschaftsleben. Darin zeigt sich auch die Spezialisierung einzelner Lippesiedlungen auf
bestimmte Branchen der Schiffahrt. Leinreiter, die mit ihren Pferden Schiffe flußaufwärts
zogen, gab es vor allem in *Schermbeck,* während man sich auf dem gegenüberliegenden Lippeufer
in *Gahlen* auf die Flößerei spezialisierte. Von der Bedeutung der Lippe-Schiffahrt ist heute in
Krudenburg kaum noch etwas zu sehen. Nichtsdestoweniger hat das winzige Dorf ein reizvolles
Ortsbild, auch wenn von der alten Burg nur noch ein Eckturm der Vorburg aus dem 17. Jh.
erhalten ist.

Auf altes Siedlungsland stoßen wir auf dem gegenüberliegenden Lippeufer. Südwestlich von
Hünxe in den *Testerbergen* wurden Hügelgräberfelder der jüngeren Steinzeit, älteren Bronzezeit
und älteren Eisenzeit gefunden. Im Südosten am **Fockenberg** liegt eine frühmittelalterliche
Wehranlage, die größte und am besten erhaltene Wallanlage des Niederrheingebietes. Ein recht-

eckiger Wall von 310 m Länge und 260 m Breite schützt den historischen Burghügel. Mit Hilfe eines 15 m langen Einbaumes, der in der Lippe-Aue ausgegraben wurde, konnte sogar frühgeschichtliche Schiffahrt nachgewiesen werden.

Hünxe wurde Ende des 11. Jh. erstmals erwähnt. Seit dem 14. Jh. gehörte das Land beiderseits der Lippe zum Herzogtum Kleve. Die Lehnsträger, die für die lokale Verwaltung und Rechtsprechung verantwortlich waren, saßen auf der Krudenburg und in Haus Gartrop. Hünxe war dagegen – vermutlich seit dem frühen Mittelalter – Sitz der Pfarrei. Im Hünxer Raum predigte zu Beginn des 8. Jh. der Hl. Suitbert, ein angelsächsischer Missionar, dem auch der erste Kirchenbau geweiht wurde. Von dieser ersten Kirche sind inzwischen keine Spuren mehr nachzuweisen.

Der heutige Bau der evangelischen **Kirche** setzt sich aus einem spätromanischen Turm (Mitte 13. Jh.) und dem gotischen Langhaus der Nachfolgebauten zusammen. In der zweiten Hälfte des 15. Jh. stürzten die vier westlichen Joche ein. Die spätere Bauphase zeigt sich u. a. im Stützenwechsel des Mittelschiffes – Rundpfeiler lösen die zierlichen Säulen ab – und im obersten Turmgeschoß. Nachdem sich die Gemeinde Ende des 16. Jh. dem protestantischen Glauben angeschlossen hatte, wurden in die Seitenschiffe hölzerne Emporen eingebaut. Das linke Wandfeld des Chores schmückt eines der wenigen barocken Grabmäler des Niederrheins. Das Epitaph verzichtet völlig auf christliche Heilszeichen und dient ausschließlich dem Ruhm des ehemaligen Gartroper Schloßherrn Albrecht Georg von Hüchtenbruck (1635–1716) und seiner beiden Frauen Gertrud Sophie von Diepenbruck (gest. 1692) und Anna Luise von Quadt-Wickrath, die 1695 im Alter von nur 25 Jahren starb. In seinem Testament bestimmte der Baron den Münsteraner Hofbildhauer Johann Wilhelm Gröninger, das monumentale Grabdenkmal aus dem feinkörnigen Baumberger Sandstein für ein Honorar von 235 Reichstalern anzufertigen. Aus dem gleichen Material wurde 1766 der Taufstein gehauen.

Ungewöhnliches Interieur für eine Kirche findet sich im Turmraum: ein langes Netz, das vor allem zur Wolfsjagd benutzt wurde. Anfang des 19. Jh. wurden im Hünxer Wald noch die letzten Wölfe gejagt.

Auf dem einstigen Limes

Legionäre und Schützen in Novaesium

Mit dem linken Rheinufer betreten wir einen Boden, der geschichtsträchtiger ist als sein rechtsrheinisches Pendant. Durch Caesars gallischen Krieg war das Rheinland in den Blickwinkel und das Interesse Roms gelangt. Zunächst wollten sich die Römer mit dem Rhein als Ostgrenze der neuen Provinz nicht begnügen, sondern strebten die Elbe als Grenzfluß an. Unter der Herrschaft Kaiser Augustus' begann der militärische Ausbau der niedergermanischen Grenze. In diese Zeit – um 16 v. Chr. – fiel ebenfalls die Gründung eines Lagers namens Novaesium. Für

einen erfolgreichen Abschluß der Germanenoffensive verbesserten die Soldaten ihre Lager-
bauten und errichteten weitere zwischen den bereits bestehenden. Doch alle Mühe blieb ver-
gebens; nach der Schlacht im Teutoburger Wald (9 n. Chr.) und dem Scheitern der Offensive
unter Tiberius im Jahre 17 konzentrierten sich die Römer darauf, nun doch den Rhein als
Grenzfluß des Imperiums mit einer Kette von unterschiedlichen Militärsiedlungen zu festigen.
In der Mitte des 1. Jh. ließ Kaiser Claudius das Rheintal nicht nur durch ein System von Legions-
und Hilfstruppenlagern sowie Kleinkastellen und Straßenwachtposten (Benefiziarierstationen)
sichern, sondern er leitete auch die Entwicklung des Rheins zu einer Hauptverkehrsader ein.

Während seiner Herrschaft bauten die Legionäre wieder einmal das **Castrum Novaesium**
um. Seit einer ersten Anlage um 16 v. Chr. hatte das Lager zwölf verschiedene Bauperioden
erlebt, bei denen der Standort hin und wieder wechselte. 43 n. Chr. begannen die Soldaten mit
der Errichtung des sogenannten Koenen-Lagers. Es trägt den Namen Constantin Koenens, der
im ausgehenden 19. Jh. die Grabungen im Legionslager leitete und damit beispielhafte Arbeit
zur Erforschung römischer Militärsiedlungen leistete. Der heute bestens bekannte Grundriß
des Castrums entstand in einer weiteren Umbauphase nach der Mitte des 1. Jh., in der Teile des
Fachwerks und der Holz-Erde-Konstruktion durch Stein ersetzt wurden.

Als Einstieg in die römische Epoche der Stadtgeschichte von **Neuss** empfiehlt sich der Besuch
des *Clemens-Sels-Museums* am Obertor. Hier findet sich auch die geographische Situation im
Neusser Raum vor rund 2000 Jahren dokumentiert. Daraus läßt sich die militärische Notwendigkeit, aber auch die Gunst des Lagerstandortes ableiten. Ein höher gelegener Rest der Nieder-
terrassse wird beinahe vollständig von natürlichen Hindernissen wie Wasserläufen oder sumpfi-

Neuss/Novaesium, das sog. Koenen-Lager und Relikte früherer Militärlager

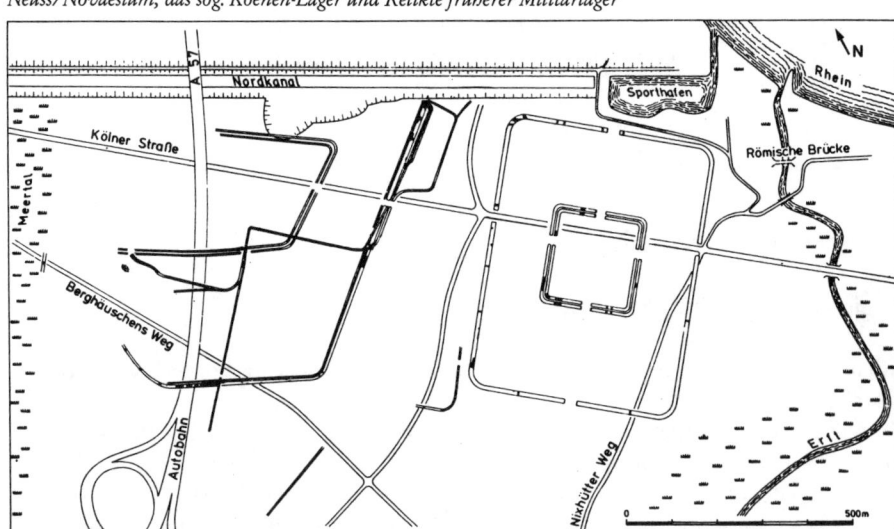

Neuss, Clemens-Sels-Museum, Medusenhaupt

gen Niederungen umgeben. Die Mündung der Erft in den Rhein galt für das römische Militär ebenso als ein strategisch wichtiger Punkt. Für die geplanten Eroberungszüge ins rechtsrheinische Germanien waren Düssel und Ruhr in günstiger Nähe. Doch liefen die entscheidenden Vorstöße nach Osten schließlich von Vetera streckenweise über die Lippe.

Südlich des Lagers Novaesium wurde zu Beginn des 2. Jh. eine Brücke über die Erft gebaut, die noch im 16. Jh. benutzt werden konnte. 1586 sprengten spanische Soldaten während des Truchseßschen Krieges die Römerbrücke; rund 100 Jahre später verkaufte man die Steinquader auf Abbruch. In diesem Ausverkauf antiken Baumaterials wurden auch die Reste des römischen Lagers angeboten.

Durch die Ausgrabungen Constantin Koenens von 1888 bis 1900 und die Präsentation im Clemens-Sels-Museum wird das *Kastell Novaesium* wieder lebendig. Das 570 mal 420 m große Lager ist ein gutes Beispiel für die standardisierten Baupläne römischer Lager. Die rechteckige Anlage wird von Wegen durchzogen, die sich stets im rechten Winkel treffen. Am Schnittpunkt der beiden Hauptstraßen, die die Lagertore miteinander verbinden, liegt das Lagerforum – die principa. Die wertvollsten Dinge der Legion, wie der Legionsadler oder ihre Standarten, aber auch die Truppenkasse wurden hier aufbewahrt. Im Süden schloß sich der große Baublock mit den Dienst- und Wohnräumen des Legionskommandanten an, das praetorium. Auf der östlichen Seite der via principalis lagen die Häuser der Stabsoffiziere. In ihrer Mitte – gegenüber der principa – befand sich das Gebäude des Lagerkommandanten. Gleich in der Nähe der beiden Haupttore, der porta principalis dextra und sinistra, hatten die Legionsreiter ihre Quartiere und die Ställe für die Pferde.

Die Trasse der via principalis wird auch heute noch genutzt: Die Kölner Straße und die Bonner Straße durchziehen mit ihrem schnurgeraden Verlauf die Neusser Vororte. Damit stoßen wir wieder auf ein Beispiel, wie hervorragend die Legionäre es verstanden, die Straßenführungen ins Gelände zu legen, daß sie auch nach 2000 Jahren noch nicht überholt sind. Der römische Soldat war in seiner Dienstzeit nicht nur mit militärischen Übungen beschäftigt oder befand sich auf Kriegszügen, sondern der Berufssoldat füllte seine 20 oder 25 Jahre bei der

97

Truppe mit handwerklichen Arbeiten. Die Soldaten bauten ihr Lager und hielten es instand. Für den Straßenbau und die Errichtung großer öffentlicher Gebäude waren sie ebenfalls zuständig, weil sonst in der germanischen Provinz keine kompetenten Personen zur Verfügung standen. Auch die Versorgung des Lagers mit Lebensmitteln war Aufgabe der Soldaten. Eine Vitrine mit Teilen von landwirtschaftlichen Geräten zeigt dies. Römisches Handwerksgerät, mit dem die Soldaten Pionierarbeit im Rheinland leisteten, wird umfangreicher in Xanten aus Funden des Lagers Vetera präsentiert.

In der Nachbarschaft eines römischen Lagers ließen sich Kaufleute und Handwerker nieder. Diese Lagervorstädte unterstanden ebenfalls der militärischen Aufsicht, und sie lieferten Gegenstände, die nicht im castrum produziert wurden. Auch das Umland gehörte zu den Wirtschaftsflächen des Lagers. Von hier holten sich die Soldaten ihr Baumaterial oder produzierten es. Ziegeleien verlegte man wegen der Feuergefahr vor die Siedlungen. Landwirtschaftliche Nutzflächen und Gräberfelder umgaben das Lager und seine angegliederten Siedlungen. Wenn auch heute die oberirdischen Zeugnisse römischer Landnutzung verschwunden sind, so lebt sie mancherorts in abgewandelter Form weiter: Die Zivilstadt der Ubier nordwestlich des Lagers entlang der Oberstraße vom Obertor bis zum Münster wurde zur Keimzelle der mittelalterlichen Stadtentwicklung. Selbst die antiken Gräberfelder brachten neues Leben hervor. Aus der römischen Tradition, über den Gräbern der Verstorbenen Gedächtnismahle abzuhalten, stammen die Gedächtniskapellen (cella memoriae), in denen Christen ebenfalls Totenrituale abhielten. Die Franken ersetzten im Laufe der Zeit eine der Gedächtniskapellen durch einen größeren Kirchenbau. Zu Beginn des 13. Jh. sollte an jener Stelle die spätromanische Basilika St. Quirin entstehen.

Doch kehren wir noch einmal zurück in die römische Vergangenheit! Das sogenannte Koenen-Lager, welches ab 43 von der XVI. Legion aufgebaut wurde, beherbergte nach dem Batavet-Aufstand (ab 71 n. Chr.) die VI. Legion. Bereits im Jahre 105 gab die Militärverwaltung das große Lager auf und verlegte die VI. Legion nach Vetera II bei Xanten. Aber ganz ohne

Neuss-Gnadental, Taufkeller des Kybele-Kultes

militärischen Schutz blieb die Neusser Region nicht; im zentralen Bereich des aufgegebenen Legionslagers entstand Mitte des 2. Jh. ein kleines Hilfskastell, in dem eine Reitereinheit – eine ala – stationiert wurde.

Einige Punkte des römischen Lagerbezirks erschließt ein ausgeschilderter historischer Rundgang. Er beginnt an der Ecke Kölner Straße/Humboldtstraße in direkter Nachbarschaft der Fernmeldeschule. Erwarten Sie jedoch nicht allzuviel von diesem Spaziergang, denn Originales werden Sie vor Ort nicht finden. Die Ausdehnung des einstigen castrums, die Lager von Toren und der Römerbrücke werden durch Informationstafeln an Ort und Stelle erläutert. Der Abschnitt längs der Kölner Straße bietet die meisten Sehenswürdigkeiten, einen großen Plan des Koenen-Lagers eingeschlossen. Die Originale der Exponate im Grünstreifen neben der Straße befinden sich größtenteils im Clemens-Sels-Museum. Trotzdem lohnt sich der Abstecher nach **Neuss-Gnadental**, denn der einzige erhaltene **Taufkeller des Kybele-Kultes** nördlich der Alpen – vielleicht sogar des ganzen Römischen Reiches – ist am *Gepaplatz* zu besichtigen (Schlüssel zum Schutzbau im Haus Gepaplatz 3).

Mit den Soldaten, Kaufleuten und Sklaven aus den eroberten Gebieten gelangten asiatische Gottheiten und ihre Kulte auch in die westlichen Provinzen des Imperiums. Die Verehrung der ›neuen‹ Götter verlief nicht so nüchtern wie diejenige der römischen Religion. Die Rituale, die geheimen Kultfeiern und Orgien sprachen die Menschen zunehmend an. Die Tatsache, daß manche der orientalischen Götter nach den Legenden selber wie Menschen gelebt und gelitten hatten und schließlich auferstanden waren, machte sie glaubwürdiger – kannten sie doch aus eigener Erfahrung die irdischen Nöte. Es ist kein Wunder, daß gerade in Notzeiten ihre Anhängerzahl wuchs. In diesem Zusammenhang kann man auch die Kultstelle der Kybele sehen, die Ende des 3./Anfang des 4. Jh. errichtet wurde. Die Bedrohung der Provinz Germania secunda durch die Franken nahm zu; der Zerfall des Römischen Reichs zeichnete sich immer deutlicher ab, und wirtschaftliche Krisen blieben nicht aus. Religionen und Kulte, die wenigstens eine Besserung nach dem Tode versprachen, erlebten dagegen eine Hochkonjunktur. In diesen Trend gehört der Kult der Kybele oder Magna Mater – der Großen Mutter.

In der Fossa Sanguinis, der Blutgrube, fand das Eingangsritual statt, mit dem der Neuling in die Kultgemeinschaft aufgenommen wurde. Der Novize stieg in das mit Bohlen bedeckte Taufbecken hinab. Während er dort unten stand, schächteten die Mysterienpriester über ihm einen Stier oder bei ärmeren Leuten einen Widder. Das hinabrinnende Blut floß über den Täufling, und er mußte ebenfalls davon trinken. Laute und schrille Klänge von Zimbeln, Kastagnetten, Tambourin und Flöten verstärkten die gespenstische Atmosphäre.

Neben der schriftlichen Überlieferung einer solchen Bluttaufe bei Prudentius (4. Jh.) vermitteln auch Fundstücke vor Ort einen Eindruck vom Geschehen: eine flache Tonflasche zum Auffangen des Blutes, ein eisernes Kultmesser, Reste einer bronzenen Zimbel. Besonders aussagekräftig ist die Tonfigur eines geschächteten Widders. Statuen von Stieren und vor allem Abbildungen der Kybele deuten die Verbreitung des orientalischen Kultes an. Ähnlich den Götter- oder Heiligendarstellungen hat auch die Kybele ihr unveränderliches Kennzeichen: Auf dem Kopf trägt sie eine Mauerkrone, die mit Toren und Türmen den Charakter einer Festungs- oder Stadtmauer erhält.

Mit dem Kybele-Keller am Gepaplatz verlassen wir die spätantike Geschichte. Die Franken ließen sich im Neusser Raum nieder, doch weniger in einer stadtähnlichen Siedlung, sondern in Einzelhöfen und Weilern. Die neue Stadtentwicklung nordwestlich des einstigen Militärlagers verlief sehr ähnlich derjenigen in Xanten. Eine Gedächtniskapelle auf dem Gräberfeld wurde zum Ausgangspunkt einer Reihe von Kirchenbauten am gleichen Standort. Im 10. Jh. errichtete man ein Benediktinerinnenkloster bei der Kirche **St. Quirin**, das im 12. Jh. in ein Damenstift umgewandelt wurde. Landesherr in dieser Region wie weiter nördlich in Xanten war zu jener Zeit noch der Kölner Erzbischof. Neben der religiösen Bedeutung, die sich durch die Verehrung des hl. Quirin und die Wallfahrten entwickelte, förderte die Lage am Rhein das Stadtwachstum. Bereits im späten 9. Jh. wurde Neuss als königliche Zollstätte und Niederlassung von Kaufleuten erwähnt.

In der Mitte des 11. Jh. erhielt die Neusser Äbtissin Gepa von ihrem Bruder, dem Papst Leo IX., die Gebeine des hl. Quirin, der jedoch auch schon vorher in Neuss verehrt wurde. Um den Reliquien ein würdiges Gebäude und dem einsetzenden Pilgerverkehr ein adäquates Ziel zu geben, begann man die Ostteile der karolingischen Basilika (aus dem 9. Jh.) durch aufwendigere Neubauten zu ersetzen. Der einfache Rechteckchor wurde in einen dreischiffigen Chor umgewandelt, die dreischiffige Krypta bekam zwei weitere Seitenschiffe.

Rund 100 Jahre nach dem Abschluß dieser Veränderungen begann man mit dem Neubau einer spätromanischen Basilika. 1209 legte Meister Wolbero dazu den Grundstein. Er hatte einen Kirchenbau geplant, der im Osten durch einen Kleeblattchor – Dreikonchenchor – abgeschlossen werden sollte. Damit führte der Baumeister aus, was im Rheinland gerade neueste Mode im Kirchenbau war. Seine Vorbilder standen in Köln. Groß St. Martin und St. Aposteln lieferten die Vorlagen zur Gestaltung der Choraußen- und -innenwände. In der spätromanischen – genauer staufischen – Architektur sind bereits Elemente zu erkennen, die in der folgenden Gotik zu charakteristischen Merkmalen werden. Trotzdem zählt St. Quirin zu den Kirchen, mit denen die große Epoche romanischer Baukunst im Rheinland zu Ende geht.

In der Architektur setzt sich zu Beginn des 13. Jh. bereits ein Höhendrang durch, der nicht nur durch die zunehmend hohen und schlanken Bauformen deutlich wird, sondern auch im

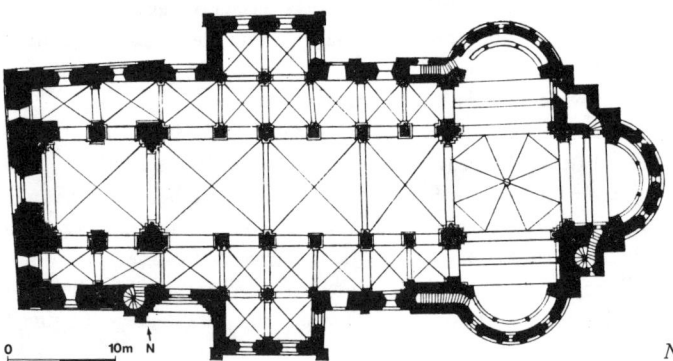

0   10m   N

Neuss, St. Quirin, Grundriß

Bauschmuck, wie z. B. in den zierlichen Säulen erscheint. Blickt man vom Langhaus in die östliche Apsis, wird der Chor von einer Folge von Abstufungen aus Vierungspfeilern und vorgelegten Diensten, Halbsäulen, die Gewölberippen tragen, eingerahmt. Der Schritt zu den Bündelpfeilern in gotischen Kathedralen wäre nur noch ein kleiner. Das Halbrund der Ostkonche (Umschlagklappe vorn) gliedert sich in zwei Geschosse. Das untere besteht aus einer gedrungenen Arkadenfolge und kleinen, kleeblattförmigen Fensteröffnungen. Darauf ruht das zweite Geschoß, in dem die Architekturformen dagegen deutlich nach oben streben. Schlanke Säulen, deren Länge durch Schaftringe – Wirtel – unterteilt wird, tragen hochaufgewölbte Bögen. Die hohen Rundbogenfenster füllen den größten Teil der Außenwandfläche und betonen die Vertikalität. Bei der Gestaltung der Chorwand wird auch der zweite Aspekt gotischer Bauweise sichtbar, nämlich das Bemühen, die glatte Wandfläche aufzulösen. Mit Vor- und Rücksprüngen im Mauerwerk, wie es die vorgelegten Halbsäulen und die eingelegten Wulstbögen zeigen, ließ sich das neue architektonische Ziel verwirklichen. Eine zweite Möglichkeit bietet sich bei der Verwendung von zweischaligem Mauerwerk. Wenn man nahe genug an den Hochchor herangeht, fällt auf, daß hinter den Säulen ein schmaler Gang an der Apsiswand entlang führt. Hier wird das mächtige Mauerwerk in der Längsrichtung durchbrochen. Die in den Kirchenraum gewandte Mauer ist nicht glatt, sondern sie wird durch vorstehende Gesimse oder zurückgelegte Bögen unterbrochen.

Der zweischalige Wandaufbau beschränkt sich im Inneren keinesfalls nur auf den Chor, sondern er wird ohne Unterbrechung in die Emporen der Seitenschiffe weitergeführt. Die Langhauswände zeigen ebenfalls in beispielhafter Weise spätromanische Wandgestaltung und bilden eine Einheit mit dem Chor. Besonders reizvoll sind die Fächerfenster im Obergaden, die mit ihren Konturen schon gotisches Maßwerk andeuten. Beim Rundgang außen um das Münster werden Sie sehen, daß dort die Wandflächen in ähnlicher Weise in mehrere Ebenen unterteilt sind.

An der *Westfassade* wird deutlich, daß dieser Baukörper in verschiedenen Etappen errichtet wurde und stufenweise in die Höhe wuchs (Farbabb. 1). Das unterste Geschoß weist eine einfache Wandgestaltung auf: Blendbögen und Lisenen untergliedern die Außenwände der Seitenschiffe, in das Mittelschiff führt ein Stufenportal. Die darüber liegenden Geschosse bilden einen auffälligen Kontrast zu dieser Schlichtheit. Eine dichte Folge von Blendarkaden, Rundbogenfriesen und Gesimsen prägt die Wandflächen. Dabei wiederholt sich die Gestaltung des Giebels in abgewandelter Form mitten in der Fassade – ein und zwei Geschosse tiefer. Ursprünglich sah man vor, den Giebel oberhalb der unteren Bogenstaffel zu begrenzen und ihn auf beiden Seiten mit einem Turm zu flankieren. Meister Wolbero ließ während des staufischen Neubaus den Westquerbau um zwei Geschosse erhöhen und wandelte dabei die Fassadengestaltung ab, ohne jedoch das spätromanische Formenrepertoire aufzugeben. Nach diesem Bauabschnitt änderte man nochmals die Pläne, verzichtete auf eine Zwei-Turm-Fassade und errichtete den mächtigen Mittelturm. Dieser bildet einen Gegenpol zur Turmgruppe im Osten, dem Vierungsturm und den vier Winkeltürmen (Abb. 32).

In der *Ostansicht* wird der Höhendrang staufischer Architektur mit einer weiteren Abwandlung sichtbar. Die einheitliche Wandgliederung der Konchen wird nicht mehr ohne Unterbrechung durchgeführt, wie es bis zum frühen 13. Jh. noch üblich war (z. B. bei Groß St. Martin oder St. Aposteln in Köln). Statt dessen bilden die Treppentürme eine deutliche Zäsur: Sie verschmelzen nicht mehr mit den Konchen zu einem Baukörper, sondern treten als einzelnes Bauglied hervor, unterstrichen durch eine andere Geschoßaufteilung und die betonten vertikalen Linien.

Die Gebeine des Stadt- und Stifts- bzw. heute Pfarrpatrons ruhen im neuen *Quirinusschrein*. 1900 wurde er in der Aachener Goldschmiedewerkstatt Witte fertiggestellt. Den alten Schrein von 1597 können Sie dagegen im Clemens-Sels-Museum betrachten. Eine Statue des hl. Quirin vom Anfang des 16. Jh. befindet sich auf dem südlichen Seitenaltar. Jeweils am ersten Sonntag nach dem 30. April feiert die Gemeindes das Quirinusfest. In einer abendlichen Prozession wird der Schrein um das Münster getragen. Die Wallfahrt nach Neuss erlebte im Mittelalter einen beachtlichen Aufschwung, wie die Verbreitung Neusser Pilgerzeichen bis nach Skandinavien oder in den slowenischen Raum zeigt. Die Verehrung des hl. Quirins, der besonders bei Krankheiten von Mensch und Tier angerufen wurde, war nur ein Teil des umfangreichen Reiseprogramms der Pilger, da das untere Rheinland voller Wallfahrtsziele war. Aachen und Köln stellten dabei die herausragenden Zentren der Heiligenverehrung dar. Ein blühender Pilgertourismus brachte auch schon im Mittelalter Geld in die Stadt, sorgte teilweise, wie z. B. in Köln, für eine Belebung der städtischen Wirtschaft. Wie weit Neuss ökonomisch von der Wallfahrt profitierte, muß hier offen bleiben; doch hatte die Stadt einen großen Lagevorteil, der die Entwicklungen während des Mittelalters stark förderte: nämlich die Lage am Rhein.

Der Strom, die Hauptverkehrsader jener Zeit, ließ auch das Geld in die Kassen der Stadt und ihrer Bürger fließen. Der Kölner Erzbischof hatte zuerst damit begonnen, indem er in Neuss eine Zollstätte einrichtete. Neuss entwickelte sich bereits im 10. Jh. – eventuell auch schon früher – zu einem Handelsplatz der Fernkaufleute. Der Handel beschränkte sich nicht auf den lokalen Markt. An erster Stelle stand der Weinhandel, gefolgt vom Getreidehandel. Seefische, vor allem der Hering, und Meersalz holten die Neusser Kaufleute aufgrund einiger ausgehandelter Privilegien zu günstigen Konditionen aus dem Nord- und Ostseeraum. In diese Zeit einer florierenden städtischen Wirtschaft, die eingebunden ist in den Rheinhandel und den Warenumschlag in Nordwesteuropa, fällt auch die erste Erwähnung von Neuss als Stadt. 1190 wird sie in einer Urkunde Kaiser Heinrichs IV. so benannt und gleichzeitig ihre Zollfreiheit bestätigt. Ende des 12. Jh. erhielt die Stadt eine Stadtmauer mit Türmen und Toren.

Bis ins 19. Jh. genügte der Stadt das ummauerte Gebiet, erst die Industrialisierung und das damit verbundene Stadtwachstum sprengten den mittelalterlichen Mauergürtel. Mit der französischen Besetzung begann man, die Befestigung der Stadt auf Abbruch zu verkaufen. Die neu gewonnenen Grundstücke und das billige Abbruchmaterial bot die Stadt minderbemittelten und kinderreichen Familien an. Das Schleifen der Befestigungsanlagen überstanden das Obertor am südlichen Stadtausgang und das Hamtor im Westen. Zwischen Hamtorwall und Erftstraße ist heute noch ein Stück Mauer erhalten, wobei der historische Stadtgraben vom Wasser der Obererft gespeist wird. Vom Obertor aus empfiehlt sich ein kleiner Rundgang, da in der südlichen Stadthälfte eine größere Zahl alter Gebäude die Kriegszerstörungen überstanden hat und das frühere Stadtbild stärker hervortritt.

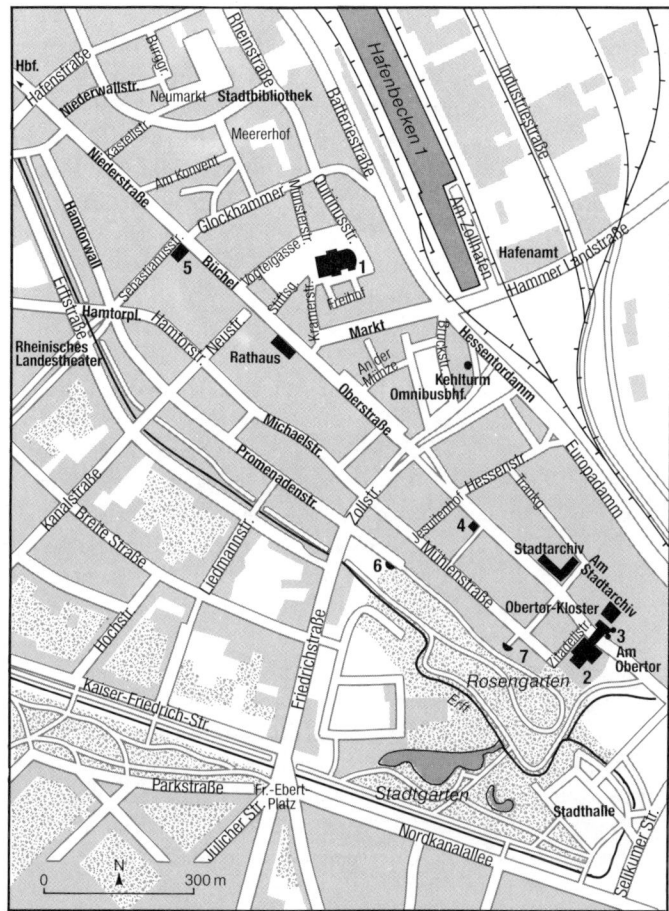

Neuss
1 St. Quirin
2 Clemens-Sels-Museum
3 Obertor
4 Haus Rottels
5 Gasthaus
 ›Zum schwatte Päd‹
6 Blutturm
7 Windmühlenturm

Im Laufe der Jahrhunderte hat das **Obertor** (Abb. 31) mehrere Anbauten bekommen. Links vom Stadtausgang steht die **Obertorkapelle**, die 1712/13 die ältere Kapelle zur Schmerzhaften Mutter ersetzte. Auf der gegenüberliegenden Seite wurde an das mittelalterliche Tor das Gebäude des **Clemens-Sels-Museums** angefügt. Über eine Brücke gelangt man aus dem 1975 fertiggestellten Bau in das historische Gemäuer. In den oberen Turmgeschossen befindet sich die Ausstellung zur mittelalterlichen Stadtgeschichte. Ein Modell des Stadtkerns, Panoramen mit Zinnfiguren zur Belagerung der Stadt durch Karl den Kühnen 1474/75 oder Kunstschätze aus dem religiösen Leben, wie z. B. der alte Quirinusschrein, sind zu sehen. Reizvoller als diese ›üblichen‹ Exponate ist die Ausstellung alltäglicher Dinge aus Neusser Haushalten. Interessantes gibt es nicht nur für die Kleinen; eine elektrisch angetriebene Puppenkirmes und anderes

Spielzeug und vom ernsten Schulleben eine Fleißkärtchen-Sammlung geben Einblicke in den Alltag vor hundert Jahren. Zu den stadtgeschichtlichen Ausstellungen kommen noch Abteilungen mit Gemälden und Kunstgewerbe seit dem Mittelalter.

Am unteren Abschnitt der **Oberstraße** stößt man auf Wohngebäude aus dem 18. und 19. Jh. Kontrastreich stehen ›Arme-Leute-Häuser‹ (Oberstraße 30 bis 38) den gutbürgerlichen Bauten gegenüber. Das beste Beispiel für diesen Gegensatz bildet das **Haus Nr. 15.** Es wurde 1778 als **Kaiserliches und Thurn- und Taxisches Posthaus** errichtet und bis 1834 entsprechend genutzt. 1851 bis 1905 beherbergte das Gebäude mit seinen Anbauten eine Stearinlichterfabrik, anschließend eine Kerzenfabrik. Auf der Rückseite der Straße Am Stadtarchiv ist ein Backsteinbau der ehemaligen Fabrikanlage noch mühelos zu erkennen.

Ein weiteres gutbürgerliches Wohnhaus mit einer Fabrik im Hinterhof gab es in der Oberstraße 58–60. Dabei beobachten wir wieder einmal den Fall, daß mittelalterliche Bausubstanz auf Abbruch verkauft wurde. Das Gelände gehörte ursprünglich zum Jesuitenkloster, das 1773 aufgehoben wurde. Teile des Klosters wurden abgerissen und kamen in Bruchstücken auf den Baustoffmarkt. Auch die Klosterkirche an der Oberstraße entging diesem Schicksal nicht. An ihre Stelle setzte sich um 1830 die Familie Rottels ihr neues Heim, das **Haus Rottels.**

Die Einkünfte aus der Seifensiederei sowie einer ›Thran, Oel und Lichter Handlung‹ erlaubten den stattlichen und für Neuss untypischen Bau. Nachdem das repräsentative Gebäude mit den acht Fensterachsen und dem betonten Mittelteil sehr heruntergekommen war, hat die Jubiläumsstiftung der Stadtsparkasse Neuss das Denkmal vor dem endgültigen Verfall gerettet. Außen wie innen wurde es im Stil des 19. Jh. wiederhergestellt. Damit bildet es einen hervorragenden Rahmen, um mit einer Abteilung des Clemens-Sels-Museums Neusser Stadtgeschichte des 19. und 20. Jh. zu präsentieren. Gutbürgerlicher Alltag wird im Biedermeierzimmer oder im Salon mit der Innenausstattung im Stil des Historismus wieder lebendig. Bei einem Blick in ein vollständig eingerichtetes Kontor kann man sich vorstellen, wie vielleicht ein Buchhalter der Firma Rottels am Stehpult die Ausgaben und Einnahmen überprüfte.

Typische Wohnhäuser für Neuss und den Niederrhein im allgemeinen finden Sie in der **Michaelstraße 74 bis 78.** Unverputzte Backsteinfassaden mit Treppengiebeln schmücken die giebelständigen Häuser des 17. und 18. Jh. Das älteste Wohn- und Geschäftshaus der Stadt aus dem späten 16. Jh. ist ein Fachwerkbau mit ornamental ausgelegten Backsteingefachen in der Michaelstraße 69. Ein anderes gut erhaltenes Beispiel werden Sie vielleicht im Trubel der Fußgängerzone entdecken: Das **Haus zum ›Schwatten Rosz‹,** im Volksmund ›Schwatte Päd‹ genannt (erbaut 1604). Eine Reliefplatte veranschaulicht den Namen des Hauses. Bis zum Ende des 18. Jh. gaben die Hausbesitzer ihren Gebäuden Namen, die auf Reliefs oder Inschriften mitgeteilt wurden. Erst die Franzosen führten während ihrer Besetzung des Rheinlands Hausnummern ein, indem sie die Häuser einer Stadt ohne Rücksicht auf Straßen oder Plätze durchnumerierten. Die berühmteste Hausnummer, die auf diese Weise entstand, kennen Sie sicherlich: Nr. 4711 in der Glockengasse in Köln.

Müssen Sie wieder zum Ausgangspunkt an das südliche Stadttor, bietet sich die Gelegenheit, durch Grünanlagen längs der ehemaligen Stadtbefestigung zu spazieren. Die Promenadenstraße führt noch zu verschiedenen Nutzungsmöglichkeiten mittelalterlicher Stadtmauertürme. Der

Blutturm läßt Böses ahnen; der **Windmühlenturm** weist dagegen auf eine friedvollere Funktion hin.

Zwei wichtige Aspekte des Neusser Stadtlebens heute, die natürlich auch eine längere Vergangenheit haben, fehlen noch: der Hafen und das Schützenfest. Trotz ihrer Verschiedenartigkeit reichen beide Anfänge in das Mittelalter, beide erlebten im 19. Jh. einen bemerkenswerten Aufschwung und gehören heute zu den Aushängeschildern der Stadt.

Zwischen 1835–37 wurde das erste Hafenbecken ausgehoben. In seinen Anfängen diente der Neusser **Hafen** nicht nur als wichtiger Umschlagplatz für die Ruhrkohle, die als Energieträger in der Textilindustrie des Niederrheins gefragt war. Bei Eisgang und Hochwasser konnten die Schiffe im Sicherheitshafen günstigere Stromverhältnisse abwarten und auch überwintern. Baumwolle, Garne, Getreide, Holz und Steine wurden umgeschlagen. Einen prozentual geringen Anteil nahmen die Ölsaaten ein, die als Importe in Neuss ankamen. Sie beschleunigten den Untergang der Ölproduktion im alten Flachsland des südlichen Niederrheins. In heftiger Konkurrenz stand die Eisenbahn mit dem Neusser Hafen. Von Verbundsystem zeigte sich noch keine Spur; erst 1887 wurde der Hafen an das Bahnnetz angeschlossen. Heute besitzt jedes der fünf Hafenbecken einen Gleisanschluß, und rund 50 km Gleise durchziehen nun das Hafengelände.

Typisch für den Neusser Hafen ist die Verarbeitung herantransportierter Güter im Hafenbereich; ungefähr zwei Drittel des Schiffsgüterumschlags werden gleich vor Ort verarbeitet. Dabei haben sich an den einzelnen Wasserbecken die verschiedenen Weiterverarbeitungsbetriebe nach Branchen gruppiert. An den stadtnahen *Hafenbecken 1* und *2* befinden sich Betriebe, die dort schon einen traditionellen Standort besitzen. Getreidemühlen und besonders typisch für Neuss Speiseölmühlen gehören dazu. In direkter Nachbarschaft werden zum Teil die entölten Hülsenfrüchte gleich weiterverarbeitet, denn an den *Becken 3* und *4* haben sich u.a. Tierfuttermischwerke niedergelassen. Daneben bestehen Betriebe zur Baustoffherstellung, Stahlhandelslager und Mineralöltanks. Speditionen fehlen natürlich auch nicht. Im jüngsten und rheinnahen *Becken 5* wird modernster Warenumschlag an einem Container-Terminal ermöglicht. Der Hafen Neuss ist mit seinen 4,7 Mill. Tonnen Güterumschlag jährlich ein wichtiger Hafen für das Niederrheingebiet und zugleich ein bedeutendes Industriegebiet für die Stadt Neuss. Mit den Zahlen des Duisburger Hafens darf man den Neusser nicht vergleichen, denn nicht einmal ein Zehntel des Güterumschlags in Europas größtem Binnenhafen erreicht der Hafen am Erftkanal.

An Sommersonntagen finden unregelmäßig Hafenrundfahrten statt. Die Rundfahrschiffe starten um 10 Uhr am Hessentor – fast in der Nachbarschaft des Münsters. Das Städtische Presseamt gibt Auskunft über die Termine: ✆ 0 21 01/2 06 20 21.

Ende Juli/Anfang August sind ungewöhnliche Aktivitäten in der Stadt zu beobachten. Mitten im Hochsommer erscheint festliche Abendgarderobe in den Schaufenstern, die andernorts für die hohen Feiertage am Ende des Jahres angeboten werden. Selbst in den ruhigen Ecken der Innenstadt werden Lichterketten aufgehängt; in Neuss bemüht man sich überall, sich ins rechte Licht zu rücken. Großes steht Ende August bevor, Neuss wird für vier Tage ein Königreich – verkündet das Städtische Presseamt. Man bereitet sich auf das **Neusser Bürger-Schüt-**

zenfest vor. Die Vorbereitungen sind zwar aufwendig und werden mit viel Ernst und Liebe durchgeführt, doch das Festprogramm steht schon seit 1834 fest. Auf den Bartholomäustag, den 24. August, oder den darauf folgenden Sonntag, falls der Namenstag des Heiligen in die Woche fiel, wurde der Höhepunkt der Festlichkeiten gelegt. Da man sich heutzutage weniger mit den Heiligen auskennt, wurde das Schützenfest nun endgültig auf das letzte Augustwochenende festgelegt.

Die Anfänge des Schützenwesens reichen bis ins Mittelalter zurück. Die Kampfbereitschaft der Schützen war in der mittelalterlichen Stadt lebensnotwendig, denn die nach Unabhängigkeit strebenden Bürger hatten selber für ihre Verteidigung zu sorgen. Als Übung und Kontrolle wurde alljährlich ein »Stadtschießen« abgehalten. Mit dem Aufkommen der Söldnerheere wurde der Schutz zunehmend in professionelle Hände gelegt. Auf die Schützenfeste als große gesellige Ereignisse mochten die Bürger jedoch nicht verzichten. Erst unter französischer Besatzung wurden die Aktivitäten der einstigen Bürgerwehren verboten. Selbst friedlich übende und feiernde Schützen schienen zu riskant; man hätte sich ja auch auf seine alten Traditionen besinnen können! Jedoch schon 1803 erhielt die Sankt Sebastianus-Bruderschaft zu Neuss von 1415 wieder die Erlaubnis zu ihrem Vereinsleben. Als Neusser Scheibenschützengesellschaft von 1415 erinnert sie heute noch an die ursprüngliche Bewaffnung der Bürgerwehr. Vor diesem Korps marschieren stets drei Armbrustschützen in historischer Tracht im Festzug.

Eine Gründungswelle von Schützenvereinen erlebte Neuss nach dem Abzug der Franzosen. Eine wichtige Veränderung wurde in die Statuten eingeführt, von der das Schützenwesen sicherlich profitierte und noch attraktiver wurde. Die Schützengesellschaften waren nicht mehr nur Junggesellenvereine, sondern jeder Bürger konnte Mitglied werden. Das friedvollste und farbenprächtigste Bild liefert das Neusser Jägerkorps von 1823. Hierzu gehört die Gruppe der Hornträger, der ›Höhnesse‹ (Abb. 33). Auf ihren Schultern tragen sie große Hörner, ehemals Trinkhörner, die seit 1920 nicht mehr dem Alkoholgenuß dienen, sondern üppige Blumengestecke tragen. Sie bilden heute den floristischen Höhepunkt der Schützenparade. An die Tatsache, daß Kämpfen mit harter Vorarbeit verbunden sein konnte, erinnert das Neusser Sappeur-Korps von 1830. Die Pioniere, mit weißer Lederschürze und blinkender Axt ausgerüstet, müssen keine Hindernisse mehr aus dem Weg räumen. Auch an Nachwuchs fehlt es nicht, für ihn gibt es ebenfalls eine entsprechende Organisation. Im Korps der Edelknaben von 1835 übt sich, wer einmal großer Schützenkönig werden will. Sie trainieren schon fleißig mit der Armbrust und bestimmen aus ihren Reihen einen Edelknabenkönig. In der Frühzeit des Schützenfestes gehörten weißgekleidete Mädchen mit zum Hofstaat des Schützenkönigs. Girlanden zu tragen und Blumenstreuen war ihre Aufgabe. Ehrenjungfrauen scheint es in Neuss heute nicht mehr zu geben!

Für die Schützen gibt es an den vier Tagen ein beachtliches Laufpensum zu erledigen. Samstagabend gegen 21 Uhr startet der Fackelzug; am Sonntag findet nach einem Festgottesdienst im Münster die große Königsparade statt. Nachmittags marschieren die Korps im Festzug zur Schützenwiese. Montags und dienstags sind noch einmal je zwei Umzüge zu absolvieren. Steht der neue Schützenkönig fest, geht ein letzter Zug durch die Stadt. Mit der abschließenden nächtlichen Parade vor dem neuen König haben sich die Schützen etwas Erholung – nicht nur für die Füße – verdient.

Verlassen wir das bunte Treiben von Schützenfest und Kirmes und wenden uns beschaulicheren Dingen im Erfttal zu. Vor allem können hier die Kinder, auch die kleinen, auf ihre Kosten kommen. Die Stadt Neuss hat in **Selikum**, Nixhütter Weg 141, einen aufgelassenen Bauernhof in einen **Kinderbauernhof** umgewandelt (Öffnungszeiten täglich von 9 Uhr bis zum Einbruch der Dunkelheit, längstens jedoch 19 Uhr; Eintritt frei). Hier bekommen Großstadtkinder die Gelegenheit, z. B. einen richtigen Schweinestall kennenzulernen. Tiere des Bauernhofs sind nicht nur zum Angucken, sondern auch zum Streicheln da. Kaninchen, Meerschweinchen, Ziegen, Schafe, Ponys und Pferde gibt es in den hofnahen Freigehegen. Auch ein Tümpel für Enten und Gänse fehlt nicht. Gegen 9 und 16 Uhr werden die Tiere gefüttert. Im Hof steht eine Sammlung alter Landwirtschaftsgeräte, von der blankgeputzten Jauchepumpe über den Kartoffelroder bis hin zum dreispännigen Pferdetiefpflug. Demnächst soll eine alte Bauernstube ein Bild vom früheren Alltag in einem Bauernhaus geben. Für Kindergärten oder andere Gruppen kann sogar ein Picknick auf der Spielwiese oder – noch viel interessanter – in der Scheune organisiert werden (Auskünfte ✆ 0 21 01/46 64 15).

In der Umgebung des Kinderbauernhofs gibt es einige historische Bauten, die sich gut auf einer Radtour entlang der Erft entdecken lassen. In der Nachbarschaft befindet sich die **Corneliuskapelle** aus dem frühen 17. Jh. Vom südlichen Ende des mittelalterlichen Stadtkerns führt über die Selikumer Straße und den Selikumer Weg der **Cornelius-Pilgerweg** entlang der Obererft zur Kapelle. Auf seinem letzten Abschnitt parallel zur Corneliusstraße wird der Pilgerpfad von Grabmalen aus dem 17. und 18. Jh. gesäumt. Auch heute finden noch im September Wallfahrten nach Selikum statt. Der hl. Cornelius als Schutzpatron bei Nerven- und Gehirnleiden ist nach wie vor gefragt.

Die Kapelle gehörte ursprünglich zum benachbarten **Gut Selikum**, das bereits 1181 erstmals erwähnt wird. Das heutige Gebäude stammt aus der Mitte des 19. Jh. und gehört mit dem benachbarten und gleich alten **Schloß Reuschenberg** zu einem Schulungszentrum der Landwirtschaftskammer Rheinland.

Erftaufwärts stoßen Sie auf Relikte der frühmittelalterlichen Besiedlung des Niederrheingebietes. In den feuchten Auen schütteten die Herren künstliche Hügel, Motten, auf, um sich mit dieser Frühform einer Wasserburg vor feindlichen Übergriffen zu schützen. Solche Herrenhäuser aus Fachwerk wurden im Laufe der Jahrhunderte oftmals durch feste Steinhäuser und immer größer werdende Anlagen ersetzt. Im linksrheinischen ist Tüschenbroich ein gutes Beispiel, im rechtsrheinischen Haus Aspel bei Rees. Auf dem rechten Ufer der Erft liegt westlich von Weckhoven die **Motte Kyburg**. Ein quadratischer Turm von 6,5 m Kantenlänge steht als Ruine eines ehemaligen Wehr- und Wohnturms auf dem rund 4 m hohen Erdhügel.

Eine ähnliche Vergangenheit weist die Motte Hombroich auf. Doch weit bekannter ist das Gelände heute als **Museum ›Insel Hombroich‹** (Abb. 29, 30). Der Weg ist von der Autobahnabfahrt (A 57) Neuss/Reuschenberg ausgeschildert. Für den Besuch sollten Sie mindestens einen halben Tag einplanen, denn das Ensemble aus Natur und Kunst verlangt Zeit und will langsam erwandert werden. Karl-Heinrich Müller aus Düsseldorf, der Initiator und Besitzer der Museumsinsel, setzte in die Park- und renaturierte Auenlandschaft fünf skulpturenartige Gebäude. Ursprünglich gehörten Teile der Erftaue zu dem Landsitz eines Wuppertaler Fabrikan-

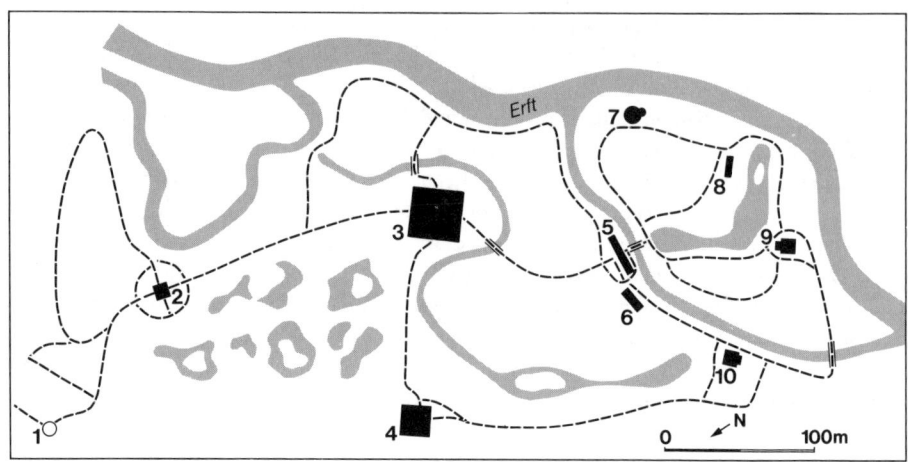

Museum Insel Hombroich 1 Eingang/Ausgang 2 1. Pavillon 3 Labyrinth, Zentrales Ausstellungsgebäude 4 Insel-Cafeteria 5 2. Pavillon 6 Anatols Haus 7 3. Pavillon 8 4. Pavillon 9 Rosa Haus, Ausstellung 10 Atelier- und Wohnhaus

ten, der Anfang des 19. Jh. das ›Rosa Haus‹ errichten ließ. Das alte Herrenhaus und die Reste eines englischen Landschaftsgartens mit Pavillons und Lauben bilden den historischen Gegenpol zur modernen Architektur – entworfen von Erwin Heerich und Anatol Herzfeld. Die Mehrzahl der Gebäude beherbergt Ausstellungen der verschiedensten Kunstrichtungen, die andernorts auf mehrere Museen verteilt wären: moderne Kunst, ostasiatische Werke, Völkerkundliches bis hin zur europäischen Malerei vergangener Jahrhunderte. So werden z. B. Khmer-Skulpturen und chinesische Figuren der Han-Zeit (206 v. Chr.–221 n. Chr.) in Beziehung zur Malerei von Gotthard Graubner sowie Plastiken von Jean Fautrier und Erwin Heerich gesetzt. Eine ungewöhnliche Museumskonzeption ist hier verwirklicht. Die Gegenstände sind kaum mit Hinweisschildchen versehen, ein schnelles ›Abhaken‹ und Einordnen des Gesehenen wird unmöglich; der Betrachter benötigt mehr Zeit, sich die Exponate zu erschließen. Unbeschwert von kunsthistorischem Ballast wirken die Dinge für sich. Diese optischen Genüsse können jedoch vom Sonnenschein beeinträchtigt werden. Dann wird das Licht in den weißen Räumen des Labyrinths unangenehm grell.

Im Gegensatz zum hellen zentralen Ausstellungsraum stehen Partien des Parks, wo der ehemalige Landschaftsgarten und die heutige Auenlandschaft mit dem Wechsel von Wasserflächen und dichter Vegetation dunkle Räume bilden und Urwaldähnliches geschaffen haben. – Nach all den Sehenswürdigkeiten und optischen Genüssen warten Gaumenfreuden auf den Besucher. Der anfänglich hoch erscheinende Eintrittspreis relativiert sich hier schnell, denn das rustikale Buffet und die Getränke sind darin inbegriffen. So gestärkt kann man gut einen weiteren Spaziergang über die Insel starten und seine neu gefundenen Lieblingsplätze noch einmal betrachten. Die ungewöhnliche Museumsinsel bricht auch noch mit anderen Usancen der Szene: Sie ist montags ebenfalls geöffnet.

Von Gelduba nach Asciburgium

In diesem Abschnitt werden wir uns weiter am historischen Limesverlauf orientieren und dabei das Rheintal von Krefeld-Gellep, dem römischen Gelduba, über Asberg, ehemals Asciburgium, bis Moers durchstreifen.

Die hochwassergeschützte Lage am Rand der Niederterrasse veranlaßte bereits die Ubier, eine Siedlung in **Gellep** anzulegen. Nach dem Bataver-Aufstand (69/70 n. Chr.) sahen sich die Römer gezwungen, ihre Grenzsicherung zu verstärken, und sie errichteten südlich des ubischen Vicus ein Hilfskastell. Das Lager wurde mit einer Holz-Erde-Befestigung umgeben; die Ostseite schützten zusätzlich der Rhein und ein Hafen. Einem weit jüngeren Hafenausbau (1974/75) fielen große Teile des Auxiliarkastells und des südöstlich vorgelagerten Dorfes mit umfangreichen Magazinbauten zum Opfer.

Um ein Bild von der römischen und fränkischen Siedlungsgeschichte dieses Raumes zu bekommen, empfiehlt sich der Besuch des rund 4 km entfernten **Niederrheinmuseums** in **Krefeld-Linn**. Die Ausstellung präsentiert in anschaulicher und ansprechender Weise den Alltag am Niederrhein seit der Eisenzeit. Eine Rarität, die eine uns wenig vertraute, frühgeschichtliche Bauweise zeigt, stellt der Querschnitt eines Grubenhauses dar, das um 200 v. Chr. bei Bedburg/Harff gebaut wurde. Neben der Dokumentation von Kastell und Dorf Gelduba während des 1. bis 4. Jh. erhält der Besucher Einblicke in die archäologisch bedeutendsten Relikte: die mehr als 5000 römischen und fränkischen Gräber. Diese beiden Abteilungen verdienen ein besonderes Lob. Zum Thema ›Römisches Gräberfeld‹ wurde die Ausgrabungssituation vor Ort originalgetreu nachgestellt. Nicht einmal Zaun und Verbotsschild fehlen!

Umfassend wird der wichtigste Fund in Gellep von 1962 für den Museumsbesucher ausgewertet. Die Grabbeigaben eines fränkischen Fürsten aus der ersten Hälfte des 6. Jh. beeindrucken durch ihren Reichtum. Photos und Zeichnungen von der Ausgrabung, Erläuterungen der gefundenen Gegenstände bis hin zur Briefmarke, die den goldenen Fürstenhelm zeigt, runden das Bild ab. – In weiteren Museumsräumen wird der Wohlstand zur römischen und fränkischen Zeit deutlich. Bunt glasierte Töpferware, vor allem Becher, Krüge und Fäßchen, wurde in Gelduba gefunden, die sonst von keinem anderen römischen Ort in Deutschland bekannt ist.

Briefmarke von 1977 mit dem vergoldeten Spangenhelm von Krefeld-Gellep

Neben diesen Tongefäßen aus dem 3. Jh. gibt es eine große Zahl wertvoller römischer Gläser des 4. Jh. Den Reichtum fränkischer Frauen bezeugen die vielen Ketten aus Glas- und Bernsteinperlen, die aus den Gräbern des 6. und 7. Jh. stammen.

Nach den hervorragenden Einblicken in die römische und fränkische Vergangenheit wenden wir uns der Besichtigung der **Burg Linn** zu und steigen so in die mittelalterliche Geschichte des Krefelder Raums ein (Farbabb. 7). Außerdem gilt die Burg als ein gutes Beispiel für die Veränderungen im nordwesteuropäischen Wasserburgenbau. Selbst der große Niederrhein-Forscher Albert Steeger geriet hier ins Schwärmen: »Wer auf dem Bergfried der Burg Linn steht, sieht wie in einem Bilderbuch die westeuropäische Entwicklung vom romanischen Wohnturm über die frühgotische Ringmauerburg bis zur hochgotischen Schloßanlage und schließlich den sich anschließenden bastionierten Mauerring der Renaissancezeit und der schweren Erdwallbefestigung der Barockzeit zu seinen Füßen liegen.«

Die Befestigunsanlage geht zurück auf eine frühmittelalterliche Motte, einen künstlich aufgeschütteten Hügel in der feuchten Niederung, wie er z. B. an der Tüschenbroicher Motte heute noch gut zu erkennen ist. Auf diesen Hügel setzte man einen rechteckigen Wohnturm, dessen Begrenzungsmauern im Burghof durch Ziegeleinfassungen markiert werden. Beim Bau des romanischen Wohnturms wurde – wie seinerzeit üblich – römisches Baumaterial wiederverwendet.

Ende des 12. Jh. gelangte die Burg in den Besitz des Kölner Erzbischofs; damit wurde Linn auch in die permanenten Auseinandersetzungen zwischen dem Kölner Erzbischof und den

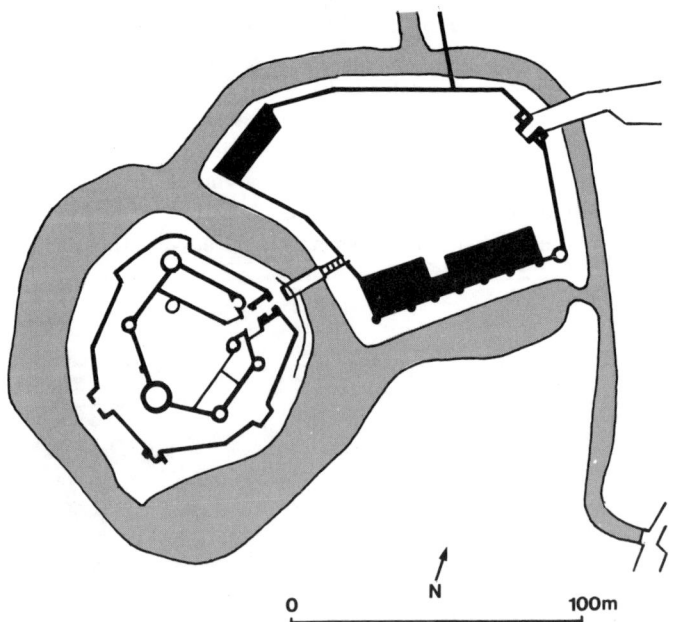

Krefeld-Linn, Lageplan der Burg

Grafen von Kleve hineingezogen. Die beiden Landesherren wechselten sich dementsprechend auch in der Rolle des Burgherrn ab. 1298 fiel sie an Kleve, 1378 wurde sie als Pfand wieder Kurköln zugeschlagen. 1392 verzichtete Graf Adolf von Kleve in einem Friedensvertrag für das Pfandrecht auf Rees und 13 000 Gulden schließlich auf Linn. Die Burg und das inzwischen gewachsene Burgstädtchen gehörten daraufhin bis zur Säkularisation zum Besitz der Kölner Erzbischöfe.

Zurück zur Baugeschichte! Um 1300 wurde der romanische Wohnturm, der bis dahin nur durch einen Wassergraben geschützt war, mit einer massiven Ringmauer umgeben. Runde Ecktürme und ein rechteckiger Torturm erleichterten zusätzlich die Verteidigung. Gegen Ende des 14. Jh. wurde von innen an den Mauerring eine sechsflügelige Wohnburg angefügt. Der alte Wohnturm war damit überflüssig geworden und konnte abgerissen werden. Seinen Platz nahm nun der Burghof ein. Zum Ende der hochgotischen Ausbauphase entstand ebenfalls der 24 m hohe Bergfried, der letzte Zufluchtsort für die Burgbewohner im Falle eines Angriffs. Für diesen Zweck war der Turm mit den wichtigsten Einrichtungen versehen: einem Kamin, einem Backofen und dem Brunnen; hinzu kamen noch Vorratslager und Abort. In friedlicheren Zeiten fristeten die Gefangenen in einem Turmverlies ihr Dasein. Ende des 15. Jh. wurde der Burgbau zum Schloß umfunktioniert. In das untere Geschoß der Wohn- und Wirtschaftstrakte legte man weitere Räume, die ähnlich genutzt werden sollten. Hierfür wurde es nötig, weitere Fensteröffnungen in die Außenwand – die ehemalige Ringmauer – zu brechen. Mit den neuen, tief gelegenen Fenstern verlor der Gebäudekomplex einen beachtlichen Teil seiner Wehrhaftigkeit. Als Gegenmaßnahme wurde um 1475 eine neue Ringmauer um das Schloß gezogen.

In dieser Gestalt hat sich Burg Linn vor allem im Außenbau bis heute weitgehend erhalten. Seit einem Brand zu Beginn des 18. Jh. fehlen die Gebäude, die sich auf der Südwestseite zwischen Burghof und erster Ringmauer ausdehnten. Die Räume der Hochburg wurden wieder mit alten Einrichtungsgegenständen ausgestattet: eine große Burgküche ist zu sehen; zwei Säle, von denen einer als ›Krefelder Serenadenzimmer‹ für Konzerte genutzt wird, beeindrucken durch ihre Holzdecken. In die Knappenstube im Obergeschoß des Torturms ragt durch einen langen Schlitz das Fallgatter. Eine gotische Burgkapelle verbindet den unteren Rittersaal mit einem Eckturm, der auf der rechten Seite Torturm und Vorburg flankiert – wieder ein Beispiel dafür, daß der Eingang und die empfindlichste Stelle der Burg dem göttlichen Schutz besonders anheimgestellt wird.

Um 1600 erhielten die Burg und die **Siedlung Linn,** die 1318 erstmals als Stadt erwähnt wurde, ein zeitgemäßes Befestigungssystem. Der gezackte Verlauf der Erdwallanlage mit fünf Bastionen und breiten Gräben ist heute noch immer mühelos auf Plänen und im Gelände zu erkennen, denn bis auf die Begrenzung nördlich der Rheinbabenstraße umzieht ein Wassergraben den Burgbereich und den alten Stadtkern von Linn. Zu Beginn des Spanischen Erbfolgekriegs (1702) wurde Linn belagert und die Burg beschossen, so daß einige Teile, vermutlich Fachwerkgebäude, abbrannten. Brandenburgische Truppen besetzten schließlich die Burg, die von diesem Zeitpunkt an keine militärischen Aufgaben mehr erfüllen sollte. Nach dem Friedensschluß versuchte man 1711 und 1716 die Hochburg wieder zu reparieren, doch gab man die Restaurierungsversuche bald auf.

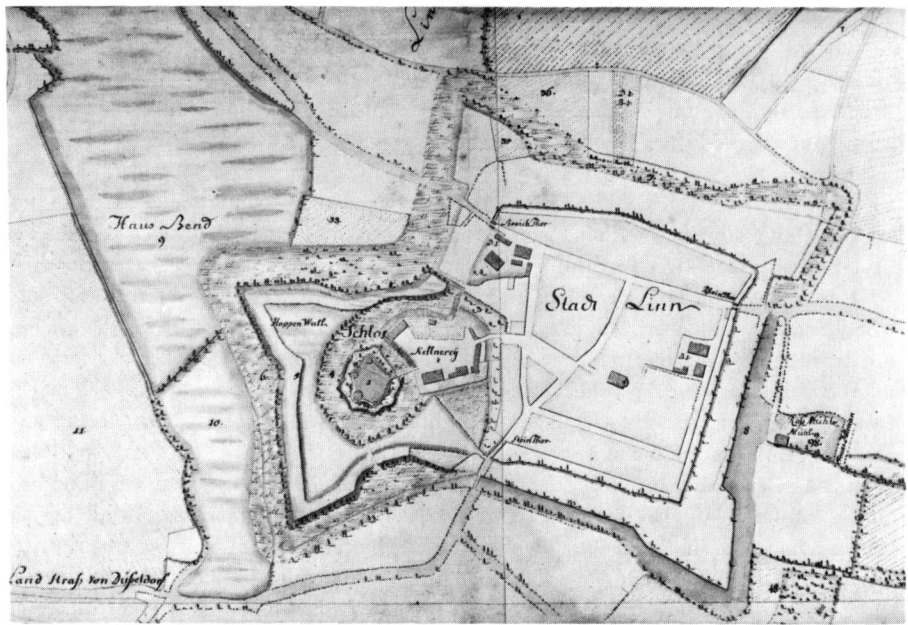

Plan der Stadt Linn, 1789

Es war leichter und attraktiver, neu zu bauen, und so entstand nach 1740 auf der anderen Seite des Burggrabens ein schlichtes **Jagdschloß** (Abb. 34). Dieses Herrenhaus, das u. a. der Familie des Seidenfabrikanten de Greiff als Wohnsitz diente, bietet mit seiner teils originalen, teils zusammengetragenen Einrichtung wieder einen guten Einblick in die gehobene niederrheinische Wohnkultur. Am besten ist der ursprüngliche Zustand im Marianne-Rhodius-Zimmer erhalten. Auf die Wände gemalte Architekturformen wie Maßwerk und Pilaster, eine kunstvoll verputzte Balkendecke und Mobiliar aus der Mitte des 18. Jh. dokumentieren die aktuelle Mode der ersten Schloßbewohner. Aus dieser Zeit stammt ebenfalls die reichhaltige Ausstattung der Küche. Im Von-Beckerrath-Zimmer, das im Stil des ausgehenden 19. Jh. eingerichtet ist, liegt ein Seidenmusterbuch auf dem Sekretär – ein reizvolles Relikt aus der Krefelder Wirtschaftsgeschichte.

Weitere Einblicke in die Textilherstellung und Textilkunst bietet das **Deutsche Textilmuseum** in der Nachbarschaft des Burgbereiches am Andreasmarkt. Die empfindlichen und kostbaren Materialien können nur in ständig wechselnden Ausstellungen präsentiert werden.

Nach so vielen Museumsbesuchen (Wäre Linn nicht ein gutes Ziel für einen verregneten Sonntag?) locken nun die Ablenkung und die frische Luft bei einem Bummel durch den alten Ortskern. Gleich auf dem **Andreasmarkt** stoßen Sie wieder auf den alten Hauptwirtschafts-

29, 30   Museum Insel Hombroich bei Neuss-Holzheim, Lange Galerie und Pavillon

32 NEUSS St. Quirin, Vierungskuppel und Westturm
◁ 31 NEUSS Obertor
33 NEUSS Neusser Bürger-Schützenfest, ›Höhnesse‹

34 KREFELD-LINN Burg Linn, Jagdschloß

36 XANTEN Kriemhildmühle und Klever Tor ▷

35 MOERS Schloß (Grafschafter Museum)

37   XANTEN   Archäologischer Park, rekonstruiertes Amphitheater

38   XANTEN   Archäologischer Park, rekonstruierte Stadtmauertürme

39 XANTEN Archäologischer Park, Weihestein des Bärenfängers (Kopie)

40 XANTEN Regionalmuseum, Kopie des Caeliussteins

41 XANTEN Regionalmuseum, Kopie des Lüttinger Knaben

43 XANTEN   St. Viktor, Hochchor, Millefleurs-Teppich
◁ 42 XANTEN   St. Viktor, Langhaus mit Hochchor und Lettner
44 XANTEN   St. Viktor, Kreuzgang

45   XANTEN   St. Viktor, Hochaltar, Reliquienbüsten von H. Douvermann (1533–44)

46   WISSEL   St. Klemens ▷

47   ›Charakterbäume‹ am Niederrhein: Pappeln und Kopfweiden ▷▏

48, 49   KALKAR   St. Nicolai, Sieben-Schmerzen-Altar: Predella und Detail aus der ›Flucht nach Ägypten‹
50   KALKAR-HANSELAER   St. Antonius Abt.,
hl. Barbara

51 KALKAR St. Nicolai, Abendmahl

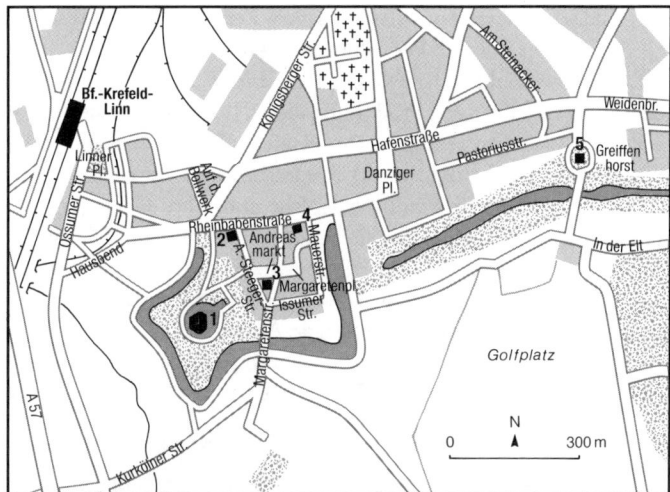

Krefeld-Linn,
historischer Ortskern
1 Burg Linn
2 Niederrheinmuseum
3 Deutsches Textil-
museum
4 St. Margaretha
5 Haus Greiffenhorst

zweig, das Textilgewerbe. Auf dem Platz wurde der alte Flachsmarkt am Tage des hl. Andreas abgehalten. Heute findet der Flachsmarkt als einer der bedeutendsten Kunsthandwerkermärkte am Niederrhein nicht am Namenstag des Schutzpatrons, am 30. November, statt, sondern zu einer marktfreundlichen Zeit: alljährlich zu Pfingsten. Wie bereits an der Nordseite des Andreasmarktes stellen auch in den kleinen Straßen und Gassen Häuser aus derm 18. und 19. Jh. den größten Teil der Bebauung dar. Zu den Raritäten niederrheinischer Fachwerkarchitektur gehört das **Haus Margaretenstraße 19**. Hier wurde um 1665 die Gefache mit ornamental gestaltetem Backsteinmauerwerk gefüllt.

Rund 1,5 km östlich der Linner Kirche **St. Margaretha** (Backsteinsaal von 1819/20 mit vorgesetztem Westturm, Pestkruzifix um 1390) liegt **Haus Greiffenhorst**. Spazierwege beiderseits des Baches, der aus dem Linner Stadtgraben abfließt, führen zu dem Sommersitz und Jagdschloß der Familie de Greiff. Adolf von Vagedes errichtete um 1830 das Gebäude mit seinem ungewöhnlichen Grundriß. An den achteckigen Mittelbau schließen sich zwei niedrigere Seitenflügel an. Sämtliche Dachflächen sind zu Terrassen umgestaltet worden. Die Vorliebe für Aussichtspunkte im vorigen Jahrhundert kann man hier noch gut nachempfinden, wenn auch die Bäume des *Greiffenhorstparks* inzwischen den Blick von den Terrassen des 1989/90 restaurierten Gebäudes versperren.

Im Norden schließt sich ein weiterer historischer Ortskern an, der zwar heute zu den Krefelder Vororten gehört, aber eine ältere städtische Tradition aufweisen kann als das neue Zentrum. Wie Linn gehörte auch **Uerdingen** im Mittelalter zum kurkölnischen Gebiet. 1255 erhob der Kölner Erzbischof Konrad von Hochstaden Uerdingen in den Rang einer Stadt. Sie entwickelte

◁ 52 KALKAR   St. Nicolai, Hochchor und Marienleuchter

sich bald zum führenden wirtschaftlichen Zentrum dieses kurkölnischen Bereiches, während Linn mit seiner Burg als Verwaltungssitz galt.

Die Moerser Exklave Krefeld spielte zu jener Zeit noch keine Rolle. Ihr Aufschwung und ihre Bedeutung begannen erst in der Mitte des 17. Jh. mit der Ansiedlung von Glaubensflüchtlingen und dem Aufbau des Textilgewerbes. Krefelds Karriere als Samt- und Seidenstadt soll deshalb im Kapitel ›Im alten Textilgürtel des Niederrheins‹ beschrieben werden.

Uerdingens Lage am Prallhang des Rheins brachte die junge Stadt in der zweiten Hälfte des 13. Jh. in arge Bedrängnis. Die alte Kirche und der Friedhof fielen den Rheinüberschwemmungen zum Opfer, so daß sich der Erzbischof Siegfried von Westerburg zu einer Verlegung der Stadt nach Westen entschloß. Dies erklärt die planmäßigen, ungewöhnlich rechtwinkligen Straßenzüge der mittelalterlichen Stadt. Anfang des 14. Jh. wurde sie mit einer starken Befestigung umgeben, von der heute nur noch wenige Mauer- und Turmreste existieren; so der sechsgeschossige **Eulenturm** in der Grünanlage am südwestlichen Stadtrand.

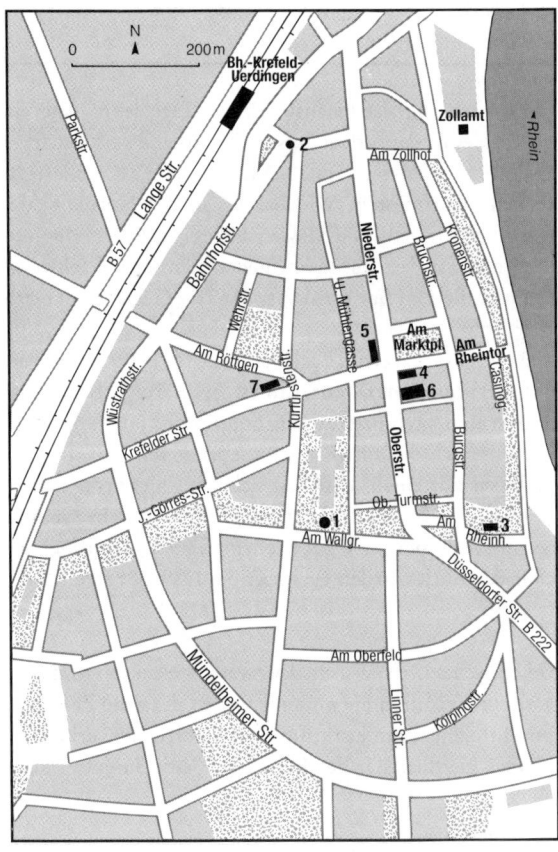

Krefeld-Uerdingen,
historischer Ortskern
1 Eulenturm
2 Nordwest-Turm
3 Reste der ehem. erzbischöflichen
  Burg
4 Altes Rathaus
5 Herberghäuser
6 Pfarrkirche St. Peter
7 Klassizistische Hofanlage

Markt in Uerdingen mit dem Alten Rathaus und St. Peter. Federzeichnung von J. de Beyer, 1739

Ein reizvolles Ensemble bietet die Nordwestecke der ehemaligen Stadtbefestigung. An der Einmündung der Kurfürstenstraße in den Bahnhofsplatz liegt in einem kleinen Park versteckt ein restauriertes **Türmchen**. Auf mittelalterlichen Fundamenten entstand hier im 18. Jh. ein Gartenhäuschen, so wie zu jener Zeit häufig Stadtmauertürme, wie zum Beispiel in Xanten, umfunktioniert wurden. Den Stadtgraben, der einst den Turm mit einem Knick umgab, hat man ebenfalls wieder hergerichtet. – Im Südosten war die erzbischöfliche Burg mit in die Stadtmauer einbezogen. Von ihr steckt noch alte Bausubstanz in dem klassizistischen Neubau von 1839, dessen Einbindung in den mittelalterlichen Mauerverlauf noch immer sichtbar ist.

Zentrum des historischen Ortskerns ist der große rechteckige **Marktplatz**. An seiner Südseite steht unscheinbar das **Alte Rathaus** (1714–25, Am Marktplatz 10), das sich auf den ersten Blick kaum von den umgebenden Wohnhäusern unterscheidet. Erst in den Details wird deutlich, daß es sich hier einst um einen repräsentativen Bau handelte. Breite Pilaster und ein mehrfach abgestuftes Gesims umrahmen die Schaufassade. Eine Freitreppe führt zu einer kleinen Balustrade vor dem Portal. Über dessen Oberlicht füllt ein Relief mit dem Stadtwappen und einer Inschrift die Fläche bis zum Fenster im Obergeschoß. Diese Mittel- und Symmetrieachse wird durch einen Ziergiebel abgeschlossen. In ähnlich aufwendiger Weise sind die Giebel des Hauses gestaltet.

Kein Zweifel besteht dagegen an der Funktion des repräsentativen Dreihäuserblocks an der Westseite des Markts. In dem 15 Fensterachsen breiten Gebäude sind seit dem Ende des 19. Jh.

das Rathaus, eine Apotheke und die Stadtbücherei – ursprünglich das Amtsgericht – untergebracht. Adolf von Vagedes baute in den 1830er Jahren die Häuserzeile für drei Brüder der Uerdinger Kaufmannsfamilie Herberz. Die sogenannten **Herberzhäuser** stellen ein schönes Beispiel klassizistischer Wohnhausarchitektur dar. Sie zeigen sogar englische Einflüsse: Das Konzept einer Gruppenfassade sowie die Gußeisenarbeiten an den drei Balkonen und das auffällige Rosettengitter am Dachansatz weisen darauf hin.

Etwas abseits durch eine Häuserzeile vom Marktplatz getrennt steht die Kirche **St. Peter**. Von der alten Bausubstanz ist hier nicht mehr viel erhalten. Die ursprünglich dreischiffige, gotische Kirche wurde 1799 bis auf den Westturm abgerissen. An ihre Stelle trat ein einfacher Saal, der jedoch mit einer reichen spätbarocken und klassizistischen Ausstattung versehen wurde. Hiervon ist seit den schweren Zerstörungen im Zweiten Weltkrieg nur noch wenig erhalten. Einige Skulpturen von Evangelisten und Heiligen aus der zweiten Hälfte des 17. Jh. schmücken den Kirchenraum, der weitgehend im Stil der 1950er Jahre gestaltet wurde. Beim Wiederaufbau der Kirche hat man in Ansätzen den Vorkriegszustand dokumentiert. Die Pilaster der Saalwände enden mit ›falschen‹ Kapitellen; ursprünglich reichten sie höher und trugen ein Tonnengewölbe, das nach dem Krieg durch eine Balkendecke ersetzt wurde. Mittelalterliches Baumaterial befindet sich heute nur noch im unteren Bereich des Turmes aus dem 14. Jh.

Eine Fülle alter Wohnhäuser aus dem 18. und 19. Jh. hat dagegen die Angriffe im Zweiten Weltkrieg gut überstanden. Teilweise stoßen Sie noch auf geschlossene Häuserzeilen mit denkmalgeschützten Bauten. Ein schönes Ensemble spätbarocker und klassizistischer Architektur bietet die Straße **Am Rheintor**. Das Eckhaus ›**Zur Rübe**‹ wurde vom Bürgermeister Rüb in der Mitte des 18. Jh. erbaut und um 1830 auf zweieinhalb Geschosse aufgestockt. Das klassizistische Wohnhaus mit großer Tordurchfahrt (Nr. 4) zeigt Ähnlichkeiten zu den Herberzhäusern, die ungefähr zeitgleich entstanden. Das Haus ›**Zu den Schwänen**‹ (Nr. 8) ließ der Kurfürstliche Steuereinnehmer Dalbender 1769 errichten. Die Familie Herberz erwarb Ende des 18. Jh. den **Brempter Hof** in der Krefelder Straße 4–6. Sie ließ das Hauptgebäude abreißen und durch den klassizistischen Neubau ersetzen, dessen Mittelrisalit im Straßenbild auffällt. Ein dreigeschossiger, gotischer Torturm und ein schlankes Treppentürmchen, das im Hof zu sehen ist, blieben vom Vorgängerbau erhalten.

Nicht minder repräsentative Bauten sind auf der Hauptverkehrsachse, der **Nieder-** und **Oberstraße**, zu sehen. Beginnen wir am Nordende. Auf dem ehemaligen Stadtgraben steht das Patrizierhaus *(Niederstraße Nr. 81)*, welches um 1860 im klassizistischen Stil erbaut wurde. Ein üppiger Arkanthusfries schließt das Obergeschoß ab. Eine barocke Hofanlage mit Herrenhaus *(Nr. 56)* und Wirtschaftstrakt, in dem sich einmal eine kleine Sirupfabrik befand, steht auf der gegenüberliegenden Seite der Niederstraße. Beim weiteren Gang durch die Fußgängerzone entdecken Sie noch eine Reihe alter, datierter Fassaden aus dem 18. Jh. Hier und da wurden die alten Tordurchfahrten zu Ladenlokalen umgebaut (z. B. Nr. 36, 39). In der *Oberstraße Nr. 32* stoßen Sie auf das Stammhaus der Familie Herberz, einen zweigeschossigen und sieben Fensterachsen breiten Quaderputzbau. Auch zu diesem Patrizierhaus gehört eine Tordurchfahrt. So wird an den Bauformen ablesbar, daß Uerdingens Wohlstand auf den Handel und das Speditionswesen zurückgeht.

Die Anfänge der chemischen Industrie in Uerdingen, Farbwerk Dr. E. Ter Meer, 1877

Seit dem Mittelalter spielte die Stadt eine bedeutende Rolle im Handel des Rheinlands. Sie war die nördlichste Anker- und Zollstätte des Erzbistums Köln und ein wichtiger Warenumschlagplatz. Hier wurden die Waren von den Schiffen auf Fuhrwerke umgeladen, um dann in langen Wagenzügen bis an die Maas, in geldrisches und Bergisches Land und sogar bis nach Luxemburg zu gelangen. Erst zu Beginn des 19. Jh. schufen die Franzosen eine direkte Straßenverbindung nach Westen durch den Bockumer Busch, die Uerdingen und Krefeld miteinander verband. Ein dichter Verkehr zwischen der Textilstadt und dem Rheinhafen und Speditionszentrum Uerdingen entwickelte sich. Der Eisenbahnbau versetzte Uerdingen zunächst in eine Abseitslage, doch änderte sich das seit dem letzten Drittel des 19. Jh. Die expandierende Industrie des Ruhrgebiets zog auch linksrheinisches Gebiet mit in die Entwicklung ein. Die Bayer-Werke fanden dabei einen günstigen Standort in Stromnähe. 1929 gemeindete Krefeld die Industriestadt Uerdingen ein und rückte somit an den Rhein und an das Ruhrgebiet heran.

Auf dem weiteren Weg nach Norden tauchen wir wieder in die römische Vergangenheit ein. Die Spuren des römischen Militärlagers, das die Ruhrmündung überwachte, sind inzwischen restlos von der Erdoberfläche verschwunden. Im Namen des Moerser Vorortes **Asberg** lebt die Erinnerung an das Auxiliarkastell **Asciburgium** noch fort. Unter der Regentschaft Kaiser

Augustus errichteten die Soldaten um 12/11 v. Chr. das erste Lager, dem noch mindestens fünf weitere an diesem Standort nachfolgten. Südlich der Anlage entwickelte sich – auf dem Gebiet von **Rheinhausen-Oestrum** – das dazugehörige Lagerdorf. Ende des 2. Jh. wurde dieser Vicus vermutlich aufgegeben, während das Kastell bereits um 83/85 von den Soldaten verlassen und planiert worden ist. Die strategisch günstige Position des Kastells hatte sich sehr zu ihrem Nachteil verändert, wie die Ausgrabungen am ehemaligen Hafenbereich belegen. Der Rhein verlagerte seinen Lauf, und damit verlor Asciburgium seine Bedeutung und seine Aufgabe, die Ruhrmündung zu bewachen.

Funde aus Asciburgium zeigen das Grafschafter Museum im Moerser Schloß und das Kultur- und Stadthistorische Museum Duisburg.

Um einen Einstieg in die Geschichte von **Moers** zu bekommen, empfehle ich, den Stadtbummel mit einem Museumsbesuch im Schloß zu beginnen.

Im Schutz der feuchten Niederung des Moersbaches errichteten die Herren von Moers in der zweiten Hälfte des 12. Jh. eine Wasserburg, einen Vorgängerbau des heutigen **Schlosses**

Moers um 1859, Ansicht von Südosten. Lithographie J. A. Steinkamp

(Abb. 35). Dabei verwendeten sie – wie es auch auf anderen Baustellen im Mittelalter geschah – u. a. römische Ziegel. Nachdem die Moerser Burg zum Verwaltungszentrum der Grafschaft Moers (gegen Ende des 13. Jh.) geworden war, erfolgten weitere Um- und Ausbauten im 14./15. Jh. Von der ringförmigen Burganlage sind heute noch Teile erhalten, wie z.B. das Wohngebäude, ein Turm und der äußere Mauerring. Seit 1908 beherbergt das Schloß das **Grafschafter Museum**, in dem die Entwicklung der Grafschaft sowie der Stadt Moers dargestellt wird. Ein anderer Schwerpunkt der Sammlung gilt dem bäuerlichen und bürgerlichen Alltag aus den vergangenen drei Jahrhunderten.

Reizvoll ist ein Spaziergang durch den **Schloßpark**. 1836 wurde er von einem der bedeutendsten Gartenarchitekten des Rheinlands, Maximilian von Weyhe, angelegt, auf dessen Arbeiten z. B. auch Teile des Düsseldorfer Hofgartens oder des Parks bei Schloß Kalkum zurückgehen. Ein alter Baumlehrpfad führt durch den Moerser Park. Einige der großen Bäume haben bereits den Rang eines Naturdenkmals erhalten. Nicht nur einheimischen Arten bekommt das Moerser Klima, wie es eine mächtige, unter Denkmalschutz stehende Blutbuche beispielsweise zeigt, auch exotische Arten, wie z.B. Sequoia und Weihrauchzeder oder Pterocarya fraxinifolia, gedeihen gut.

Die Spuren einer bestimmten Epoche der Moerser Stadtentwicklung sind Ihnen schon in der stadtgeschichtlichen Abteilung des Museums aufgefallen – besonders am Stadtmodell aus der Zeit um 1762 –, und auch beim Parkbummel werden sie wieder deutlich. Es ist das sternförmige Muster, das dem Stadtplan zugrunde liegt. Damit werfen wir einen Blick auf die oranische Stadt- und Festungsplanung des frühen 17. Jh. 1594 schenkte die Gräfin Walpurgis von Moers die Grafschaft mitsamt der Stadt ihrem Neffen Moritz von Oranien, der seit 1585 Statthalter und Heerführer der Generalstaaten der Niederlande war. Doch erst 1601 nach dem Tod der Gräfin konnte Prinz Moritz die Herrschaft in Moers übernehmen. Er veranlaßte sofort, das Schloß und die Stadt mit einem Festungsgürtel zu umgeben. Wie das Modell von 1762 anschaulich zeigt, erhielt das Schloß eine sternförmige Umwallung mit fünf Bastionen. Diese Anlage wurde wiederum mit einem sternförmigen Wassergraben umschlossen. In ihm lag ein Kranz von Ravelins oder Zitadellen-Halbmonden. Noch heute sind zwei von ihnen als Inselchen im südwestlichen Stadtgraben erhalten.

In ähnlicher Weise wie das Schloß wurde auch die Stadt gesichert. Dabei erweiterte man das Stadtgebiet ungefähr um die Hälfte: Die Wasserfläche westlich der Altstadt wurde zugeschüttet, der Neumarkt angelegt und daran anschließend die sogenannte Neustadt errichtet. Aber auch in der Altstadt mußte in großem Umfang neu gebaut werden, da der Stadtbrand von 1605 weite

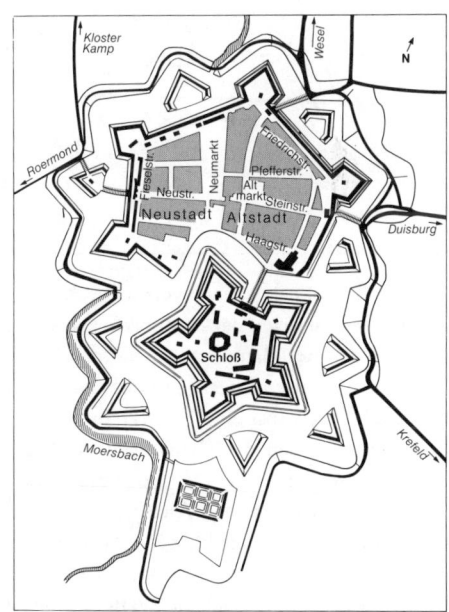

Plan von Moers, um 1762

135

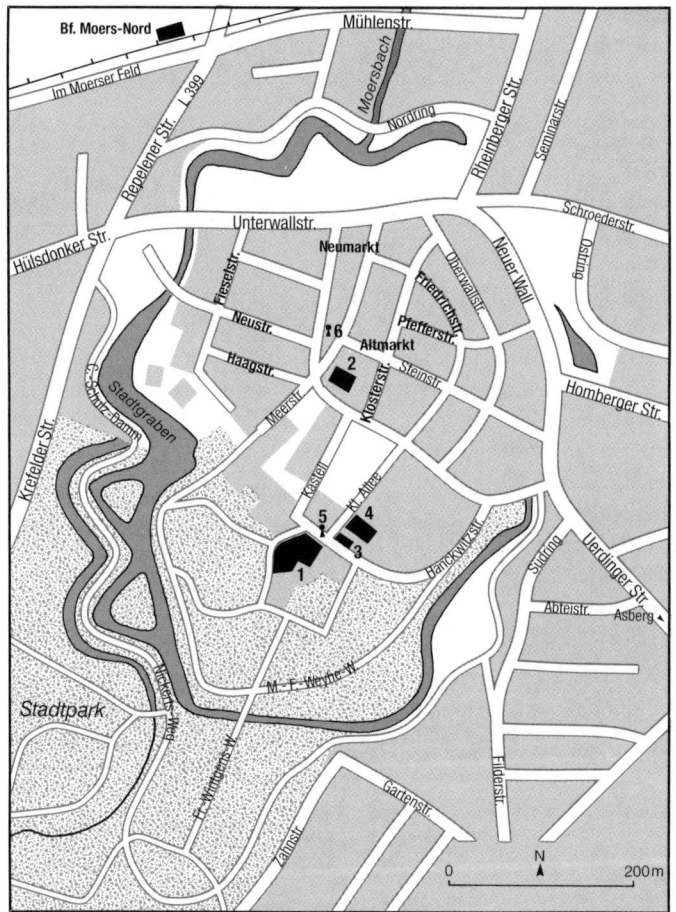

Moers
1 Schloß (Grafschafter Museum)
2 Evang. Kirche (ehem. Karmeliter-klosterkirche)
3 Ehem. kath. Kirche (heute Kindergarten)
4 St. Josef
5 Denkmal Luise-Henriette von Oranien
6 Denkmal Friedrich I. von Preußen

Teile der Fachwerkgebäude vernichtet hatte. In der **Haagstraße Nr. 57** und **61–63** steht eine Gruppe restaurierter Backsteinhäuser aus der Mitte des 17. Jh. Die **Fieselstraße** bietet noch eine Menge alter Bausubstanz, die das historische Straßenbild bewahrt hat. Ein typisches Ensemble für eine niederrheinische Stadt stellt die Bebauung an der Kreuzung Fieselstraße/ Neustraße dar, selbst eine Wasserpumpe fehlt nicht. Schmale Häuser stehen auf den kleinen Parzellen zwischen der ehemaligen Wallstraße und der Stadtbefestigung. Einen ähnlichen Charakter weisen in der Altstadt besonders die **Friedrichstraße** und die **Pfefferstraße** auf. In diesem Viertel um den Altmarkt hat man in den vergangenen Jahren zahlreiche Häuser rekonstruiert und einige hübsche Altstadt-Geschäftsstraßen geschaffen.

Ein abschließender Blick soll den Kirchen der Innenstadt gelten. Zwischen Neumarkt und Klosterstraße befindet sich die **evangelische Kirche**, eine ehemalige Karmeliter-Klosterkirche.

Der einschiffige Backsteinbau von 1448 dient seit 1656 dem evangelischen Gottesdienst. In diesem Zusammenhang ist interessant, daß sich in Moers seit dem Augsburger Religionsfrieden bis zur Herrschaft der Preußen nahezu die gesamte städtische Bevölkerung zum Protestantismus bekannte. Nach dem Bau der Karmeliter-Kirche wurde erst 1778 wieder ein katholisches Gotteshaus gebaut; Friedrich der Große gestattete den Neubau in der Nachbarschaft des Schlosses. Dem Gebäude mit seinem ungewöhnlichen polygonalen Grundriß ist nicht anzusehen, daß es ursprünglich als Kirche errichtet wurde. Es beherbergt heute einen Kindergarten.

Auf der gegenüberliegenden Straßenseite, doch mit dem Portal zur Kleinen Allee, entstand zwischen 1868 und 1871 die katholische Pfarrkirche St. Josef. Dem schlichten Äußeren des neugotischen Backsteinbaus entspricht auch die Innengestaltung. Unter dem sparsamen Schmuck des Raumes fallen die einreihigen, goldenen Blattbänder an den Bündelpfeilern auf, deren historisches Vorbild im Xantener Dom zu finden ist. Besonders plastisch erscheint das Sterngewölbe in der Chorapsis.

Damit haben wir den Ausgangspunkt der Stadtwanderung wieder erreicht; aber verlassen wir Moers nicht, ohne uns noch kurz mit der Dame zu beschäftigen, deren Denkmal vor dem Haupteingang des Schlosses steht. Es handelt sich um die oranische Prinzessin Luise-Henriette. 1646 heiratete sie den Großen Kurfürsten. Ihr Sohn, König Friedrich I. von Preußen – sein Denkmal steht auf dem Neumarkt – machte 1702 seine Ansprüche auf die Grafschaft geltend. Doch erst nach einer militärischen Aktion gelang es ihm, sich gegen die Niederländer durchzusetzen. 1763 schleiften die Preußen die Festungsanlagen und wandelten die äußere Umwallung in eine Promenade um.

Der Widerstand der Moerser gegen die neuen preußischen Herren rächte sich, denn Krefeld erhielt in der preußischen Wirtschaftspolitik den Vorzug und entwickelte sich zu einem der führenden Textilstandorte am Niederrhein. Während der Ruhm Krefelds als Samt- und Seidenstadt begründet wurde, verlor Moers seine Bedeutung als Mittelpunkt einer Grafschaft und als Regierungs- und Verwaltungssitz. Erst mit dem Beginn des Kohlenbergbaus in den 1850er Jahren und der Eröffnung der Bahnlinie nach Krefeld (1882) fand die Stadt ihren Anschluß an die industrielle Entwicklung.

Germania inferior zwischen Ruhr- und Lippemündung

Ihren auffallend geradlinigen Verlauf verdankt die heutige B 57 römischen Ingenieuren. Auf dem Abschnitt des niedergermanischen Limes von Asciburgium nach Vetera durchzog die Römerstraße dünn besiedeltes Grenzland. Archäologische Ausgrabungen legten 1965 bei Rheinberg eine römische Straßenwachstation – Benfiziarierstation – frei, die eine Kreuzung der Limesstraße kontrollierte. In der Niederung zwischen Alpen und Birten wurden – vor allem durch die Luftbildarchäologie – über 60 Reste von Grabenzügen entdeckt. Ein rund 10 km² großes Gebiet nutzten die Soldaten als Übungsgelände für den Festungsbau. Zahlreiche rechtwinklige Grabensysteme und Grabenabschnitte, die sich zum Teil überschneiden oder von offenen Tordurchlässen unterbrochen werden, bezeugen das eifrige Üben der Legionäre. Nach

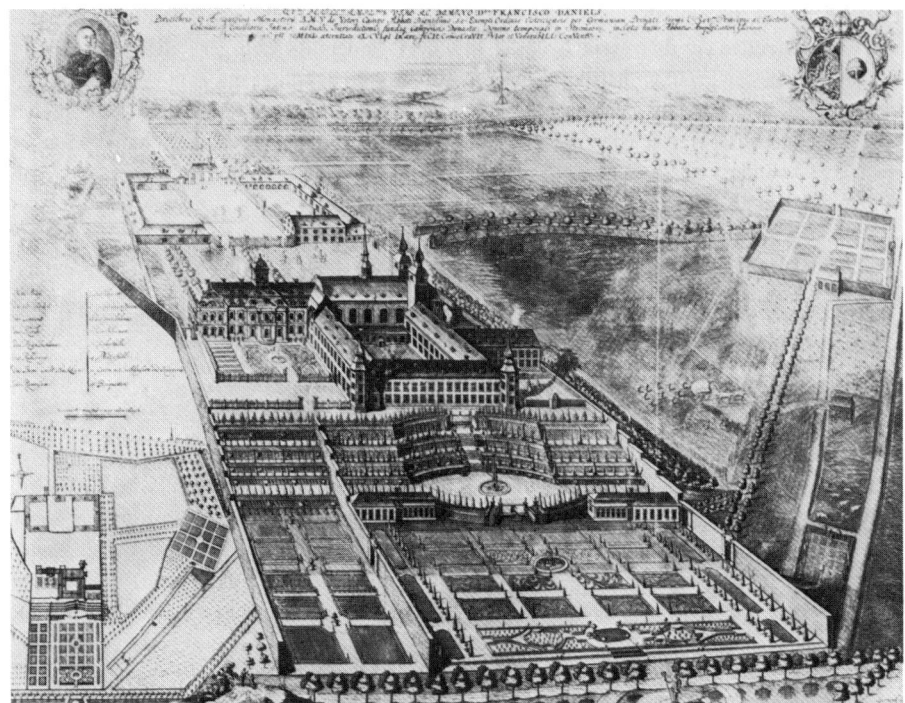

Vogelschauansicht der Abtei Kamp. Querfurth und Creite, 1747

›Dienstschluß‹ konnten sie mit einem halbstündigen Marsch das Lager Castra Vetera wieder erreichen.

Während diese Relikte der römischen Vergangenheit für den Laien unsichtbar bleiben, bietet die Region Interessantes aus dem Mittelalter und den nachfolgenden Jahrhunderten. Obwohl **Kamp-Lintfort** erst seit 1950 Stadtrechte besitzt, gehen seine Anfänge auf das Mittelalter zurück. In jener Zeit entwickelte sich Kamp sogar zu einer Siedlung von internationaler Bedeutung – mit Einflüssen, die bis in die heutige Sowjetunion reichten! Vom Kloster Kamp ausgehend breiteten sich weitere Zisterzienserklöster bis in den Ostseeraum nach Kurland und Livland aus. Damit drang nicht nur die christliche Kultur in weitgehend unbesiedelte Gebiete vor, sondern durch die Arbeit der Mönche wurde neues Siedlungs- und Ackerland erschlossen. Die Patres verfügten über hervorragende Kenntnisse in der Landwirtschaft: Gartenbau, Vieh-, Fisch- und Bienenzucht galten als besondere Spezialgebiete. Ihre Ordensregeln verlangten ebenso, Klöster in unwirtliches Land zu setzen und mit einer Kultivierung, wie z. B. dem Trockenlegen von Moorflächen oder größeren Rodungen, zu beginnen. Durch diese Aktivitäten wurden die Zisterzienser allmählich zu sehr erfolgreichen Grundbesitzern.

Nicht anders geschah es im frühen 12. Jh. am Niederrhein, als der Kölner Erzbischof Friedrich I. das erste Zisterzienserkloster auf deutschem Boden gründete. Aus dem französischen Zisterzienserkloster Morimond holte er zwölf Mönche, und als Abt setzte er seinen Bruder Arnulf ein. Am Südhang des Kamper Bergs erbauten sie gemäß ihres Wahlspruchs ›ora et labora‹ – bete und arbeite – mit Unterstützung von Laienbrüdern ihre Abtei, die nach genau vorgegebenen Architekturregeln errichtet werden mußte. Die Bauvorschriften des Ordens verlangten größte Einfachheit. So besitzen Zisterzienserkirchen keinen Turm – höchstens einen Dachreiter –, Chöre und Kapellen enden rechteckig, und der Kirchenraum wird von einem schlichten Gewölbe überspannt. Trotz ihrer strengen Vorschriften wurde die Zisterzienserbaukunst zur Wegbereiterin der gotischen Architektur in Deutschland.

Aus diesen beiden Epochen der Baugeschichte ist heute in der **Kamper Abtei** kaum mehr etwas zu sehen. Der Gründungsbau, der nach 1122 entstand, wurde zu Beginn des 15. Jh. durch eine gotische Kirche ersetzt. Von ihr blieb nur der einfache Rechteckchor und das östliche Joch erhalten. Im ausgehenden 17. Jh. wurde daran ein neues Langhaus angesetzt. Die Umgestaltungen im Stil des Barocks bestimmen heute die **Kirche** und haben damit den ursprünglichen asketischen Charakter der Zisterzienserkirche aufgehoben. Die Innenausstattung stammt weitgehend aus dem späten 17. und frühen 18. Jh.

Auch im Außenbau fallen die barocken Veränderungen auf (Farbabb. 9). Über den Ostjochen der Seitenschiffe wurden Ende des 17. Jh. zwei Türme mit barocken Schweifhauben errichtet; das Langhaus erhielt eine achteckige Laterne mit einer hochgezogenen Haube. Mit den drei Türmen, der kleinen Kuppel über der Sakristei und dem geschweiften Giebel des heutigen Pfarrhauses bildet die Ostansicht vom Fuß des Kamper Bergs ein reizvolles Ensemble. Auf seinem Südhang wurde der barocke Klostergarten wiederhergestellt. Nach Plänen aus der Mitte des 18. Jh. und aktueller Mode, wie z. B. die Verwendung verzinkter oder blau-violett gestrichener Stahlroste für Laubengänge, entstand wieder eine mehrfach terrassierte Gartenanlage; im

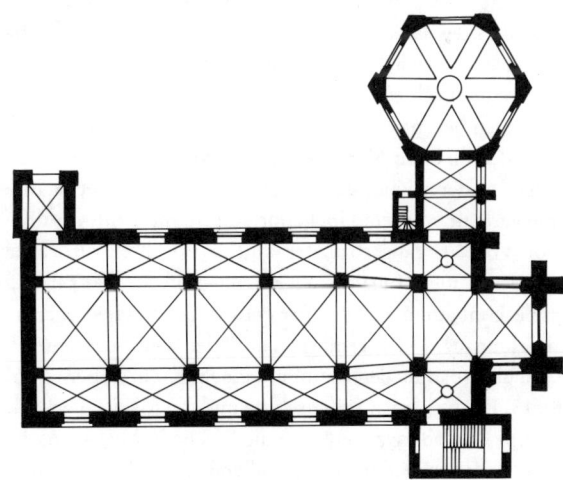

Kloster Kamp, Grundriß der Abteikirche

Gegensatz zum historischen Vorbild weitgehend mit pflegeleichten Rasenstücken anstelle der arbeitsintensiven Nutzpflanzbeete. Kunstvoll arrangierte Obst- und Gemüsebeete dienten dem prunkliebenden Abt als Alibi für einen solchen Klostergarten.

Nach einer 152-jährigen Unterbrechung gibt es heute wieder klösterliches Leben auf dem Kamper Berg. 1954 zog der Orden der Beschuhten Karmeliter ein. Die großen Leistungen der Zisterzienser dokumentiert das **Ordensgeschichtliche Museum Kamp** im *ehemaligen Agathastift* am Abteiplatz.

Einen großen Sprung in eine andere Welt erfordert die jüngere Stadtgeschichte. Kamp-Lintfort bildet den nordwestlichen Eckpunkt des Steinkohlereviers, und somit prägen Schachtanlagen und Zechensiedlungen das Ortsbild. 1851 und 1854 führte der Kommerzienrat Franz Haniel erste Bohrungen durch, die beweisen, daß sich die Kohleflöze des Ruhrgebiets auch auf der linken Rheinseite fortsetzten. Doch sollte es noch über 60 Jahre dauern, bis 1912 die Förderung auf der **Schachtanlage Friedrich Heinrich** beginnen konnte. Das jüngste und nördlichste Steinkohlenbergwerk am linken Niederrhein, das **Bergwerk Rossenay** der Friedrich Krupp AG, nahm 1963 seinen Betrieb auf (zur Geschichte des Bergbaus s. S. 347).

In **Rheinberg** stoßen wir dagegen auf einen alten Stadtkern wie aus dem Bilderbuch. Eine doppelte Wallstraße umzieht die Westseite der historischen Ortsmitte, die Ostseite wird von Wasserläufen und Relikten der ehemaligen Befestigungsanlage umgeben. Im Zentrum teilt das spätgotische **Rathaus** (1449) die große Platzfläche in den **Fisch-** und in den **Holzmarkt**.

Der dreigeschossige Backsteinbau mit seinem achteckigen Treppenturm gehört zu den wenigen mittelalterlichen Rathäusern am Niederrhein, die die Bombardierungen des Zweiten Weltkriegs überstanden haben. Eine Wandgliederung, wie sie am Niederrhein fast nur noch bei romanischen Kirchen anzutreffen ist, unterteilt die Fassaden: Lisenen umrahmen die Fensterachsen. Der Westturm von St. Peter am gegenüber liegenden Ende des Platzes weist eine ähnliche Gestaltung auf. Als typisches Merkmal gotischer Baukunst begrenzt ein Maßwerkfries das dritte Geschoß. Nicht mehr erhalten ist der Zinnenkranz, der ursprünglich den oberen Abschluß der Fassaden bildete. 1853–55 wurde bei Umbauten auch das Dach modernisiert. Es wurde weiter hervorgezogen und durch ein ausladendes Gesims abgeschlossen, das auf der Nordseite durch einen Ziergiebel unterbrochen wird. Nach klassizistischen Architekturvorstellungen betonte man nun die Mittelachse und den dorthin verlegten Haupteingang.

An den **Großen Markt** (Farbabb. 18) schließt sich am Ostende der Kirchplatz mit **St. Peter** an. Die beiden wichtigsten Bauphasen lassen sich gut im Innenraum unterscheiden. Die Schnittlinie verläuft vor dem Hochchor und trennt damit das dreischiffige Langhaus und den Hallenchor. Vom Vorgängerbau, der um 1200 errichtet wurde, stammen das Mittelschiff – einst Langhaus der kleinen romanischen Kirche – und der Westturm. Ende des 14. Jh. begannen im Ostteil große Umbauten mit der Errichtung des zweijochigen Hallenchors und einem dreiseitigen Chorumgang. 1427, vermutlich nach der Weihe des neuen Hochchores, erhöhte man das Langhaus, überspannte den Raum mit einem Kreuzrippengewölbe und baute in der zweiten Hälfte des 15. Jh. die beiden Seitenschiffe und die Sakristei an. Die kriegerischen Auseinandersetzungen um Rheinberg zogen auch die Kirche in Mitleidenschaft. Der Turm wurde mehrfach zerstört, so daß er sich heute weitgehend als ein Bauwerk des 19. Jh. präsentiert.

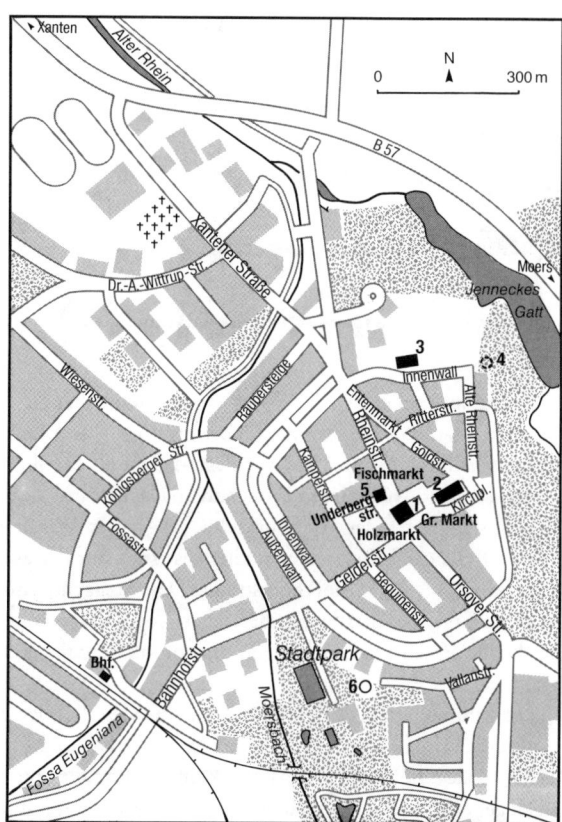

Rheinberg 1 Rathaus 2 St. Peter
3 Ehem. Kellnerei 4 Ehemaliger
Pulverturm 5 Underberg-Palais
6 Spanischer Vallan

Nicht besser erging es der Innenausstattung. Während der holländischen Besetzung im 17. Jh. wurde die Kirche als Gotteshaus der reformierten Gemeinde genutzt, die 1607 mit einem Bildersturm von dem Gebäude Besitz ergriff. Die mittelalterliche Ausstattung fiel ihm vollständig zum Opfer. In der Mitte des 19. Jh. entstand nach einem Entwurf des Kölner Dombaumeisters Ernst Friedrich Zwirner der heutige *Hochaltar*. Hierfür wurden zwei spätgotische Schnitzaltäre in einem neugotischen Gehäuse vereint. Zu beiden Seiten der Sakramentsnische reihen sich die Figuren eines Apostelschreins (Mitte des 15. Jh.). Aus der Reihe der Apostel treten jeweils in der Mitte zwei Personen hervor. Gottvater auf der rechten Seite, Christus auf der linken werden durch die Gestaltung der Sockel- wie der Baldachinzone besonders betont. Die Baldachine des gold gefaßten Altarschreins vermitteln einen Eindruck von der Vielfalt gotischen Bauschmucks: Maßwerk, Wimperge, Fialen, Krabben und Kreuzblumen wurden in feinsten Formen aus Eichenholz geschnitzt. Die obere Hälfte des Hochaltars bilden Fragmente eines Passionsaltars aus der Zeit um 1520. Im Gegensatz zur statischen Komposition des Apolstelschreins haben hier die Schnitzer eine lebendigere und räumlichere Darstellung bevorzugt.

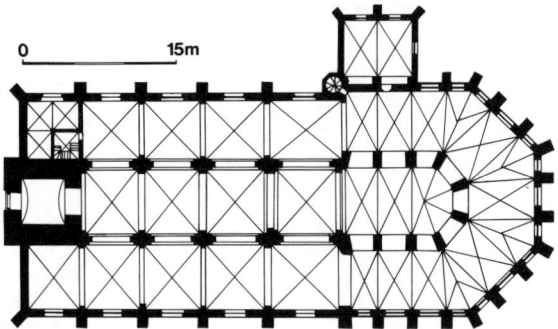

Rheinberg, St. Peter, Grundriß

Die ursprünglichen Flügel des Apostelaltars hängte man auseinandergesägt ebenfalls in St. Peter – an den Pfeilern des Chorumganges – auf. Untersuchungen des Holzes, der Maße, aber auch der Maltechnik haben belegt, daß die elf Tafelbilder zum Apostelschrein gehören und wie dieser um 1440 in Brüssel entstanden. Das zwölfte Bild, eine Abbildung des hl. Josef, der zur Vervollständigung der Hl. Sippe fehlt, ging schon früher verloren.

Die Idylle des historischen Stadtkerns trübt nur der aufragende Backsteinklotz der **Underbergfabrik** an der Underbergstraße. Das dazugehörende **Palais**, die Fabrikantenvilla, am anderen Ende des Sträßchens bereichert dagegen das Marktplatzensemble um einen gründerzeitlichen Prachtbau, auch wenn sein monumentaler Eckturm das Rathaus in den Schatten stellt.

Die zahlreichen historischen Bauten täuschen darüber hinweg, daß Rheinberg als Festungsstadt eine sehr bewegte Vergangenheit erlebt hat und oftmals Ziel feindlicher Angriffe war. 1003 wurde Rheinberg erstmals als Königshof und königliche Zollstätte urkundlich erwähnt, doch geht die Siedlungsgeschichte bis in die Römerzeit und, wie Funde in der Millinger Heide beweisen, in die Stein- und Bronzezeit zurück.

1123 wurde Rheinberg (damals noch ›Berka‹ – keltisch: ›Ort am Wasser‹) als Hof des Kölner Erzbischofs in der Gründungsurkunde des Klosters Kamp genannt. Die Zisterzienser betreuten rund 600 Jahre lang die Pfarre Rheinberg. Im Mittelalter floß der Rhein noch direkt an der Stadt vorbei. Der heutige Wasserlauf ›Alter Rhein‹ nördlich von Rheinberg deutet darauf hin.

1232 verlieh der Kölner Erzbischof Heinrich von Molenark der Siedlung das Stadt- und Befestigungsrecht. Einen guten Dienst erwies der Erzbischof Siegfried von Westerburg den Bürgern als Dank für ihre Unterstützung bei der Worringer Schlacht 1288 – trotz seiner Niederlage –, indem er ihnen die Zollrechte zugestand. Um die Zollstätte zu schützen, die auch für ihn noch einige Einnahmen brachte, begann er 1292 mit dem Bau eines kurfürstlichen Schlosses und Zollturmes in der Nordost-Ecke der Stadt. Das Schloß, ein beliebter Aufenthaltsort und Jagdschloß der Erzbischöfe, wurde während einer Belagerung durch die Spanier 1598 zerstört. Die Explosion des Pulverlagers im Zollturm überstand letztendlich nur die **Kellnerei** (1573 erbaut), die als Getreidemagazin und Pferdestall diente. Die Ruine des **Zollturms** oder Pulverturms läßt noch seine ehemaligen Ausmaße erahnen. Ungefähr 35 m hoch überragte er mit seinen 4 m mächtigen Mauern als Wahrzeichen die Stadt.

Die Festung Rheinberg wurde von 1583 bis 1703 insgesamt fünfzehnmal belagert und erobert; spanische, französische, niederländische, englische und preußische Truppen lösten sich dabei ab. Der Bau der Fossa Eugeniana (s. S. 341) mit den dazu gehörenden Schanzen brachte der Stadt keine zusätzliche Sicherheit, im Gegenteil: Sie wurde dadurch in weitere Konflikte zwischen den Spaniern und den Niederländern hineingezogen. – Der **Spanische Vallan** , ein zweigeschossiger Turm im Stadtpark, entstand zu Beginn des 18. Jh. nach dem Schleifen der Festung. Wer ihn errichtete und zu welchem Zweck, ist unbekannt.

Ruhige Zeiten und ein erneutes Wirtschaftswachstum erlebte Rheinberg erst wieder als preußische Kreisstadt. Der Altrheinarm wurde zum Hafen ausgebaut, doch die Konkurrenz der Nierstal-Eisenbahn zwischen Krefeld und Geldern grub dem Rheinhandel das Wasser ab. Schließlich übertrug der preußische König 1856 den Rang einer Kreisstadt an Moers, so daß Rheinberg seine Verwaltungsfunktion verlor. Da kann man doch die Gründung der Bitterlikörfabrik Underberg 1846 für die Rheinberger Bürger als einen glücklichen Zufall und Trost ansehen! Aufwärts ging es zu Beginn des 20. Jh., als 1905 im Raum Rheinberg – Borth – Büderich die Solvay-Werke ihren Betrieb aufnahmen (s. S. 8).

Von Rheinberg bietet sich ein Abstecher nach Südosten in die Rheinaue an zur ehemaligen Festung **Orsoy**. Hier besaßen die Klever ihre südlichste Zollstätte und Rheinfestung. Die Entwicklung verlief hier weitgehend parallel zu derjenigen der befeindeten Nachbarstadt. 1441 errichtete der Klever Herzog Adolf VI. ein Schloß, das die Kleinstadt schützen sollte. Ende des 16. Jh. wurde Orsoy – quasi als letzter Versuch – zu einer starken Festung ausgebaut, doch nützte das wenig: 1586 zerstörten spanische Truppen die mittelalterliche Stadt nahezu vollständig. Ein erneuter Aufbau (1587–1605) blieb auch nicht von langer Dauer, denn Ludwig XIV. eroberte Orsoy 1672. Ein großer Teil der Festungsanlagen und das Schloß wurden geschleift sowie die Pulverturmruine bis auf den heutigen Stumpf abgebrochen; die militärische Bedeutung der Stadt hatte ein Ende gefunden.

Das wirtschaftliche Leben des Städtchens erholte sich jedoch bald von den Rückschlägen, und die Tuchfabrikation erlebte einen Aufschwung. 1720 sind zwei Tuchfabriken, 22 Wollweber und acht Leinenweber überliefert. Unter den Textilfabrikanten gelang es der Familie Lüps, zu einem wichtigen Großgrundbesitzer in Orsoy und am Niederrhein zu werden. Anfang des 19. Jh. beschäftigten sie rund 200 Personen, etwa ein Fünftel der Einwohner Orsoys, während in Rheinberg 1827 nur sieben Webstühle in Betrieb waren. In der zweiten Hälfte des 19. Jh. geriet Orsoy stärker in den Einflußbereich der Krefelder Samt- und Seidenweberei, Handweber produzierten für sie in Heimarbeit bis 1885.

Der Krefelder Stadtbaumeister Heinrich Johann Freyse errichtete 1843–47 die Pfarrkirche **St. Nikolaus**. Die dreischiffige Backsteinhalle wurde im Zweiten Weltkrieg zerstört. Als Saalkirche – d. h. ohne ihre früheren Seitenschiffe – und ohne Turmhelm entstand sie wieder neu. Der spätgotische Schnitzaltar (um 1500/10) erlitt ein ähnliches Schicksal wie derjenige von St. Peter in Rheinberg: Die ehemaligen Außenflügel wurden vom Altarschrein abgetrennt und einzeln als Tafelbilder aufgehängt.

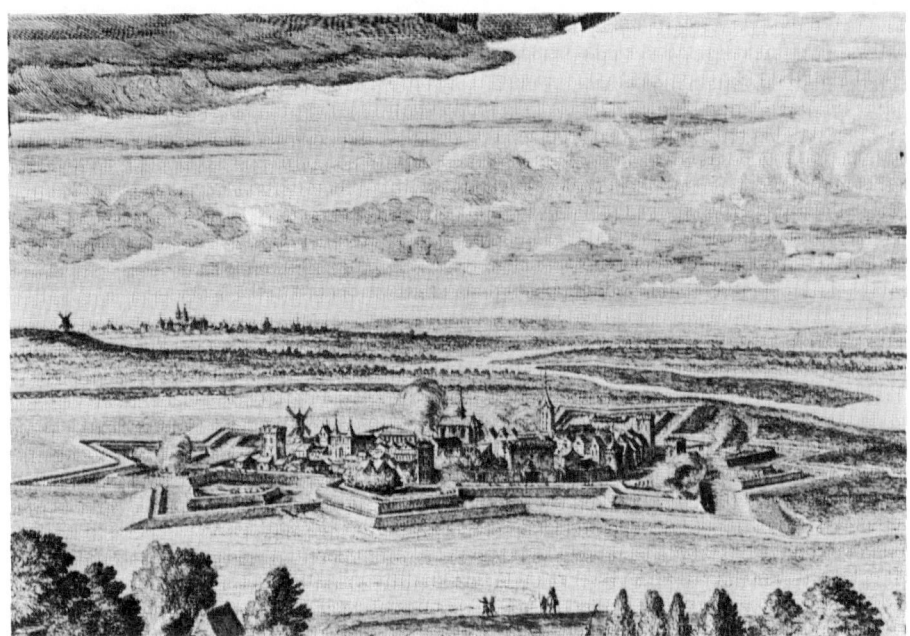

Die Festung Büderich mit Xanten im Hintergrund, 1672. Kupferstich von S. Le Clerc

Ein Gotteshaus des 15. Jh. an der Rheinstraße baute man 1768 zur **evangelischen Kirche** um. 1884 erhielt die Westseite neugotischen Bauschmuck, die damit zur Schaufassade wurde. Die nach dem Zweiten Weltkrieg wieder aufgebaute Kirche birgt heute eine der ältesten evangelischen Kanzeln (1555) am Niederrhein. In Orsoy schloß man sich früh dem Protestantismus an, 1547 begann dort die Reformation.

Die traurige Karriere einer Festungsstadt erlebte auch **Büderich**. Die Siedlung erhielt als Hauptzollstätte der Klever Grafen 1318 die Stadtrechte. Büderichs Rolle als Brückenkopf der Festung Wesel wirkte sich äußerst ungünstig für die Stadtentwicklung aus. Niederländische, spanische und französische Heere belagerten die Stadt. Ludwig XIV. ließ schließlich die Festungsanlagen schleifen. Den größten Schaden brachte 1813 Napoleon: Um das Glacis seines neugegründeten Forts (später Fort Blücher) freizulegen, zerstörte er Büderich vollständig und verlagerte den Ort um eineinhalb Kilometer nach Südwesten. Diese geplante Siedlungsgründung fällt in Büderich – eigentlich Neu-Büderich – mit dem streng geometrischen Straßennetz deutlich auf. Der gesamte Ortskern wurde inzwischen unter Denkmalschutz gestellt. Reste des ehemaligen Fort Blücher sind nahe der Auffahrt zur Rheinbrücke noch zu sehen.

Castra Vetera und Colonia Ulpia Traiana

Wie es schon bei anderen Abschnitten des Niederrheintales erwähnt wurde, müssen wir auch im Xantener Raum davon ausgehen, daß der Flußverlauf sich im Mittelalter und in der Römerzeit wesentlich vom heutigen unterschied. Der Rest einer ehemaligen Flußschlinge, der ›Alte Rhein‹ zwischen dem Fürstenberg und der Bislicher Insel (Farbabb. 25), markiert den Rheinverlauf zum Ende des 16. Jh., wie er von dem berühmten Kartographen Gerhard Mercator überliefert wurde. Zu Beginn der römischen Besetzung floß der Rhein in diesem Bereich nur um 200 bis 300 m südlich seines derzeitigen Bettes.

Einen völlig anderen Verlauf zeigte vor rund 2000 Jahren die Lippe, die ungefähr auf der Höhe des Stromkilometers 820 in den Rhein mündete – nahezu 6 km weiter nördlich als heute. Diese Situation nordöstlich des Fürstenbergs kam den römischen Eroberern sehr gelegen, denn sie fanden hier gute Voraussetzungen, ein Militärlager zu errichten. Nicht nur die hochwassergeschützte Lage, sondern auch die Möglichkeit, vom 69 m hohen **Fürstenberg** den Grenzfluß Rhein sowie die aus ›Feindesland‹ kommende Lippe zu überwachen, waren ideal. Schließlich sollten auch durch das Lippetal noch Vorstöße zur Eroberung des rechtsrheinischen Germaniens durchgeführt werden. Mit diesen großen Plänen und der naheliegenden Aufgabe, die Grenze des Imperiums zu sichern, fingen die römischen Soldaten an, den Wald auf dem Fürstenberg zu roden. Jungsteinzeitliche Funde aus der Zeit um 2000 v. Chr., aber auch der Name ›Vetera‹ eines einheimischen Siedlungsplatzes, den die Römer für ihr castrum weiterbenutzten, zeigen, daß die Legionäre nicht als die ersten Bewohner des Fürstenbergs gelten können.

In den Jahren 13/12 v. Chr. begann der Bau des ersten Lagers, von dem nur wenige Relikte erhalten sind, da es sich um Holz-Erde-Konstruktionen handelte. Zwei Töpferöfen konnten dem frühen Lager zugeordnet werden. Ein herausragender Fund vom Fürstenberg, der auch in diese erste Phase des Lagers datiert werden muß, ist der *Grabstein des Marcus Caelius* (Abb. 40). (Das Original steht im Rheinischen Landesmuseum Bonn; eine Kopie befindet sich im Regionalmuseum Xanten.) Es ist nicht die künstlerische Qualität dieses Steines, die ihn zu einem oft kopierten Denkmal werden ließ, sondern die Informationen des Textteiles sind von außerordentlicher Bedeutung. Die Inschrift ist nämlich bislang die einzige archäologische Quelle für die Schlacht im Teutoburger Wald im Jahre 9 n. Chr.

Drei Legionen, darunter auch die legio XIIX, die vermutlich auf dem Fürstenberg stationiert war, zogen mit ihren Hilfstruppen über den Rhein, um in einer großen Offensive die Grenze des Imperium Romanum bis an die Elbe vorzuschieben. Ungefähr die Hälfte der am Rhein stationierten Einheiten waren an diesem Angriff beteiligt. Unter der Führung des Cheruskerfürsten Arminius gelang es den germanischen Stämmen, die Eindringlinge auf ihrem Vormarsch zu bremsen und die römischen Truppen unter Varus vernichtend zu schlagen. Einer der gefallenen Soldaten war besagter Marcus Caelius, ein Hauptmann der 18. Legion: »Occidit bello variano« – er fiel im Krieg des Varus. Nach diesem folgenschweren Feldzug kamen neue Legionen nach Vetera; die Zahlen der vernichteten 17., 18. und 19. Legion wurden jedoch nie wieder verwendet. Tacitus überliefert um 14 n. Chr., daß die 5. und 21. Legion auf dem Fürstenberg

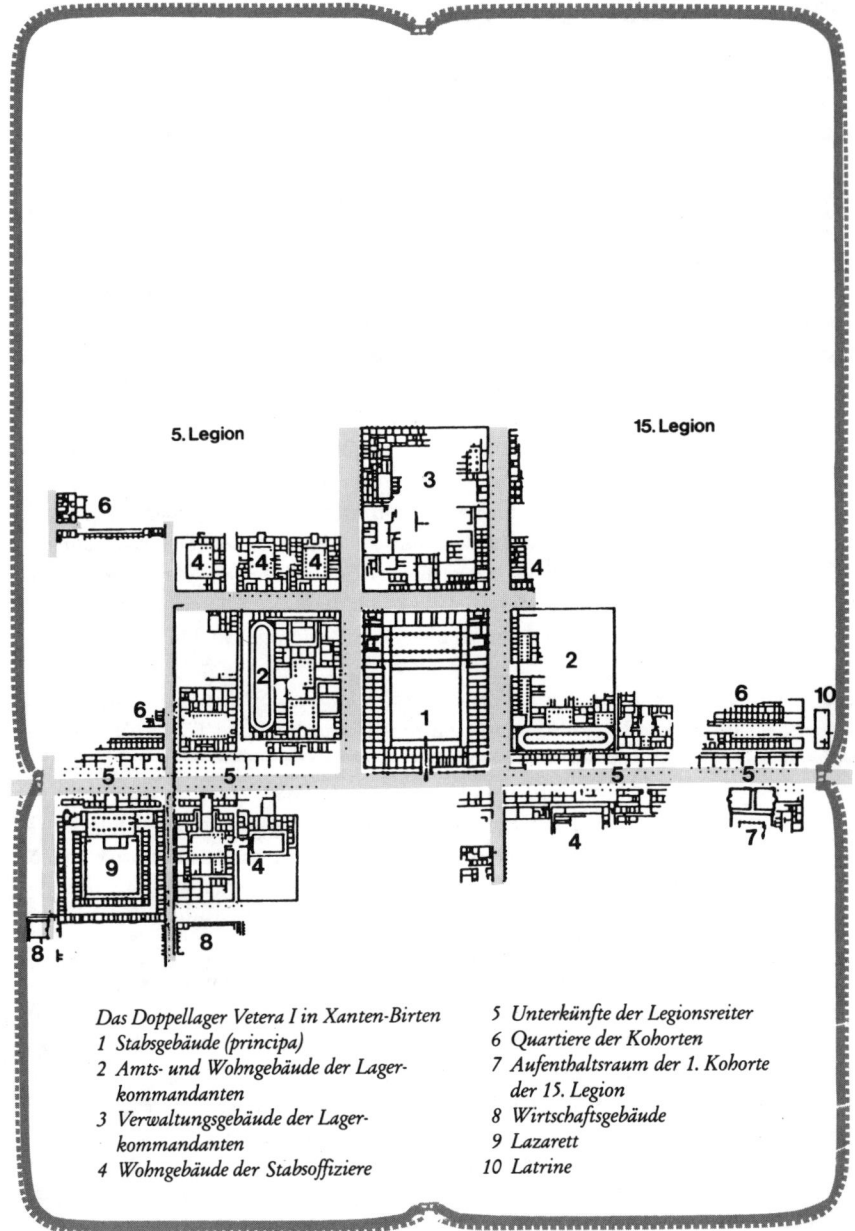

Das Doppellager Vetera I in Xanten-Birten
1 Stabsgebäude (principa)
2 Amts- und Wohngebäude der Lagerkommandanten
3 Verwaltungsgebäude der Lagerkommandanten
4 Wohngebäude der Stabsoffiziere

5 Unterkünfte der Legionsreiter
6 Quartiere der Kohorten
7 Aufenthaltsraum der 1. Kohorte
  der 15. Legion
8 Wirtschaftsgebäude
9 Lazarett
10 Latrine

lagen. Von dieser Zeit an gilt es als gesichert, daß **Castra Vetera** ein Doppellegionenlager war.

Um 46 n. Chr. wurde ein Lagerneubau begonnen, der wahrscheinlich auch mit dem Wechsel einer Legion zusammenhing. Bei diesen Bauaktivitäten verwendete man neben dem üblichen Holz ebenfalls Steine, wie es die Reste eines Lazaretts gezeigt haben. Das beste Bild vom letzten Lagerneubau, der unter der Herrschaft Neros um 60 n. Chr. stattfand, haben archäologische Ausgrabungen sowie Aufnahmen der Luftbildarchäologie vermittelt. Wie bei allen vorherigen Bauphasen ist im Gelände von Castra Vetera nichts mehr – mit Ausnahme des Birtener Amphitheaters – zu sehen, die Grundmauern der römischen Gebäude liegen als Bodendenkmale unter den Äckern des Fürstenbergs. Vor dem Zweiten Weltkrieg wurden Ausgrabungen in der Mitte des castrums durchgeführt, so daß wir nun eine gute Vorstellung vom Baubestand des Lagerzentrums haben. Die römische Vergangenheit der Stadt präsentiert u. a. das Regionalmuseum Xanten.

Eine Mauer aus einer Kombination von Fachwerk- und Steinbau und ein Doppelgraben schützten das 902×621 m große Lager, zu dem nur vier Tore Zugang boten. Im Schnittpunkt der Hauptachsen befand sich die principa, das Verwaltungsgebäude des Lagers (Modell des Stabsgebäudes im Regionalmuseum Xanten). Um einen 60×70 m großen, repräsentativen Innenhof lagen auf drei Seiten Schreibstuben und Waffenkammern. Die Basilika des Nordflügels, ein höherer dreischiffiger Baukörper, beherbergte die Ehrenzeichen der Legionen: die Legionsadler, Standarten und Fahnen, aber auch die Götterbilder und die Legionskasse. Beiderseits der principa lagen die Wohnhäuser der zwei Legionskommandanten. Die Grundrisse dieser Legionspaläste verraten, daß man als Legionschef auch im Norden der Provinz Germania inferior nicht auf den mediterranen Wohnkomfort zu verzichten brauchte. Weiter zur Lagermauer hin folgten in deutlicher sozialer Abstufung die Gebäude für die Stabsoffiziere und die einfachen Soldaten.

Außerhalb des Lagers wurde ebenfalls in der letzten Ausbauphase ein **Amphitheater** errichtet, das als einziges Relikt von Vetera heute noch an Ort und Stelle in Birten sichtbar ist. Das Oval des künstlich aufgeschütteten Erdwalls blieb über die Jahrhunderte hinweg erhalten, weil das Amphitheater von Birten als die Stelle galt, an der der hl. Viktor sein Martyrium erlitt. Eine Holz-Erde-Mauer trennte die Arena von der cavea, den Zuschauerrängen, die sich den Wall hinaufzogen. Heute finden während des Sommers Freilichtveranstaltungen im ältesten Theaterbau des Rheinlands statt (Programme verschickt das Verkehrsbüro Xanten).

Ein ruhiger Lager-Alltag und der Genuß römischen Freizeitvergnügens blieb den stationierten Soldaten nicht lange erhalten, denn zum Jahreswechsel 69/70 nutzte der Stamm der Bataver die Abwesenheit des Statthalters Vitelius und eines großen Teils der Armee für einen Aufstand. Dabei zerstörten sie u. a. auch das Lager Vetera so stark, daß die zurückgekehrten Römer ihr Legionslager nicht wieder an der alten, strategisch günstigen Stelle aufbauten, sondern einen neuen Standort rund eineinhalb Kilometer weiter östlich wählten.

In der Rheinaue errichteten sie ab 71 auf einem hochwassergeschützten Teil der Niederterrasse ihr neues Lager: **Vetera II**. In diesem castrum lösten sich auch wieder eine Reihe von Legionen ab; die XXX. ist von 120 bis zum Ende des 3. Jh. nachgewiesen. Der Beleg, welche

Legion im Lager stationiert war, ist für den Archäologen kein Problem, wenn reichliche Ziegelfunde vorhanden sind. Die Soldaten betätigten sich schließlich auch als Baumeister ihrer Legionslager und ›signierten‹ das Baumaterial, die Ziegel, mit ihrer Legionszahl.

Die archäologischen Arbeiten in Vetera II waren weit schwieriger als in der Vorgängersiedlung, denn Taucher des Rheinischen Landesmuseum Bonn mußten eingesetzt werden. Die Ruinen des Lagers waren im Mittelalter unterspült worden, abgesunken und dann von neuen Kiesschichten bedeckt worden. So wurden die Funde aus einem Baggersee der Bislicher Insel geborgen. Sie belegen auch, daß das Lager den Germaneneinfällen um 275 zum Opfer fiel und die Siedlungsstelle endgültig aufgegeben wurde.

Im Gegensatz zu den beiden Legionslagern Vetera I und II, die mit Ausnahme des Birtener Amphitheaters heute keine oberirdischen Relikte mehr aufweisen, ist die nächste Epoche der Siedlungsgeschichte von **Xanten** sehr gut dokumentiert, obwohl eigentlich auch die Spuren der Colonia Ulpia Traiana von der Erdoberfläche verschwunden sind. Gerade in einer baustoffarmen Landschaft wie dem Niederrhein konnte man die Steine, die die Vorfahren schon mit beachtlichem Aufwand aus dem Siebengebirge und der Eifel herantransportiert hatten, nicht ungenutzt vor den Mauern der Stadt liegenlassen. So bot die römische Kolonie wesentliche Grundlagen für den Aufbau des mittelalterlichen Xanten, jedoch nicht den Baugrund. Die römische Stadt dehnt sich auf einem 73 ha großen Areal nördlich des heutigen Stadtkerns aus. Es ist ungewöhnlich, daß die antike Stadt im Laufe der Jahrhunderte nicht von Nachfolgesiedlungen überbaut wurde – solche Beispiele gibt es für den Raum nördlich der Alpen nur noch in Großbritannien.

Erst im 20. Jh. entstanden auf der Fläche der **Colonia Ulpia Traiana** einige Gewerbebetriebe westlich der alten Limesstraße, heute Siegfriedstraße. Seit den 1970er Jahren darf dieses Gelände nicht weiter bebaut werden, und im östlichen Teil der römischen Colonia – nördlich des heutigen Stadtkerns – wurde der **Archäologische Park Xanten** eingerichtet, in dem man mehrere Bauten der Colonia Ulpia Traiana auf den antiken Fundamenten rekonstruierte.

An der Südost-Ecke der Colonia Ulpia Traiana, wo sich der Eingang und ein großer Parkplatz befinden, steht wieder ein Abschnitt der ehemals 3,4 km langen **Stadtmauer** (Abb. 38). Bald nach der »offiziellen« Gründung der Stadt und der Verleihung der Stadtrechte begann man mit dem Bau der Befestigungsanlage. Das exakte Datum der Stadtgründung ist nicht überliefert. Bereits während des 1. Jh. bestand eine Siedlung, in der einheimische Ciberner und Römer zusammenlebten. Nach 98 n. Chr. erhob Kaiser Traian den Vicus in den Stand einer Colonia und leitete damit einen Bauboom am Ufer des Rheinarmes ein. Diese beiden Vorgaben – die schon bestehende Siedlung und der Flußverlauf – brachten Unordnung in den sonst so streng quadratischen Stadtgrundriß. Für die junge Stadt war es von besonderer Bedeutung, zügig mit dem Bau der Stadtmauer anzufangen, weniger aus Gründen der Sicherheit und Abschreckung, sondern stärker, um den neuen Status zu demonstrieren und auf die Privilegien aufmerksam zu machen. Dendrochronologische Untersuchungen der Baumstämme aus den Fundamenten der Ostmauer ergaben, daß die Bäume 105/06 gefällt worden waren und in diese Zeit auch der Beginn der Bauaktivitäten fallen muß. Die mächtigen Mauern wurden in der Art des ›opus caementicum‹ hochgezogen. Gehauene Tuffsteine bilden die Schalen des Mauerwerks, das in

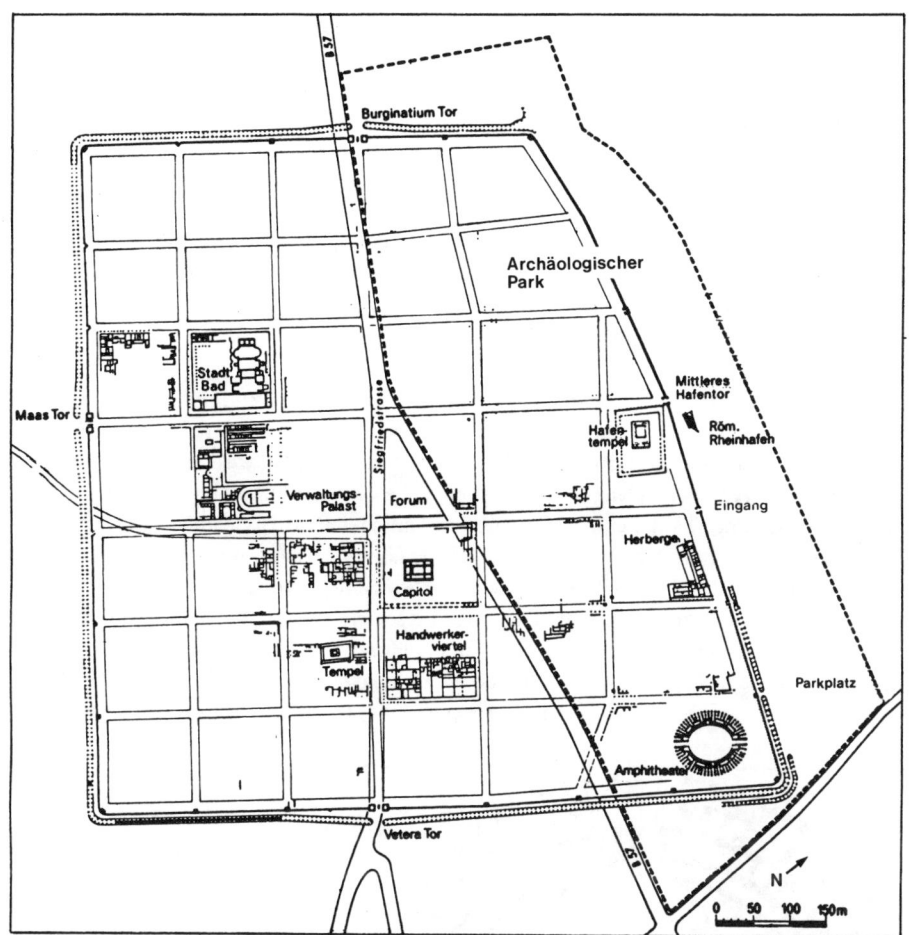

Colonia Ulpia Traiana mit dem Teilbereich Archäologischer Park Xanten

seinem Kern mit einem Gemisch aus Bruchsteinen und Mörtel aufgefüllt wurde. So konnte man nach außen den Schein einer repräsentativen Anlage wahren, aber dabei material- und kostensparend bleiben.

Vier große Tore boten über die Hauptstraßen einen Zugang zur Stadt. Die Straße längs des Limes wurde innerhalb der Mauern zwischen dem Vetera-Tor und dem Burginatium-Tor zum cardo maximus. Der decumanus maximus, der Maastor und Hafentor verband, schnitt ihn rechtwinklig. Dieses Achsenkreuz der Straßen stellte die Leitlinien des innerstädtischen Straßennetzes dar und teilte das Stadtgebiet in rund 120×120 m große Baublöcke, die insulae.

Das Zentrum der römischen Stadt befand sich auf den insulae an der Kreuzung der beiden Hauptstraßen. Forum, Capitol und Verwaltungsgebäude gehörten dorthin. Diese Einrichtungen liegen zum größten Teil außerhalb des Archäologischen Parks.

Beginnen wir einen Rundgang durch das Gelände des **Archäologischen Parks Xanten!** Von der Hafenseite herkommend betritt man die Colonia Ulpia Traiana durch das sog. **Hafentor.** Der Rheinarm auf der Ostseite der Veteranensiedlung erlaubte es, auf den doppelten Graben vor der Stadtmauer zu verzichten. Reste des römischen Hafenkais wurden vor der Mauer entdeckt. Es ist geplant, diese Seite der Stadt auch wieder zur Hafenseite werden zu lassen. Großräumige Baggerarbeiten bei Vynen und Wardt, wo schon Teile des Freizeitzentrums Xanten angelegt wurden, sollen bis an das Gelände des Archäologischen Parks weitergeführt werden und somit der alten Colonia ihre Hafennähe wiedergeben.

Als mächtigster Bau lenkt das **Amphitheater** mit seinem 99 × 87 m großen Oval in der Südostecke die Blicke auf sich (Abb. 37). Da mit dem Betrieb der Freizeiteinrichtung ziemlich viel Lärm und Schmutz verbunden war, legte man es an den Rand des Stadtgebietes. An Vormittagen, wenn Schulklassen den Archäologischen Park bevölkern, wird es in den Gängen des Theaters sehr lebendig. Anklänge an die ursprüngliche Geräuschkulisse kommen auf: ›Löwengebrüll‹ und Geschrei hallt durch die Gewölbe. Auf die alten Pfeilerfundamente setzte man teilweise wieder Tonnengewölbe, die in der westlichen Hälfte auch eine cavea, die Zuschauerränge, tragen. Mehr als 10 000 Besucher konnten von den Stufen der cavea das Unterhaltungsangebot verfolgen, bei dem Gladiatorenkämpfe und Tierhetzen am beliebtesten waren (Abb. 39). Die untersten Ränge sind etwas breiter; hier saßen die Honoratioren der Colonia auf ihren mitgebrachten Sesseln. Die obersten Ränge boten Stehplätze für das einfachste Volk und die Sklaven. Ein rekonstruierter Baukran am Theater läßt erahnen, wie mit Hilfe eines Flaschen-

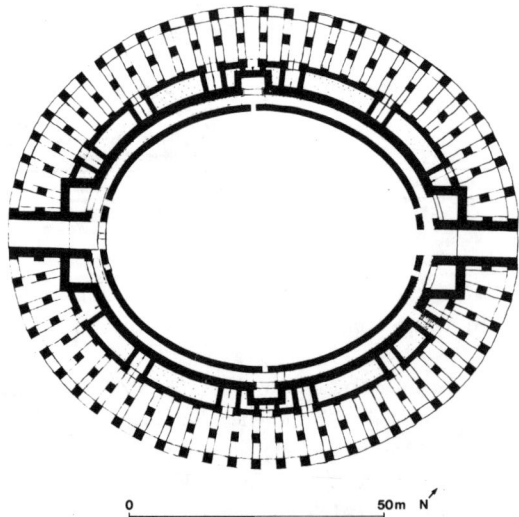

0   50m N

Amphitheater, Grundriß. Archäologischer Park Xanten

zugs die Steinblöcke auf einer antiken Großbaustelle in die Höhe gehieft wurden. – In einer Arkade auf der Nordseite steht eine *Statue* des Stadtgründers *Kaiser Traian*. Eigentlich ist nur der Kopf ein Abbild seiner Person, der Körper ist ein ›neutraler Unterbau‹. Bei den teilweise schnellen Wechseln an der Spitze des römischen Imperiums beschränkte man sich darauf, auf eine Figur, die die Kennzeichen eines Kaisers trug, wie z. B. die Barfüßigkeit oder die Blitze des Jupiters auf dem Brustpanzer, den jeweils aktuellen Kopf zu setzen.

Über eine kleine Allee, die wie die übrigen im Park das antike Straßennetz nachzieht, gelangt man zum **Spielehaus**, in dem römische Gesellschaftsspiele für den Besucher zur Verfügung stehen. Spielen Sie doch einmal ›nuces castellatae‹, ›ludus latrunculorum‹ oder ›ludus duodecim scriptorum‹! – Nach dieser Entspannung ist man wieder aufnahmefähig z. B. für die Wasserversorgung der Provinzstadt. Im Portikus, unter dem Säulengang eines Hauses stand das Wasserbecken, in das Regenwasser vom Hausdach geleitet wurde. Man beschränkte sich nicht nur darauf, Regenwasser wie in den mediterranen Gebieten in Zisternen zu sammeln oder Brunnen anzulegen, sondern man leitete auch über eine 8 km lange Leitung Wasser aus den Sonsbecker Höhen an der Hees vorbei in die Stadt. Zwischen den beiden Hügelzügen floß das Wasser rund 2 km lang durch eine abgedeckte Wasserrinne, den specus, auf den Pfeiler- und Bogenstellungen eines Aquädukts. Ein Stück des specus ist ausgestellt, ebenso wurde ein Abschnitt der bodennahen Wasserführung rekonstruiert. – Ein Beispiel für die Kanalisation, die selbstverständlich zu den städtischen Versorgungseinrichtungen gehörte, bietet der nächste decumanus auf der rechten Seite. Unter der Straße wurde ein Abwassergraben ausgehoben, dessen Wände man mit Eichenbohlen ausgekleidet hatte. Nach dem Untergang der antiken Stadt wurde Xanten erst 1958 wieder mit öffentlicher Kanalisation ausgestattet!

Am großen Spielplatz vorbei gelangt man zu einem Abschnitt des Parks, in dem man sich zunächst erst einmal in barocke Gartenarchitektur versetzt fühlt. Über zwei Meter hohe Hainbuchenhecken mit zahlreichen Durchgängen gliedern ein Karree. Vom Aussichtsturm blickend wird deutlich, daß hier in Zusammenarbeit von Archäologen und Gärtnern eine *insula mit den Gebäudegrundrissen* wieder sichtbar gemacht wurde. Es sind nicht die Häusergrundrisse, die unter der Bodenkrume liegen, sondern Handwerker- und Gewerbegebäude, die an anderer Stelle in der Colonia Ulpia Traiana, aber auch in anderen Ausgrabungsstätten freigelegt wurden. Mit besonderer Aufmerksamkeit sollten Sie den Heckenverlauf nördlich des Turmes verfolgen. Er fällt heraus, weil hier nicht nur die Raumaufteilung des Gebäudes wiedergegeben wird, sondern auch noch ein Einblick in römische Gartenarchitektur möglich ist. Dieses angedeutete, ehemals zweigeschossige Wohnhaus steht auch als Modell im Regionalmuseum Xanten.

Westlich schließt sich in der Ecke der insula das Haus eines Bäckers an, das so in Pompeji freigelegt wurde. Zum cardo, einer nord-südlich verlaufenden Straße, öffnen sich die beiden Ladenlokale und der Raum mit den Kornmühlen und dem Backofen. Hinter dem Wirtschaftstrakt liegen die Wohnräume, die sich ganz nach römischem Geschmack um ein Atrium anordnen. Blumenbeete und Mosaikfußböden gehörten auch zur Gestaltung eines solchen Innenhofes. An den Dimensionen des Gebäudekomplexes ist abzulesen, daß die Geschäfte des Bäckers wohl floriert haben müssen. Ob es den Bäckern in der Colonia Ulpia Traiana ebenfalls so gut ging, bleibt offen. Andere Haustypen, die auch zum Teil aus Pompeji stammen, geben einen Einblick in die Vielfalt römischer Stadthäuser: vom kleinen Mietshaus, über Gebäude, in denen Arbeiten und Wohnen unter einem Dach vereint waren, bis hin zu repräsentativen Wohnhäusern, bei denen sich die Räume nicht nur um ein Atrium mit Wasserbecken, sondern auch noch um einen zusätzlichen Garten gruppierten.

Nicht mehr weit ist es von dieser insula zum **nördlichen Stadttor** der Colonia. Das nächstgelegene Militärlager Burginatium, südlich des heutigen Kalkars gelegen, gab diesem monumentalen Stadteingang seinen Namen. In dem Torbau drückt sich auch die Vorliebe der Römer für symmetrische Gestaltung aus. Die beiden dreigeschossigen Türme flankieren einen zinnenbekrönten Mittelteil, in dem sich zwei Toröffnungen befinden. Mit einem solchen Aufriß, jedoch um ein oder zwei Geschosse niedriger – und natürlich ohne die Tordurchbrüche –, können wir uns die Herrenhäuser von römischen Landgütern vorstellen.

Wenden wir uns nun dem am höchsten aufragenden Bau des Parks zu: dem **Hafentempel**. Bislang ist noch unbekannt, welcher Gottheit er geweiht war, vielleicht Merkur, dem Gott des Handels – sowie der Diebe, Betrüger und Wegelagerer – aufgrund seiner Nähe zum Hafen. Auf der 24 × 36 m großen Fundamentplatte, die wie der Kern der Stadtmauer aus Gußmauerwerk, dem opus caementicum, besteht, wurden die Abdrücke mächtiger Mauerblöcke gefunden. Hieraus ließ sich der historische Tempelbau rekonstruieren. Auf dem über 3 m hohen Podium stand die cella, der Raum mit dem Götterstandbild, umgeben von jeweils sechs Säulen an den Schmal- und neun Säulen an den Längsseiten. Die Südwestecke des Hafentempels wurde bis auf die Höhe des Giebels wieder aufgebaut. Kannelierte Säulen tragen Reste des Architravs und die linke Spitze des Tympanons, des Giebeldreiecks. Eine Reihe mächtiger Akanthuskapitelle, die Schmuckfriese und Gesimse des Architravs geben auch in dem kleinen Ausschnitt eine Vorstellung von der aufwendigen Gestaltung des Tempels. Die an Ort und Stelle gefundenen Relikte des Originals sowie ein breites Wissen über römische Tempelarchitektur, bei der die Architekten der Antike durch strenge Bau- und Gestaltungsvorschriften festgelegt waren, erlauben es, auch mit Hilfe kleinster Überreste und Spuren den ehemaligen Tempel nicht nur in seiner Form, sondern auch mit seiner Bauplastik wiederherzustellen.

Neben der Unterstützung aus dem Götterhimmel benötigte der historische Geschäftsreisende auch einige irdische Einrichtungen, um seine Arbeit zu erleichtern. So wird er an einer Hauptstraße und in der Nähe des Hafens eine Unterkunftsmöglichkeit für sich und seine Waren, eventuell auch noch für sein Fahrzeug, erwartet haben. Und die Colonia Ulpia Traiana enttäuschte den Handlungsreisenden auch darin nicht: In der Ecke der insula, die an das Hafentor stieß, befand sich eine **Herberge**. Der Wohntrakt längs des cardo und ein kurzer Seitenflügel mit einer kleinen Therme, der vom decumanus betreten werden konnte, wurden auf den historischen Fundamenten rekonstruiert. Zum vollständigen Angebot einer römischen Herberge gehören noch Wagenremisen und Stallungen. In jener Zeit war das Imperium Romanum mit einem hochentwickelten Wegenetz, mit gepflasterten Straßen erster Ordnung und Pisten zweiter Ordnung, überzogen, an denen in bewohnten Gebieten alle 30 bis 40 km eine Herberge auf den Reisenden wartete. Diese Beherbergungsbetriebe wurden in erster Linie von Geschäftsreisenden, wie z. B. Kaufleuten, Handwerkern, Ingenieuren genutzt, während den Militärangehörigen und kaiserlichen Kurieren Gästezimmer in den Legionslagern zur Verfügung standen.

Der vornehme, aus privaten Motiven Reisende ließ solche Herbergen links liegen. Er quartierte sich entweder bei Freunden oder Bekannten ein, oder er fand eine ihm gemäße Unterkunft beim Ortsältesten, denn Vorläufer von Luxushotels für die gehobenen Ansprüche gab es noch nicht. In der feinen Gesellschaft fühlte man sich gegenseitig zur Gastfreundschaft verpflichtet. Dem Gastfreund (lateinisch ›hospes‹) bot man in seinem Privathaus ein vorübergehendes Zuhause. Aus dieser Wurzel stammen unsere Bezeichnungen ›Hospiz‹ und ›Hotel‹.

Der Komplex der Hafenherberge läßt sich nach der Nutzung in vier Teile gliedern, die man am leichtesten von der Hofseite überblicken kann. Der langgestreckte, mit Säulenhallen abgegrenzte Mitteltrakt umfaßt mit seinen zwei Geschossen Gästezimmer unterschiedlicher Größe, von 12 m² bis zu 60 m². Links begrenzt der Nordflügel mit Empfangs- und Gesellschaftsräumen das Gebäude. Dieser Trakt muß die ›gute Stube‹ der gesamten Anlage gewesen sein, denn ein repräsentativer Eingang, der mit einer großen Säulenvorhalle überbaut ist, führt von der Gartenseite in den größten Saal des Flügels. Eine solche Raumanordnung findet man in jedem besseren römischen Wohnhaus. Das Speisezimmer, das triclinium, läßt sich weit zum Garten öffnen, und dem Genießer bietet sich die angenehme Kulisse eines gepflegten Gartens mit seiner Blütenpracht vor weißen Säulenreihen und dem Plätschern von Springbrunnen. Auf der Südseite schließt sich der Teil mit Restaurant und Imbißstube an, der wiederum von der Straße her zugänglich ist und somit wohl nicht nur den Herbergsgästen offen gestanden hat. In zwei anschließenden Räumen ist eine kleine Ausstellung zum römischen Alltag am Niederrhein untergebracht.

Dieser Trakt wird noch im Westen durch eine kleine **Badeanlage** verlängert, eine Einrichtung, auf die der Römer auch während seiner Reisen nicht verzichten mochte. Zwar gab es vier insulae weiter westlich die großen städtischen Thermen, aber es war schließlich viel bequemer, gleich beim Quartier sich vom Staub und Schweiß der Fahrt zu befreien. Wenn es auch im Vergleich zu den öffentlichen Thermen eine winzige Anlage ist, so fehlen ihr jedoch nicht die Folge verschieden temperierter Wasserbecken – vom Kaltbad über das Warmbad zum Heißbad – und die technischen Raffinessen einer Fußbodenheizung, der Hypokausten. Selbst der Standort der Latrine im Hof war wohl überlegt: Er befand sich über dem letzten Teilstück des Abwasserkanals vor seinem Einlauf in die Hauptkanalisation.

Die hochentwickelte Stadtkultur in der Colonia Ulpia Traiana, der zweitwichtigsten römischen Stadt im unteren Rheintal, geriet zum Ende des 3. Jh. in eine bedrohliche Lage. Die Übergriffe der Franken nahmen ständig zu, und als erste bedeutende Siedlung am Rhein fiel ihnen Colonia Ulpia Traiana im Jahre 275 in die Hände. Den Römern gelang es rund 40 Jahre später noch einmal, die Stadt zurückzuerobern. Unter Konstantin wurde zwischen 306 und 311 um die zentralen neun insulae eine neue Befestigung angelegt. Der einstige Stadtkern der Colonia mit seinen wichtigsten öffentlichen Gebäuden wurde von einer 4 m mächtigen Mauer, deren Baumaterial aus den Ruinen des äußeren Stadtbezirks stammte, umgeben. Bis in das Jahr 351 konnte sich im Schutz der Festungsanlagen noch städtisches Leben halten; dann verschwand es endgültig aus den Mauern und Ruinen.

Doch zwei Verbindungslinien gibt es noch zwischen der Spätantike und dem Mittelalter im Xantener Raum. Im Nibelungenlied wird die Geburt Siegfrieds in die Ruinen des Capitols, des Haupttempels, der konstantinischen Festung verlegt. Konkreter und archäologisch nach-weisbar ist dagegen die ununterbrochene Nutzung der Gräberfelder an der Limesstraße südlich der einstigen Colonia Ulpia Traiana. Auf der Höhe des heutigen Marktes und der Dom-immunität bestatteten die Römer und später die Franken ihre Toten. Aus einem heidnischen Gräberfeld wurde ein christlicher Friedhof, von dem schließlich im Mittelalter ein wesentlicher Impuls zu einer neuen Stadtgründung ausging: Ad Sanctos – Xanten.

Bei den Gräbern fiel eines, in dem die Gebeine zweier junger Männer lagen, besonders auf. Beide waren gewaltsam ums Leben gekommen. Auf ihr Grab setzte man einen kleinen Gedenk-bau, eine cella memoriae. Das erste Gebäude bestand aus einer Fachwerkkonstruktion, die in das ausgehende 4. Jh. datiert werden konnte. Immer größer werdende Nachfolgebauten, ab der ersten Hälfte des 5. Jh. bereits aus Stein errichtet, unterstrichen die Bedeutung dieses Grabes. Wer lag nun in dem Doppelgrab, das die größte Aufmerksamkeit erregte? Ad Sanctos – bei den Heiligen – gibt es mehr Vermutungen und Wünsche als Beweise. Es dreht sich jedenfalls um den *hl. Viktor* und einen Leidensgenossen.

Ende des 3. Jh. war Viktor mit einer Kohorte im Dienste des Kaisers Maximilian ins Rhein-land gezogen, um einen Aufstand niederzuschlagen. Diese Soldaten der legendären Thebaischen Legion hatten den christlichen Glauben angenommen. Als man von ihnen bei einem Gottes-dienst verlangte, den heidnischen Göttern zu opfern, weigerten sie sich und ließen sich statt des-sen für ihre Überzeugung hinrichten. Aufgrund dieser Ereignisse kamen die größten römischen Siedlungen am unteren Rhein zu einer Reihe von Schutzheiligen für die jungen christlichen

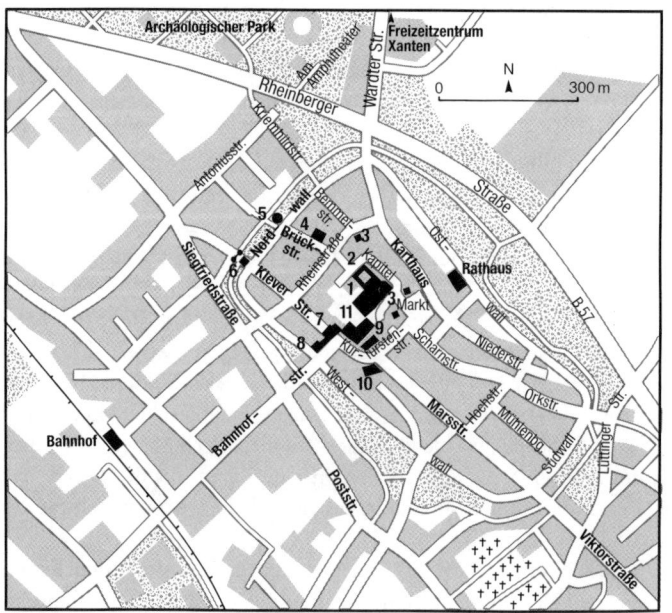

Xanten
1 *Dom St. Viktor*
2 *Stiftsgebäude*
3 *Kanonikerhäuser*
4 *Arme-Mägde-Haus*
5 *Kriemhildmühle*
6 *Klever Tor*
7 *Mitteltor*
8 *Meerturm*
9 *Evang. Kirche*
10 *Gotisches Haus*
11 *Regionalmuseum Xanten*

Gemeinden. St. Cassius und St. Florentius wurden schließlich zu Patronen des Bonner Münsters, den hl. Gereon verehrte man in Köln, und das Martyrium des hl. Viktor bildete die Voraussetzung für die Gründung des Xantener Viktorstiftes.

Ein Rundgang im *Hochchor* des **Domes** und den östlichen Jochen der Seitenschiffe unterstreicht die herausragende Rolle des hl. Viktor. Alle wichtigen Materialien der bildenden Kunst wurden genutzt, um sein Andenken zu pflegen. Doch ehe wir uns diesem Exkurs zuwenden, müssen wir uns noch mit einer zweiten Person beschäftigen, die nicht minder häufig erscheint: die hl. Helena. Die Mutter Konstantins des Großen, der das Christentum zur Staatsreligion erhob, lebte zur selben Zeit wie Viktor – jedoch um einige Jahre länger als dieser. Nach der Legende gilt sie als die Stifterin der Kölner Kirche St. Gereon, des Bonner Münsters sowie des Viktorstiftes. Damit hat sie sich als eine der ersten um das Gedächtnis der Märtyrer der Thebaischen Legion bemüht. Zum anderen wurde ihr schon im 4. Jh. das Auffinden des Kreuzes Christi zugeschrieben. Daraus entwickelte sich eine besondere Verehrung der hl. Helena, die stets mit den Kreuzlegenden verbunden ist. So wird es auch verständlich, daß die Heilige als ihr Kennzeichen ein Kreuz – sei es ein kleines in der Hand oder ein mannshohes im Arm – hält. Der hl. Viktor wird als Kämpfer für das Kreuz dargestellt, meist als Ritter mit Lanze und Schild oder Fahne, die beide das Kreuzeszeichen tragen.

Der *Hochaltar* (1529–49 entstanden) bietet bereits mehrere Darstellungen der beiden Heiligen. Die oberen Ecken des Altarschreins werden von Fialen bekrönt: In der linken steht eine Skulptur des hl. Viktor, in der rechten eine der hl. Helena. In Form von Reliquienbüsten flankieren die beiden den Viktorschrein, der im zweiten Viertel des 12. Jh. in einer Kölner Werkstatt gefertigt wurde. In ihn wurden nach einer Inschrift 1129 Gebeine des Heiligen gelegt. Die Reliquienbehälter des hl. Viktor und der hl. Helena sowie die weiteren acht versilberten und vergoldeten Büsten schnitzte Heinrich Douvermann in den Jahren 1533 bis 1544 (Abb. 45). Auf die Außenseiten der Altarflügel malte Barthel Bruyn der Ältere 1529 bis 1534 Szenen aus den Legenden der beiden Heiligen. Der gesamte Hochaltar zeigt mit seiner künstlerischen Gestaltung an, daß er in die Übergangsphase von der Gotik zur Renaissance eingeordnet werden muß. Sein Aufbau steht noch ganz in der Tradition des spätgotischen Reliquienaltars mit Seitenflügeln, doch in der künstlerischen Gestaltung setzen sich schon Formen der Renaissance durch. Ein deutliches Merkmal ist hierfür die Gliederung des Altarschreins und der Predella durch Architekturformen, wie z. B. Pilaster, Säulchen, Schmuckfriese oder Ziergiebel, die die Hohlräume um die Reliquienbüsten sowie die Gemäldefelder begrenzen.

Vor dem Hochaltar finden wir Figuren des hl. Viktor und der hl. Helena aus einem anderen Material, nämlich aus Bronze gegossen. Sie bekrönen die schlanken Säulen eines 1501 in Maastricht hergestellten *Leuchterbogens*. Die Stützen werden durch das Rankenwerk der Wurzel Jesse verbunden. Die Wände der Chorjoche sind mit kostbaren *Millefleurs-Teppichen* ausgekleidet (Abb. 43). Vor dem Hintergrund eines Pflanzen- und Blütenmeeres stehen die beiden Heiligen. Viktor wird hier als zeitgenössischer Ritter mit einer glänzenden Rüstung dargestellt, die Mutter Konstantins hat ein hohes, T-förmiges Kreuz gegen ihren Körper gelehnt. Die Bildteppiche wurden in einer Brüsseler Werkstatt gewirkt und 1520 von den Brüdern von Riswick gestiftet.

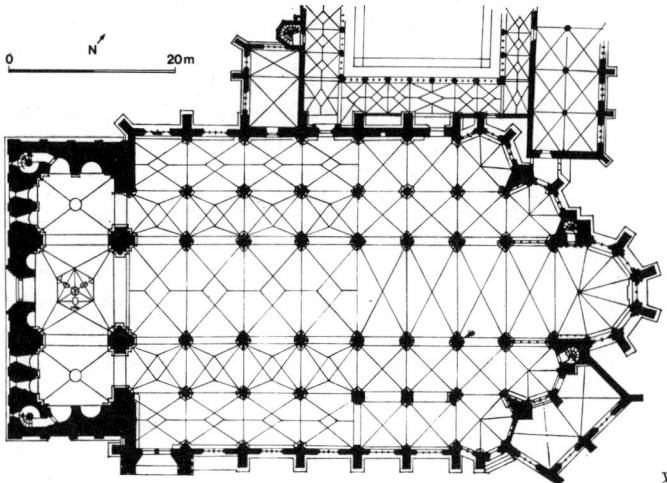

0   N   20m

Xanten, St. Viktor, Grundriß

Wenden wir unseren Blick in die Höhe zu den *Pfeilerfiguren*; dort erwarten uns weitere Darstellungen der legendären Stifterin und des Patrons. Gleich links neben dem flandrischen Millefleurs-Teppich steht auf einer Konsole von Baldachin und Fiale bekrönt ein steinerner Viktor. Auf der gegenüberliegenden Seite finden wir die hl. Helena, die in der Rechten ein kleines Kreuz und in der Linken ein Architekturmodell hält. Diese Statuen gehören zu einer umfangreichen Serie von Chorpfeilerfiguren, die zwischen 1470 und 1540/50 entstanden sind und die bedeutendsten Heiligen sowie im westlichsten Joch vier Kirchenväter darstellen. Noch ein weiteres Material und damit verbunden eine andere Technik bietet die letzte Abbildung des hl. Viktors, auf die hier eingegangen werden soll. Im ersten Fenster des nördlichen Seitenschiffs sehen wir in feiner Glasmalerei den Glaubenskämpfer als einen vornehmen gotischen Ritter. Im Kontrast zur monochromen Malerei der Figur stehen das goldene Kreuz auf dem Brustpanzer und ein blauer Umhang. Damit sind noch längst nicht alle Darstellungen des hl. Viktors und der hl. Helena angesprochen worden. Entdecken Sie selber weitere!

Wenden wir uns der Baugeschichte und der Architektur des Domes zu! Nach einem Brand im Jahre 1109, der die ottonische Pfeilerbasilika – als siebten Bau auf dem spätrömischen Doppelgrab – vernichtete, begann man mit einem weiteren Neubau. 1128 weihte der hl. Norbert, ein ehemaliger Chorherr des Viktorstifts, den Ostbau. Rund 40 Jahre später konnte der Kölner Erzbischof Rainald von Dassel das flachgedeckte, dreischiffige Langhaus weihen. In einer dritten Bauphase entstand zwischen 1180 und 1213 die Westchorhalle mit den unteren Turmgeschossen. Nur der Südturm wurde bis auf den Helm in der ersten Hälfte des 13. Jh. vollendet. Von diesem Kirchenbau des 12. und frühen 13. Jh. ist heute nur noch der staufische *Westbau* erhalten. Sein zweischaliges Mauerwerk, seine doppelten Bogenstellungen, die auf halber Höhe von eingestellten Säulen flankiert werden, sowie die dominierenden Rundbögen gehören zum Formenrepertoire der Romanik. In der architektonischen Gestaltung orientierte man sich am

Vorbild der maasländischen Westchorhallen, wie sie bei St. Jakob und Bartholomäus in Lüttich oder St. Servatius in Maastricht erbaut worden waren. Während die Innenwand in zwei Geschosse aufgeteilt ist – auf ein massives, nicht durchbrochenes Untergeschoß folgt eine Fensterzone mit vorgelagertem Laufgang –, weist die Außenwand eine dreigeschossige Blendgliederung auf.

Das *Langhaus* (Abb. 42) und der *Chor* stehen ganz in der gotischen Bautradition, obwohl nahezu 300 Jahre daran gearbeitet wurde. Auch bei diesen Teilen des Domes sind Einflüsse von anderen bedeutenden Kirchenbauten bzw. zeitgleichen Großbaustellen wiederzuerkennen. Zum einen sind es Anregungen aus der Kölner Dombauhütte, zum anderen von der in Bau befindlichen Trierer Liebfrauenkirche, die Grund- und Aufriß mitprägen. Die Verbindungen zwischen Köln und Xanten beschränkten sich nicht nur auf Kontakte der beiden Bauhütten, sondern sie reichten sogar noch bis zu einer familiären Ebene. Der Propst Friedrich von Hochstaden legte 1263 den Grundstein zum gotischen Neubau der Stiftskirche, sein Bruder Konrad, der Erzbischof von Köln, hatte dort 1248 den ebenfalls gotischen Neubau des Domes beginnen lassen. Von den Kölner Bauplänen übernahm man die Ausgestaltung der Südfront als Schaufassade, die Pfeilergrundrisse des Langhauses sowie Schmuckfriese und Kapitellornamentik. Die Trierer Bauhütte lieferte die Vorlage zu einem außergewöhnlichen Chorschema. In der Moselstadt war der Zentralbaugedanke in einer selten gebliebenen, vollständigen Form verwirklicht worden, während man sich am Rhein mit der halben Chorlösung begnügte. Die vier Seitenschiffe enden in diagonal gestellten Seitenkapellen, die gemeinsam mit der Apsis des Chores einen halben Zentralbau bilden, d. h. die Bauteile sind im Grundriß auf einen zentralen Punkt ausgerichtet. – Schon in der antiken Baukunst galt es als eine besondere Herausforderung und ein Ideal, einen Raum zu konzipieren, der auf einen Mittelpunkt ausgerichtet ist. Ein berühm-

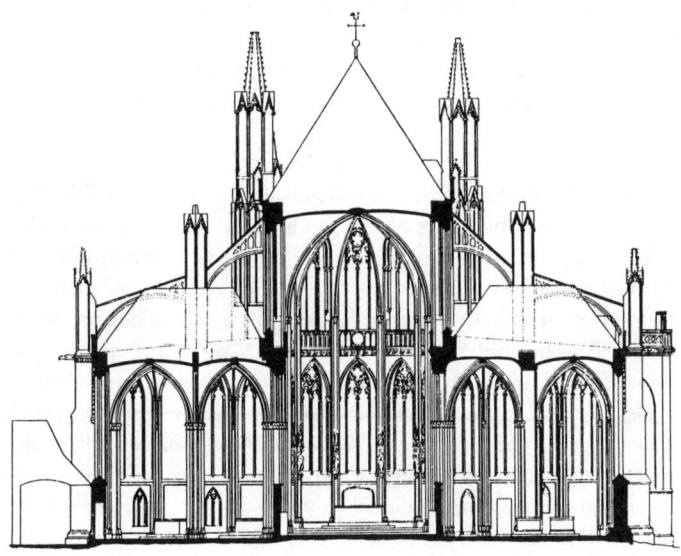

Xanten, St. Viktor, Querschnitt des Langhauses

157

tes Beispiel ist hierfür das Pantheon in Rom. – Auch im Aufriß lehnte man sich an das Trierer Vorbild an und teilte die Wandfläche nur in eine Arkaden- und eine Fensterzone. Das für gotische Kirchen typische Triforium, ein in der Wand ausgesparter Laufgang zwischen den beiden Zonen, wurde weggelassen.

Bei den Bemühungen der Xantener Bauherren um ausgefallene und neueste Architektur verwundert es nicht, daß sich die Arbeiten so lange hinzogen. Im ersten gotischen Bauabschnitt (1263–1437) wurde die östliche Hälfte fertiggestellt, dabei erfolgte 1311 die Weihe des Hochaltars. Während der langsam nach Westen fortschreitenden Arbeiten wurde sukzessive der romanische Kirchenbau abgerissen. Um 1400 erreichte man die Linie des Lettners, der zwischen 1396 und 1400 entstand.

Die Mauern der Schiffe wurden hochgezogen, die Kreuzrippengewölbe aufgesetzt; damit war 1437 die östliche Hälfte des Domes und das Kernstück – der allseitig von Chorschranken begrenzte Kanonikerchor – vollendet. Nach einer Unterbrechung von rund 50 Jahren gingen die Bauarbeiten 1483 weiter. In dieser Zeit änderten sich die Baupläne in einigen Punkten, wie es am Beispiel der Gewölbe leicht zu erkennen ist. Die schlichten Gewölbe des Ostbaus werden nun von sternförmigen sowie die einzelnen Joche übergreifenden rhombenartigen Rippen überzogen. Auch im Wandel der Fenstergestaltung läßt sich das Wachsen des gotischen Kirchenraumes nach Westen verfolgen.

Ein großes Problem stellte für die Baumeister der 1480er Jahre die Verbindung des Langhauses mit der romanischen Westchorhalle dar, die nicht niedergelegt werden sollte. 1487 wurde eine Baumeisterkonferenz einberufen, zu der bedeutende Kirchenbaumeister und Steinmetze des Rheinlandes geladen wurden. Die Experten beschlossen, das Mittelschiff bis an die Außenwand durchzuziehen und dafür das mittlere Gewölbe des staufischen *Westbaus* herauszunehmen. Um die beiden Baukörper noch stärker zu verbinden, brach man ein großes Maßwerkfenster in die romanische Westfassade. Anschließend wurde in der Tradition der rheinischen Zweiturmfronten, wie z. B. am Limburger Dom, an den Liebfrauenkirchen in Andernach oder Koblenz, der Nordturm hochgezogen und der Westbau auf diese Weise vollendet. Bis zur Mitte des 16. Jh. wurde der umlaufende Gang vor den Oberfenstern in Chor und Schiff fertiggestellt und schließlich noch die Sakristei – die heutige Norbertkapelle – erneuert und erweitert. Damit hatten die drei Jahrhunderte dauernden Bauarbeiten ihren Abschluß gefunden. Eine besonders fotogene Ansicht bietet der Blick von Osten auf den Chor und die Türme (Farbabb. 22).

Während der letzten Arbeiten am Kirchengebäude wandte man sich verstärkt der Innenausstattung zu, indem u. a. eine beachtliche Zahl an Schnitzaltären in Auftrag gegeben wurde. Neben dem bereits erwähnten Hochaltar entstanden in der ersten Hälfte des 16. Jh. von namhaften Meistern und Werkstätten z. B. der Marien- und der Märtyreraltar in den südlichen Seitenschiffen sowie der Antonius- und Katharinenaltar in den nördlichen.

Der *Marienaltar* wurde in den 1530er Jahren in der Werkstatt des Heinrich Douvermann in Kalkar gearbeitet. Es war in jener Zeit üblich, einen solchen Schnitzaltar in Teamarbeit zu fertigen, denn nicht nur die verschiedenen Techniken der Schnitzerei und der Malerei erforderten herausragende Leistungen, die selten von einer einzelnen Person erbracht werden konnten; selbst die Holzarbeiten teilten sich mehrere Schnitzer. Dem ältesten Meister stand die Ehre zu, die wichtigsten Figuren und Szenen herzustellen. So werden die Marienkrönung, der Marientod sowie das Rankenwerk der Wurzel Jesse in der Predella – Höhepunkte spätgotischer Schnitz-kunst – als Werke Heinrich Douvermanns identifiziert. Aus der Hand des jüngeren Meisters Arnt van Tricht stammt die Fortsetzung der Wurzel Jesse, die weniger plastisch durchgearbeitet den Altarschrein umgibt. Ihm werden auch die Szenen der Verkündigung und Heimsuchung Mariens zugeschrieben. Die Figurengruppen aus ungefaßtem Eichenholz umrahmen eine größere Skulptur der Muttergottes, die zwar auch aus dem frühen 16. Jh. stammt, jedoch nicht für diesen Altar gefertigt wurde. Die geschnitzte Szenenfolge wird auf den Seitenflügeln durch Gemälde aus dem Marienleben ergänzt. Sie wurden 1553 von dem Antwerpener Maler Rudolph Loesen in Anlehnung an Kompositionen Albrecht Dürers gemalt.

Hinter dem Marienaltar steht der 1525 in einer Antwerpener Werkstatt geschnitzte *Märtyrer-altar*. Die goldgefaßten Schnitzgruppen des Altarschreins und die Gemälde auf den Seiten-flügeln zeigen Bilder aus dem Marienleben, der Passion Christi sowie den Leidensgeschichten anderer Märtyrer. Auch eine kleine Statue des hl. Viktor fehlt nicht. Die Reliquienbüste in der Mitte der Predella wird wieder Arnt von Tricht zugeschrieben. Besonders beeindruckend ist an diesem Altar das filigrane hängende Maßwerk, welches die einzelnen Szenen nach oben abgrenzt.

Einem anderen Kompositionsschema folgt der um 1500 geschaffene *Antoniusaltar* in einem nördlichen Seitenschiff. Hier erzählen keine geschnitzten Gruppen die Geschichte des Heili-gen, dies bleibt den bemalten Seitenflügeln vorbehalten, statt dessen bestimmen die nebenein-ander aufgereihten Skulpturen der hll. Thomas, Dionysius, Antonius und Maria Magdalena den Altarschrein. Der Namenspatron führt ein Schwein mit sich. Als Gegenleistung für ihre Kranken- und Armenpflege besaßen die Antoniter das Privileg, ihre Schweine frei weiden zu lassen; darum entwickelte sich in der mittelalterlichen Ikonographie das Tier zu einem ständi-gen Begleiter des Heiligen und Ordensgründer. Beliebt war ebenfalls, den Heiligen die Folter-werkzeuge in die Hand zu geben, mit denen sie gequält worden waren, oder in anderer Form auf ihr Martyrium hinzuweisen. Ein makabres Beispiel ist hierfür die männliche Figur neben dem hl. Antonius. Der enthauptete hl. Dionysius trägt seinen abgeschlagenen Kopf in der Hand. – Das Martyrium der hl. Katharina wird im *Katharinenaltar* geschildert, dessen Gemälde der Kölner Maler Johann Hülsmann 1635 schuf.

Die reiche Ausstattung des Domes umfaßte ursprünglich 22 Altäre und eine noch größere Zahl an Heiligenfiguren, denn jede Gilde der mittelalterlichen Stadt verehrte ihren Schutz-patron im Dom, wie z.B. die Wollweber die hl. Barbara oder die Leinenweber den hl. Severus. Einige weitere, die zum Teil nur noch fragmentarisch erhalten sind, seien hier erwähnt:

Matthiasaltar – ein niederrheinischer Schnitzaltar mit bemalten Flügeln (1523–31). Vom Bild-schnitzer Heinrich van Holt stammen u. a. Verkündigungsgruppe sowie die bekrönende Figur des Erlösers.

Dreikönigsaltar – 1659 malte M. A. Immenraet die Anbetung der Heiligen Drei Könige im Stil von Peter Paul Rubens.

Zwei der alten Altäre wurden inzwischen im Regionalmuseum Xanten aufgestellt: der *Agathaaltar* von 1499 und der *Martinsaltar*, 1477 geweiht.

Den Exkurs soll ein zeitgenössischer Altar abschließen. Gernot Rumpf gestaltete 1976–81 die Zone vor dem Lettner, die heute das liturgische Zentrum des Domes darstellt. In Bronzeguß schuf er einen *Zelebrationsaltar*, der in seinem Formenschatz den Bogen zum spätgotischen Rankenwerk der Wurzel Jesse schlägt.

Im Zweiten Weltkrieg wurde der Dom St. Viktor von Bomben getroffen und schwer beschädigt. Daran erinnert das Westchorfenster von Anton Wendling (um 1960). Stärkstens auf geometrische Grundformen reduziert zeigt es das brennende Xanten im letzten Kriegsjahr.

An die Nordseite der Kirche schließen sich ein Kreuzgang sowie ein Komplex ehemaliger **Stiftsgebäude** an. Auf dem Grundriß und Mauerresten einer romanischen Anlage errichtete man während der 1530er Jahre im östlichen Teil einen neuen Kapitelsaal und die Stiftsschule. 1543–46 wurde der Kreuzgang mit seinen dreibahnigen Spitzbogenarkaden und dem Netzgewölbe errichtet (Abb. 44). Das Gebäude über dem westlichen Kreuzgangflügel beherbergt heute die Stiftsbibliothek.

Der Dom und die Stiftsgebäude bildeten den Mittelpunkt der Immunität. Obwohl Xanten im letzten Krieg zu mehr als 80% zerstört wurde, hat sich der Immunitätsbezirk erhalten können, der im ausgehenden 10. Jh. etabliert wurde. In diesem Bereich galten die kaiserlichen Gesetze nicht, sondern die Kirche sprach ihr Recht an der eigenen Gerichtsstätte, der **Bannita**, auf der Ostseite der Stiftsgebäude. Heute bewacht eine Statue des hl. Viktor (1468 von Heinrich Blankenbyl aus Wesel geschaffen) jene Stelle. Der kirchliche Gerichtsbereich umfaßte den Dom, die zentralen Stiftsgebäude und einen sie umgebenden Kranz von **Kanonikerhäusern**. Die Westseite wurde von der nicht mehr existierenden Bischofsburg eingenommen. Die Immunität war nach außen wie eine Stadt durch einen breiten Graben gesichert und nur über zwei Zugänge erreichbar. Das Hauptportal lag im Süden auf der dem Markt zugewandten Seite. Noch heute vermittelt die Konstruktion des **Immunitätstores** den Eindruck einer Wehranlage: Der mächtige Torbau bietet nur einen relativ kleinen Durchlaß, der im Notfall leicht und wirksam abzuriegeln gewesen wäre. Einen weiteren Schutz sollte der Erzengel Michael dieser Stelle bringen, denn der Durchgang bildet das Untergeschoß einer ihm geweihten Kapelle. Nach dem Verständnis der Gläubigen im Mittelalter war er einer der Spezialisten zur Abwehr böser Kräfte und damit zur Sicherung von Kircheneingängen. Heute fungiert die Michaelskapelle nicht mehr als Gotteshaus, sondern sie wird als kleiner Konzertsaal der Dom-Musikschule genutzt.

Auf dem kurzen Weg zwischen Immunitätstor und Domportal steht ein **Stationsweg**, den der Kanoniker Gerhard Berendonck für das Stift 1525–36 arbeiten ließ. Beiderseits des Domeingangs wurden unter Vorbauten Stationen des Kreuzwegs errichtet; ein Kalvarienberg flankiert den Zugang. Die aus Sandstein gehauenen Originale dieser Gruppe wurden mittlerweile durch Abgüsse ersetzt, weil sie ein herausragendes Werk der niederrheinisch-niederländischen Steinplastik des 16. Jh. darstellen.

Beginnen wir an diesem Punkt einen kleinen Gang in den nördlichen Teil Xantens, um noch einige Eindrücke aus der Stadtgeschichte zu sammeln! Den Dom lassen wir links liegen und wenden uns den Häusern am Kapitel zu. Hinter hohen Mauern oder Zäunen stehen, meist von Gärten umgeben, große, repräsentative Wohnhäuser. Hier gab es auch schon in der mittelalterlichen Stadt die besten Wohnanlagen, denn die Stiftsherren waren keineswegs bereit, in klösterlicher Askese zu leben, sondern bestanden auf der Lebensqualität, an die sie vor dem Eintritt in das Stift gewöhnt waren. Dazu paßt gut der barocke **Gartenpavillon** eines Kanonikers, den man an der Ostseite des Marktes sehen kann. Selbst im Immunitätsbereich fehlte es nicht an Unterhaltungsmöglichkeiten. Nach einer Biegung um den Domchor weitet sich die Straße zu einer breiten Allee, die auch als Festplatz genutzt wurde. Selbst eine Kegelbahn hatte sich hier befunden.

Auf der Nordseite führt der Weg aus dem Immunitätsbezirk in die Brückstraße, die ihren Namen von der Brücke über den Immunitätsgraben ableitet. Auf der rechten Seite fällt gleich ein altes Backsteingebäude mit hohen Kreuzstockfenstern und einem Treppengiebel auf. In dem sogenannten **Arme-Mägde-Haus** (16. Jh.) verbrachten die Frauen, die im Stift gearbeitet hatten, ihren Lebensabend. Gegenüber steht ein weiteres spätgotisches Wohnhaus, dessen Tuffsteinfassade ebenfalls mit einem Stufengiebel bekrönt wird. Auch wenn die Windmühle auf der Stadtmauer, die **Kriemhildmühle** (Abb. 36), die die kurze Brückstraße abschließt, die nächsten Blicke auf sich lenkt, sollte man nicht die Kriemhild-Pumpe auf der rechten Straßenseite übersehen.

Es geht hierbei um mehr als »nur« eine überholte Art der Wasserversorgung; diese **Pumpen** spielen noch heute eine wichtige Rolle für das soziale Leben in der Stadt. Die Anfänge reichen in das späte Mittelalter – vermutlich ins 14. Jh. – zurück. Xanten hatte sich aufgrund des Handels, der durch das Stift noch besonders gefördert wurde, zu einer dicht bebauten Kleinstadt entwickelt. Ein gewisses Sicherheits- und Ordnungssystem war nötig, denn mit dem engen Zusam-

Das »heilige« Xanten, um 1660. Kupferstich

Ansichtskarte von Xanten, um 1900

menleben und der ständig wachsenden Brandgefahr in den schmalen Straßen mußte ein effektiver Feuerschutz geschaffen werden. Kernpunkt einer solchen Zweckgemeinschaft wurde die Pumpe, der Pütt. Die sie umgebenen Häuser wurden zu einer Pumpennachbarschaft zusammengefaßt, der sich niemand entziehen konnte. Gemeinsame Aufgabe dieser Gruppe wurde die Nutzung der Pumpe und deren Instandhaltung, die gegenseitige Hilfe in Brandfällen, aber auch noch eine umfassendere Nachbarschaftshilfe bis hin zu den angenehmen Dingen, wie der Pumpenkirmes oder anderen Festen. Obwohl die städtische Wasserversorgung und die Feuerwehr die beiden wichtigsten Funktionen abgenommen haben, hat die Pumpennachbarschaft ihre Bedeutung für das gesellige Leben bewahren können. Nicht selten sieht man an den Pumpen Einladungen zu Festen der Nachbarschaftsmitglieder. Die Pumpenkirmes ist noch immer ein Ereignis für die Bewohner jenes Straßenabschnitts. Diese Institution der Pumpennachbarschaft war charakteristisch für die Städte und Dörfer am Niederrhein.

Am Ende der Brückstraße stoßen wir auf die rekonstruierte **Stadtmauer**. Xanten hatte zwar schon 1228 vom Kölner Erzbischof Heinrich von Molenark die Stadtrechte verliehen bekommen, doch das Recht auf eine Stadtmauer wurde damit nicht verbunden. Die Xantener mußten sich mit einer Graben-Wall-Anlage als Befestigung begnügen. Ende des 14. Jh. erforderten die territorialen Streitigkeiten zwischen Kurköln und den Grafen von Kleve doch einen Mauerbau, der 1389 begonnen wurde. Das beeindruckendste Zeugnis dieser Fortifikation ist das **Klever Tor**, eines der wenigen im Rheinland erhaltenen Doppeltore (Farbabb. 24). Der viergeschossige

Hauptbau aus dem Jahre 1393 wurde nach starken Kriegszerstörungen im obersten Geschoß und im Dach wieder hergestellt. An die recht unterschiedlichen Nutzungen des Klever Tors als Gefängnis, Museum, Heim der Hitlerjugend, Quartier für Archäologen schließt sich heute diejenige als Ferienwohnungen an.

Durch die Klever Straße nähern wir uns wieder dem Immunitätsbereich. Gegenüber dem spätklassizistischen Hotelbau steht ein quadratischer **Turm** diagonal zur Straßenflucht. Er gehörte als Eckturm zur Bischofspfalz und wurde im 11. Jh. aus Tuffsteinen der Colonia Ulpia Traiana errichtet. Wenige Schritte weiter gelangen wir zum nächsten Teil der Immunitätsbefestigung, dem sogenannten **Mitteltor**. Im Zuge der Stadtbefestigung ließ der Erzbischof nach 1389 auch seine Bischofsburg noch stärker sichern und von diesem Komplex eine Rampe mit Verbindungsgang zur Stadtmauer anlegen. Das Mitteltor fungierte in jener Zeit als Brücke über den Immunitätsgraben. Im 15. Jh. verfüllte man den Graben und schuf die heutige Trasse der Klever Straße in diesem Abschnitt: Die Brücke verwandelte sich in ein Tor. 1945 wurde es abgerissen, doch 1978–80 rekonstruierte man es wieder mit einem Verbindungsgang zum **Meerturm**.

An der Biegung der Kurfürstenstraße zum Marktplatz stoßen wir auf die **evangelische Kirche** mit ihrem Backsteinsaal aus der Mitte des 17. Jh. Auf der anderen Straßenseite steht – mit seiner Schaufassade zum Markt ausgerichtet – das sogenannte **Gotische Haus**, ein dreigeschossiger Backsteinbau aus der zweiten Hälfte des 15. Jh.

Vom Marktplatz bieten sich noch zwei Möglichkeiten an, Weiteres von der Stadt kennenzulernen: Einmal eine Fortsetzung der Stadtumrundung durch die Grünanlagen, die den Verlauf der mittelalterlichen Mauer nachvollziehen und dabei noch einige kleine Türme entdecken lassen. Vor allem der Blick auf die ehemalige **Kartause** mit dem zierlichen Treppenturm (16. Jh.) lohnt den Abstecher in den östlichen Bereich. Zum anderen bleibt noch ein Besuch des **Regionalmuseums Xanten** im alten Immunitätsbezirk, vielleicht um den Kreis wieder zu schließen und zu den antiken Anfängen der Stadt zurückzukehren.

Zwischen dem Rhein und den Moränenwällen

Streifzüge durch die Altarme

Beginnen wir den Ausflug, der eine interessante Radtour werden könnte, am Archäologischen Park in Xanten! Parallel zur Pistley führt die Straße nach Wardt. Diese beiden Namen fassen schon die Naturelemente zusammen, die uns in der Rheinaue immer wieder begegnen werden. ›Ley‹ bedeutet am Niederrhein ›Wasserlauf‹. Die Bäche und Flüßchen, die durch die Rinne früherer Rheinarme fließen, tragen häufig diesen Namen, wie z. B. westlich von Xanten die Hohe Ley, die Tackeley und die Bollendonksley. Die alten Flußbetten zerteilen mit ihren stark gewundenen Läufen das Land, feuchte Auen umgrenzen etwas höher gelegene, trockene Flächen, die ›Warde‹ oder auch ›Weerde‹. Ein Paradebeispiel für eine solche Trockeninsel in einem Altarm ist die Maasmannswardt südöstlich von Xanten. Die Zweiteilung der Landschaft spiegelt sich auch in ihrer Nutzung wider: Die feuchteren Gebiete werden meist als Weide genutzt, während die trockenen Flächen weitgehend dem Ackerbau dienen. Wenn auch die Landwirtschaft hier den wichtigsten Erwerbszweig darstellt, so kann man den Bereich zu beiden Ufern des Rhein wegen der hohen Bodenfeuchtigkeit und der Überschwemmungsgefahr nicht als einen besonderen Gunstraum bezeichnen. Aus diesem Grund sind die Dörfer kleiner als in den bevorzugteren Gebieten des Niederrheins.

Der Bankscher Weg führt nach **Wardt**. Die landwirtschaftliche Nutzfläche rechts der Straße verschwindet langsam durch großräumigen Kiesabbau. Das Gelände wird hier sein Bild deutlich verändern, denn die Baggerseen werden als ›Südsee‹ und ›Nordsee‹ die Kernstücke des *Freizeitzentrums Xanten* bilden. Mit einem Ausläufer soll auch die antike Colonia Ulpia Traiana ihre einstige Hafennähe wiedergewinnen. In dieser Landschaft fällt kurz vor der Abzweigung nach Wardt eine Baumgruppe durch ihre bizarren Formen auf. Die drei pittoresken Linden umgeben das **Lüttinger Hagelkreuz**, das 1618 als Grenzmarke zwischen Lüttingen und Wardt aufgestellt wurde. Inzwischen steht das Ensemble abgeschnitten von alten Wegen und Grenzlinien am Rand des Wassers.

Der Raum um **Vynen** war bereits zur Römerzeit besiedelt, wie es zahlreiche Funde von Gebrauchskeramik belegen. Die Lage des heutigen Vynen geht jedoch auf die Zeit der fränkischen Landnahme zurück (s. S. 16 ff.). Parallel zum Lauf der Vynsche Ley verläuft der Alt-Vynscher-Weg, der den Rand eines höher gelegenen Terrassenstücks markiert. An dieser Linie entlang reihten sich im frühen Mittelalter die ersten Höfe, die als sogenannte Königshöfe zu den Stiften St. Maria im Kapitol in Köln sowie dem Kloster St. Denain bei Valenciennes/Nordfrankreich gehörten. Im frühen 11. Jh. kam das Land an die Grafen von Kleve. Um einen größeren Nutzen aus ihren neu gewonnenen Territorien ziehen zu können, ließen die Landesherren das versumpfte Gebiet in der Rheinaue trockenlegen. Entwässerungsrinnen wurden gegraben, so daß die ehemals feuchten Flächen nun für Viehzucht und auch Ackerbau geeignet waren. Heute wird die mühevolle und arbeitsintensive Erschließung während des Mittelalters wieder zunichte gemacht: Für eine Freizeitlandschaft setzt man das Gelände großflächig unter Wasser, und so kommt das Dorf zu einem kleinen Segelhafen.

Auf der Weiterfahrt streben wir dem Rheindamm zu. Dieser erhöhte Fahrweg bietet einen guten Ausblick auf den Fluß wie die Landseite. Die Aussicht vom Damm nutzen auch die Anwohner gerne: Vor nahezu jedem Haus, das hinter dem Deich liegt, steht oben an der Straße ein Bänkchen.

Durch Obermörmter führt der Weg parallel zur Rheinschlinge nach **Niedermörmter**. Mit seiner langgestreckten Form zieht der Ort den Deichverlauf nach. Das alte Niedermörmter wurde als einzeiliges, d. h. nur auf einer Straßenseite bebautes Deichreihendorf an den Schutzdamm gelegt.

In **Hönnepel** finden wir eine andere Siedlungsweise, die auch schwierigeren natürlichen Verhältnissen angepaßt ist. Es hat sich kein Dorfkern um die Kirche **St. Reginfledis** entwickelt, sondern Einzelhöfe liegen verstreut im Gelände. Gehen Sie hier einmal auf Entdeckungsfahrt nach dem typischen niederrheinischen Bauernhaus! Es muß einen T-förmigen Grundriß haben,

bei dem sich an einen kleineren Wohnteil hinten rechtwinklig ein großer Hauptwirtschafts-
trakt anschließt. Die Häuser sind aus Backstein errichtet und tragen ein Krüppelwalmdach.
Schon seit dem 14. Jh. werden die Dächer nicht mehr mit Stroh, sondern mit Dachziegeln
gedeckt. Einige kleinere Nebengebäude vervollständigen das niederrheinische Gehöft. Sie finden Beispiele in allen Variationen, vom einfachen, kleinen, liebevoll restaurierten Hof bis zur
großen verlassenen Anlage mit einem klassizistischen Herrenhaus.

Der ungewöhnliche Name der katholischen Pfarrkirche von Hönnepel führt in die frühmittelalterliche Geschichte des Dorfes. Vom 9. bis 13. Jh. bestand hier als Tochterkloster von
St. Denain bei Valenciennes ein Frauenkloster, dessen erste Äbtissin die Hl. Reginfledis war. Die
zweischiffige Basilika steht auf einem romanischen Vorgängerbau, von dessen Ausstattung noch
der Taufstein (frühes 15. Jh.) erhalten ist. Im 17. Jh. wurde der dreigeschossige Westturm angesetzt. Unter dem Architekten Heinrich Wiethase wurden zum Ende des 19. Jh. umfangreiche
Restaurierungsarbeiten und einige Veränderungen am Bau durchgeführt.

Am teuersten Gebäude – und Industriedenkmal – des Niederrheins, dem ›Schnellen Brüter‹
von Kalkar, vorbei geht der Weg nach **Grieth**. Eine Laune des Rheins, die Verlagerung des
Flußbettes bei Kellen nordöstlich von Kleve, zwang den Grafen Derik IV. von Kleve, andernorts den Geldstrom anzuzapfen, den der Handel auf dem Rhein darstellte. Deshalb gründete
er 1250 Grieth und verlieh seiner Zollstation 1254 die Stadtrechte. Das Städtchen ist kaum
über seine mittelalterlichen Grenzen hinausgewachsen. Wenn es auch keine herausragenden
Bauwerke neben der Pfarrkirche *St. Peter und Paul* aus dem 15. Jh. bietet, so vermittelt der Ort
mit seinen Gassen und Wegen auch heute noch eher den Eindruck einer beschaulichen Zwergstadt vergangener Zeiten.

Eine einschneidende Veränderung aus dem frühen 19. Jh. sieht man bei einem Blick über den
Rhein. **Grietherort** auf der gegenüberliegenden Seite wurde zwischen 1812 und 1819 mit Hilfe
eines künstlichen Durchstichs durch die Altrheinschlinge vom linken Rheinufer abgetrennt.
Der Schiffahrtsweg verkürzte sich damit um 2100 m. Solche Stromveränderungen bringen
jedoch auch unangenehme Nebenwirkungen. Ein verkürzter Flußlauf vergrößert das Gefälle
und damit die Erosionskraft des Wassers. Gleichzeitig sinkt der Wasserspiegel des Flusses, aber
auch der des davon abhängigen Grundwassers. Zwischen 1936 und 1950 fiel der Wasserspiegel
in Grietherort jährlich um 3,4 cm.

Weiter flußabwärts führt der Weg durch die *Bylerward* und das *Emmericher Eyland*. Trocken-
inseln und Altrheinrinnen wechseln sich ab. Nach einem Blick vom Hurendeich nach Emmerich wenden wir uns **Wissel** zu, um die besterhaltene romanische Kirche des unteren Niederrheins anzusehen. Die katholische Pfarrkirche **St. Klemens** geht auf ein Stift zurück, das im
9. Jh. von den Klever Grafen gegründet wurde. Die Abrißwelle der Säkularisation sorgte dafür,
daß nur die romanische Kirche das Jahr 1802 überdauerte. Seitdem steht sie freigelegt von ehemaligen Stiftsgebäuden inmitten des Friedhofs (Abb. 46). Das Ganze bietet ein reizvolles
Ensemble: Der rechteckige Platz wird nicht von einer Mauer, sondern von einer Baumreihe
abgegrenzt, die Blicke auf alte Backsteinhäuser und Scheunen erlaubt.

Die dreischiffige Basilika aus der Mitte des 12. Jh. ist nur einmal zu Beginn des 15. Jh. stärker
verändert worden, wie es die Außenansicht schon zeigt. Zwei romanische Chorflankentürme

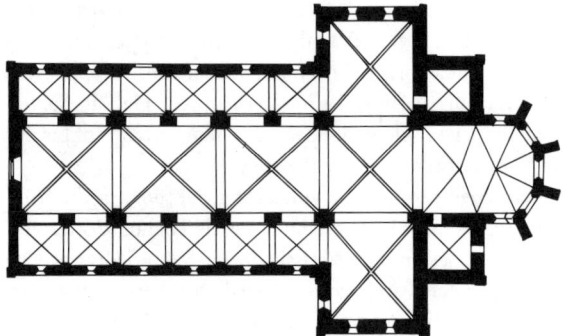

Wissel, St. Klemens, Grundriß

mit schlichten Rundbogenfenstern, Rundbogenfriesen und Lisenen umrahmen den gotischen Chor mit seinen Maßwerkfenstern und Strebepfeilern. Auch im Inneren sind die beiden Stile gut voneinander zu unterscheiden. Das Langhaus ist nach dem Schema des Gebundenen Systems angelegt, welches zur Zeit der Romanik sehr beliebt war. Einem quadratischen Joch des Mittelschiffs entsprechen jeweils zwei quadratische Joche der Seitenschiffe. Während am Kirchenbau der Tuffstein überwiegt, sind wichtige Teile des Inventars, die beiden gotischen Sakramentsnischen im Chor und das romanische Taufbecken, aus Sandstein. Tierfiguren und Blattwerk schmücken den Taufstein westfälischen Typs. Das Vesperbild des frühen 16. Jh. stimmt uns bereits auf den Besuch der St. Nicolai-Kirche in Kalkar ein, denn die Pietà soll aus dem Douvermannschen Sieben-Schmerzen-Altar stammen.

Der Weg nach Kalkar läßt sich gut mit einem Abstecher in das Naturschutzgebiet der **Wisseler Dünen** verbinden. Bei archäologischen Ausgrabungen werden in diesem Gebiet mittelalterliche Baureste und Keramik unter dem Sand entdeckt. Es handelt sich also um erdgeschichtlich sehr junge Sandanwehungen aus den nahe gelegenen Flußbetten. Seit dem ausgehenden Mittelalter diente das Dünengebiet als Gemeinschaftsweide. 1950 wurde der Bereich unter Naturschutz gestellt und demzufolge die Weidenutzung aufgegeben. Sonderlich ruhig ist es hier trotzdem nicht geworden. Der *Wisseler See* wurde zu einem Naherholungsgebiet ausgebaut, und durch die Rheinbrücken bei Emmerich und Rees ist auch der Zustrom von der rechten Rheinseite gesichert.

Kalkar

Auf einer Trockeninsel, der Kalkarward, gründete der Graf von Kleve im Jahre 1230 den Ort Kalkar, dem er 1242 die Stadtrechte verlieh. Der Schnittpunkt der Fernhandelsstraße von Köln nach Nimwegen mit einer Route, die Rhein und Maas miteinander verband, sowie die Nähe zum Rhein versprachen, der Ansiedlung gute wirtschaftliche Impulse zu geben. Graf Dietrich V. hatte die Standortgunst wohl erkannt, denn Kalkar stieg zu einem blühenden Ort der Wollweberei auf.

Eine Stadtansicht des 16. Jh. gibt einen guten Einblick in die Stadtentwicklung: Auf der Straße von Goch nach Hanselaer – gleich nach dem östlichen Abfall des Moränenwalles – liegt die kleine Kirche von **Altkalkar**, die der Stadt ihren Namen gegeben hat. Nicht weit davon entfernt ziehen sich ein doppelter Wassergraben und die Mauer um die ovale Stadtfläche, die heute die Altstadt Kalkars darstellt. Bis zum Ende des 14. Jh. dehnte sich Kalkar nur bis zum Monnebach aus, der heute unter der Grabenstraße fließt. Nach 1380 wurde der Bach zur Mittelachse, die Stadtfläche verdoppelte sich noch einmal nach Osten.

In der Blütezeit der Stadt besaß die Bürgerschaft das nötige Geld, um aufwendige Bauten zu finanzieren. Von den alten Bürgerhäusern des 15./16. Jh. sind durch die Zerstörungen des Zweiten Weltkriegs nur noch wenige erhalten, wie z.B. das historische Gebäude eines kleinen Hotels am Markt oder der **Beginenhof** in der Kesselstraße. An der Kreuzung Grabenstraße/ Hanselaerstraße stehen zwei *spätgotische Bürgerhäuser*, die heute das **Städtische Museum** und das **Stadtarchiv** beherbergen. Die beiden Gebäude sind noch ganz in gotischer Bautradition errichtet: Die schmalen, hoch aufragenden Straßenfronten werden von Treppengiebeln mit

Kalkar, Aldekalkarsche Pforte. Zeichnung von J. Finkeboom aus dem Skizzenbuch 1660–65

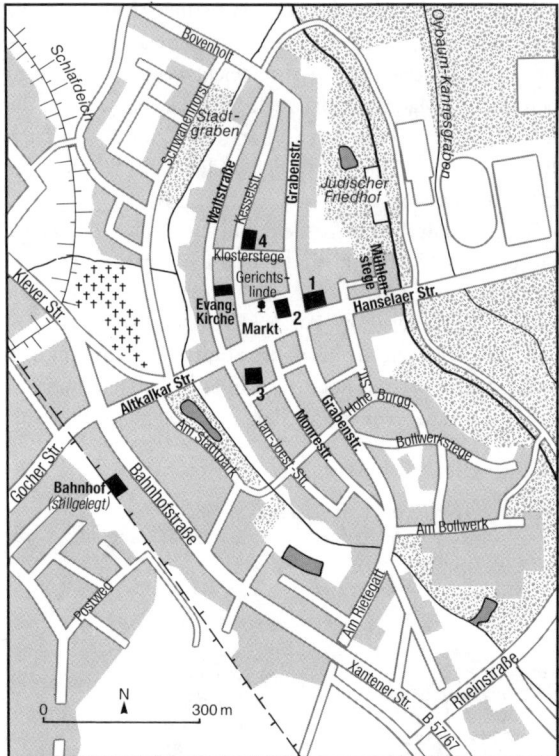

Kalkar
1 Städtisches Museum und
  Stadtarchiv
2 Rathaus
3 St. Nicolai
4 Beginenhof

Zinnen begrenzt. Kreuzstockfenster, Blendarkaden und Lisenen unterstreichen die Vertikalität der Architektur.

Eine ähnliche Gestaltung finden wir bei dem bedeutendsten Bau des öffentlichen städtischen Lebens, dem **Rathaus** an der Ostseite des Marktplatzes (Farbabb. 27), das von 1438 bis 1446 von dem klevischen Baumeister Johann Wyrenberg geplant wurde. Der freistehende, dreigeschossige Backsteinbau mit hohem Walmdach diente der Bürgerschaft nicht nur als Sitz ihrer Verwaltung und als Festhaus, sondern er wurde auch als Tuch- und Fleischhalle genutzt. Im Erdgeschoß war früher ebenfalls die Waage untergebracht. Ein achteckiger Treppenturm mit spitzem Helm teilt die Hauptfassade des Rathauses, die beim Wiederaufbau nach dem Zweiten Weltkrieg in einigen Teilen verändert wurde. So wurden z. B. die Türen zu den Markthallen im Erdgeschoß durch Kreuzstockfenster ersetzt. Einen Eindruck von der alten monumentalen Innenausstattung kann man heute noch in den Kreuzgratgewölben des Ratskellers bekommen.

Die katholische Pfarrkirche **St. Nicolai** wird südlich des Marktes durch eine Häuserzeile vom Platz getrennt. Wenn auch von den ursprünglich 15 Altären dieser Kirche im 19. Jh. acht verkauft wurden, um dringende Arbeiten an dem verfallenden Gebäude bezahlen zu können, so zeigen die übriggebliebenen Schnitzaltäre noch deutlich, welchen Wohlstand das Textilgewerbe und der Handel einmal gebracht haben müssen.

Es ist anzunehmen, daß bei der Stadtgründung 1230 auch mit einem Kirchenbau begonnen wurde, doch erst 1269 wurde St. Nicolai erstmals erwähnt. Dabei handelte es sich noch um eine dreischiffige romanische Kirche, dem Vorgängerbau der heutigen. Nach einem Brand 1409 nutzte man die Gelegenheit, den Chorraum grundlegend umzugestalten. Ein gotischer Chor mit hohen Maßwerkfenstern wurde an das romanische Langhaus angesetzt. 1418 wurde dort der Hochaltar geweiht (Abb. 52). Am Westende der Kirche stellte man auf romanische Mauerreste den Westturm. Von der benachbarten Großbaustelle – das Rathaus im Rohbau – kam der Architekt Johann Wyrenberg herüber, um die Arbeiten im Langhaus zu leiten. Das romanische Langhaus sollte in eine dreischiffige gotische Halle umgewandelt werden. Ende der 1450er Jahre waren diese Veränderungen abgeschlossen. Im ausgehenden 15. Jh. gingen die Bauarbeiten in ihre letzte Phase: 1484 und 1487 wurden die beiden Kapellen, die die Westtürme flankieren, angelegt. 1493 wurde ein zweiter Chor, nämlich der Ostabschluß des südlichen Seitenschiffs, neben den Chor gesetzt. Im nördlichen Seitenschiff brach man die Westwand der alten Sakristei durch – eine neue war gerade auf der Südseite fertiggestellt worden – und gab damit dem nördlichen Seitenschiff einen neuen Chor. Um das Jahr 1505 waren sämtliche Baumaßnahmen beendet, nachdem der Westturm um ein drittes Geschoß erhöht worden war.

Bei Restaurierungsarbeiten zu Beginn des 20. Jh. wurden im Langhaus und im Hauptchor Reste der gotischen Bemalung entdeckt. Mit Hilfe dieser Relikte hat man nach dem Zweiten Weltkrieg dem Innenraum seine ursprüngliche Farbgestaltung wiedergegeben. Die Malerei konzentriert sich auf die Gewölbescheitel. Neben pflanzlichen Dekor und Darstellungen mit biblischem Inhalt fehlt auch nicht der Hinweis auf die Landesherren, deren Wirtschaftspolitik die Grundlage des Wohlstandes geschaffen haben: Engel tragen das Wappen von Kleve-Mark und der angeheirateten Familien aus Burgund sowie der Pfalz.

Die herausragenden Attraktionen der Pfarrkirche sind die **Schnitzaltäre** des ausgehenden 15./frühen 16. Jh.

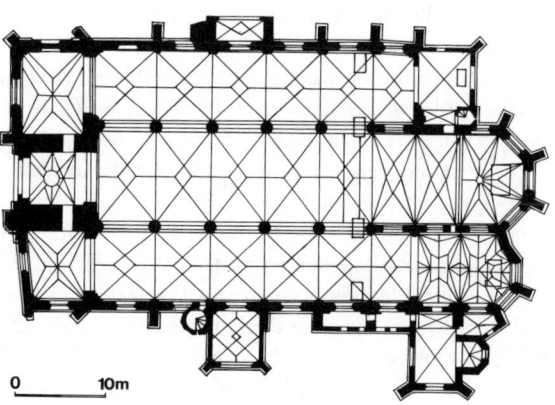

Kalkar, St. Nicolai, Grundriß   0 _____ 10m

Um 1490 beauftragte die Bruderschaft Unserer Lieben Frau den Bildschnitzer Meister Arnt – auch Arnt von Kalkar oder Arnt van Zwolle genannt – mit den Arbeiten für einen **Hochaltar** (Farbabb. 19). Während in Kalkar das Schreingehäuse gezimmert wurde, begann Meister Arnt in seiner Werkstatt in Zwolle, Figurengruppen für den Schrein und die Predella zu schnitzen. Jedoch schon 1492 starb Arnt über dem gerade begonnenen Werk, und nur die Szene der Fußwaschung in der Predella konnte er vollenden. Nach dem Tode des berühmtesten Bildschnitzers jener Zeit am Niederrhein stand die Bruderschaft vor dem großen Problem, einen fähigen Nachfolger für die Fortsetzung der Arbeit zu finden.

Zunächst wurde ein Schüler Arnts, Jan van Halderen, herangezogen, der die Teile Einzug nach Jerusalem und das Abendmahl (Abb. 51) schnitzte. Vermutlich kannte er die Entwürfe seines Lehrers, da sich seine Gestaltung an die der Fußwaschung anlehnt. Trotz dieser Verbindungen erschien Jan van Halderen nicht als der geeignete Künstler, das Werk zu vollenden, denn 1498 wurde Ludwig Jupan – auch als Meister Loedewich bekannt – für die Weiterführung der Schnitzereien gewonnen. Im Vergleich zu den Vorgängern schnitzte er seine Figuren langgestreckter und weniger freistehend; das Ganze erscheint mehr als ein Hochrelief. 1500 beendete er seine Arbeiten. Ursprünglich war es geplant, die Holzfiguren farbig zu fassen, doch Geldmangel einerseits und eine wandelnde Mode, die nun die natürliche Oberfläche des Holzes bevorzugte, andererseits führten zur heute noch erhaltenen Gestaltungsweise. Zwischen 1505 und 1509 bemalte Jan Joest die Altarflügel. Die Gemälde der Flügelseiten ergänzen die Schilderungen der Passion im Retabel, während die Außenseiten andere biblische Themen präsentieren. Besonders interessant ist die Szene in der rechten unteren Ecke: Die Auferweckung des Lazarus findet vor dem Hintergrund des mittelalterlichen Kalkars statt.

Der **Georgsaltar** am nördlichen Chorpfeiler ist ebenfalls das Ergebnis einer Gemeinschaftsarbeit verschiedener Künstler im Laufe mehrerer Jahrhunderte. Die Holzskulpturen schnitzte mit Ausnahme der beiden Ritter auf den zwei Säulen, die vom Gocher Bildhauer Ferdinand Langenberg stammen (1901/02), Meister Arnt um 1480. Die Szenen stellen Begebenheiten aus dem Leben des Heiligen dar, wobei mit besonderer Hingabe die diversen Stationen seines Martyriums gezeigt werden. Das bedeutendste Ereignis, der Kampf mit dem Drachen und die Rettung der Prinzessin Aja sowie der Stadt, wurden durch einen größeren Maßstab und stärkere Plastizität hervorgehoben. Die Flügelgemälde, die ein unbekannter Künstler – vermutlich der Kölner Malerschule – malte, zeigen innen Bilder aus dem Leben der hl. Ursula. Die beiden Predellen wurden ursprünglich nicht für den Georgsaltar geschaffen; die untere Reihe mit Brustbildern von Christus und einigen Heiligen schufen Derick Baegert und sein Sohn Jan um 1490.

In der chronologischen Abfolge wäre der **Marienaltar** am südlichen Chorpfeiler zu nennen. Ludwig Jupan fertigte die Skulpturen im Retabel zwischen 1506 und 1508. Auf der ebenfalls von ihm geschaffenen Predella, die das Andenken an Johannes pflegt, erhebt sich die dreibahnige Szenenfolge des Marienlebens. In der Waagerechten werden die Figurengruppen am Rand des Retabels durch Skulpturen von acht Propheten (Ferdinand Langenberg, 1901/02) eingefaßt. Von ihm stammt auch die Pietà. Die Flügelbilder (1520/30) gehörten zu einem ehemaligen Sebastianus-Altar. Der hl. Sebastian wurde besonders als Schutzpatron gegen die Pest bemüht, und dies nicht nur am Niederrhein.

In der Reihe der großen spätgotischen Bildschnitzer am Niederrhein, die Aufträge für die Nicolai-Kirche bekamen, fehlt auch Heinrich Douvermann nicht. Dieser Meister schuf von 1518 bis 1522 die Skulpturen in der Predella, des Retabels und des Gesprenge des **Sieben-Schmerzen-Altars**, der in der Apsis des südlichen Seitenchors steht. Der Altar fasziniert durch das dichte Geflecht der Wurzel Jesse (Abb. 48), die sich aus dem Schoß des schlafenden Jesse in der Mitte der Predella um das Retabel herumrankt und in dem auf Kielbögen ruhenden Gesprenge gipfelt. Mit der künstlerischen Gestaltung griff Heinrich Douvermann in die Vielfalt gotischen Formenschatzes: Schlanke Säulenbündel, hängendes Maßwerk, hoch aufragende Fialen umgeben die Szenen mit den sieben Schmerzen Mariens. Doch deutet sich schon unverkennbar in Details, insbesondere bei der Personendarstellung, die Renaissance an. Ein Teil der Figuren ist nach neuester Mode gekleidet, wie z. B. der harfespielende David in der Predella. Er trägt ein Barett auf dem Kopf; die weiten, stark gebauschten Ärmel bestehen aus mehrfach geschlitzten Stoffen – ein Element, das aus der Schweizer Landsknechtstracht Eingang in die allgemeine Renaissancemode gefunden hat; und schließlich stecken seine Füße nicht mehr in spitzen gotischen Schnabelschuhen, sondern in breiten, sogenannten Ochsenmäulern.

Die ausdrucksvollen Gesichter seiner Figuren verraten, daß Heinrich Douvermann nicht nur ein Meister der Bildschnitzerei, sondern auch ein sorgfältiger Beobachter seiner Mitmenschen war.

Das Auftreten von Merkmalen der Renaissance verstärkt sich zusehends in einem 1535 bis 1540 geschaffenen Altar des letzten großen Kalkarer Meisters Arnt van Tricht. Die Komposition des **Dreifaltigkeitsaltars** unterliegt einem völlig anderen Gestaltungsschema. Zwischen den Einzelfiguren des Petrus sowie des Paulus steht leicht erhöht Maria Magdalena. Über einem floralen und figürlichen Dekorationsband erhebt sich in der Mitte eine kleine Darstellung mit der Taufe Christi. Eine Besonderheit für Kalkar, die die Verflechtung des niederrheinischen mit dem niederländischen Raum zeigt, befindet sich in der Predella des Dreifaltigkeitsaltars wie des ebenfalls von Arnt van Tricht geschnitzten **Johannesaltars** (1541–43). Es sind die vor allem in den südlichen Niederlanden beliebten ›besloten hofjes‹ (hortus conclusus), kleine verglaste Schreine, die Bildwerke, Reliquien mit volkstümlichem Dekor enthalten. (Als weitere Information über die zahllosen Details sei das Büchlein von Guido de Werd empfohlen ›St. Nicolai – Kalkar‹, das in der Kirche wie im lokalen Buchhandel erhältlich ist.)

Im 16. Jh. fand die Blütezeit künstlerischen Schaffens in Kalkar ein ziemlich rasches Ende, denn die Wirtschaftslage verschlechterte sich zunehmend. Die Wollweberei ging zurück, nicht nur in Kalkar sondern in allen klevischen und geldrischen Städten. Alte Handelsstraßen verloren an Bedeutung, so auch diejenige nach Nimwegen. 1568 begannen schlimme Zeiten für den nördlichen Niederrhein, denn der ausbrechende Krieg zwischen Spanien und den Niederlanden sollte 80 Jahre dauern. 1598 marschierten spanische Truppen unter Mendoza in Kalkar ein; von 1640 bis 1645 besetzten hessische Truppen die Stadt. Große Verluste an gotischen Bürgerhäusern waren in den 1650er Jahren zu beklagen. Der Kurfürst von Brandenburg, der 1609 die Nachfolge des Herzogs von Kleve als Landesherr am unteren Niederrhein übernommen hatte, ließ im Süden der Stadt eine *Zitadelle* errichten. Für diese Befestigung, die schon 1674 wieder geschleift wurde, waren rund ein Drittel der alten Bürgerhäuser abgerissen worden.

Nach diesen schweren Eingriffen in das Stadtleben und das Stadtbild kamen zwar ruhigere Zeiten für Kalkar, doch abseits der wichtigsten Verkehrswege und ohne wirtschaftliche Grundlagen außerhalb der Landwirtschaft gab es nur noch das beschauliche Leben eines Ackerbürgerstädtchens. Im 18. und 19. Jh. wirkte sich diese Wirtschaftslage positiv auf den gotischen Baubestand aus: Es war kaum Geld vorhanden, Zeitgemäßes neu zu bauen, statt dessen begnügte man sich damit, mittelalterliche Gebäude mit einer aktuellen – klassizistischen – Putzfassade zu versehen. Während des Zweiten Weltkriegs wurde das spätmittelalterliche Stadtbild stark zerstört. Aber bis heute hat sich sehr deutlich der mittelalterliche Stadtgrundriß erhalten. Jüngste Wohnsiedlungen ziehen sich in bescheidenem Ausmaß nach Westen auf die höher gelegenen Bereiche am Fuß des Moränenwalles. Die Kirche von Altkalkar hat eine junge Gemeinde bekommen. Nach Osten ist heute noch die mittelalterliche Begrenzung der Stadt – wenn auch nicht mehr mauergeschützt, so aber noch durch einen Wassergraben – gültig. Die feuchte Rinne eines ehemaligen Rheinarmes verhindert das städtische Wachstum dorthin.

Doch jenseits der Rinne findet man auf einer Trockeninsel die kleine Streusiedlung **Hanselaer**. So klein dieses Dorf auch ist, es ist älter als das benachbarte Städtchen. Die Anfänge von Hanselaer verweisen auf einen anderen einflußreichen Landesherrn als in Kalkar: Es handelt sich um ehemals kölnischen Besitz. Das Kölner Stift St. Maria im Kapitol besaß in Hanselaer einen Hof mit Kapelle. Schon um 1170 – also ganze 50 Jahre vor der Gründung von Kalkar – wird Hanselaer als Hanxlar in den Urkunden genannt.

Im heutigen Bau von **St. Antonius Abt**, der aus dem 14./15. Jh. stammt, sind bei Restaurierungsarbeiten noch Reste romanischen Mauerwerks gefunden worden, so z. B. in der Nordwand und in den Ecken des Langhauses. Zur Zeit der Gotik wurden zweimal wesentliche Veränderungen an der Kirche vorgenommen. Zu Beginn des 14. Jh. wurden die Spitzbogenfenster durch die Schiffswand gebrochen und der Turm mit seiner geknickten, achteckigen Schieferpyramide angesetzt. Um die Mitte des 15. Jh. wurde die ursprünglich flach gedeckte Kirche eingewölbt, das Dach neu angelegt und die Gewölbe – ähnlich denjenigen in St. Nicolai – in den Scheitelbereichen bemalt.

Vom Dornröschenschloß zu einer geschäftigen Baustelle hat sich das **Schloß Moyland** (an der B 57 in Richtung Kleve) gewandelt (Abb. 53). Im 14. Jh. wurde die Wasserburg erstmals erwähnt. An das Kastell mit vier Ecktürmen wurde innen ein spätgotischer Palas angebaut. Eine Kapelle aus jener Zeit hat die Veränderungen und Zerstörungen überstanden. Im 17. Jh. wandelte der Besitzer den Wehrbau in einen repräsentativen Herrensitz um. 1695 erwarb Kurfürst Friedrich III. von Brandenburg das Schloß. Die preußischen Könige, die gleichzeitig Landesherren im Klevischen waren, bevorzugten das Schloß gegenüber der Schwanenburg in Kleve bei ihren Aufenthalten am Niederrhein, ihrer Westprovinz. Friedrich der Große und Voltaire trafen hier 1740 erstmals zusammen. In der Mitte des 19. Jh. erhielt Schloß Moyland sein englisches Äußeres. Windsor Castle und Hampton Court lieferten dem Kölner Dombaumeister Ernst Friedrich Zwirner die Vorbilder für den Umbau im historisierenden Tudorstil. Das neugotische Schloß wurde im Zweiten Weltkrieg und durch anschließende Plünderungen zur Ruine.

Nach langen Überlegungen haben sich Lösungen und auch die nötigen finanziellen Mittel gefunden, dem verfallenden Gebäude wieder eine Zukunft zu geben. Das neugotische Wasser-

Schloß Moyland während des Umbaues von E. F. Zwirner, um 1855. Chromolithographie

schloß soll im Außenbau seine neogotischen Formen wieder erhalten. Auch die ruinöse linke Vorburg wird wieder aufgebaut werden; die rechte, nicht mehr bestehende, soll rekonstruiert werden. Das Innere wird sich mit seiner Gestaltung ganz der Funktion, ein Museum für zeitgenössische Kunst zu beherbergen, unterordnen. Den Schwerpunkt dieses Museums stellt die Van-der-Grinten-Stiftung dar, die größte private Beuys-Sammlung der Welt. Das Forschungs- und Begegnungszentrum für moderne Kunst soll voraussichtlich 1994 seine Tore öffnen.

Auf den Spuren der Residenzstadt Kleve

Ein unerwartetes Panorama bietet Kleve dem Reisenden im Rheintal. Auf einem steil nach Osten abfallenden Hügel erhebt sich die Schwanenburg – ungewöhnliche Landschaftsformen für den Niederrhein. Diese morphologische Situation gab zunächst der Burg, dann der Stadt ihren Namen: »Clive«, das Kliff. Trotz der Assoziation an Klippen besteht der Hügelzug nicht aus Felsen, sondern aus ursprünglich lockerem Ablagerungsmaterial. Es sind die Sedimente früherer Rheinterrassen, die von den Gletschern der Weichsel-Eiszeit zusammengeschoben und mit Endmoränengeschiebe bedeckt wurden. Nach dem Rückzug des Eises konnte der Rhein wieder durch sein einstiges Tal fließen, mußte sich dabei jedoch ein neues Bett in die Sedimentmassen graben. In der Folgezeit entwickelte sich u.a. ein Mäander südöstlich des Burgbergs, der

Blick auf Kleve, um 1845. Ölgemälde von A. J. Daiwaille

Belehnung des Grafen Adolf von Kleve mit dem Herzogstitel 1417. Aus der Chronik U. von Richental ▷

durch die Erosion immer näher an den Hang verlagert wurde. Die Flußschlinge unterspülte den Moränenwall und präparierte das Halbrund des Prallhanges heraus. Der *Kermisdahl* ist da nur ein kümmerliches Relikt dieses ehemals aktiven Mäanders! Wer tiefer in die Geologie des Klever Raumes eindringen möchte, dem sei die umfangreiche Sammlung im Turm der **Schwanenburg** empfohlen (Farbabb. 28).

Aber auch für die an Ortsgeschichte Interessierten wäre der Burgberg der nächste Punkt. Auf der geschützten Höhe des Hertenbergs entstand im 10. Jh. die erste Burganlage, die sich um zwei Innenhöfe gruppierte. Seit der Mitte des 11. Jh. war sie Sitz des Grafengeschlechts. Große Umbauten, bei denen Fachwerkrekonstruktionen durch Steinbau abgelöst wurden, brachte das frühe 13. Jh. Als bedeutende Person jener Zeit muß Graf Dietrich oder Derik VI. (1202–60) genannt werden. Unter seiner Herrschaft bekam die Burg einen Palas mit den Maßen 30×12 m, der zu den wichtigsten Denkmälern staufischer Profanarchitektur gezählt werden muß. Zum Rittersaal führte ein großes Portal, das noch in Relikten erhalten ist. Der Palas wurde 1771 abgerissen, da seine Erhaltung zu hohe Unterhaltskosten erfordert hätte. Heute erinnert eine Gruppe alter Linden an den Standort des repräsentativen Zentrums der Burg – und an preußische Sparpolitik!

Eine zweite Ausbauphase initiierte Herzog Adolf II. in der ersten Hälfte des 15. Jh. Ein neuer Bergfried überragt die Burg und wird zum Wahrzeichen der Stadt: der *Schwanenturm* (1453 fertiggestellt). In diesem Zusammenhang tauchte erstmals der Schwan in der Namensgebung

175

der Burg auf. Durch die Ehe eines Klever Grafen mit einer lotharingischen Herzogstocher kam die brabantische Schwanenrittersage im 12. Jh. an den Niederrhein. Der neue, auf Fundamenten eines romanischen Turms errichtete Bergfried wurde von einem Schwan bekrönt. Erst im 19. Jh. änderte sich der Name der gesamten Burganlage; aus »Het Hof van Cleef« oder »Het Slot van Cleef« wurde die Schwanenburg. Unter Leitung der Architekten Maximilian und Johann Pasqualini kamen bei Neu- und Umbauten Renaissance-Elemente in die Architektur. Ein Rest hiervon ist nur noch in den Arkaden des ersten Hofes zu sehen, denn diese Gebäude des 16. Jh. wurden in einer späteren preußischen Flächensanierung 1816 abgerissen. In den 1660er Jahren drückte sich die Förderung der Architektur und des Städtebaus durch den Statthalter Johann Moritz von Nassau-Siegen auch in neuen Bauaktivitäten auf dem Hertenberg aus. Kleve war preußische Residenz geworden, und dies verlangte einen repräsentativen Sitz der Provinz-regierung.

1663 bis 1666 wurde die Burg vom niederländischen Architekten Pieter Post, der u. a. auch das Rathaus in Maastricht erbaute, zu einem barocken Schloß umgestaltet. Auch diese Teile wurden vom Verfall bedroht, einzelne Gebäude fielen dem großen Abriß des Jahres 1816 zum Opfer.

Wenig später sah man neue Nutzungsmöglichkeiten für die Burg und begann 1828 wieder mit verschiedenen Umbauten. Die Justizverwaltung fand hier ein neues Domizil. Erneute Restau-rierungen um die letzte Jahrhundertwende machte der Zweite Weltkrieg zunichte. Im Oktober 1944 wurde die Burg – und mit ihr die Stadt – bei einem Luftangriff weitgehend zerstört. Die Bürgerinitiative ›Bauhütte Schwanenburg‹ sorgte in den 1950er Jahren für eine Rekonstruktion der oberen Burg und des Schwanenturms. Der Turm bietet heute auf mehreren Geschossen Ausstellungsräume: einmal die bereits erwähnte geologische Sammlung, zum anderen für kleine Kunstausstellungen. Die Burg ist dagegen nicht zu besichtigen. Höchstens in einigen Räumen auf richterliche Vorladung!

Während des Mittelalters ging auch von der Klever Burg der Impuls zu einer Stadtgründung aus. Zuerst hatten sich südwestlich der Burg Handwerker und Händler niedergelassen. Der Mittelpunkt ihres Suburbiums war der Kleine Markt. 1242 verlieh Graf Dietrich VI. einer zweiten Siedlung, die im Schutz seiner Burg gewachsen war, die Stadtrechte. Die wirtschaft-lichen Verhältnisse entwickelten sich günstig: Kleve profitierte wie eine Reihe weiterer Städte am Niederrhein vom Textilhandel. Um 1400 begannen die Bürger sogar, die Anbindung an ihren wichtigsten Verkehrsweg, den Rhein, zu verbessern. Sie bauten den *Spoykanal* und machten Kleve damit zu einer Hafenstadt.

Der aufstrebende Handelsort und die Residenz der Grafen zogen weitere Bauaktivitäten nach sich. Kleve erhielt 1341 eine **Stadtmauer**, deren Verlauf heute noch leicht im Straßennetz nachzuvollziehen ist und in einem zweiten Oval den Burgberg umgibt. Namen wie *Nassauer Mauer*, *Haagsche Poort* oder *Heideberger Mauer* weisen ebenfalls auf sie hin.

Geistliches Zentrum der ersten Burgsiedlung war die am Südende des *Kleinen Marktes* gelegene Kirche. Im dritten Viertel des 12. Jh. wurde ein Vorgängerbau erstmals als Eigenkirche der Grafen zu Kleve erwähnt. Es handelte sich dabei um eine dreischiffige romanische Basilika mit Dreiapsidenschluß, die dem hl. Johann Evangelist geweiht war. 1341 verlegte Graf Dietrich IX. das auf dem Monterberg bei Kalkar eingerichtete Kollegiatstift nach Kleve. Dies

2 ZONS   Rheinfront mit Juddeturm und Pfarrkirche St. Martin
◁ 1   NEUSS   St. Quirin, Westansicht
3   DÜSSELDORF   Reiterstandbild des Kurfürsten Johann Wilhelm und Rathaus

4 DÜSSELDORF Schloß Kalkum

6 Schloß Dyck bei Jüchen ▷

5 MÖNCHENGLADBACH Schloß Rheydt

7 KREFELD-LINN Burg Linn

8 STRAELEN Haus Caen

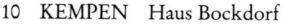

9   KAMP-LINTFORT   Klosterkirche

10   KEMPEN   Haus Bockdorf

11   Rapsanbau bei Geldern

12   Rhein bei Kleve

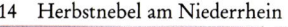

13   Altrhein bei Birten/Xanten

14   Herbstnebel am Niederrhein

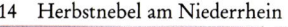

15 MÖNCHENGLADBACH Ehem. Spinnereigebäude der ›Gladbacher Aktien-Spinnerei und Weberei‹

16 KREFELD Rathaus am Von-der-Leyen-Platz

17 WESEL Zitadelle

19 KALKAR St. Nikolai, Hochaltar von Meister Arnt, Jan van Halderen und Ludwig Jupan ▷

18 RHEINBERG Bürgerhäuser am Großen Markt

21 KEMPEN Marienkirche, Hochaltar von Adrian van Overbeck

◁ 20 KEMPEN Marienkirche, Antwerpener Schnitzaltar

22 XANTEN Dom St. Viktor und ehem. Kartause von Osten ▷

24 XANTEN Klever Tor und Dom St. Viktor

◁ 23 GOCH Haus zu den fünf Ringen

25 Auenlandschaft ▷

26 KLEVE Stadtpanorama vom Schwanenturm

28 KLEVE Schwanenburg ▷

27 KALKAR Rathaus

29 Naturpark Maas-Schwalm-Nette, Nette mit Kopfbäumen bei Grefrath

hatte einschneidende Folgen für die romanische Johanniskirche: Man übertrug das Marien-patrozinium aus Kalkar hierher und gab der Kirche damit ihren heutigen Namen **St. Mariä Himmelfahrt**. Anschließend begann man mit dem Umbau der Kirche. Vom Ostteil ausgehend wurde der romanische Bau abgerissen und durch einen gotischen ersetzt.

Deutliche Einflüsse der Xantener Dombauhütte lassen sich an der Klever Stiftskirche auf-zeigen. Die beiden bedeutendsten Baumeister, Konrad von Kleve und Meister Johann, arbeite-ten gleichzeitig mit ihren Steinmetzen auf der Baustelle des Viktorstifts. Parallelen zwischen dem Blendmaßwerk des Obergadens in der Marienkirche und den Chorfenstern in Xanten weisen beispielsweise darauf hin. Der Grundriß spiegelt ebenfalls die Verwandtschaft beider Kirchen wider. Die ausgefallene Chorlösung mit den diagonal gestellten Seitenkapellen und die westliche Doppelturmanlage wurden übernommen. Einen eigenen Weg gingen die Baumeister bei der Gestaltung der Mittelschiffwände. Hier planten sie nicht einen – üblichen – durch-fensterten Obergaden, sondern schufen eine geschlossene Mauerfront mit aufgesetzten Blend-fenstern. Damit wandelt sich die Basilika zum Typus einer Pseudobasilika (Abb. 54). Das Klever Beispiel wurde wiederum zum Vorbild für eine Reihe weiterer Kirchenbauten am Niederrhein während des 15. Jh.

Die Säkularisation 1802 verursachte beachtliche Schäden am Gebäude, da St. Mariä Himmel-fahrt zum Heu- und Strohmagazin umfunktioniert wurde. Erst in der Mitte des 19. Jh. verfügte man über ausreichende Mittel, um den Kirchenbau instandzusetzen. Der Kölner Dombau-meister Ernst Friedrich Zwirner leitete die Arbeiten während der Zeit von 1845 bis 1856. Schwere Kriegsschäden aus den Jahren 1944/45 erforderten erneute Rekonstruktionen und Restaurierungen.

Trotz der hohen Verluste an alter Bauplastik und Innenausstattung kann heute wieder ein Eindruck von der historischen Raumgestaltung gewonnen werden. Das nördliche Seitenschiff von St. Mariä Himmelfahrt beherbergt eine Folge von **Grabmälern** aus dem 12. bis 16. Jh., darunter auch Doppelgräber, in denen die Grafen und Herzöge von Kleve mit ihren Gemah-linnen beigesetzt wurden. Von den Anfängen bis zum Jahre 1581 diente die Klever Stiftskirche als Grablege des Hauses.

Zwei Meisterwerke der Schnitzkunst aus der ersten Hälfte des 16. Jh. befinden sich im Hoch-chor und im südlichen Seitenchor. In der Werkstatt Heinrich Douvermanns entstand zwischen 1513 und 1515 der **Marienaltar**, ein Frühwerk des Meisters, an dem Jakob Dericks ebenfalls mit-gearbeitet hat. Die Komposition orientiert sich stark an der Vertikalen: Ein erhöhtes Mittel-stück der Predella greift in den Schrein und dient einer Muttergottesfigur von 1330 als zusätz-liches Podest. Die hochrechteckigen Nischen mit Szenen aus dem Marienleben (Abb. 55), die ebenfalls im Mittelfeld über den Rand hinausführen, werden von einem schlanken Gesprenge bekrönt. Als typisches Element der niederrheinischen Schnitzaltäre umrahmt eine Ranke der Wurzel Jesse den Schrein. Seine ursprünglichen bemalten Flügel sind verlorengegangen; sie wurden durch neue ersetzt.

Der **Kreuz- oder Passionsaltar** in der südlichen Seitenkapelle zeigt schon deutliche Ein-flüsse der Renaissance. Er wurde um 1550 in einer Antwerpener Werkstatt gefertigt. Noch ganz in der gotischen Tradition finden wir in ihm die Dreiteilung der Schreinfläche und die

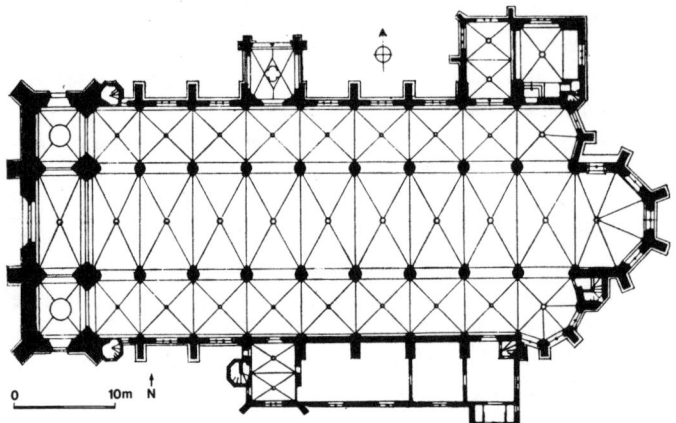

*Kleve, St. Mariä Him-
melfahrt, Grundriß*

Anordnung verschiedener Figurengruppen mit einer überhöhten mittleren Nische. Doch den
Rahmen der Leidensgeschichte bilden nicht mehr gotisches Maßwerk und die Wurzel Jesse,
sondern die neuen Architekturformen der Renaissance. Die Golgatha-Gruppe wird von glatt-
wandigen Pfeilern und ähnlich gestalteten Überfangbögen umfaßt. Die gesamte Komposition erscheint im Vergleich zum Marienaltar gedrungen, stärker zur Horizontale strebend.
Die verschiedenen Rundbögen, die jede Szene überspannen, fördern ebenfalls die Breitenwir-
kung.

Verlassen wir die Kirche, um einen kleinen Gang durch die Stadt – und die weitere Stadtgeschichte – zum religiösen Zentrum der zweiten Burgsiedlung, der Minoritenkirche, zu
machen. Vorbei an dem **Denkmal für die gefallenen Soldaten** von Ewald Mataré wenden wir
uns wieder der Burg zu. Gegenüber dem Burgeingang steht das Gebäude des **Marstalls**, das einst
bis zu 200 Pferden Unterstand bieten konnte. Es wurde 1467 vom Baumeister Johann Wiren-
berg, dem Architekten des Schwanenturms, geplant. Vor dem weißen Putzbau mit seinem
geschwungenen Giebel steht eine **Reiterstatue des Kurfürsten Friedrich Wilhelm von Brandenburg** (1649–88). Das erste Denkmal wurde 1909, das heutige 1974 aufgestellt, um an die
300jährige Verbindung zwischen Kleve und Brandenburg-Preußen zu erinnern (Abb. 58).

Ein Relikt mittelalterlichen Ritterlebens finden wir an der *Stechbahn*. Dieser merkwürdige
Straßenname weist auf Turniere hin, Ritterkämpfe, die sich am westlichen Hang des Burgbergs
abspielten. Am Rand des großen Parkplatzes sind noch mit Stufen im Hang Reste der alten
Zuschauerränge erhalten. Durch die Fußgängerzone der Großen Straße geht es bergab zur
Kavarinerstraße.

Die ehemalige **Minoritenkirche St. Mariä Empfängnis** wurde 1242 im Rahmen der Stadterhebung als Filiale der Kirche am Kleinen Markt – damals Johanneskirche – begonnen. 1285
wurde bei der Kirche ein Minoritenkloster gegründet, dessen Mönche die seelsorgerischen Aufgaben in der Unterstadt wahrnahmen. 1344 gingen die Pfarrechte an St. Mariä Himmelfahrt,
und bis 1802 war St. Mariä Empfängnis ausschließlich Ordenskirche. Die Funktion als Kloster-

kirche bestimmte auch den Neubau in der ersten Hälfte des 15. Jh. An den langgestreckten Chor mit dem spätgotischen Chorgestühl (Arnt van Zwolle, 1474) schließt sich ein schlichter zwei-schiffiger Kirchenraum an. Im Vergleich zu den Stiftskirchen und Domen, die zur gleichen Zeit gebaut wurden, waren die Kirchen der Bettelorden einfach und schmucklos gehalten. Klöster-liche Askese bestimmte die Architektur: Weder üppiges Maßwerk, reiche Bauplastik noch Turmbauten waren gestattet. Welch anderer Geist herrschte da z. B. auf der Großbaustelle in Xanten!

Einen erneuten Boom repräsentativer Architektur erlebte Kleve ab der Mitte des 17. Jh. Der Vertrag zu Xanten (1614) beendete den jülisch-klevischen Erbfolgestreit, und das einstige Her-zogtum kam zu Kurbrandenburg. Als Statthalter der neuen Landesherrn wurde 1647 Johann Moritz von Nassau eingesetzt. Dieser trat ein schwieriges Amt an, denn nach den Kämpfen zwi-schen dem spanischen Gouverneur von Geldern und den Holländern um die Festung Schenken-schanz im Jahr 1635 waren das Umland und die Stadt Kleve stark verwüstet worden. Trotz die-ser denkbar ungünstigen Voraussetzungen – hinzu kam noch von 1634–36 eine Pestepidemie, die zwei Drittel der Bevölkerung dahinraffte – gelang es dem Statthalter binnen zwei Jahr-zehnten, Kleve zu einer prachtvollen Residenz auszubauen. Nach Berlin und Königsberg ent-wickelte sich die Stadt am Niederrhein zur dritten brandenburgischen Residenz.

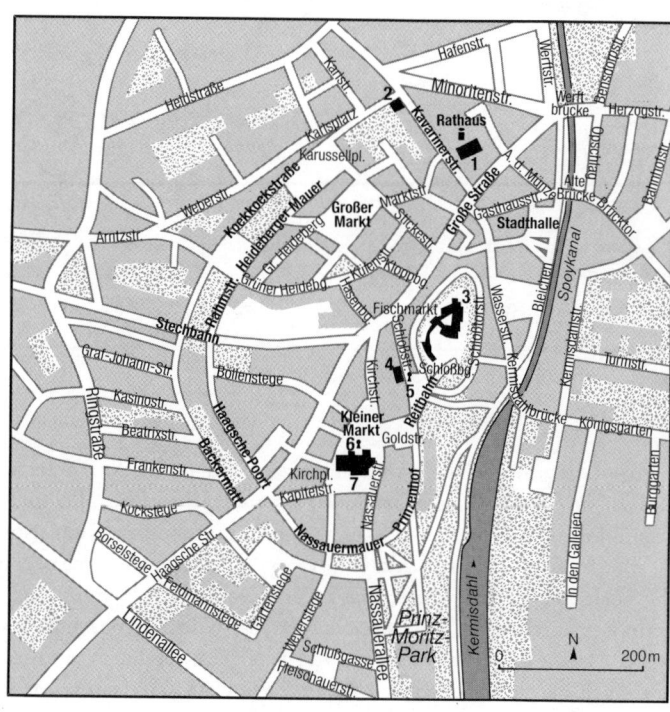

Kleve
1 Minoritenkirche
  St. Mariä Empfängnis
2 Museum Haus
  Koekkoek
3 Schwanenburg
4 Marstall
5 Denkmal des
  Kurfürsten Friedrich
  Wilhelm von
  Brandenburg
6 Denkmal des
  gefallenen Soldaten
7 Pfarrkirche St. Mariä
  Himmelfahrt

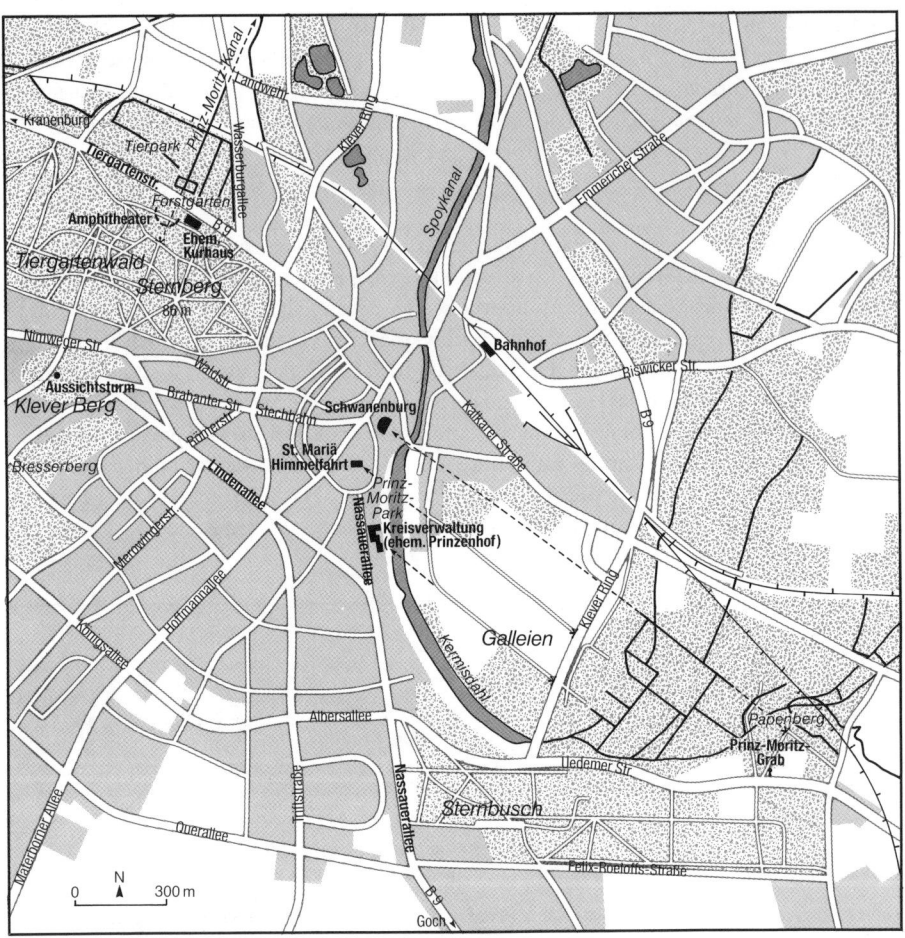

Kleve, Übersichtsplan mit den Garten- und Parkanlagen

Absolutistischer Städtebau und barocke Gartenarchitektur französischer Herkunft beein-
flußten die großen Bauaufgaben in der zweiten Hälfte des 17. Jh., und ganz im Trend der Zeit
plante Johann Moritz von Nassau ausgedehnte Parkanlagen um seinen Amtssitz. Nach dem
Vorbild französischer Jagdparks hatte er 1650–53 den **Sternbusch** oder **Alten Park** im Südosten
der Stadt anlegen lassen. Der Wald wurde von einem Netz parallel und diagonal geführter
Schneisen durchzogen, die es erleichterten, das Wild zu beobachten bzw. zu jagen. Im Gelände
wurden kleine Hügel aufgeschüttet, von denen besonders reizvolle Ausblicke in die Landschaft,
aber auch auf die Stadt möglich waren. Dieses charakteristische Merkmal prägte die barocke

Garten- und Landschaftsarchitektur, wie wir es bei sämtlichen Klever Parks bestätigt finden. Von einem Aussichtspunkt – belle vue – geht eine Blickachse zu einem markanten Punkt – point de vue –, der entweder ein Baudenkmal, ein reizvolles Landschaftsensemble oder auch eine Verbindung beider Attraktionen bietet. Diese Blickachsen mußte der Betrachter nicht erst suchen, sondern sie wurden ihm in der Regel als Wege vorgegeben.

Zwei Wege, die eigens aus diesem Grund gebaut wurden, existieren noch in den **Galleien** – in den Alleen – südöstlich des Burgbergs. Das Terrain des Alten Parks, das sich auch in die Rheinaue ausdehnte, fungierte hier weniger als fürstliches Jagdrevier, sondern diente mehr der modern gewordenen »Seh-Sucht«. In diesem Zusammenhang wird der auffallend gerade und parallele Verlauf der beiden Feldwege westlich der Umgehungsstraße Klever Ring verständlich: Die Fortsetzung der einen Wegführung zielt auf den Standort des einstigen Prinzenhofes, der heutigen Lage der Kreisverwaltung, im Prinz-Moritz-Park. Die zweite Achse zielt auf die Kirche St. Mariä Himmelfahrt. Selbstverständlich gab es auch eine bevorzugte Blickrichtung auf die Burg und den Schwanenturm; der dazugehörige Aussichtspunkt liegt am *Papenberg*. Selbst der Blick auf einen aktuellen Stadtplan läßt die drei parallelen Blickachsen noch erkennen.

In diesem *Berg und Tal* genannten Gebiet befindet sich das **Moritzgrab**, die aufwendig gestaltete Grabstätte des Prinzen Johann Moritz (Abb. 57). Der brandenburgische Statthalter hatte zunächst den Neuen Tiergarten im Nordwesten der Stadt als Stelle seines Grabes vorgesehen und bereits 1663 eine gußeiserne Tumba bei Hermann Pithan aus Siegen in Auftrag gegeben. 1677 verlegte der Prinz den Standort an das entgegengesetzte Ende der Stadt. 1678 wurde der halbrunde Platz mit einer Mauer, in die römische Gefäße, Altäre und Votivsteine eingemauert wurden, eingefaßt und damit eine theatralische Kulisse geschaffen. Im Dezember 1679 starb Johann Moritz und wurde, wie er es sorgfältig geplant hatte, in Berg und Tal beigesetzt. Seine Gebeine ruhen jedoch nicht mehr hier, denn die Familie ließ sie in die Familiengruft nach Siegen überführen. Aus dem Grabmal wurde ein Kenotaph.

Das Bett des Kermisdahls und die Nassauer Allee begrenzen den schmalen, langgestreckten *Prinz-Moritz-Park*. 1664 hatte Johann Moritz das Gelände vom Großen Kurfürsten erworben, um seine Residenz, den Prinzenhof, mit einer größeren Gartenanlage bereichern zu können. Der holländische Architekt Pieter Post, der zur gleichen Zeit auch Umbauarbeiten an der Burg leitete, plante den Lustgarten am Fuß des Hertenberges unterhalb der Burg. Zum Ende des Zweiten Weltkriegs wurden das Prinzenpalais und der umgebende Park zerstört. Die heutige Grünanlage beherbergt nur noch wenige Erinnerungsstücke an das 17. Jh., wie z.B. den einstigen point de vue, den Cupido, der jedoch etwas von seinem historischen Standort entfernt wurde.

Den besten Eindruck barocker Garten- und Landschaftsarchitektur vermitteln heute *Sternberg, Amphitheater* und *Tiergartenwald* nordwestlich des Stadtzentrums. Die Anlage des *Neuen Tiergartens* wurde 1656 mit einem ersten Terrassengarten begonnen. Das Kernstück des Landschaftsgartens ist nach wie vor das **Amphitheater**, das durch die Bundesstraße 9 sehr unglücklich von seiner Fortsetzung, den Wasserflächen des Prinz-Moritz-Kanals, abgeschnitten wird. Es ist aber immer noch ein hervorragendes Beispiel für ein aufwendig gestaltetes Aussichtsensemble. In der Mitte des Halbrunds, welches nach oben durch einen Boskettgang abgeschlossen wird, steht ein Rundtempel (1858 fertiggestellt). Dieses Ensemble hat eine andere Galerie abgelöst, die ebenfalls nach der Vorliebe für Symmetrie neben zwei Eckbauten in der Mitte einen tempelartigen Vorbau besaß. Der Mittel- und Ausgangspunkt der Anlage verlangte eine entsprechende Gestaltung, und für den hervorragenden Aussichtspunkt – den Belvedere oder die belle vue – war Tempelarchitektur die würdigste. Von diesem Standort führte die nicht minder sorgfältig durchdachte Blickachse mit zwei den Kanalbeginn flankierenden, quadratischen Inselchen in die Ferne auf das rechte Rheinufer (Abb. 59). Die romanische Kirche von Hochelten, die sich auf ihrem Moränenhügel deutlich als Landmarke über die Rheinaue erhebt, wurde zum point de vue der großen Achse.

Mit ähnlicher Intention legte Jacob von Campen, ein nahmhafter holländischer Architekt, u. a. auch der Erbauer des Amsterdamer Rathauses wie des Mauritshauses in Den Haag, in den 1650er Jahren das Wegenetz auf dem 86 m hohen *Sternberg* an. Die zehn radial angeordneten Wege lenkten die Blicke zu markanten Bauten im Rheintal, wie z. B. zur Aldegundiskirche in Emmerich, zur Reeser Stiftskirche oder dem nahe gelegenen Klever Berg, dem Galgenberg der Stadt. Das Schema eines in einem Punkt zusammenlaufenden Wegenetzes wurde schließlich zum Vorbild für die Anlage des Großen Sterns im Berliner Tiergarten. Aber auch die Gestaltung der Nassauer Allee mit ursprünglich vier Lindenreihen stand Pate für den Ausbau der Straße ›Unter den Linden‹. Daraus läßt sich die Stellung Kleves in der Reihe brandenburgischer Residenzen sowie im mitteleuropäischen Stadtgefüge ermessen: Johann Moritz von Nassau beschäftigte die besten niederländischen Architekten; die dabei entstehenden Pläne gehörten zur Avantgarde zeitgenössischer Landschaftsarchitektur – man berücksichtigte auch, daß in der zweiten Hälfte des 17. Jh. die großen Barockgärten in Frankreich entstanden, wie z.B. Versailles (1662–90); schließlich wurde Kleve durch seine neuen Konzepte im Straßennetz zum städtebaulichen Experimentierfeld und Vorbild für Berlin.

Eine weitere wichtige Phase in der Stadtgeschichte Kleves begann 1742. Der Badearzt Dr. Johann Heinrich Schütte entdeckte am *Springenberg* – damit ›günstig‹ im Neuen Tiergarten gelegen – eine mineralhaltige Quelle und leitete damit die Entwicklung des Kurortes ein. Während der folgenden eineinhalb Jahrhunderte galt Kleve – mit wenigen Unterbrechungen – als ein Ziel des deutschen und niederländischen Fremdenverkehrs. Zusätzlich zum Kurbetrieb profitierte die Stadt von den Parkanlagen des 17. und frühen 18. Jh., die für ein adäquates Ambiente sorgten. Man pflegte in jener Zeit nicht nur auf ärztlichen Rat in einen Kurort zu fahren, sondern man suchte ihn gerne auf, weil sich hier die ›feine‹ Gesellschaft traf. Es gehörte zu den Pflichtübungen gehobener Schichten, einige Wochen im Badeort zu verbringen. Dementsprechend wurde ein solcher Ort auch gerne als Alters- oder Zweitwohnsitz gewählt. Adlige aus regierenden Häusern bauten Palais, wie z.B. der Fürst von Waldeck-Pyrmont, im Kurviertel oder in der Umgebung. Reiche Privatiers errichteten ebenfalls ihre Villen in der Nähe des Kurhauses.

Das 1846 eröffnete **Kurhaus** (Tiergartenstr. 41), das nach Genehmigung des preußischen Königs Friedrich Wilhelms IV. den Namen ›*Friedrich-Wilhelm-Bad*‹ tragen durfte, stellt ein selten gewordenes Beispiel klassizistischer Kurhaus- und Hotelarchitektur dar. Wenn auch die

Kurhaus (Friedrich-Wilhelms-Bad) mit Kurhaus-Hotel und Stahlbrunnen

vielbefahrene Tiergartenstraße (B 9) die Ruhe eines Kurviertels beeinträchtigt, so kann man sich die einstige Atmosphäre noch gut vorstellen. Ins rechte Gebäude, wo sich heute das Stadtarchiv befindet, ging der Kurgast, um seine Bäder zu nehmen. In der ersten Sommersaison von Juni bis August 1846 wurden bereits 3000 Bäder genommen, und die Zahl der regelmäßigen Kurgäste betrug mehr als 200 Personen. Zwischen dem Badehaus und den Wasserflächen des Amphitheaters lag der Stahlbrunnen, dessen Mineralwasser zur Trinkkur gehörte. Nach dem Zweiten Weltkrieg wurde der gußeiserne Pavillon grundlos abgerissen. Zur Stadt hin schloß sich durch einen Wandelgang verbunden das *Bad-Hotel* oder *Kurhaus-Hotel* an. Dieses Gebäude, das derzeit vernachlässigt als Möbellager genutzt wird, soll nach einer Renovierung nicht mehr solch ein trauriges Gegenstück zum gut restaurierten Stadtarchivtrakt darstellen.

Auf der anderen Seite des Amphitheaters stand leicht erhöht am Hang das *Parkhotel Robbers*, das in den letzten Kriegstagen abbrannte. Es war ein Haus von internationalem Ruf, in dem Prinzen und Könige abstiegen, wie z. B. Ludwig Bonaparte, der König der Niederlande, oder Friedrich Wilhelm IV. von Preußen. Die Kurkonzerte im ausgedehnten Hotelgarten, der rund 500 Sitzplätze bot, erfreuten sich auch bei den Klever Bürgern großer Beliebtheit.

Die vom Fremdenverkehr ausgelösten Impulse auf die städtebauliche Entwicklung lassen sich gut an der **Tiergartenstraße** beobachten. Ab der Mitte des 19. Jh. entstanden an der Straße, die das Friedrich-Wilhelm-Bad mit der Stadtmitte verband, repräsentative Wohnbauten. Ein Teil dieser Villen ist noch erhalten. Die sorgfältig restaurierten Gebäude der *Villa Sanders* und der

Remise (um 1870 erbaut; Tiergartenstraße 36) können zu den üblichen Geschäftszeiten besichtigt werden, denn sie beherbergen die Geschäftsräume eines Juweliers (Abb. 56).

Auch das **Haus Koekkoek** gehört zu diesem vornehmen Stadtbereich. 1843 ließ der niederländische Maler Barend Cornelius Koekkoek einen Turm der alten Stadtmauer zum Atelier umbauen. In die Nähe des Belvedere – hier stoßen wir wieder auf die lange Tradition von Aussichtpunkten in Kleve – wurde 1847/48 ein repräsentatives klassizistisches Wohnhaus gesetzt. Kurz vor dem Ersten Weltkrieg baute der neue Besitzer eine Arztpraxis im Stil des alten Gebäudes an, die in der Innenausstattung jedoch deutlich Elemente des Jugendstils aufweist. Nach dem Zweiten Weltkrieg bis 1957 fungierte der Bau als Rathaus. Seit 1960 beherbergt er das *Städtische Museum*. Neben der Stadtgeschichte bildet die niederrheinische Kunst, besonders Koekkoeks und seiner Schule, einen Schwerpunkt unter den Exponaten.

Das zweite führende Hotel in Bad Cleve – ranggleich dem Parkhotel Robbers im Kurviertel – war das ebenfalls nicht mehr existierende *Hotel Maywald*. Es wurde vermutlich mehr von hohen offiziellen Gästen genutzt, denn es orientierte sich zu einem anderen wichtigen Standortfaktor des historischen Fremdenverkehrs: dem Palais im Prinz-Moritz-Park, damit zum Verwaltungsviertel. Die Brüder Maywald, die am Kurhaus im Tiergarten gearbeitet hatten, machten sich in den 1820er Jahren mit einem Betrieb an der Nassauer Allee selbständig. Der Vorgängerbau ihres Hotels, das *Haus Styrum*, war bereits im 18. Jh. als ›Zweites Brunnenhaus‹ bekannt geworden. Eine größere Reihe Hotels, vor allem in der Großen Straße, vervollständigte das Bettenangebot des Kurortes in der zweiten Hälfte des 19. Jh.

Dem Fremdenverkehr wurde zu jener Zeit stärkste Bedeutung zugemessen, sogar mit der Konsequenz, daß sich die Stadt lange gegen Industrieansiedlungen sträubte. Eine besondere Rolle spielt seitdem die Schuhfabrikation mit einem Schwerpunkt in der Kinderschuhherstellung, die auch heute noch Anlaß zum Einkaufsreiseverkehr junger Familien bietet.

Die Bewohner von **Griethausen,** einem nördlichen Ortsteil Kleves, der im 14. Jh. als Zollstätte gegründet worden war, verdienten ihren Lebensunterhalt weitgehend durch Fischfang. Diese vorwiegende Erwerbstätigkeit hat sich auch im Baubestand niedergeschlagen, wie es die zum Denkmalbereich erhobene *Oberstraße* zeigt. Die spätklassizistische Bebauung (nach 1873) mit ihrer geschlossenen Bauflucht gibt der Straße einen städtischen Charakter und unterscheidet sich darin auffällig von anderen durch Landwirtschaft geprägten Siedlungen.

In einer Liste, die 1900 anläßlich der Weltausstellung in Paris aufgestellt wurde, tauchte der Name Griethausens auf. Es ist die 1863–65 errichtete **Eisenbahnbrücke,** die dem Dorf zu internationaler Bekanntheit verhalf und heute noch ein Denkmal von nationalem Rang darstellt (Abb. 61). Das Bauwerk gilt als eines der seltenen Relikte aus der Frühzeit des Stahlbrückenbaus. Von der ursprünglich zweiteiligen Anlage – einer Überbauung des Altrheinarms sowie einer zweiten des Rheinstromes – ist zwar nur noch das kleinere Stück über den Seitenarm erhalten, dieses dafür aber in seinem originalen Zustand: Auf den Pfeilern aus holländischen Klinkern ruht die Eisenbahnbrücke, die von der Kölnischen Maschinenbau-Actien-Gesellschaft gefertigt wurde. Mit dem von Kleve über Elten nach Zevenaar führenden Schienenstück wurde das Bahnnetz des linken Niederrheins an die Strecke Köln – Amsterdam angeschlossen. Man versprach sich in Kleve von dieser Anbindung eine besondere Belebung des Handels und des Fremdenverkehrs. Von einer industriellen Entwicklung wollten die Stadtväter zu jener Zeit noch nicht viel wissen!

Eine traurige Geschichte erlebte **Schenkenschanz**, das auch heute noch mit dem Ortsgrundriß seine Vergangenheit als Festung und internationaler Kriegsschauplatz dokumentiert. Die Ruinen einer Burg des 14. Jh. baute Martin Schenk von Nideggen in den 1560er Jahren zu einer wichtigen Grenzfeste der Holländer aus. Im Juli 1635 wurde sie von den Spaniern bzw. dem spanischen Gouverneur von Geldern erobert. Nach einer achtmonatigen Belagerung, die die Umgebung und auch die Stadt Kleve in starke Mitleidenschaft zog, gelang es den Holländern, die Festung wieder zu nehmen. 1672 stürmten Truppen Ludwigs XIV. Schenkenschanz und blieben dort bis 1681. Seit dem Beginn des 19. Jh. wurde es schließlich sehr ruhig um die ehemalige Festung – mit Ausnahme der Hochwassergefährdung.

In **Donsbrüggen** steht ein weiteres sehenswertes technisches Denkmal, die **Holländermühle** (erbaut 1824–28). Zwischen 1982 und 1985 hat ein Förderkreis das Denkmal instandgesetzt, indem u. a. die neueste Mühlentechnik eingebaut wurde. Erkenntnisse aus dem Flugzeugbau kamen dem Flügelsystem zugute. Daneben bemüht man sich aber auch darum, alte Dorftraditionen, die mit einer Mühle verbunden sind, zu beleben. Im neuen Backhaus an der Mühle wird samstags das frischgemahlene Mehl in Steinofenbroten verbacken und verkauft.

Kranenburg und die Düffel

Die Gegensätze in der Flußlandschaft des Niederrheins werden bei Kranenburg besonders deutlich. Die feuchte Rheinaue wird von einer endlosen Zahl kleiner Entwässerungsgräben durchzogen, Bauernhöfe liegen weit gestreut, Dorfkerne sind nur durch den Standort ihrer Kirche auszumachen. Die Eisenbahnlinie am Fuß des Moränenwalls unterstreicht die naturräumliche Grenze, denn südlich der Trasse steigt das Gelände bis auf 90 m an. Auf dem Hang, der nur vereinzelt von kleinen Bachläufen gegliedert wird, liegen langgestreckte Dörfer. Mit ihrer Form und dem Wegenetz verraten sie zum Teil noch heute, daß es sich um Waldhufendörfer der mittelalterlichen Rodungsperiode handelt. Ein deutliches Beispiel ist **Frasselt**. Vom Fuß des Moränenzugs führte man einen geraden Weg hoch in den Wald. An ihm reihten sich die Hofstellen mit ihren schmalen, langen Parzellen auf, die zunächst völlig mit Wald bedeckt waren. Die Siedler rodeten ihn und legten Felder auf dem neu erschlossenen Gelände an.

Im Übergangsbereich zwischen der feuchten Rheinaue und dem ursprünglich ganz bewaldeten Hügelzug entwickelte sich **Kranenburg**. Nicht die erhöhte und damit trockene Lage am Rand der Moräne wurde zum Ausgangspunkt einer städtischen Entwicklung, sondern ein Standort in der versumpften Niederung. 1227 ließ ein Graf von Kleve eine Niederburg im Kranenburger Bruch errichten. Eine solche Einzelsiedlung konnte noch im Schutz der nassen, schwer zugänglichen Aue bestehen, doch als Grundlage für einen größeren Ort war das Gelände wenig geeignet. Durch ihre Beziehungen gelang es den Klever Grafen, holländische Kolonisten, die auf die Trockenlegung von Brüchen spezialisiert waren, für die Urbarmachung ihres Terri-

Kranenburg, Stadtansicht von Norden um 1750. H. Schutter

toriums zu gewinnen. An der alten Straße, die parallel zum Moränenwall verlief, legten die Pioniere ein Waldhufendorf an. Der Ort entwickelte sich rasch und bekam 1294 die Stadtrechte verliehen. Das Ackerbürgerstädtchen florierte, besonders der Käsehandel brachte Wohlstand.

Einen wesentlichen Impuls erfuhr das Stadtwesen durch die 1308 beginnende Kreuzwallfahrt. Nach der Überlieferung spuckte ein Hirte im Jahre 1280 die Hostie, die er bei der Osterkommunion bekommen hatte und nicht hinunterschlucken konnte, in eine Baumhöhle. Er bereute den Sakramentenfrevel, doch die Hostie war nicht mehr zu bergen. 1308 wurde der Baum auf dem Kirchplatz gespalten und dabei ein Kreuz entdeckt, das ›Wundertätige Kranenburger Kreuz‹. Dieses Kreuzwunder muß vor dem Hintergrund des IV. Laterankonzils (1215) gesehen werden, auf dem die Realpräsenz Christi in der Heiligen Eucharistie definiert wurde. In dem Zusammenhang entstanden im 13. und 14. Jh. eine Reihe von Wallfahrtsorten, die auf Hostienwunder zurückzuführen sind, wie z. B. Amsterdam (1345) oder Boxtel (1350).

Der Andrang der Pilger in Kranenburg erforderte bald Erweiterungen der romanischen Kirche **St. Peter und Paul**. In der ersten Hälfte des 15. Jh. wurde unter Leitung des Baumeisters Gisbert Schairt aus Zaltbommel, der gleichzeitig auch an der Kalkarer Bauhütte wirkte, ein spätgotischer Neubau ausgeführt. Nach dem Vorbild der Klever Stiftskirche errichtete man eine Pseudobasilika mit drei Schiffen, quasi als Anbau an die kleine einschiffige Wallfahrtskirche aus dem 14. Jh., die heute den Ostteil des südlichen Seitenschiffes bildet. Hier steht in einem turmartigen Reliquiengehäuse aus dem zweiten Viertel des 15. Jh. das Kranenburger Kreuzheiligtum. Votivtafeln weisen auf die alte Wallfahrt hin. Der Kreuzaltar der Antwerpener Schule wurde um

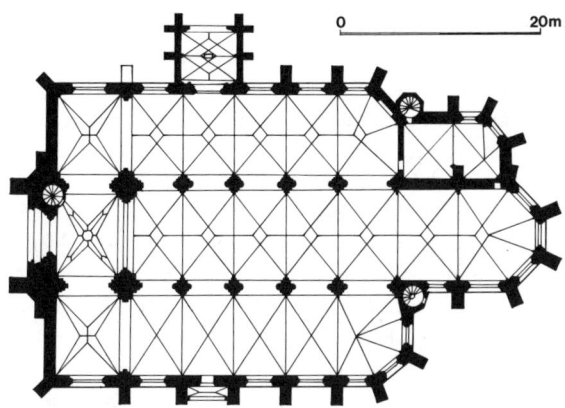

Kranenburg, St. Peter, Grundriß

1525 angefertigt. Im 15. Jh. wurde die Wallfahrtskirche auch Stiftskirche, denn das Martinsstift aus Zyfflich verlegte 1436 seinen Sitz nach Kranenburg.

Um die Wende des 14./15. Jh., nachdem das Städtchen aus dem Besitz der Herren von Hoorn wieder an die Klever Grafen gekommen war, wurde die Stadtmauer mit einer neuen Stadtburg angelegt. Der Verlauf der mittelalterlichen Mauer ist im Straßengrundriß noch gut zu erkennen, da Kranenburg mit Ausnahme eines östlichen Vorortes nicht über diese Begrenzung hinausgewachsen ist. Ein reizvoller Spaziergang bietet sich entlang der südlichen **Stadtmauer** an.

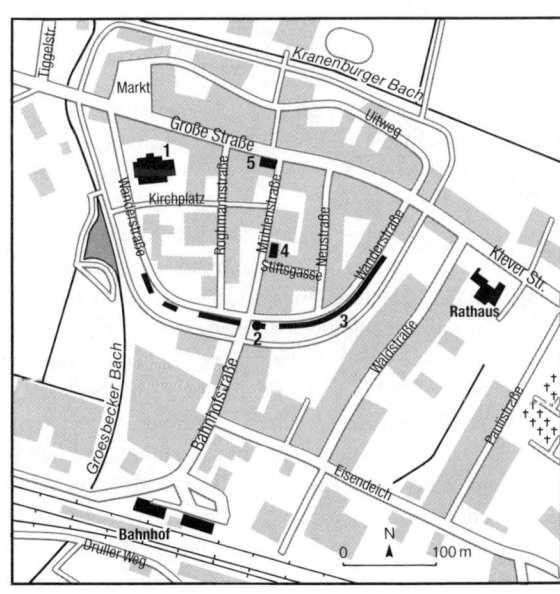

Kranenburg
1 St. Peter und Paul
2 Mühlenturm (Heimatmuseum)
3 Kreuzweg und Reste der Stadtbefestigung
4 Museum Katharinenhof
5 Evang. Kirche

Kleine bis winzige Häuser lehnen sich an die Mauer; ein Torturm, der **Mühlenturm** (Abb. 66), flankiert den südlichen Zugang; das südöstliche Viertel des Befestigungsrings begleitet auf der äußeren Grabenseite eine kleine Allee, die zugleich *Kreuzweg* ist und von der hübsche Blicke in die Gärten auf der inneren Grabenseite, die sich zur Stadtmauer hochziehen, möglich sind.

Einen Abstecher in die Mitte des Ortes verdient das **Museum Katharinenhof.** Im spätgotischen Gebäude, das von 1426 bis zur Säkularisation 1802 einen Augustinerinnen-Konvent beherbergte, werden neben kunst- und kulturgeschichtlichen Ausstellungen auch Werke zeitgenössischer Kunst gezeigt. Einen Schwerpunkt bilden dabei Künstler des Niederrheins; als berühmtester sei hier Joseph Beuys genannt.

Das durchschnittlich 10 bis 12 m über NN gelegene Gebiet der **Düffel** gilt von seiner Naturausstattung her als siedlungsfeindlich. Erst mit dem Bau von Hochwasserschutzanlagen und Entwässerungsgräben konnte das Land außerhalb der kleinen Niederterrassenreste besiedelt werden. In einer solchen Lage befindet sich **Zyfflich**, dessen Geschichte bis in die römische Antike zurückreicht. Mit der Gründung eines Stiftes unter dem Martinspatrozinium (um 1000) unterscheidet sich das Dorf von den übrigen in der Polderlandschaft.

Weiter verbreitet sind hier Ansiedlungen – meist Einzelhöfe – auf künstlich aufgeschütteten Hügeln, sogenannten Pollen. In den Gemarkungen *Niel* und *Keeken* steht eine Reihe von Bauernhöfen auf diesen Erhöhungen, die den Wurten oder Warften des norddeutschen Marschlandes entsprechen. Die landwirtschaftlichen Nutzflächen eignen sich wegen der hohen Bodenfeuchtigkeit für die Grünlandnutzung. Milchviehhaltung und Schweinezucht dominieren. Mit beachtlichem technischen Aufwand ist es möglich, die Wiesen und Weiden in Ackerland umzuwandeln; doch regt sich immer stärkerer Protest gegen derartige Nutzungsänderungen. Die Düffel ist nämlich eines der wenigen Gebiete, in denen sibirische Bleß- und Saatgänse noch die Voraussetzungen zum Überwintern finden (Abb. 64). Rund 50 000 Tiere halten sich im Winter auf dem Grünland der Düffel auf. Sie bevorzugen dieses Gebiet für ihre Nahrungssuche, während sie zum Nächtigen oft in die Niederlande fliegen. Bestrebungen laufen, die bäuerliche Kulturlandschaft, die das Ergebnis einer jahrhundertelangen Auseinandersetzung mit dem Wasser ist, zu bewahren und zweitens damit den Lebensraum der sibirischen Gänse zu erhalten.

Die rund 100 ha große Fläche des **Armenveens** östlich von Kranenburg wurde 1981 bereits zum Naturschutzgebiet erklärt. Das Bruch bildet den Rest eines ursprünglich ausgedehnten Niedermoores, d.h. ein hoher Grundwasserstand führte zur Moorbildung. In den 1930er Jahren wurde das Gelände durch Einsätze des Reichsarbeitsdienstes trockengelegt und für eine extensive Grünlandnutzung sowie Blumenzwiebelzucht erschlossen. Inzwischen versucht man, das Veen soweit wie möglich dem menschlichen Einfluß zu entziehen und es damit zu einer Zufluchtstätte für Flora und Fauna von Feuchtgebieten werden zu lassen. Die Feuchtwiesen und Wasserflächen sind wieder Lebensraum für Kibitz, Bekassine, Schwarzkehlchen sowie Rohrsängerarten geworden. Baumfalken und Mäusebussarde haben ihr Revier gefunden. Verschiedene Orchideen, zahlreiche Seggen- und Hahnenfußarten gedeihen inzwischen wieder in dem geschützten Bereich. In das Armenveen werden unter fachkundiger Leitung Wanderungen geführt (Auskünfte beim Verkehrsverein Kranenburg sowie dem Deutschen Bund für Vogelschutz e.V., Kreisverband Kleve).

Im Kendel- und Donkenland

Im Bogen von Goch nach Geldern

Die nördliche Begrenzung des Kendel- und Donkenlandes bildet der sanft abfallende Moränenwall mit dem **Reichswald**. Das große geschlossene Waldgebiet stellt nur noch ein Relikt der Vegetation dar, die ehemals den gesamten Hügelzug bedeckte. Seit der Zeit um 2000 v. Chr. findet man Spuren der Waldnutzung. Als ›sacrum nemus‹ wird der Wald, der zum Stammesgebiet der Bataver und Cugerner gehörte, schon bei Tacitus erwähnt. Im Mittelalter wurde der *Ketelwald* – so sein damaliger Name – zu einem intensiv genutzten Bestandteil der bäuerlichen Wirtschaft. Man sammelte Früchte, holte Holz als Bau- oder Brennmaterial und trieb das Vieh in den Wald. Der Wald wurde stark ausgebeutet, doch um seine Regeneration kümmerte man sich wenig.

Unter preußischer Herrschaft wurde die Forstwirtschaft eingeführt. »Unsere von Gottes Gnaden Friedrich Wilhelms Königs in Preussen renovierte und verbesserte Holtz- Mast- und Jagd-Ordnung erlassen 20. Mai 1729« regelte die Nutzung des Waldes bzw. schränkte sie ein. Trotzdem blieb der Wald für einige Handwerke und Gewerbe ein wesentlicher Wirtschaftsraum, wie z.B. für die Köhlerei. Ein geübtes Auge erkennt heute noch in der Nähe des *Hauberges* (in den Jagen 55–59 und 88–92) kreisrunde waagerechte Stellen auf dem sonst gewellten Waldboden. Es handelt sich um ehemalige Standorte von Meilern. Auch die Lohgerberei profitierte vom Wald, denn die tanninhaltige Eichenrinde lieferte den wichtigen Grundstoff. Im Verbund mit den Gerbereien konnte sich Kleve zu einem Zentrum der Schuhherstellung entwickeln. Die Heideflächen im südlichen und südwestlichen Bereich des Reichswaldes lieferten einen anderen gefragten Rohstoff: den Wacholder für die Schnapsbrennerei.

Während des Zweiten Weltkriegs erlitt der Reichswald erneut starke Verluste. Aufgrund der Schäden und der fehlenden Mittel für eine Wiederaufforstung entschloß sich die Landesregierung, einen großen Teil des zerstörten Waldes in Acker- und Bauland umzuwidmen. Unter der Trägerschaft der Gemeinnützigen Siedlungsgesellschaft ›Rheinisches Heim‹ GmbH Bonn fanden die Aufräum- und Erschließungsarbeiten statt. Zwei neue Siedlungen sollten entstehen: **Reichswalde** und **Nierswalde**. Innerhalb von nur drei Jahren wurden die Orte mit den sie umgebenden landwirtschaftlichen Nutzflächen aufgebaut.

1948 wurden die Flächen für die Siedlungsgründung bestimmt und ein Wettbewerb zur Raumplanung ausgeschrieben. Gleichzeitig lief das Bewerbungsverfahren für interessierte Siedler, die sich zu zwei Dritteln aus Heimatvertriebenen und zu einem Drittel aus Einheimischen zusammensetzen sollten. 1949 begannen die Arbeiten, um das Gelände von den Kriegstrümmern, Gräben und Bombentrichtern zu befreien. 1950/51 waren 98% der fast 1500 ha großen Rodungsfläche zu Ackerland geworden. Parallel dazu wuchsen die Orte; 1950 zogen die letzten der 128 Vollerwerbsbauern ein. Bei der Planung, die auch von einer Planungsgemeinschaft der Technischen Hochschule Aachen mitgetragen wurde, hatte man zwischen Vollerwerbsbauernstellen und Nebenerwerbsstellen unterschieden, was sich vor allem im Baubestand durch verschieden große Komplexe niederschlug. Heute noch fallen die beiden Siedlungen durch ihr einheitliches Ortsbild mit den dominierenden Einzel- und Doppelhäusern auf.

2000 Personen hatte diese Binnenkolonisierung in den Jahren 1948 bis 1951 Heimat und Erwerbsmöglichkeit geboten. Zu Beginn überwog der Ackerbau; inzwischen hat sich die Spezialisierung auf Unterglaskulturen und Blumenanbau durchgesetzt. Aufgrund ihrer vielen Glashäuser unterscheiden sich die beiden Nachkriegssiedlungen ebenfalls von den anderen Orten der Umgebung. Eine ungewöhnliche, doch recht logische Lösung fand man, um die Kosten für Gemeinschaftseinrichtungen gering zu halten: Reichswalde bekam eine katholische Kirche, Nierswalde dagegen eine protestantische, und der Religionszugehörigkeit entsprechend verteilten sich die Siedler.

Nördlich und nordöstlich von Goch dehnt sich weiteres Land aus, das durch Binnenkolonisation erschlossen wurde. In der Mitte des 18. Jh. förderte Friedrich der Große die Ansiedlung von Glaubensflüchtlingen, um durch Bevölkerungsanstieg und Wirtschaftswachstum die Westprovinzen seines Reiches zu stärken. Protestanten aus der Pfalz, die nach Amerika auswandern wollten, wurden 1741 wegen fehlender Papiere an der niederländischen Grenze abgewiesen. Für den Preußenkönig stellten sie eine willkommene Gruppe innerhalb seines Wirtschaftsförderungsprogrammes dar. Mit einer Reihe von Privilegien, wobei Gesetzgebung und Ausführung durchaus zweierlei waren, konnten sie dafür gewonnen werden, Wald- und Heideland urbar zu machen. – Ende des 18. Jh. war die Bevölkerung in **Pfalzdorf** dermaßen gewachsen, daß einige Familien nach Ostfriesland weiterzogen und in der Nähe von Aurich Neupfalzdorf gründeten. Andere verließen zu Beginn des 19. Jh. Pfalzdorf, um näher bei ihren Feldern zu leben, und gründeten **Louisendorf** (Abb. 60) sowie **Neulouisendorf**. Die Anlage des Straßennetzes und die Verteilung der Höfe verraten noch heute die geplante Gründung.

Wenden wir uns wieder nach Süden und verlassen über eine kleine Geländekante die vom Ackerbau geprägte Terrasse mit den Kolonistendörfern. Vor uns dehnt sich der Bereich der **Niersniederung** aus, ein klein gekammertes Gebiet, das durch Wasserläufe und versumpfte Auen gegliedert wird. Diese Feuchtrinnen tragen hier den regionalen Namen ›Kendel‹, wie ein gleichnamiges Flüßchen, das nördlich von Kevelaer entspringt und parallel zur Niers fließt. Die Vielzahl der Gewässer haben die einstige größere Platte der Mittelterrasse in zahllose kleine Stücke, die Donken, zerschnitten. Eine ähnliche Landschaftsgliederung haben wir bereits in der Rheinaue kennengelernt; dort heißen die nassen Rinnen ›Ley‹, die Terrassenreste ›Ward‹. An die sehr verschiedenen Wasserverhältnisse lehnt sich die landwirtschaftliche Nutzung und dabei besonders die Verteilung von Acker- und Grünland an.

Eine Sonderkultur trägt der Sandboden nordwestlich von Goch in **Kessel**. 1928 wagte der Landwirt Johann Kuypers den Anbau von Spargel, einer bis dahin nicht eingeführten Pflanze. Auf einer einen Morgen großen Parzelle legte er die ersten Spargelbeete an und fand bald weitere Nachahmer. Doch erst nach dem Zweiten Weltkrieg wurde es möglich, Kessel zum Spargeldorf zu proklamieren und damit einen kulinarischen Reiseverkehr während der Saison im Mai und Juni ins Leben zu rufen.

Als Verdauungsspaziergang oder als appetit- und hungerfördernde Wanderung bietet sich der *Nierswanderweg* von Kessel nach Asperden an. Auf der linken Flußseite liegt **Gut Gräfenthal**, eine im 13. Jh. gestiftete Zisterzienserinnenabtei. Der Stifter Graf Otto von Geldern gründete evenfalls wenige Kilometer weiter in südöstlicher Richtung an einer Furt über die Niers die Stadt **Goch.**

Eine Vorgängersiedlung hatte zwar schon existiert, doch sind von ihr keine Spuren erhalten geblieben. Der Graf ließ eine neue Stadt errichten, die in ihrem Grundriß auffallende Ähnlich-keiten mit dem zur selben Zeit entstehenden Kalkar aufweist. Die erste Befestigungsanlage, die aus Palisaden, Wall und Graben bestand, wurde ab dem Beginn des 14. Jh. durch eine Mauer mit Toren und Türmen ersetzt. An der Straße mit dem bezeichnenden Namen ›Hinter der Mauer‹ wurde ein Teilstück rekonstruiert. Von den ehemals vier Toren ist nur noch das **Steintor** erhalten (Abb. 69). Der dreigeschossige Doppelturm dient heute als *Museum für die Stadt-geschichte.* Daneben beherbergt es auch die *Langenberg-Sammlung.* Der Gocher Bildhauer Ferdi-nand Langenberg, der u. a. neugotische Plastiken schuf, vermachte seine Sammlung spätgoti-scher Holzskulpturen des 15. und 16. Jh. der Stadt. Sein renoviertes Wohnhaus, das **Langen-berghaus,** mit neugotischen Schnitzereien des Hausherrn steht in der Roggenstraße.

Das Mittelalter brachte Goch Wohlstand aufgrund seiner blühenden Wollproduktion und -verarbeitung. Die umliegenden Heideflächen lieferten durch eine intensive Schafhaltung den begehrten Rohstoff. In die Zeit des 13. bis 16. Jh. fielen große Bauaktivitäten der Gocher Bürger, von denen durch die Kriegseinwirkungen des Zweiten Weltkriegs heute nur noch wenige Relikte erhalten sind. Nicht nur aufwendige Patrizierhäuser verdeutlichen den bürgerlichen Wohlstand, wie z. B. das **Haus zu den fünf Ringen** (Farbabb. 23) aus dem Anfang des 16. Jh. in der Steinstraße neben dem **Rathaus** (um 1770/80), sondern auch Stiftungen zum Nutzen von Randgruppen: Alte und Kranke. An der Mühlenstraße gründete man 1455 ein **Männerhaus,** an

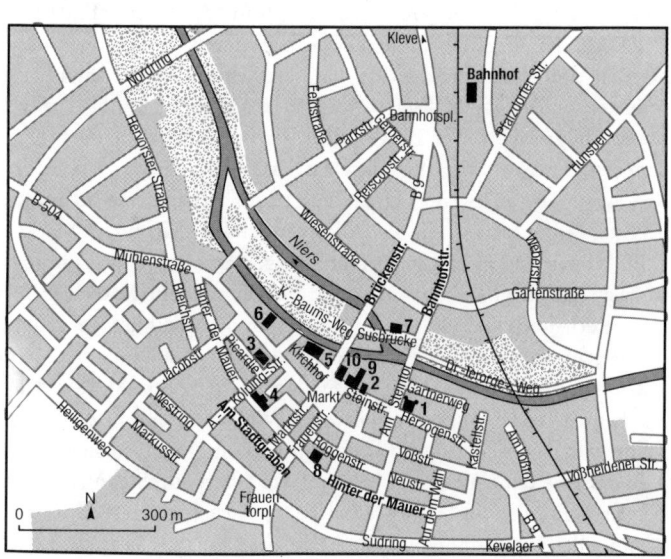

Goch
1 *Steintor*
2 *Haus zu den fünf Ringen*
3 *Männerhaus*
4 *Frauenhaus*
5 *St. Maria Magdalena*
6 *Ehem. Kloster der Tertiarinnen (Stadtbücherei)*
7 *Wassermühle*
8 *Langenberghaus*
9 *Rathaus*
10 *Evang. Kirche*

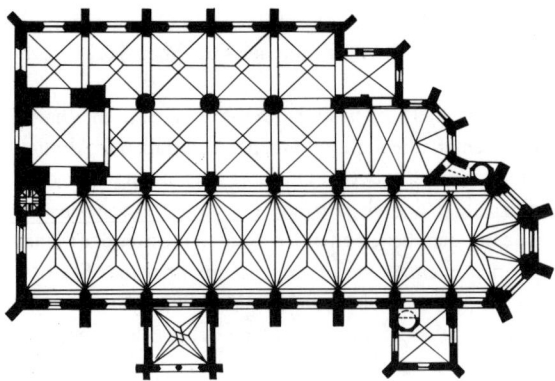

Goch, St. Maria Magdalena, Grundriß

der Kolpingstraße knapp 50 Jahre später das **Frauenhaus** (Abb. 70). Beide Stiftungen werden auch heute noch – ganz in der alten Tradition und den restaurierten historischen Backstein-bauten – von der Gocher Bürgerschaft getragen. Die florierende Stadt, die nach Geldern und Roermond den dritten Rang im geldrischen Besitz einnahm, besaß ebenfalls eine entsprechend große Kirche.

Aus einer kleinen romanischen Kirche des 13. Jh., die als Eigenkirche zum Stift in Elten gehörte, welches gleichzeitig einen wichtigen Grundbesitzer im Stadtgebiet darstellte, war durch Umbauten und Vergrößerungen die Pfarrkirche **St. Maria Magdalena** entstanden. An der Gliederung des Langhauses läßt sich – wie an einer Kurve – das mittelalterliche Wirtschafts-wachstum verfolgen. Die Baupläne des 15. Jh. sahen eine Hallenkirche vor. Auf diese Weise ent-standen das nördliche Seitenschiff und das Mittelschiff. Zum Ende des 15. Jh. erlaubte die finan-zielle Lage der Bürger, ihre Pfarrkirche in größeren Dimensionen als geplant fortzusetzen. Man fügte ein südliches Seitenschiff an, das sich nicht gemäß der alten Pläne dem Mittelschiff unter-ordnete, sondern die Maßstäbe sprengte und breiter wie höher ausgeführt wurde, als es seine Funktion erforderte. Die Bürgerschaft beabsichtigte wohl, die beiden anderen Kirchenschiffe dem neuen großen später anzugleichen. Doch dazu kam es nicht mehr, denn die wirtschaftliche Regression ab der zweiten Hälfte des 16. Jh. verhinderte hochtrabende Bauprojekte. – Als nächstes Gotteshaus wurde 1699 die **evangelische Kirche** am Markt geweiht.

Im Westen schloß sich an St. Maria Magdalena eine andere Bürgerstiftung der sozialen Für-sorge an. Der Beginenkonvent wurde 1651 durch ein **Kloster der Tertiarinnen** abgelöst. Das einzige erhaltene Gebäude wird heute durch die Stadtbücherei genutzt.

Niersaufwärts führt ein Spaziergang durch den Stadtpark zur Mühle an der Susbrücke. Die **Wassermühle** stammt vermutlich aus dem 18. Jh. (Abb. 68). 1813 wurde die Walkmühle als ein Zeichen der bedeutungslos gewordenen Wollverarbeitung zur Kornmühle umgerüstet. 1865 stellte man den Mahlgang auf Dampfantrieb um. Seit 1932 steht das Mühlrad still.

In der zweiten Hälfte des 19. Jh. erlebte Goch durch den Ausbau des Eisenbahnnetzes am Niederrhein einen starken wirtschaftlichen Aufschwung. 1863 wurde die Stadt an die Linie der Rheinischen Eisenbahn von Köln nach Kleve sowie 1873 an die Boxteler Bahn angeschlossen.

Um den Bahnhof auf dem rechten Niersufer entwickelte sich die *Neustadt* mit Industrieansiedlungen und Wohnvierteln. Die Pfälzer Kolonisten hatten den Tabakanbau aus dem Süden mitgebracht und am Niederrhein eingeführt. Hieraus entwickelte sich die Gocher Tabak- und Zigarrenindustrie, die nach dem Ausbau der Eisenbahn auf die Verarbeitung amerikanischer Importe umstieg. Weltruf erlangte die Gocher Plüschfabrik August Schlüpers, die 1865 zwischen Bahnhof und dem Steintor errichtet wurde. 1200 Arbeiter produzierten größtenteils in Heimarbeit Plüsche für Möbelbezüge, Dekorationsstoffe und Tischdecken, die vom Orient bis Kanada durch Filialen des Stammhauses vertrieben wurden. Weitere Industriebetriebe, unter denen eine wichtige – und anfangs sehr umstrittene – Margarineherstellung genannt werden muß, ließen sich in der Neustadt nieder. Durch die breite Niersaue deutlich getrennt, entwickelten sich fast zwei eigene Städte: hier die Alteingesessenen in der Altstadt, dort die von der Industrie Angelockten in der Neustadt.

Dieser Gegensatz eskalierte im sogenannten Brückenstreit der 1860er Jahre. Es ging dabei um die beiden Brücken, die über die Insel des Stadtparks beide Niersufer miteinander verbinden. Bis zu ihrer Errichtung bestand als einzige Verbindung zwischen der Altstadt und der im Zeichen der gründerzeitlichen Industrialisierung expandierenden Neustadt nur die drei Meter breite Passage durch das Steintor als Verkehrsverbindung. Mit allen erdenklichen Mitteln sträubten sich der Stadtrat und die Altstädter gegen die »nicht zu verantwortenden« und »überflüssigen« Kosten einer zweiten Brückenverbindung. Der Rechtsstreit ging durch alle Instanzen, und vor dem Königlichen Oberverwaltungsgericht in Berlin wurde schließlich entschieden, daß die

Weeze, Haus Hertefeld und St. Cyriakus, nach einem Kupferstich von J. de Beyer, 1743

Schloß Wissen von Osten mit Mühle, nach einer Zeichnung von C. Pronck, 1731

Neustadt-Bewohner Anspruch auf eine zweite, den Erfordernissen entsprechende Zufahrt zur Altstadt hätten. 1897 wurden die heiß umkämpften Brücken dem Verkehr freigegeben.

Ein weiteres Teilstück des Nierswanderweges führt von der Brücke am Steintor nach Kalbeck. Das heutige **Schloß Kalbeck** ist weitestgehend ein Neubau des 20. Jh. 1907 brannte das Herrenhaus ab. Im Stil westfälischer Wasserschlösser des 18. Jh. wurde ein neuer Backsteinbau errichtet, der zum Ende des Zweiten Weltkriegs wieder schwer beschädigt wurde. Ein Schloßgarten wurde in Anlehnung an barocke Gartenarchitektur angelegt. In ihm findet jedes Jahr eine Rosenschau statt, die an einigen Wochenenden auch dem Publikum zugänglich ist.

In der Nähe fränkischer Reihengräberfelder entwickelte sich aus klösterlichem Landbesitz **Weeze**. Auf einer Wiese (= Weeze) an der Niers ließ die Abtei St. Cyriakus aus Lorsch an der Bergstraße, die im 9. Jh. ausgedehnten Landbesitz am linken Niederrhein bekommen hatte, eine Kirche ebenfalls unter dem Patronat des Hl. Cyriakus errichten. Aus einem 863 der Abtei geschenkten Herrenhof mit dazugehörigen Zins- und Knechthöfen wuchs Weeze. Seit dem 12. Jh. spielten die Herren von Hertefeld, deren Anwesen auf dem rechten Niersufer vis-à-vis der Kirche lag, in der niederrheinischen wie preußischen Geschichte eine Rolle. Von dem ehemaligen Herrensitz haben nur wenige Relikte den Zweiten Weltkrieg überdauert, wie z. B. ein Nebengebäude des Jahres 1706.

Die auf fränkischen Gräbern stehende Pfarrkirche **St. Cyriakus** wurde bis auf ihren gotischen Ostchor (Mitte 15. Jh.) noch in den letzten Kriegstagen zerbombt. An diesen Teil, der heute als Taufkapelle dient, wurde 1953/54 ein Backsteinneubau angefügt.

Die weitgehende Zerstörung Weezes – über 80% – hat dazu geführt, daß nur noch wenig von der alten Bausubstanz und den Zeugen des historischen Wirtschaftslebens übriggeblieben ist. Im 19. Jh. war Weeze als Schusterdorf am Niederrhein bekannt. Mit der sich entwickelnden Schuh-industrie in Kleve und Goch ging das Schuhmacherhandwerk unter. Schreinereien und andere holzverarbeitende Betriebe etablierten sich. Zum Wirtschaftsgefüge des Dorfes gehörten natür-lich auch Wasser- und Windmühlen, wie z. B. die **Holländermühle** im Ortsteil *Wemb* (18. Jh.).

Schloß Wissen ist heute noch ein lebendiges Beispiel dafür, daß ein solcher Herrensitz nicht nur eine repräsentative Wohnanlage, sondern auch das Zentrum einer wirtschaftlichen Einheit darstellte (Abb. 71). Um das Wasserschloß gruppieren sich eingeschossige Backsteinbauten aus dem Jahre 1681, in denen Bedienstete des Schloßherrn wohnten. Selbstverständlich gehört zu diesem Ensemble auch eine Mühle. Die *Wassermühle* – einst von der Niers angetrieben – stammt aus dem 16. Jh. Der zweigeschossige Komplex des Schlosses wird von einer großen Wasserfläche umgeben. Die *Vorburg* und ihr runder Eckturm zeigen in ihrer Anlage den Charakter eines Wehrbaus des 14. Jh., dessen Ostflügel mit der Brückenzufahrt im 18. Jh. durch barocke Ele-mente, wie z. B. das Mansarddach, umgestaltet wurde. Das historische Gemäuer beherbergt heute einen Betrieb, der sich der Fruchtsaftherstellung widmet.

Über eine weitere Brücke ist das *Herrenhaus* mit dem Wirtschaftstrakt der Vorburg ver-bunden. Das ebenfalls aus dem 14. Jh. stammende Gebäude erfuhr im Laufe seiner Geschichte mehrere Veränderungen und Anpassungen an den jeweiligen Zeitgeschmack. Anfang des 16. Jh. wurden Erker, Türmchen und Giebel nach Vorbildern der niederländischen Renaissance ange-fügt; im 18. Jh. entfernte man den Bauschmuck, um einen nüchternen klassizistischen Bau zu erhalten; in der zweiten Hälfte des 19. Jh. erfolgten unter der Leitung des Kölner Baumeisters Vincenz Statz Umbauten im neugotischen Stil. Der Zweite Weltkrieg zog besonders das Herrenhaus in Mitleidenschaft, doch wurden Schäden durch den heutigen Besitzer des Schlosses inzwischen wieder behoben.

Die Geschichte des Wallfahrtsortes **Kevelaer**, das 1300 erstmals genannt wird, beginnt in den Wirren des Dreißigjährigen Krieges. Die Erscheinungen eines Bildes Unserer Lieben Frau von Luxemburg und Stimmen am Hagelkreuz von Kevelaer hatten den Kaufmann Hendrik Busmann bewogen, an dieser Stelle 1642 ein kleines Heiligenhäuschen für das Marienbild, das seine Frau durch einen wundersamen Zufall inzwischen bekommen hatte, zu errichten. Bereits 1643–45 wurde als erste Wallfahrtskirche die **Kerzenkapelle** im gotisierenden Stil am Hagelkreuz erbaut. 1646 gründete der Bischof von Roermond eine Niederlassung der Oratorianer am Kapellenplatz, denen die Betreuung der Wallfahrt zur wichtigsten Aufgabe wurde. Im folgenden Jahr begannen die Patres mit einem Klosterbau, der sich bis 1752 hinziehen sollte. Das heutige **Priesterhaus** ist ein Rest dieser Anlage. 1654 errichtete man auf der Mitte des Kapellenplatzes einen kleinen Zentralbau, die **Gnadenkapelle** (Abb. 74), die von nun an das Heiligenbild bergen sollte. Auf der Rückseite des Altars, durch einen schmalen Gang erreichbar, ist der kleine vergilbte Kupferstich des Gnadenbildes zu sehen.

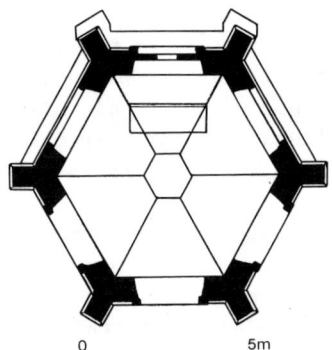

Kevelaer, Gnadenkapelle, Grundriß

Sehr schnell löste das Marienheiligtum einen starken Pilgerstrom aus. Quellen aus der zweiten Hälfte des 17. Jh. sprechen bereits von 18 000 bis 20 000 Pilgern an den Festtagen, zum Jubiläum 1742 sind 30 000 bis 40 000 Gläubige als Teilnehmer bei den besonderen Feierlichkeiten überliefert. Dementsprechend entwickelte sich das Dorf: Zu Beginn der Wallfahrt bestand Kevelaer aus rund einem Dutzend Häusern, 150 Jahre später war der Ort auf 150 Häuser angewachsen. Schon im 17. Jh. wurde Kevelaer zum bedeutendsten Wallfahrtsort am Niederrhein.

Eine Reihe von Gründen, wie z. B. die herrschenden Not- und Kriegszeiten, das Wegfallen einiger territorialer Grenzen, die für eine Ausdehnung des Einzugsbereiches bis in den Kölner

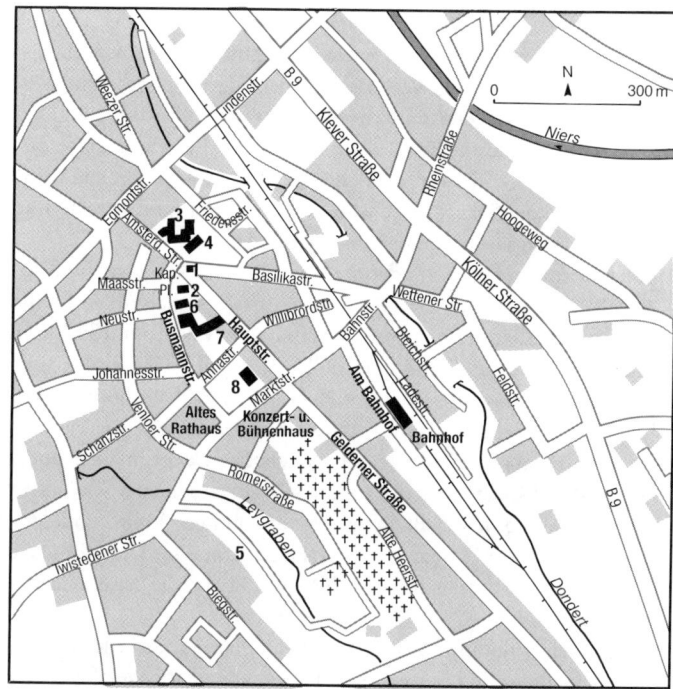

Kevelaer
1 Gnadenkapelle
2 Kerzenkapelle
3 Priesterhaus
4 Marienbasilika
5 Kreuzweg
6 Pax-Christi-Kapelle/
  Petrus-Canisius-Haus
7 Haus Risbroek
  (Niederrheinisches
  Museum für Volks-
  kunde und Kultur-
  geschichte)
8 Rathaus (Verkehrs-
  verein)

oder weiteren niederländischen Raum sorgten, aber auch die starke Marienverehrung als Reaktion auf reformatorische Strömungen bewirkten, daß das Pilgerziel an der Niers andere ältere Wall-fahrtsorte, wie z. B. Kranenburg, Marienbaum oder Sonsbeck, in den Schatten stellte – eine Rang-folge, die sich bis heute nicht geändert hat. Die Pilgerströme führten auch in den Zeiten nach Kevelaer, in denen Prozessionen teilweise verboten waren, während der Säkularisation sowie aufklärerischer Geistesströmungen. So wurde in der zweiten Hälfte des 19. Jh. noch ein weiterer großer Sakralbau notwendig, die 1858–64 von V. Statz errichtete **Marienbasilika** (Abb. 75).

Auch mit den neuen Verhältnissen der Industrialisierung und den aufkommenden Massen-verkehrsmitteln konnte die Kevelaerer Wallfahrt bestehenbleiben bzw. sich arrangieren. Das ›Kevelaer-Prozessionsbüchlein: Gebets- und Tages-Ordnung für die die Eisenbahn benutzen-den Prozessionen nach Kevelaer‹ von 1896 gibt hiervon Zeugnis (s. S. 344 ff.). Heute besuchen rund eine halbe Million Pilger jährlich die Kirchen in Kevelaer. Gruppen reisen nicht nur per Bahn oder Bus, auf Fahrrädern (Abb. 72) oder Motorrädern an, sondern es finden auch immer noch Fußwallfahrten statt. – Der **Kreuzweg** führt von der Twistedener Straße durch eine Park-anlage und über den Friedhof zur Gelderner Straße.

Das jüngste Gotteshaus des Wallfahrtsortes ist die 1982 geweihte **Pax-Christi-Kapelle** am Kapellenplatz. Sie erinnert an die Gründung der deutschen Sektion der Pax-Christi-Bewegung 1948 in Kevelaer.

221

Ein solch starkes Fremdenaufkommen beeinflußte bereits seit den Anfängen die wirtschaftliche Entwicklung in und um Kevelaer. Längste Tradition als Nebenerwerb zur Landwirtschaft
hat die Beherbergung und Verköstigung der Pilger. Für das **Haus Risbroek**, in dem sich heute
das sehenswerte **Niederrheinische Museum für Volkskunde und Kulturgeschichte** befindet,
ist dies während des frühen 18. Jh. überliefert. Eine Steuerliste des Jahres 1770 besagt, daß
76 Personen im Gastgewerbe beschäftigt waren und damit rund ein Viertel der Bevölkerung
ernährten. Zu den Dienstleistungen bei Unterkunft und Verpflegung kommen weitere in der
Herstellung von Devotionalien und deren Handel.

Eine weitreichende Veränderung trat 1860 ein. Der Anschluß Kevelaers an die Bahnlinie
Köln – Krefeld erleichterte die Anlieferung des Materials für eine umfangreiche Devotionalien-
produktion, die damit einen großen Aufschwung erlebte und die Lieferung von Andachtsgegen-
ständen aus Süddeutschland ablöste. In der Papierverarbeitung erlangten Gebetbuchverlage
Weltrang; das Kunstgewerbe, wie z.B. Gold- und Silberschmiede, Bildhauer, Graveure, Kunst-
schlosser, versorgt Pilger und Kirchen. Kerzen, Paramente, Fahnen und Glasmalereien sind
ebenfalls dem sakralen Bedarf zuzurechnen. Der Devotionalien- und Souvenirhandel (Abb. 73)
sowie zahlreiche Cafés bestimmen die Fußgängerzone des Wallfahrtsortes.

Zur Vertiefung der Wallfahrtsgeschichte und der Volkskunde des Niederrheins empfiehlt
sich ein Besuch des Museums auf der Hauptstraße 18. Die größte Attraktion des Hauses, die
nicht nur Kinderherzen höher schlagen läßt, ist die ausgezeichnete Abteilung ›Spielzeug-
sammlung J. Metzger‹.

Von Kevelaer aus führt uns der Weg weiter niersaufwärts durch eine Region, in der die Einzelhöfe das Siedlungsbild prägen. Auf die Relikte eines ehemaligen Herrensitzes stoßen wir bei
Schloß Haag, einen Kilometer nördlich von Geldern. Die Hauptburg des im 14. Jh. erstmals

Schloß Haag, Vorburg

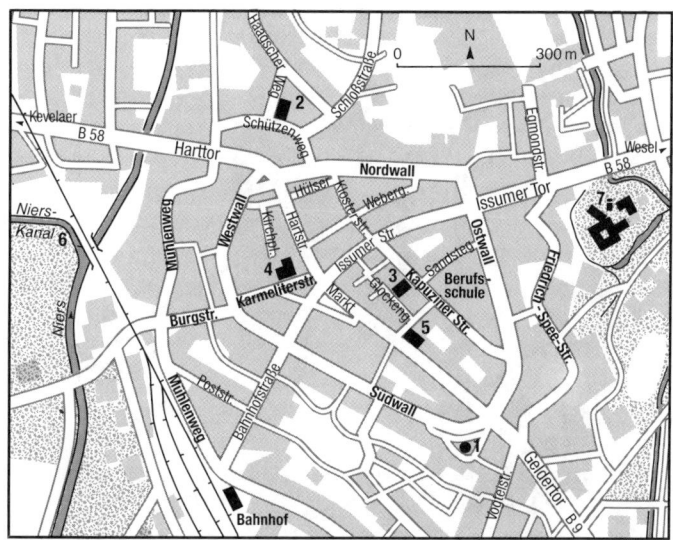

Geldern
1 Mühlenturm
2 Haus Camp
3 Ehem. Kapuziner-
*   klosterkirche*
4 Pfarrkirche St. Maria
*   Magdalena*
5 Heilig-Geist-Kirche
6 Nierskanal im histori-
*   schen Kanalbett der*
*   Fossa Eugeniana*
7 Stadtverwaltung

erwähnten klevischen Lehens wurde im Zweiten Weltkrieg zerstört, erhalten blieb nur die heute privat genutzte Vorburg. Zum Schloß gehört eine Trakehnerzucht.

Durch Kriegseinwirkungen im Jahr 1945 hatte auch die Stadt **Geldern** stärkste Verluste zu erleiden. Von der historischen Bausubstanz ist nur wenig übriggeblieben, darum müssen die wesentlichen Aspekte der Stadtgeschichte weitgehend an Straßennamen angeknüpft werden.

Ausgangspunkt der städtischen Entwicklung war eine Burg des frühen 12. Jh., die auf zwei Niersinseln im Bereich der heutigen Burgstraße und Mühlenweg stand. Östlich der Wasserburg dehnte sich eine Burgsiedlung aus, der Graf Otto II. von Geldern 1230 die Stadtrechte verlieh. Die Stadt wurde mit einer Mauer umgeben, deren Verlauf die Wallstraßen nachziehen. Das mächtige Festungswerk mit seinen 17 Türmen und fünf Toren entsprach im 16. Jh. nicht mehr den Erfordernissen, so daß es nach und nach niedergelegt wurde. Als einziges oberirdisches Zeugnis überstand der **Mühlenturm** am Südwall die Abbruchaktion. Vom 17. bis 19. Jh. wurde er als Windmühle genutzt, heute bietet er Ausstellungen einen historischen Rahmen.

Mit dem letzten Viertel des 15. Jh. war es um Geldern unruhig geworden. 1473 besetzte Karl der Kühne Geldern, das nun 240 Jahre lang mit dem Schicksal und den kriegerischen Ausein-andersetzungen in den burgundisch-spanischen Niederlanden verbunden war. Neue Fortifika-tionsanlagen mit Bastionen und Ravelins wurden ab der Mitte des 17. Jh. angelegt. Nach 50 Jah-ren preußischer Herrschaft wurde auch diese Befestigung 1763 geschleift. Ein Relikt findet sich in dem auffallend gezackten Verlauf der Friedrich-Spee-Straße östlich der Stadtmitte. Als erstes Haus entstand **Haus Camp** (Haagscher Weg, nördlich der Stadtmitte) nach der Niederlegung der Festung. Es handelt sich dabei um ein niederrheinisches Hallenhaus aus Backstein mit einer inneren Ständerkonstruktion aus Holz.

Geldern, Rheinberger Tor

Als Residenz hat Geldern für die Grafen wider Erwarten keine Rolle gespielt. Der Hauptort des geldrischen Oberquartiers war seit 1347 Roermond, und für das Unterquartier übernahm Nimwegen die entsprechende Funktion. Von größerer Bedeutung waren dagegen Klöster für das mittelalterliche und neuzeitliche Geldern, wie die Bezeichnungen Karmeliterstraße, Hülser Klosterweg, Heilig-Geist-Gasse und Kapuzinerstraße verraten, die annähernd die Hälfte der Straßen der einstigen Altstadt darstellen.

Im Komplex der Berufsschule am Ostwall 16, auf dessen Gelände im 15. Jh. ein Augustiner-kloster errichtet wurde, existiert noch das **Refektorium** (1627/28) des ehemaligen Klosters Nazareth, ein zweischiffiger, gotisierender Raum, der von Kreuzgratgewölben überspannt wird. Hier finden gelegentlich Konzerte statt. (Besichtigung nach Absprache mit dem Städt. Werbeamt, ✆ 0 28 31/39 80.) – Eingebunden in eine Häuserzeile der Kapuzinerstraße steht die ehemalige **Kapuziner-Klosterkirche** von 1711/12. Selbst die heutige Pfarrkirche **St. Maria Magdalena** fungierte ehemals als Klosterkirche der Karmelitessen. 1306 stiftete Graf Reinald I. von Geldern das Kloster, für das zu Beginn des 15. Jh. eine dreischiffige Hallenkirche neu gebaut wurde. Diese Kirche erlitt 1703 während der Kämpfe zwischen spanischen und preußi-schen Truppen stärkste Schäden. Der Neubau des frühen 18. Jh. wurde im Zweiten Weltkrieg bis auf seine Grundmauern zerstört. Die spärlichen Reste der historischen Bausubstanz inte-grierte Dominikus Böhm in der 1952 wieder errichteten Hallenkirche. Westlich der Kirche steht noch ein Gebäude des einstigen Klosterkomplexes: das **Pastorat**, ein zweigeschossiges Backsteinhaus mit Treppengiebel (18. Jh.). – Einen weiteren Sakralbau, die **Heilig-Geist-**

Kirche (1740 geweiht), finden Sie auf der Verlängerung des Marktplatzes nach Süden. Die evangelische Kirche ist eines der seltenen Beispiele barocker Kirchenarchitektur am Niederrhein. Die Schaufassaden des Backsteingebäudes werden von Risaliten sowie auf Pilastern ruhenden Dreiecksgiebeln bestimmt. Das Walmdach bekrönt eine offene Laterne mit Zwiebelhaube.

Verlassen wir die Stadt in westlicher Richtung über die Walbecker Straße. Gleich nach der Abzweigung der Bundesstraße 58 verläuft die Straße schnurgerade längs des *Niers-Kanals*. Das Wasser fließt hier in einem historischen Kanalbett aus dem 17. Jh. Die Spanier hatten in der ersten Hälfte des 17. Jh. versucht, mit der *Fosssa Eugeniana* Rhein und Maas zu verbinden (s. S. 341ff.).

Je mehr wir uns der niederländischen Grenze nähern, desto größer wird die Zahl der Gewächshäuser bei den Gehöften. Auch **Walbeck** umgeben sie auf der Ostseite wie einen Kranz. Trotzdem hat der Ort durch ein Feldgemüse Bekanntheit erlangt; es gilt als *das* Spargeldorf vom Niederrhein. Während der Wirtschaftskrise der 1920er Jahre experimentierte der Schloßherr Walter Klein-Walbeck mit dem Spargelanbau, den der Jurist während des Kriegs in den belgischen Anbaugebieten kennengelernt hatte. Die kargen sandigen Heideböden eigneten sich gut, wie es sich auch bald im wirtschaftlichen Erfolg des Unternehmens zeigte. Das Vorbild des ›studierten Bauern‹ wirkte langsam, bis allgemein anerkannt wurde, daß mit Spargel mehr als mit Roggen oder Kartoffeln auf einer gleich großen Fläche zu verdienen war. Als schließlich 1928 noch Kredite vom Kreistag für die Umstellung auf Spargelkulturen gewährt wurden, war das Eis gebrochen, und lange Spargelwälle prägten von nun an die Umgebung des Dorfes. 1929 gründeten die Walbecker sogar die erste Spargelbau-Genossenschaft Deutschlands, die nach wie vor für eine reichliche Produktion sorgt. Von Mai bis zum Johanni-Tag (24. Juni) haben Spargelstecher und Spargelesser Hochsaison in Walbeck.

Als geschütztes Warenzeichen für ihren Qualitätsspargel haben die Walbecker eine Rarität der Mühlentechnik zur Vorlage genommen. Es ist die **Kokerwindmühle** vom südöstlichen Dorfrand, eine seltene Variante der Bockwindmühle (Abb. 79). Die Hauptantriebsachse der Mühle, die Königswelle, steckt in einem turmartigen Unterbau wie ein Pfeil in einem Köcher – dem Koker. Bis 1952 war die Mühle noch in Betrieb. – Eine zweite Mühle, eine Turmwindmühle, steht im Ortskern auf einem kleinen Hügel. Im 15. Jh. erbaute man den Turm zunächst als Aussichts- und Beobachtungsturm für den Kriegsfall. Zu Beginn des 16. Jh. setzte man die Haube mit dem Flügelbaum auf. Ihren zweiten Namen ›**Steprather Mühle**‹ bekam die **Bärenmühle** 1647, als sie zum nachbarlichen Anwesen von Schloß Walbeck kam, zu Haus Steprath. Auf dem Mühlenhügel sind noch die Reste des Pflock-Kranzes erhalten, mit dessen Hilfe die Mühlenflügel in der besten Position zum Wind fixiert werden konnten.

Den Dorfkern, der sein altes Ortsbild teilweise hat bewahren können, überragt der Turm der katholischen Pfarrkirche **St. Nikolaus**. Eine stark verwitterte Inschrift auf seiner Nordseite verrät nicht nur den Baubeginn im Jahre 1432, sondern auch, daß die Kirche ursprünglich der hl. Luzia geweiht war. Im Süden wurde an die spätgotische Kirche ein Seitenschiff angebaut, das ihr ein asymmetrisches Äußeres gibt. In dem fünfjochigen Seitenschiff befindet sich ein Stifterbild mit der Darstellung einer Anbetung der Hl. Drei Könige. Pastor Eberhard Poen ließ sich 1643 vor dem Hintergrund des biblischen Geschehens verewigen; recht selbstbewußt blickt er – in gleicher Größe wie die Hauptakteure des Geschehens gemalt – aus dem Bild, anstatt sich den Heiligen zuzuwenden.

Auch als Bauherr ist es dem Walbecker Geistlichen gelungen, sich der Nachwelt zu überliefern. Durch die Jahreszahl 1625 über der Tür, aber auch durch seine Bauweise, wie z. B. der aufwendigen Giebelgestaltung, ist das **Pastorat** eines der wenigen Zeugnisse repräsentativer Architektur des 17. Jh. am Niederrhein, einer Zeit, die von kriegerischen Auseinandersetzungen geprägt ist.

Vor dem Westturm von St. Nikolaus steht gleichfalls auf einem höheren Niveau als der Marktplatz die spätgotische **Luziakapelle.** An der Nord- und Ostwand des zweijochigen Kirchenraumes wurden nach dem Zweiten Weltkrieg Reste der mittelalterlichen Wandmalereien freigelegt, die Abbildungen von Heiligen sowie Blattranken als Schmuck des Sternengewölbes zeigen.

Nordwestlich vom Ortskern liegt das gleichnamige Schloß oder **Haus Walbeck,** dessen Anfänge in das späte Mittelalter zurückzuverfolgen sind. Die vierflügelige Backsteinanlage um einen quadratischen Innenhof weist Bezüge zum niederländischen Burgenbau auf. Das oberste Geschoß kragt als ehemaliger Wehrgang vor, auch die kleinen Schlagläden unterhalb der Trauflinie weisen darauf hin. Zum Schutz des Herrenhauses wurde ebenfalls eine dreiflügelige Vorburg errichtet. Heute befindet sich ein sozialpädagogisches Institut in den historischen Mauern.

Die übliche Gliederung in Herrenhaus und Vorburg weist auch das benachbarte **Haus Steprath** auf, das vermutlich im 15. Jh. von einer Nebenlinie des Eifeler Geschlechtes Schenk van Nydeggen auf Schloß Walbeck gegründet wurde. Das Herrenhaus mit seinem verwinkelten Baukörper verrät eine regere Bautätigkeit als auf dem Nachbaranwesen. Der Westflügel und der anschließende Eckturm stammen aus der Mitte des 16. Jh. Im 17. Jh. wurde dieser Trakt durch zwei weitere Flügel zu einem hufeisenförmigen Komplex erweitert, an dessen Ostseite zu Beginn des 18. Jh. ein langgestreckter Bau angefügt wurde. Die wasserumwehrte Anlage, zu der noch eine Vorburg aus dem 17./18. Jh. gehört, wechselte 1989 den Besitzer und wird nun durch Renovierung und eine neue Nutzung vor dem Verfall bewahrt.

Eine herausragende Rolle für die Landwirtschaft am Niederrhein – und darüber noch hinausreichend – spielt **Straelen** (s. S. 339 ff.). Der Verlauf der Wallstraßen markiert auch hier, ähnlich wie z. B. in Geldern, noch die Lage der mittelalterlichen Stadtbefestigung. Nach der Zerstörung des Marktortes durch burgundische Truppen im November 1386 wurde mit dem Bau einer Stadtmauer begonnen, bevor Straelen Stadtrechte besaß. Erst 1428 erteilte der Herzog Arnold von Geldern und Jülich der Siedlung die städtischen Privilegien und erweiterte das Marktrecht. Zu dem Wochenmarkt am Donnerstag kamen zwei Jahrmärkte im Frühjahr sowie um Allerheiligen.

Der Wohlstand des Städtchens zeigte sich wie andernorts im Bau der Stadtkirche. Vorgängerbauten sind an dieser Stelle bis ins 7. Jh. zurückzuverfolgen; im 11. Jh. gelangte sie unter dem Kölner Erzbischof Anno II. in den Besitz der von ihm bevorzugten Abtei Siegburg. 1250 wurde sie zur Pfarrkirche erhoben, blieb jedoch weiter unter dem Patronat der Benediktiner-abtei St. Michael. Die Kirche **St. Peter und Paul** ist heute ein Konglomerat verschiedener Bauphasen des frühen 13. bis 17. Jh. Romanische Tuffquader bilden den unteren Bereich des fünfgeschossigen Westturmes. An ihn fügte man Ende des 14. Jh. eine dreischiffige Backsteinhalle an. 1498 zerstörten Truppen Kaiser Maximilians deren Ostteil. Zu Beginn des 16. Jh. wurden weitere Langhausjoche und ein neuer Chor in Form einer Pseudobasilika an die Hallenkirche angebaut. Nicht nur anhand unterschiedlichen Deckenniveaus, sondern auch in der Ausführung der Gewölbe lassen sich die beiden Bauphasen unterscheiden. Die Pfeiler der Hallenkirche des 14. Jh. tragen ein Kreuzrippengewölbe, während das Mittelschiff der spätgotischen Säulenbasilika von einem Netzgewölbe überspannt wird. Mit der letztgenannten Deckengestaltung, die für den Niederrhein selten ist, folgte man dem Vorbild der Pfarrkirche zu Venray im niederländischen Limburg.

Von der romanischen Ausstattung ist noch das Taufbecken aus Namurer Blaustein mit einer für den Niederrhein ungewöhnlich frühen Menschendarstellung erhalten (Anfang 13. Jh.). Auf dem Hochaltar und dem nördlichen Seitenschiff finden wir Antwerpener Schnitzaltäre aus der Zeit um 1525. Im südlichen Seitenschiff steht ein niedersächsischer Schnitzaltar, ein Marienschrein von 1480. Der Kirchenraum bietet noch weitere Meisterwerke der Holzschnitzkunst aus verschiedenen Stilepochen: z. B. ein gotisches Chorgestühl in der nördlichen Seitenkapelle (Mitte 15. Jh.), die Kanzel aus dem Jahre 1628 in Formen der am Niederrhein fremden Hochrenaissance sowie eine barocke Kommunionbank aus einer Antwerpener Werkstatt vom Anfang des 18. Jh.

Der Kirchenbau steht in einer für den Niederrhein typischen Lage, nämlich hinter einer Häuserzeile, die ihn vom Markt abtrennt. Der Markt sowie der gesamte Bereich der Altstadt wurden in den 1970er Jahren umfassend saniert und neugestaltet. Diese Maßnahme wurde nicht nur beim Städtewettbewerb ›Stadtgestalt und Denkmalschutz im Städtebau‹ 1978 gewürdigt, sondern auch mit internationalen Preisen ausgezeichnet.

Einige denkmalgeschützte Häuser in der Kuhstraße beherbergen das *Europäische Übersetzer-Kollegium*, das weltweit erste internationale Arbeitszentrum für literarische und geisteswissenschaftliche Übersetzer. Besichtigungen sind nach Absprache mit dem Werbeamt möglich.

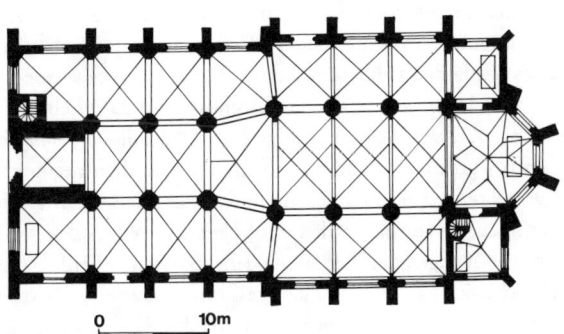

Straelen, St. Peter und Paul, Grundriß   0 ___ 10m

Gehen wir zurück in die niederrheinische Geschichte und widmen uns einigen Herrensitzen in der Umgebung Straelens. An einer östlichen Ausfahrtsstraße liegt das wasserumwehrte *Haus Coull*. In der Niersaue stoßen wir auf eine Reihe von Wasserschlössern, wie z. B. *Haus Caen*, dessen mittelalterliches Herrenhaus im 17. Jh. seine heutige äußere Gestalt bekam. Aus dieser Zeit stammt auch die dazugehörige Wassermühle in Fachwerkbauweise mit Backsteingefachen (Farbabb. 8). – Weitere alte Gutshöfe, deren Wassergräben von der Niers gespeist werden, sind *Haus Eyll* und *Haus Vlassrath*. Vorbei an *Haus Ingenray* erreichen wir das Nordwestende der Aldekerker Platte.

Auf der Aldekerker Platte

Ein Blick auf die topographische Karte zeigt, daß es sich bei der Aldekerker Platte um eine deutlich abgegrenzte Landschaftseinheit handelt. Kaum von oberirdischen Wasserläufen durchschnitten, erhebt sich der Rest der ehemals ausgedehnten sogenannten Krefelder Mittelterrasse von mindestens zwei bis drei Meter über dem Niveau der sie umgebenden Auen. Auf den Terrassenschottern, die vom prähistorischen Rhein herantransportiert worden waren, lagerte der Wind Löß ab. Die sich darauf entwickelnden Böden gehören zu den fruchtbarsten am Niederrhein. Um das Ackerland mit den hohen Bodenwerten optimal nutzen zu können, nahm man schon bei der Besiedlung im Frühmittelalter darauf Rücksicht.

Noch heute unterscheiden sich die Siedlungsformen deutlich von denjenigen des weiteren Niederrheins. Parallel zur Terrassenkante ziehen sich langgestreckte, stellenweise nur einzeilige Straßendörfer. Mit ihrer Lage auf der Grenzlinie zwischen Flußaue und höher gelegener, trockener Fläche sind sie die typische Siedlungsform aus der fränkischen Landnahme. Die Haufendörfer von Kerken und Sevelen liegen ebenfalls am Rand der Terrasse. Am Westrand der Terrasse ändert sich das Bild. Hier hat eine eiszeitliche Gletscherzunge die Schottermassen zusammengeschoben und zu den *Schaephuysener Höhen* aufgestaucht, die sich bis auf 80 m erheben.

Eine reizvolle Fahrt mit Einblicken in die alte bäuerliche Kulturlandschaft bietet die Straße längs der Terrassenkante von *Winternam* durch *Nieder-* und *Obereyll* nach *Stenden*. Vor einer Reihe von Backsteinhäusern, den Wohnhäusern der Gehöfte, stehen stark zurechtgestutzte Bäume, die mit ihrem flächigen Schnitt an aufgestellte Fächer erinnern.

Zur Honschaft Winternam gehörte im frühen Mittelalter die Gemarkung **Nieukerk**. Die Stelle eines römischen Heiligtums an der Terrassenkante wurde mit einer romanischen und im 15. Jh. schließlich von einer gotischen Kirche überbaut. Durch eine Häuserzeile vom Webermarkt abgetrennt, überragt die dreischiffige Pseudobasilika *St. Dionysius* den Ort (Abb. 80). Das dörfliche Leben wurde durch Klöster mitgeprägt. Aus dem Beginenhof (Beginenweg) ging im 15. Jh. ein Karmeliterinnenkloster hervor, und an der Straße nach Winternam bestand ein Konvent der Tertiarinnen. Im 16. und 17. Jh. hatte Nieukerk – wie Aldekerk – stark unter den Wirren des Dreißigjährigen Krieges, der Pest sowie dem spanischen Erbfolgekrieg zu leiden. Mit dem Frieden von Utrecht (1713) wurde eine wichtige Grundlage zu einer Wirtschaftsentwicklung geschaffen, und die Preußen als neue Landesherren setzten ihre Hoffnungen auf eine Förderung des Textilgewerbes.

Straßenbezeichnungen wie ›Große‹ und ›Kleine Bleiche‹ deuten auf die ehemalige Leinenproduktion in der zweiten Hälfte des 18. Jh. hin. Ein Jahrhundert später standen rund 450 Webstühle in Nieukerk, auf denen in Heimarbeit vorwiegend Seidengewebe hergestellt wurden. Eine Umstellung auf mechanische Webstühle im Rahmen der Industrialisierung unterließen die Krefelder Seidenfabrikanten jedoch, und damit übernahm die Landwirtschaft wieder ihre dominierende Rolle.

Ähnliche Entwicklungen erlebte das benachbarte **Aldekerk**. Auch hier vollzog sich das Ortswachstum auf Grundbesitz, der zu einer Honschaft bzw. deren Herrensitz gehörte. Von den älteren Siedlungen am Terrassenrand gingen die Impulse aus; in diesem Fall war es **Eyll**. Das Dorf entwickelte sich um eine romanische Kirche, die als Filialkirche St. Dionysius in Nieukerk untergeordnet war. Der heutige Bau der Pfarrkirche *St. Peter und Paul* stammt aus dem Ende des 19. Jh. An den Westturm mit seiner neugotischen Bauplastik schließt sich ein dreischiffiges Langhaus an.

Während des 18. Jh. ließen sich auch in Aldekerk Textilfabrikanten nieder. Hier dominierte schon früh die Seidenweberei. 1739 gründete der Krefelder Peter van der Leyen eine erste Fabrik, der in den 1750er Jahren noch zwei Seidenbandwebereien folgten. Auffälligstes Relikt des 19. Jh. ist für den südlichen Terrassenbereich der Ausbau des Verkehrsnetzes. Aldekerk und Nieukerk erhielten erst 1845 die geradlinige Straße zwischen ihren beiden Kirchen. Bis dahin war immer noch der historische Weg entlang der Terrassenkante die Verbindung zwischen den beiden Dorfkernen. Bei der kommunalen Neugliederung 1969 wurden die beiden Orte zur Gemeinde **Kerken** zusammengeschlossen.

Kempen und das Kempener Land

Als südlichsten Punkt des Kendel- und Donkenlandes und Übergang zwischen der Aldekerker Platte und dem Kempener Land erreichen wir **Wachtendonk**. Ein schmaler Sporn der Kempener Terrasse ragt in die breite Aue von Nette, Niers, Schwarze Rahm und Landwehrbach hinein und ist damit geradezu prädestiniert als Standort einer Festung. Im Schutz der Niersaue errichteten die seit 1196 bezeugten Herren von Wachtendonk eine Burg. Nördlich der Wasserburg entwickelte sich ein Suburbium, eine kleine Vorstadt, der im 14. Jh. die Stadtrechte verliehen wurden. In diesem Zusammenhang erhielt der Ort vermutlich seine Stadtmauer. Wenn auch kaum mehr oberirdische Relikte dieser Befestigungsanlage existieren, so ist doch das Ausmaß der mittelalterlichen Siedlung am Straßennetz abzulesen. Es umfaßte den Bereich zwischen Mühlenstraße, Neustraße, Klosterstraße und Wall. Das Burgstädtchen erlebte im Mittelalter eine wechselvolle Geschichte, indem sich die Herzöge von Geldern, die Herren von Wachtendonk und die Herzöge von Kleve mehrfach in die Rolle der Stadtherrn ablösten.

Am Südrand des Stadtkerns wurden die Reste der 1326 erstmals genannten **Burg** freigelegt. Rekonstruierte Grundmauern vermitteln einen Eindruck von der kleinen Wasserburg: Über eine Holzbrücke und ein Doppelturmtor gelangte man in den Innenhof, der an der Westseite

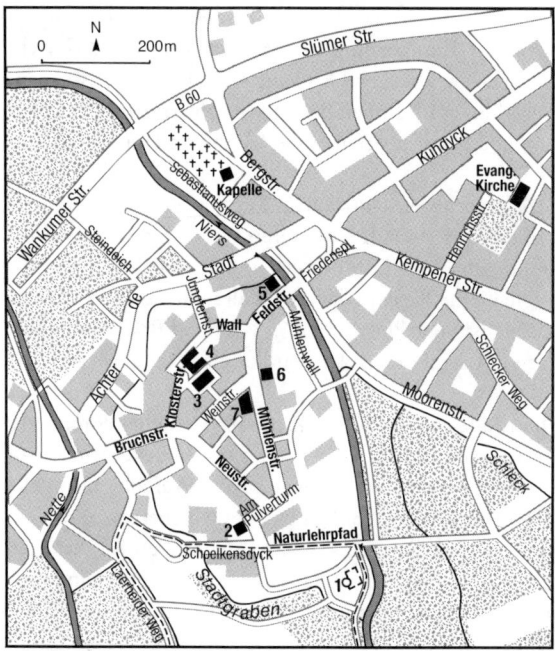

Wachtendonk
1 *Burgruine*
2 *Pulverturm*
3 *St. Michael*
4 *Kloster Tal Josaphat (Bürgerhaus)*
5 *Lohmühle*
6 *Haus Püllen*
7 *Rathaus*

von einem Bergfried überragt wurde. An den nahezu quadratischen Burghof schloß sich der zweiflügelige Hauptbau an. Im Nordwesten war der Anlage – als Verbindungsstück zur Stadt – eine Vorburg vorgelagert, die heute nur noch als Bodendenkmal existiert. Der südliche Eckpunkt der einstigen Stadtmauer befindet sich beim sogenannten **Pulverturm** (Abb. 81). Auf die bis zu 1,70 m mächtigen Kellerfundamente eines Stadtturmes aus dem 14. oder 15. Jh. setzte man zu Beginn des 17. Jh. das zweigeschossige Backsteingebäude mit seinem ungewöhnlich abgestuften Renaissancegiebel.

In einer bemerkenswert peripheren Lage befand sich im Mittelalter die Pfarrkirche **St. Michael.** Aus einer Eigenkirche der Herren von Wachtendonk hervorgehend, wurden ihr 1449 die Pfarrrechte übertragen. Ein viergeschossiger Westturm überragt die 1382 geweihte, dreischiffige Hallenkirche. – In dem schmalen Raum zwischen der Kirche und der Stadtmauer ließen Wilhelm und Hermanna von Wachtendonk 1430 ein Frauenkloster errichten. Eine eigene Kirche besaß das **Kloster Tal Josaphat** nicht. Der hufeisenförmige Baukomplex war durch einen hölzernen Gang mit der Stadtkirche verbunden, und dort stand den Nonnen eine eigene Empore im nördlichen Seitenschiff zur Verfügung. Nach umfangreichen Renovierungen wird das ehemalige Kloster u. a. als *Bürgerhaus* genutzt.

Mitte des 16. Jh. wurde Wachtendonk in die Auseinandersetzungen des Achtzigjährigen Krieges hineingezogen, denn es lag unglücklicherweise an der Frontlinie. 1579 trennten sich sieben niederländische Provinzen, darunter auch die Provinz Gelderland, zu der Wachtendonk gehörte, von Spanien. In der Folgezeit geriet die Stadt wechselweise unter niederländische oder spanische Herrschaft. Dabei verstärkten die jeweiligen Stadtherren natürlich auch die Befestigungsanlagen. Die mittelalterliche Stadtmauer bot keinen ausreichenden Schutz mehr gegen die aufkommenden Feuerwaffen, so daß eine zeitgemäße Fortifikation notwendig wurde. Vor den Mauerring legte man zu Ende des 16. Jh. ein System aus Bastionen. Der gezackte Verlauf des zugehörigen Festungsgrabens ist heute noch auf der westlichen Seite unschwer zu erkennen; sogar ein kleiner Wasserlauf fließt noch durch den einstigen Stadtgraben. 1608 wurden die neuen Befestigungsanlagen bereits wieder geschleift, da Wachtendonk ein Jahr zuvor als neutral erklärt wurde.

Nach diesem Zeitpunkt begann erst ein Ortswachstum vor der Befestigung. Vor dem Bruch- und dem Feldtor entstanden die ersten Häuser auf ehemaligem Bastionterrain, die Bruch- und die Feldstraße wurden bebaut. Nach einem großen Stadtbrand im Jahr 1708 blieb Wachtendonk von weiteren größeren Zerstörungen verschont. Auf diese Weise konnte sich das historische Ortsbild eines Landstädtchens des 18./19. Jh. erhalten.

Rund zwei Drittel der Häuser stammen aus der Zeit vor 1850, und somit ist es nicht verwunderlich, daß mehr als 70 % der Gebäude sowie zusätzlich der gesamte Ort unter Denkmalschutz stehen. Zu den ältesten Häusern gehören z. B. die ehemalige, 1739 erstmals erwähnte **Lohmühle** (Feldstraße 4) oder **Haus Püllen** von 1634 (Feldstraße 35) gegenüber dem **Rathaus.** 1712 ersetzte die Stadt das abgebrannte Rathaus durch einen Neubau, dem in der Mitte des

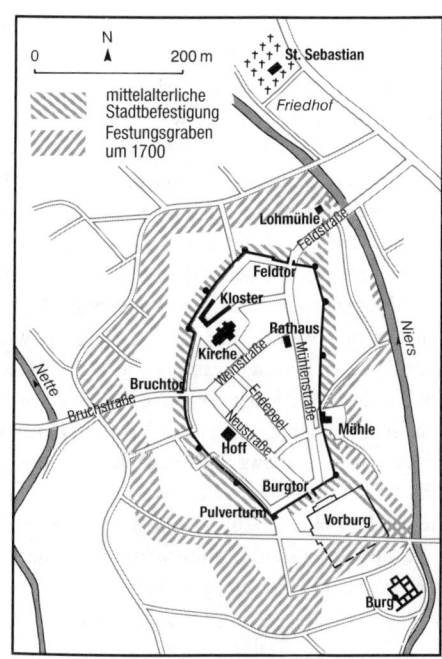

Stadt und Festung Wachtendonk im 17. Jh.

19. Jh. ein weiterer folgte. Die klassizistische Putzfassade und die große bekrönende Laterne auf dem Pyramidendach haben trotz der Veränderungen im 20. Jh., durch die das Rathaus erweitert und damit für eine wachsende Gemeinde funktionsfähig gehalten wurde, ihr historisches Aussehen bewahrt.

Südlich der Altstadt bietet ein rund 3 km langer *Naturlehrpfad* Einblicke in die frühere Naturlandschaft und die alte bäuerliche Kulturlandschaft des Niederrheins. (Im Rathaus und in den Gaststätten Wachtendonks ist ein kostenloses Faltblatt mit ausführlichen Informationen zum Naturlehrpfad erhältlich. Man sollte es sich unbedingt besorgen, da die Auskünfte vor Ort nicht gegeben werden.)

Mit der Stadt **Kempen** stoßen wir wieder einmal auf eine Siedlungsentwicklung, die wesentlich von kurkölnischem Landbesitz mitbestimmt wurde. Aus einem Hof des Kölner Erzbischofs ging im 12. Jh. das Amt und Gericht Kempen hervor, dem 1294 die Stadtrechte verliehen wurden. Ende des 13. Jh. begann man mit dem Bau einer **Stadtmauer,** die auch heute noch nahezu vollständig den mittelalterlichen Stadtkern umzieht. Um 1350 entstand das **Kuhtor** als Haupttor im Norden der Stadt (Abb. 83). Ende des 19. Jh. wurde es im neugotischen Stil restauriert. Im Südwesten setzte man 1481 auf ein größeres Turmfundament den **Mühlenturm.** Nach mehrfachen Zerstörungen wurde er immer wieder neu aufgebaut und erhielt 1966 auch neue Mühlenflügel.

An der Nordostecke der Stadt existierten bereits Vorgängerbauten der **Kurkölnischen Landesburg,** die zwischen 1396 und 1400 errichtet wurde. Der Komplex der ehemaligen Wasserburg, der Amtssitz des erzbischöflichen Verwalters, wurde im 17. Jh. zu einem Schloß umgebaut. In den 1860er Jahren erfolgte ein Rückgriff auf die Architektur des frühen Baus, indem nach Plänen von Heinrich Wiethase die bis auf ihre Grundmauern abgebrannte Hauptburg im neugotischen Stil wieder aufgebaut wurde. In den neuen zweigeschossigen Winkelbau zog 1863 das Gymnasium Thomaeum ein. Von 1933 bis zur kommunalen Neugliederung 1975 war die ehemalige Landesburg Sitz der Kreisverwaltung, die inzwischen nach Viersen verlegt wurde. Statt dessen hat u. a. das Niederrhein-Archiv dort seinen Platz gefunden.

Die Zeit von der Mitte des 15. bis zum frühen 16. Jh. gilt als die wirtschaftliche und kulturelle Blütezeit der Stadt. Protegiert vom Kölner Erzbischof und im Schutz der Befestigungsanlagen brachte der Handel den Bürgern Wohlstand. Zwei Wochenmärkte und sechs Jahrmärkte bereicherten das städtische Wirtschaftsleben. Als wichtigster Bau fungierte hierfür das im Zweiten Weltkrieg zerstörte Rathaus mit der Stadtwaage am Buttermarkt. Zwei Patrizierhäuser sind noch Zeugen jener Epoche. **Haus Weinforth** in der Peterstraße 41 wurde um 1500 erbaut. Dem Fachwerkgebäude setzte man eine Backsteinfassade mit gotischer Bauplastik und Stufengiebel vor. Nicht weit davon entfernt steht nahe der Stadtmauer das **Von-Nievenheimsche-Haus** (1520) ebenfalls mit einem spätgotischen Treppengiebel. – Wie andernorts dokumentierte sich die gute wirtschaftliche Lage der Bürger auch in Stiftungen für das Allgemeinwohl. 1390 bereits stifteten die Kempener ein Hospital, ein Heim für arme, alte alleinstehende Mitbürger, in zentraler Lage. Die **Heilig-Geist-Kapelle** wurde um 1425 als kreuzrippengewölbte Saalkirche errichtet.

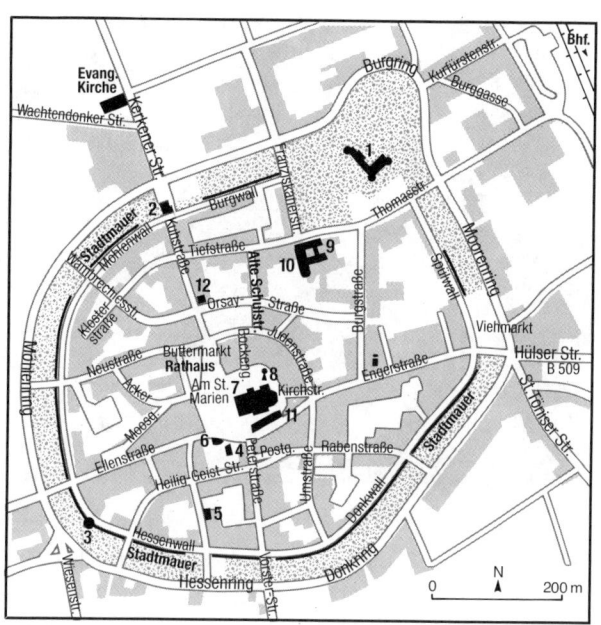

Im Zentrum der mittelalterlichen Stadt überragte die Propsteikirche **St. Maria** mit ihrem viergeschossigen Westturm die Häuser. Dieser Turm ist auch heute noch ein auffälliges Relikt des romanischen Vorgängerbaus aus dem 12. Jh. Im 14. und 15. Jh. wurde die romanische Basilika schrittweise durch einen gotischen Kirchenraum ersetzt – ein ähnliches Vorgehen wie z. B. am Xantener Dom oder der Klever Stiftskirche. Auch beim Neubau der Kempener Kirche, die 1320 der Benediktinerabtei St. Vitus in Mönchengladbach inkorporiert wurde, sind Planänderungen deutlich an den Kirchenschiffen abzulesen. Im 14. Jh. begann man mit der Umgestaltung zu einer Pseudobasilika und beendete im 15. Jh. den Bau in Form einer Hallenkirche. In den 1460er Jahren fügte man an den Hochchor einen Hallenumgang nach westfälischem Vorbild an sowie das nördliche Seitenschiff.

Trotz schwerer Kriegszerstörungen weist die katholische Pfarrkirche heute noch einen beachtlichen Teil ihrer spätgotischen Innenausstattung auf. Im nördlichen Chorumgang blieb sogar ein Rest gotischer Wandmalerei erhalten. In der zweiten Hälfte des 15. Jh. entstand das turmartige Sakramentshaus in der Kölner Dombauhütte. Zur selben Zeit fertigte Johannes Gruter das Chorgestühl, welches in seinen künstlerischen Qualitäten mit denjenigen in Kleve oder Kalkar verglichen werden kann. Wie sich hieraus ableiten läßt, fehlte es den Kempener Bürgern nicht an den nötigen Mitteln, um Aufträge an die besten Meister und Werkstätten zu vergeben. Ein anderes Zeugnis stellen hierfür die Schnitzaltäre dar, auch wenn von den ursprünglich zwanzig heute nur noch drei Antwerpener Altäre den Kirchenraum schmücken. Der 1513 der hl. Anna geweihte Hochaltar wurde in der Werkstatt des Adrian van Overbeck

233

*Kempen, St. Maria,
Bögelspieler im
Bruderschaftsaltar*

bestellt (Farbabb. 21). Der Flügelaltar schildert das Leben der hl. Anna und der Hl. Sippe, die Außenseiten der bemalten Flügel zeigen Szenen des Jüngsten Gerichts. Im südlichen Seitenschiff steht der Bruderschaftsaltar von 1525. Neben den Bildern aus der Passion Christi bietet das Retabel noch reizvolle Einblicke in den Alltag jener Zeit: Bögelspieler tauchen zwischen den biblischen Personen auf; bei letzteren erfreuen sich Brillen großer Beliebtheit. Studieren Sie einmal die spätgotische Kollektion! Als dritter und jüngster Altar steht der um 1540 in Antwerpen gefertigte Jakobus- und Antoniusaltar im nördlichen Seitenschiff.

Auf dem Platz nördlich der Kirche erinnert ein **Denkmal** an einen Bürger der Stadt, an *Thomas Hemerken* (1380–1471), später **Thomas von Kempen** genannt. Dem großen Theologen und Mystiker wird das Werk ›Die Nachfolge Christi‹ zugeschrieben, das nach der Bibel zur wichtigsten christlichen Literatur zu zählen ist.

Der Hessenkrieg (1642–49) und die damit verbundene Eroberung Kempens im Jahre 1642 durch Truppen der Franzosen, Hessen und Weimarer brachte eine Zäsur in die Stadtentwicklung. Mehr als die Hälfte der Häuser wurden zerstört. Beim Wiederaufbau bevorzugte man Steinhäuser gegenüber den feuergefährdeteren Fachwerkkonstruktionen. Ein letztes Ensemble der Holzarchitektur, das noch zu Beginn des 17. Jh. entstanden ist, stellt die Bebauung der **Alten Schulstraße** dar (Abb. 82). Im selben Baublock wurde zwischen 1627 und 1631 ein *Franziskanerkloster* errichtet, das heute das **Städtische Kramer-Museum und Museum für Niederrheinische Sakralkunst** beherbergt. Nach der Fertigstellung der Klostergebäude begann man mit dem sich westlich anschließenden Bau der **Paterskirche.** Von 1637 bis zur Säkularisation diente die kreuzgewölbte Saalkirche den Franziskanermönchen. Seit 1979 werden in diesem Gebäude Werke der niederrheinischen Sakralkunst gezeigt, doch dient sie weiterhin als Pfarrkirche.

Nach den Zerstörungen durch die hessischen Besatzer und ihre Verbündeten erlebte Kempen keine Fortsetzung der regen Bautätigkeit mehr. Die Zahl der Baudenkmäler seit dem späten 17. Jh. ist weit geringer. Südlich der Propsteikirche entstand 1664 bis 1668 der Barockbau des ersten Gymnasiums, der **Burse**. Eines der wenigen Beispiele repräsentativer Profanarchitektur stellt das um 1675 erbaute **Haus Witthoff** in der Judenstraße 21 dar. In der Mitte des 18. Jh. wurde das Franziskanerkloster als eine barocke Vierflügelanlage neugebaut. Einige Räume des Erdgeschosses erhielten dabei prachtvolle Stuckdecken, bei denen Einflüsse italienischer Meister ablesbar sind, die auch an den kurfürstlichen Residenzen in Brühl und Bonn mitgewirkt haben.

Hiermit sind die großen Bauaktivitäten in der Stadt für lange Zeit erschöpft. Kempen gelang es zwar, Verwaltungs- und Bildungseinrichtungen, wie z. B. das katholische Lehrerseminar (1840) oder die Rheinische Provinzial-Taubstummenanstalt (1841), zu bekommen, aber auch der Anschluß an die Bahnlinie Krefeld–Kleve (1863) brachte nicht die Impulse wie in den benachbarten Städten Krefeld oder Viersen. Das gründerzeitliche Wirtschafts- und Stadtwachstum, welches nur wenige Kilometer weiter südlich durch die Textilindustrie hervorgerufen wurde, spielte für Kempen keine besondere Rolle.

Das **Kempener Land** hat die gleiche geologische Vergangenheit wie die Aldekerker Platte, denn es handelt sich hierbei ebenfalls um ein größeres Stück der ehemaligen Krefelder Mittelterrasse. Auch die Besiedlungsgeschichte des bis heute ländlich geprägten Raumes vollzog sich in ähnlicher Weise. Von den Randbereichen, die während der fränkischen Landnahme erschlossen wurden, drang man in das Innere der Terrasse vor. Das Siedlungsbild unterscheidet sich jedoch deutlich vom nördlich gelegenen Bereich. Im Kempener Land dominieren die verstreut liegenden Haufenhöfe, die oftmals noch mit Wassergräben umzogen sind. Wir befinden uns hier im Übergangsgebiet vom mitteldeutschen oder fränkischen Gehöft zum niederrheinischen T-Haus. Die Anlagen der großen Gutshöfe weisen deutlich Verwandtschaft zu Wasserburgen auf. Die Zufahrt über den Wassergraben wird häufig von Torbauten – ähnlich den Vorburgen – geschützt. Das Anwesen setzt sich in der Regel aus einer Reihe von Gebäuden zusammen: dem Wohn- bzw. Herrenhaus, Scheune, Stall, Karrenschuppen, Backhaus und – wiederum ein Element aus der Fortifikationsarchitektur – dem **Berfes.**

Diese turmartigen Fachwerkbauten dienten als Speicher. Die kostbaren Vorräte waren darin mehrfach geschützt, denn häufig waren die bäuerlichen Bergfriede ebenfalls in das Wassergrabensystem integriert. Entweder waren sie von eigenen Gräben umgeben, oder sie standen auf künstlich errichteten Inseln. Neben dem Schutz vor Dieben erwies sich der wassernahe Standort besonders nützlich bei Bränden. Selbst bei der Fachwerkkonstruktion konnte man zusätzliche Sicherung einbauen. Im Erdgeschoß wurden zwischen die Ständer mehr Riegel eingespannt als beispielsweise im Obergeschoß. Durch die kleineren Gefache und eine dichtere Ausstakung wurde es Dieben erschwert, Löcher in die Fachwerkwand zu brechen. Heute gibt es leider nur noch wenige Beispiele solcher Speicher. Entweder wurden sie abgerissen oder mit Anbauten versehen, so daß der Turm nicht mehr sichtbar ist. Ein freistehender Berfes steht auf dem *Raveshof* (Abb. 84) am östlichen Rand von St. Hubert zwischen Kempen und Krefeld-

Hüls; ein anderer, aus Mönchengladbach stammender, wurde im Rheinischen Freilichtmuseum in Kommern (Eifel) aufgebaut.

Der Ausflug in die Entwicklungsgeschichte der ländlichen Architektur am Niederrhein ließe sich gut mit einem Besuch des **Niederrheinischen Freilichtmuseums** in **Grefrath** (Kreis Viersen) vertiefen (s. S. 335 ff.). Die drei Hauslandschaften des Niederrheins werden durch translozierte Gebäude vorgestellt:

1. der nördliche Raum um Kevelaer, Goch und Kleve mit dem niederrheinischen Hallenhaus;
2. der südliche und westliche Bereich, der im Naturpark Schwalm-Nette noch in das Gebiet dieses Führers hineinragt, mit seinen vierseitig geschlossenen, mitteldeutschen Gehöften;
3. das Übergangsgebiet um Mönchengladbach, Viersen und Kempen.

Die dritte Gruppe ist auf dem im Aufbau begriffenen Museumsgelände bereits mit mehreren Höfen vertreten. Dabei bemüht man sich, die vollständigen Hofanlagen mit ihren Nebengebäuden, wie z. B. dem Backhaus oder dem Notstall, in einer Umgebung aufzustellen, die dem historischen Umfeld nahe kommt. So gehören Bauerngärten und hofnahe Weiden mit zu den Ensembles, die den zweiflügeligen, wasserumwehrten Bau der **Dorenburg** (um 1630) umgeben. Durch das Einbeziehen des Herrensitzes kann das Museum Gegenstände aus dem bäuerlichen wie herrschaftlichen Alltag präsentieren. Dieser umfaßt nicht nur die bäuerliche Arbeit und die damit verbundenen Nebengewerbe und Handwerke, sondern auch Jahres- und Lebensbrauchtum oder das religiöse Leben. Historisches Spielzeug und Spiele werden in einem *Spielzeugmuseum* auf dem Gelände gezeigt. Selbst eine früher zu jedem Dorf gehörende *Bügelbahn* (Bögelbahn) wurde aufgebaut. Hierbei handelt es sich keinesfalls um einen ›Hausfrauensport‹, sondern um ein altes bäuerliches Spiel mit Schlägern und Kugeln, die durch einen in der Erde steckenden Bügel geschlagen werden müssen (s. S. 234).

Letzte Reste der Naturlandschaft und das alte Flachsland

Hinsbecker Schweiz und das Nettetal

Sicherlich ist es ein bißchen übertrieben, die hügelige Landschaft besonders nördlich von Hinsbeck als ›Schweiz‹ zu bezeichnen, aber in einem sonst so ebenen Gebiet fällt dieser feine Unterschied schon deutlich auf. Sie finden hier sogar Straßenschilder, die vor größeren Gefällstrecken warnen.

Südlich des Naturschutzgebietes **Krickenbecker Seen** und der **Venloer Heide** sind aus frühmittelalterlichen Rodungsinseln die Gemeinden beiderseits der Nette entstanden. 1596 bekam Breyell Marktrechte, nach 1628 entwickelte sich Kaldenkirchen zu einer befestigten Stadt. Jedoch die ältesten Stadtrechte in diesem Raum, die 1312 den Krickenbecker Lehnsherren von den Grafen von Geldern vergeben wurden, führten nicht zur Entwicklung einer Stadt. Krickenbeck blieb über die Jahrhunderte hinweg ein herrschaftliches Anwesen auf einer Landzunge zwischen dem Poelvensee, Glabbacher und Hinsbecker Bruch sowie dem Schrolliksee.

Am 1. Januar 1970 wurden die fünf Gemeinden des oberen Nettetales *Hinsbeck, Lobberich, Breyell, Kaldenkirchen* und *Leuth* zur Stadt **Nettetal** zusammengeschlossen.

Hinsbeck mit seinen 5000 Einwohnern ist der kleinste Stadtteil. Er wird auf der Höhe von der *Stammenmühle* (1854 errichtet) und im Ort von der Pfarrkirche *St. Peter* überragt, die in den 1860er Jahren von dem Kölner Baumeister Vincenz Statz geplant wurde. Er hat sich in diesem Gebiet auch noch mit anderen Bauaufgaben beschäftigt: So gehen der abgebrannte neugotische Bau von Schloß Krickenbeck und der Neubau der Leuther Pfarrkirche St. Lambertus auf diesen Verfechter der Neugotik zurück. Eine ganze Reihe von Kirchenabrissen und vergrößerten Neubauten während des 19. Jh. verrät, daß Bevölkerungswachstum und wirtschaftliche Verhältnisse solche Aktivitäten notwendig, aber auch finanzierbar gemacht haben.

In **Lobberich** stieg die Einwohnerzahl von 2400 im Jahre 1817 auf rund 7000 zum Ende des Jahrhunderts. Das Textilgewerbe, vor allem die Hausweberei, und ab den 1890er Jahren die industrielle Tongewinnung und -verarbeitung brachten dem oberen Nette- und auch Schwalmtal bedeutende Erwerbsquellen außerhalb der Landwirtschaft.

Mitten im Ort stand das **Haus Ingenhoven** (1403 erstmals genannt). Im Laufe der Zeit wurde der alte Wassergraben um den Backsteinbau bis auf einen Teich zugeschüttet. Das zweigeschossige Herrenhaus mit dem hohen Walmdach und den kleinen Ecktürmen sowie die Torburg auf der Nordseite stammen aus der ersten Bauphase im 16. Jh. In der zweiten Hälfte des 19. Jh. wurde die Burg im neugotischen Stil umgebaut. Von den Veränderungen im Inneren, besonders im Treppenhaus, ist durch eine Zeit der Verwahrlosung des Baus kaum mehr etwas erhalten geblieben. Außen bezeugen die Kreuzstockfenster des Herrenhauses den Rückgriff auf gotische Formen. An der Ost- und Südseite wurden neue Wohntrakte angefügt. Auf Haus Ingenhoven kann man sich heute einmal als Burgherr fühlen, denn seit 1977 besteht in dem restaurierten Gebäude ein Hotel.

Östlich von Lobberich finden wir bei Haus Bocholt die Relikte einer noch älteren Burg. 1096 wurde die **Burg Bocholtz** erstmals erwähnt, die eine alte Heerstraße von Aachen nach Nimwegen sichern half. Auf aktuellen topographischen Karten wird hier noch immer eine mit ›Römerstraße‹ bezeichnete Nord-Süd-Verbindung genannt. Von der einstigen Burg ist der Torbau der Vorburg – mit der gleichen Dachgestaltung wie Haus Ingenhoven – und die Ruine des Kaiserturms erhalten.

Lobberich gilt als eines der ältesten Kirchspiele im Kreis Viersen. Die alte gotische **Pfarrkirche** spiegelt verschiedene Bauphasen wider: Aus dem 15. Jh. stammen der Turm, der Chor und der Grundriß des Langhauses, welches im 17. Jh. nach Zerstörungen als gotisierende Hallenkirche erneuert wurde. In der zweiten Hälfte des 17. Jh. und Anfang des 18. Jh. kamen barocke Ausstattung (Hochaltar von 1652) und Veränderungen (Einziehen einer Flachdecke in Chor und Turm sowie die Orgelbühne) hinzu. – Eine neue Pfarrkirche, die nicht auf mittelalterlichen Fundamenten steht, ist die 1893 geweihte, neuromanische Kirche **St. Sebastian.**

Der große Bedarf an Kirchenraum zum Ende des 19. Jh. bestimmt auch die Baugeschichte der Kirchen in **Breyell.** Ein merkwürdiges Bild bietet sich auf dem Lambertimarkt: Verloren steht ein dreigeschossiger, von Efeu zugewachsener *Kirchturm* inmitten des Asphalts der Hauptstraßenkreuzung und des großen Parkplatzes. Die einst dazugehörige Kirche sollte in den

1870er Jahren erweitert werden. Schließlich änderte man die Pläne und begann statt dessen den Neubau der benachbarten *Pfarrkirche*. 1907 wurde die alte, zu kleine Kirche auf dem Vorplatz abgerissen, nur der Turm blieb übrig.

Ähnliches läßt sich auch in **Kaldenkirchen** beobachten. Die Pfarrkirche *St. Clemens* mit ihrem Bau des 15. Jh. mußte im 17. Jh. erweitert werden. Ende des 19. Jh. reichte sie auch nicht mehr aus, so daß sie 1894 abgerissen wurde. Auch hier überdauerte nur der spätgotische Turm das Gemeindewachstum. 1895 wurde die neu angebaute Kirche ihrer Bestimmung übergeben.

Die karolingische Gründung Kaldenkirchen hat seit dem Mittelalter als Grenzort mehrfach kriegerische Auseinandersetzungen zwischen den Herzogtümern Jülich und Geldern erlebt. Nachdem die Grafen von Kessel, die hier als Vögte der Kölner Abtei St. Pantaleon fungierten, 1305 ausgestorben waren, ging das Land an die Grafen von Jülich. Östlich von Kaldenkirchen steht in der Aue des Königsbachs das **Haus Altenhof,** das von 1365 bis 1662 Sitz der Reichsgrafen von Spee war. Diese ehemalige Wasserburg stellte für die Jülicher Seite ein Grenzbollwerk dar. Keine 2 km davon entfernt bauten die Gelderner auch eine Wasserburg als ihre Grenzfeste: das **Haus Baerlo** in der Nette-Aue. Als im 16. Jh. die Lage wieder einmal sehr gespannt war, errichtete bzw. verstärkte man die Landwehr zwischen den beiden Häusern. Und selbst heute gibt es noch einen wirksamen ›Grenzwall‹: die Trasse der Autobahn A 61. Man muß Umwege fahren, um von einem Haus zum anderen zu gelangen. – Der Lauf der Geschichte hat den beiden Wasserburgen ein unterschiedliches Schicksal gebracht. Der Altenhof wurde 1863 von der Familie Underberg gekauft und stellt heute ein gut restauriertes Anwesen, auch ›Schloß Altenhof‹ genannt, dar, während das Haus Baerlo verfällt, indem es als Wirtschaftsgebäude eines Bauernhofes genutzt wird. – Die Grenze im Westen hat Kaldenkirchen durchaus genützt, denn der Handel mit Venlo und den Niederlanden hat zu den Zeiten der verschiedensten Transportmittel – von den Kiepenträgern bis zum Containerverkehr – Bedeutung gehabt.

Verfolgt man einmal den Lauf der **Nette** vom Quellgebiet bei Dülken bis zu ihrer Mündung in die Niers nordwestlich von Wachtendonk, so fällt auf, daß das Flüßchen in seinem ersten Teil eine Seenkette bildet, die von sumpfigen Abschnitten unterbrochen wird. Der untere Lauf der Nette zeigt diese Erscheinungen überhaupt nicht. Der *Buschberg* und die *Hinsbecker Heide* bilden die Trennungslinie zwischen den zwei Flußabschnitten. Diese beiden Erhebungen gehören zur Fortsetzung der *Süchtelner Höhen* – geologisch: dem *Viersener Horst* – der sich als markanter Hügelzug parallel zur Nette erstreckt.

Seit dem Tertiär, dem Erdmittelalter, haben sich in diesem Gebiet die Höhenunterschiede langsam verändert. Die Erdkruste zerbrach in Schollen: Die Scholle mit Maas und Nette sank, während sich der Viersener Horst hob. Damit wurde dem alten Lauf ein Riegel vorgesetzt, doch der Fluß schaffte es trotzdem, sein altes Bett in dem Höhenzug zu behalten. Ein sogenanntes ›antezedentes Durchbruchstal‹ ist auf dem Abschnitt zwischen Floetsmühle und der Kovermühle entstanden. Das Absinken der Scholle mit dem Oberlauf der Nette hatte schließlich tiefgreifende Folgen. Der Grundwasserspiegel des Tals stieg stark an, so daß die Talaue nahezu vollständig versumpfte und ausgedehnte Niedermoore entstehen. Vom 15. bis 18. Jh. wurden diese Moore in großem Maße ausgetorft. Der hoch stehende Grundwasserspiegel füllte schnell die Abbaugebiete, die Torfstiche, und die Seenkette des Nettetals vergrößerte sich.

So siedlungsfeindlich, wie wir uns heute eine versumpfte Talaue vorstellen, war sie für unsere Vorfahren nicht unbedingt. Östlich von Leuth, gleich an der Nette gelegen, befindet sich eine kleine Erhebung, die auf ihrer Südseite von Resten eines Grabens umgeben ist. Auf dieser Motte stand, gut durch Wasser und Sumpf geschützt, im frühen Mittelalter die erste Burg der Grafen von Krickenbeck. Zur Burg, die das Herrenhaus des Lehnsgutes *Alt-Krickenbeck* darstellte, gehörte noch eine Reihe von Wirtschaftsgebäuden. Die Mühlen spielten dabei eine besonders wichtige Rolle. Ein Vorgängerbau der *Leuther Mühle* wird schon in einer Urkunde des Jahres 1371 genannt. Das heutige Gebäude dient als Restaurant nicht nur auswärtigen Besuchern, sondern es wird auch gerne als gute Stube für Familienfeiern genutzt.

In der Mitte des 13. Jh. hatten die Grafen ihren Besitz und ihren Einfluß soweit ausgedehnt, daß ein größerer, repräsentativer Familiensitz notwendig wurde: die Wasserburg **Schloß Krickenbeck.** Der älteste noch erhaltene Teil ist die Vorburg von 1695, an der sich Renaissance- und Neurenaissancearchitektur vermischen. Verschiedene Bauherren und ein Brand im September 1902 sorgten dafür, daß Schloß Krickenbeck in den einzelnen Stilepochen jeweils grundlegend verändert wurde. Der Renaissancebau wurde zu Beginn des 18. Jh. in ein Barockschloß verwandelt. In den 1860er Jahren gestaltete der Kölner Baumeister Vincenz Statz das Gebäude im neugotischen Stil um. Nicht einmal 50 Jahre lang stand das zinnenbekrönte Bauwerk, als es durch die Unvorsichtigkeit eines Anstreicherlehrlings bis auf die Außenmauern niederbrannte. 1903 begann der Wiederaufbau in den Formen der deutschen Frührenaissance. Ob die Wanderung durch die Architekturgeschichte damit ein Ende gefunden hat? Nach umfangreichen Renovierungen soll das historische Gebäude als Schulungszentrum genutzt werden.

Eine andere, weit größere Baustelle nördlich des Schlosses ist dagegen nie über ihr Anfangsstadium hinausgekommen. Es ist der alte **Nordkanal,** mit dem Napoleon Maas und Rhein verbinden wollte, um den Schiffsverkehr von den Nordseehäfen Hollands abzuziehen und nach Antwerpen, zu jener Zeit dem nördlichsten Hafen Frankreichs, ›umzuleiten‹. Im Sommer 1804 reiste der Kaiser an den Niederrhein, um sich vor Ort ein Bild von dem geplanten Projekt zu machen. 1808 begannen die Arbeiten jeweils an den Endpunkten des Grand Canal du Nord. Zwischen den 6 m breiten Dämmen wurde ein rund 25 m breites und ungefähr 4 m tiefes Kanalbett ausgehoben. Der Wasserspiegel sollte 1,4 m unterhalb der Dammkronen stehen. Unter diesen Bedingungen hätten Rheinschiffe von 13 m Länge, 4 m Breite und einer Tragfähigkeit von 200 Tonnen den Wasserweg befahren können. Natürliche Wasserläufe sollten entsprechend ausgebaut und durch Kanalabschnitte miteinander verbunden werden.

Ein besonders interessantes Stück des Kanals stellt der Abschnitt zwischen Louisenburg und dem Glabbacher Bruch dar. Im Wald und Gebüsch gleich neben dem Wanderweg wird stellenweise ein doppelter Graben sichtbar. Hier mußten die Kanalbauer wegen der geologischen Verhältnisse – dem Höhenunterschied zwischen dem Viersener Horst und der tiefer liegenden Maas-Scholle – eine Schleuse anlegen. Insgesamt waren sieben Schleusen für den Abstieg zur Maas bei Venlo geplant. Für den weiteren Verlauf nach Osten über die Nette, die Niers, das Tal der Kruer und den Abstieg zum Rheinhafen bei Neuss-Grimmlinghausen waren nur noch zwei Schleusen vorgesehen. 17 Kanalhäuser wurden auf der gesamten Strecke gebaut, um die Anlagen instand zu halten. Ein solches Schleusenhaus ist bei Niederdorf südwestlich von Herongen noch erhalten.

Sogar europäische Hochzeitspolitik findet ihren Niederschlag am Rande des Kanalbaus. Zu Ehren der zweiten Frau Napoleons, der Kaiserin Marie-Luise, bekam die Bauarbeiter-siedlung südlich von Herongen noch 1809 den Namen ›Louisenburg‹. Ein gutes Jahr später, im Februar 1811, wurden die gesamten Bauarbeiten eingestellt, denn das Projekt hatte sich erübrigt. Napoleons Bruder Ludwig, der König von Holland, hatte abgedankt, und dem Kaiser fiel das Land quasi ›auf dem Verwaltungsweg‹ zu. Damit war es überflüssig geworden, den Schiffsverkehr zum Nutzen der eigenen Staatskasse umzuleiten. Heute sind Abschnitte des Kanalbettes – zum Teil auch mit Wasser gefüllt – in der Umgebung von Herongen und zwischen Schiefbahn und Neuss noch zu sehen.

Durch den Brachter und Elmpter Wald

Der große Waldstreifen, der sich von Kaldenkirchen bis südlich Wassenberg längs der deutsch-niederländischen Grenze ausdehnt, bildet das Herz des **Naturparks Schwalm-Nette** (s. S. 351ff.). Durchstreift man den Wald, kann man die unterschiedlichsten Bereiche entdecken: Dünenfelder, aufgelassene Sand- und Tongruben, Moore, verschiedene Pflanzengesellschaften wie z. B. Rotbuchenwälder, feuchtigkeitsliebende Gehölze in den Talauen, Kiefernforste oder Heiden, Naturschutzgebiete, Feriendörfer und – man hört ihn eher als man ihn sieht – den NATO-Flughafen im Elmpter Wald.

Zwei Flurnamen im **Brachter Wald,** ›Hoher Stall‹ und ›Schäferstrauch‹, verweisen auf die einstige Nutzung als Waldweide hin. Vom Mittelalter bis ins 18. Jh. war der Wald eine intensiv genutzte Fläche, selbst wenn man die großen Rodungsphasen des Mittelalters außer acht läßt. Die Bauern der umliegenden Dörfer trieben ihre Rinder, Schafe, Ziegen und Schweine in den Gemeinschaftswald. Das Vieh fraß nun die unteren Bereiche, die bodennahe Krautschicht, untere Triebe und vor allem Jungpflanzen so umfassend ab, daß der Wald allmählich ausge-dünnt wurde und eine Auslese der Pflanzenarten stattfand. Die Pflanzen, die weniger nach dem Geschmack der Tiere waren, breiteten sich auf den gelichteten Arealen stark aus. Vor allem Wacholder, Ginster, Ilex und Schlehe waren unbeliebt. Als Folge der Überweidung entwickelten sich aus dem ursprünglichen Eichen-Birken-Wald schließlich Wacholder- und Gin-sterheiden. Die Bezeichnung ›Heide‹ für Waldabschnitte erscheint mehrfach, wie z. B. Ravens-heide oder Holter Heide. Selbst bei Siedlungen, die heute von Äckern und Weiden umgeben sind, tauchen Namen wie ›Heidenend‹, ›Heide‹ oder ›Heidhausen‹ auf.

Aus dem Wald wurden auch Futtervorräte für den Winter geholt. Laubhölzer, wie z. B. Buche, Birke, Ahorn oder Hasel, wurden geschneitelt, d. h. beblätterte junge Triebe wurden abgeschnitten. Dadurch bekamen die Bäume im Laufe der Zeit eine knorrige, kopfartige Form. Baumstämme dienten nicht nur für den lokalen Bedarf als Baumaterial. So überliefert A. Schmitz in seiner ›Medizinischen Topographie‹ des Schwalm- und Nettegebietes (1871), daß die halbe Stadt Amsterdam auf Eichenpfählen aus dem Elmpter Wald steht.

Diese Ausbeutung des Allmendwaldes, des Gemeinschaftswaldes, kollidierte teilweise mit den Interessen einer anderen Gruppe: dem Adel, der zwar über die Abgaben der Bauern auch von den Erträgen der intensiven Waldwirtschaft profitierte, doch den Wald lieber in seinem ursprünglichen Zustand als Jagdrevier für Rotwild und Wildschweine nutzte. Der Konflikt zwischen der Bewahrung einer Landschaft und ihrer Nutzung und Veränderung beschäftigte die Menschen schon im Mittelalter. Sehr anschaulich wird das Verhältnis zwischen Wald und Mensch im Laufe der Geschichte im *Jagd- und Naturkundemuseum Brüggen* dargestellt.

Vom 11. bis 14. Jh. wurden große Flächen gerodet. Auf den Rodungsinseln entstanden Dörfer um die Lehnshöfe. Auch hier im Südwesten errichteten die frühen Siedler ihre Höfe auf den Standorten, die charakteristisch für das Niederrheingebiet sind. Man orientierte sich zur Aue, um somit eine günstige Lage zu den Feldern auf den höher gelegenen trockenen Flächen und den Weiden in den feuchten Auen zu haben. Später gewannen die Flußbereiche durch das Mühlenwesen und den Flachsanbau noch weitere Bedeutung.

Die Region um Bracht und Brüggen galt seit dem Mittelalter als das Zentrum des niederrheinischen Flachsanbaus. ›Het Flaslandt‹ – das *Flachsland* – wie es im Volksmund bezeichnet wurde, besaß mit den feuchten Niederungen an Niers, Schwalm und Nette die idealen Verhältnisse für das Wachstum des Lein. Noch zu Beginn des 19. Jh. konnte der Reisende von der Pracht des hellblauen Blütenteppichs schwärmen, die ein Flachsfeld im Juli bot. Heute sind diese reizvollen Farbtupfer nahezu aus der Landschaft verschwunden; 1952 wurde das letzte, noch kriegsbedingte Flachsfeld in der Nähe von Wegberg gesehen. Im Raum Hinsbeck bemüht man sich neuerdings wieder um den Leinanbau. Wenn auch die Böden und das maritime Klima die Leinpflanze gut gedeihen lassen, so war sie jedoch ursprünglich nicht in diesem Raum beheimatet. Mit den weitreichenden Beziehungen der Kölner Klöster und Stifte, die auch am Niederrhein über Grundbesitz verfügten, muß der Lein seinen Weg aus dem Mittelmeerraum über den Kölner Markt nach Nordwesten genommen haben. Zunächst wurde der Lein von den Bauern nur für den Eigenbedarf angebaut und zu Leinengeweben verarbeitet. Doch nicht

Landwirtschaft im Mittelalter. Aus dem Landbuch des Vergil, 1502 von Sebastian Brant herausgegeben

nur die langen Pflanzenfasern wurden genutzt: aus den Samenkapseln wurde das Leinöl gewonnen. Die zahlreichen ehemaligen Ölmühlen weisen noch heute auf die einstige Verbreitung und Bedeutung des Leinanbaus hin.

Zum Ende des 18. Jh. verlor die Flachsverarbeitung im Brachter und Brüggener Raum schnell an Bedeutung. Die Konkurrenz durch die Baumwolle, die in den verkehrsgünstigeren östlichen Bereichen des Niederrheins seit Beginn des 19. Jh. verarbeitet wurde, brachte das alte Flachsland in eine Abseitslage. Erst in den 1860er Jahren gelang es, allmählich aus diesen wirtschaftlichen Schwierigkeiten herauszukommen. Ein anderes Produkt, das die Natur lieferte, bildete die Basis einer neuen Industrie: die Tone, die im grenznahen Waldgebiet abgebaut wurden. Doch die Entwicklung lief ziemlich schleppend an, denn für die ehemaligen Handweber verlief die Umstellung auf schwere körperliche Arbeit nicht problemlos, so daß wallonische Wanderarbeiter bevorzugt wurden. Ende der 1880er Jahre begann endlich die Blütezeit der Tonindustrie, nachdem Dampfziegeleien errichtet worden waren, die nun erstmals einen ganzjährigen Betrieb ermöglichten, und ebenfalls eine Bahnlinie 1890 nach Brüggen eröffnet worden war, die das Gebiet mit den umliegenden Städten verband. Die Dachziegelfabriken waren zum bedeutendsten Arbeitgeber der Region geworden. Das Bevölkerungswachstum zeigte sich nicht nur im Ausbau der Siedlungen, sondern – wie schon am Beispiel von Breyell oder Kaldenkirchen angesprochen – auch in einem Boom des Kirchenbaus zum Ende des 19. Jh.

In **Bracht** finden wir mit der Pfarrkirche *St. Maria* jedoch wieder eine Kirche, deren Baukörper aus dem ausgehenden 15. Jh. stammt. 1166 wurde die Kirche schon in einer Urkunde der Benediktinerabtei St. Vitus in Mönchengladbach erwähnt. Der spätgotische Bau von 1484 wurde im zweiten Viertel des 18. Jh. im Stil des Rokokos umgestaltet.

In **Born** trennt eine ehemalige Bahntrasse die Pfarrkirche *St. Peter* vom Ufer des Borner Sees. Die ursprünglich einschiffige Kirche wurde in der Mitte des 15. Jh. zu einer dreischiffigen Hallenkirche erweitert. Im 19. Jh. mußte der Bau durch eine neue Tuffsteinummantelung vor dem weiteren Verfall geschützt werden. – Eine abwechslungsreiche Geschichte weist der *Borner See* auf. Er entstand durch den Tonabbau im 16. Jh. Im Laufe der Zeit verlandete er vollständig, bis er 1976 schließlich wieder ausgehoben wurde. Heute stellt er ein Vogelschutzgebiet dar.

Gut einen Kilometer weiter die Schwalm abwärts stoßen wir auf die nördlichste Grenzfeste des früheren Herzogtums Jülich, die **Burg Brüggen,** die dem Burgstädtchen denselben Namen gab. 1305 erbten die Jülicher den ehemaligen Sitz des Grafengeschlechtes von Kessel und bauten die Burg, die nun eine strategisch bedeutende Lage gewonnen hatte, nach dem Vorbild der kurkölnischen Landesburgen aus. Aus dieser Bauepoche stammt der Grundriß einer quadratischen Wehranlage mit drei Ecktürmen, von denen der Palas – der Wohn- bzw. der Saalbau der mittelalterlichen Burg – mit dem Südwestturm, aber auch der Torbau heute noch gut erhalten sind (Abb. 86). 1474/75 setzten geldrische Truppen die Burg und die kleine Vorstadt in Brand. Die Kriegsschäden an der Burg wurden nur zu einem Teil behoben; dabei wurden Palas und Eckturm um ein Geschoß erhöht, so wie sie sich auch heute noch präsentieren. Das gesamte Palasgebäude beherbergt nun das **Jagd- und Naturkundemuseum,** das u. a. über den Wandel der Naturlandschaft Niederrhein zu einer bäuerlichen Kulturlandschaft informiert. In einer dritten Bauphase während des 17. Jh. gestalteten die Jülicher, die bis zur französischen Besetzung Burg und Land besaßen, die Räume des Palas in repräsentative Säle um. Neue Kriegstechniken bedingten auch Veränderungen an der Befestigungsanlage. Im 17. Jh. war der Ringwall noch auf eine Höhe von 8 m aufgeschüttet worden. Ende des 18. Jh. trug man ihn wieder ab, da er inzwischen der Verteidigung mehr schadete als nutzte.

Ein schönes Ensemble der alten Befestigung bietet sich dem Besucher an der südlichen Zufahrt von **Brüggen**. Vom mächtigen Torbau des **Schwalmtores** aus zieht sich ein Rest der Stadtbefestigung bis hin zur alten **Burgmühle**, deren unterschlächtiges Mühlrad sich heute noch dreht und damit sicherlich eines der seltenen Beispiele eines noch funktionierenden Mühlrades an einer Stadtmauer darstellt.

In der Ortsmitte bestimmen das große Gebäude des *ehemaligen Kreuzherrenstiftes* und die sich anschließende Pfarrkirche **St. Nikolaus** das Bild. Das Kloster wurde 1479 von Graf Vincenz von Moers gestiftet. 1754 fielen die Gebäude während des ›Neusser Krieges‹ dem Stadtbrand mit weiteren 33 Häusern zum Opfer. Die jetzige Saalkirche wurde unter der Verwendung mittelalterlicher Reste Ende der 1750er Jahre neu gebaut. Der Blickfang in der schlicht gehaltenen Kirche, die nur Rocaillen im Decken- und obersten Wandbereich aufweist, ist die Barockorgel im Ostchor. Arabesken und großblättrige Blüten umranken die Einheit von Orgel und Empore. Die in den 1750er Jahren erbaute Titz-Gilmann-Orgel mit 26 Registern gehört zu den besten Barockorgeln des Rheinlands, wie Konzerte und Schallplattenaufnahmen belegen. – Das *Klostergebäude* aus dem 18. Jh. hat eine höchst abwechslungsreiche Geschichte erlebt: Bis zur Säkularisation 1802 diente es als Kloster; 1811 wurde darin eine Zuckerfabrik eröffnet, die in den 1840er Jahren durch die erste mechanische Seidenweberei auf dem europäischen Kontinent abgelöst wurde. Ab 1848 wurden auch Seidenraupen in den ehemaligen Mönchszellen gezüchtet. Weniger abenteuerlich waren die weiteren Nutzungen als Waisenhaus, Schule und Post. Heute haben dort das Rathaus und die Pfarrei von St. Nikolaus ihren Sitz.

Buntes Treiben herrscht in der Fußgängerzone des alten sanierten Ortskerns im Sommerhalbjahr: Ein voller Veranstaltungskalender und geöffnete Geschäfte am Sonntag haben Brüggen zu einem gut besuchten Ausflugsziel am Wochenende werden lassen.

Ebenfalls recht lebendig geht es im Wald südlich von Brüggen zu. Gebäude des ehemaligen **Schlosses Dilborn** werden heute als Kinderheim genutzt. 1583 errichtete Gerhard von Elmpt das Wasserschloß, von dem nur noch die wasserumwehrte barocke Vorburg aus der Mitte des 18. Jh. steht.

Eine Kostbarkeit, die im Gegensatz zum Schloß auch besichtigt werden kann, bietet die Hauskapelle von Schloß Dilborn, die **Marienkapelle an der Heiden** in Overhetfeld: einen kleinen Antwerpener Schnitzaltar aus der Zeit um 1530/40. Bemerkenswert ist die Gestaltung des Retabels, denn die geschnitzte Darstellung der Leiden Christi auf dem Altarschrein wird durch die Flügelgemälde von Joannes de Valle ergänzt und vermittelt noch die ursprüngliche Einheit – unterstrichen durch die originale Farbgebung.

Auf einer mittelalterlichen Rodungsinsel im Elmpter Wald entwickelte sich **Elmpt**, das 1203 erstmals genannt wurde. Der Sitz der Herren von Elmpt, das *Haus Elmpt*, liegt in direkter Nachbarschaft zur Pfarrkirche *St. Laurentius* (dreischiffige Hallenkirche des 15. Jh. mit Turm von 1611; Erweiterungen im 19. Jh.). Von Haus Elmpt steht heute nur noch das Herrenhaus aus dem 15. Jh. An den rechteckigen Backsteinbau mit seinen beiden angeschlossenen Wohnflügeln wurde 1750 ein barocker Torturm angefügt. Ende des 19. Jh. wurde der Bau restauriert und erweitert.

Im Meinweg und Dalheimer Wald

Beiderseits der deutsch-niederländischen Grenze dehnt sich der **Meinweg** aus, ein ehemaliger Gemeinschaftswald. Vierzehn Gemeinden, die einen Kranz um das Waldareal bilden, haben seit dem Mittelalter Anteil an dieser Allmende. Es sind die Orte *Wassenberg, Birgelen, Ophoven, Steinkirchen, Vlodrop, Herkenbosch, Melick, Herten, Roermond, Maasniel, Nieder-* und *Oberkrüchten* sowie *Arbeck.* Wie der Brachter und der Elmpter Wald wurde auch der Meinweg stark von den Bauern der umliegenden Gemeinden als Waldweide genutzt, so daß der ursprüngliche Eichen-Birken-Wald degradiert wurde und sich immer größere Heideflächen entwickelten. Die Franzosen hatten das Waldgebiet vermessen, und auf dieser Grundlage wurde er 1823 unter den angrenzenden Gemeinden aufgeteilt. Dabei wurde auch der deutsch-niederländische Grenzverlauf, der auf eine Vermessungslinie aus dem Jahre 1815 zurückgeht, erstmals in diesem Raum festgelegt. Ab den 1830er Jahren begann die preußische Regierung, sich der stark strapazierten Waldbestände anzunehmen. Eine geregelte Forstwirtschaft mit dem Anpflanzen großer Kiefern- und Fichtenbestände setzte sich durch.

Wen wundert es noch, in der Nähe des ausgedehnten Waldareals auf das größte ›Ostereiernest‹ am Niederrhein zu stoßen! Durch die Grenzlage und Straßenverbindung hat sich **Niederkrüchten** zu einem wichtigen Standort für den Lebensmittelgroßhandel, besonders für Eier, Butter und Käse, entwickelt. Wöchentlich werden am Ort drei bis vier Millionen Eier vermarktet; zur Osterzeit sind es 13 bis 15 Millionen! Bis ins ausgehende 19. Jh. spielte die Textilindustrie mit Zwirnereien und Webereien eine bedeutende Rolle im Wirtschaftsleben der Gemeinde.

Zur selben Zeit geht in diesem Raum noch ein anderer Wirtschaftszweig unter: das Mühlenwesen. Die technische Überlegenheit der Großmühlen am Rhein, wie z.B. am Neusser Hafen, sowie deren günstige Verkehrslage brachten die Müller an der Schwalm in größte Schwierigkeiten. Der Flachsanbau im alten Flachsland war in der zweiten Hälfte des 19. Jh. schon so stark zurückgegangen, daß nur noch wenig Mahlgut aus der näheren Umgebung kam. Verzweifelt bemühten sich die Müller um neues Schlaggut. Man versuchte, sich mit indischen Ölsaaten, die über die Maashäfen Venlo oder Roermond sowie über die Bahnhöfe Erkelenz, Dülken und Wegberg kamen, eine neue Existenz zu schaffen. Doch der Untergang der Müllerei wurde nur kurzfristig hinausgeschoben. In einem 16stündigen Arbeitstag konnte der Müller acht Doppelzentner Ölsaaten verarbeiten – eine Großmühle schaffte ungefähr das Hundertfache.

Dieses Schicksal widerfuhr auch der **Pannenmühle** östlich von Niederkrüchten, die als größte Ölmühle an der Schwalm 1890 stillgelegt werden mußte. Der älteste heute noch erhaltene Teil stammt aus dem 17. Jh. Sein Name ›Spansch Hüske‹ – Spanisches Häuschen – verrät, daß die Schwalm sogar einmal spanische Grenze gewesen ist. 1543 kam das linke Schwalmufer zu den spanischen Niederlanden; das rechte gehörte den Jülicher Herzögen. Noch im 17. Jh. war der König von Spanien als Herzog von Geldern Landesherr westlich des Flusses.

Aus der ›vorspanischen‹ Zeit stammt die Pfarrkirche **St. Bartholomäus.** Diese Kirche überrascht im Inneren durch ihre Aufteilung. An die schmale spätgotische Kirche, die mit ihrem kreuzrippengewölbten Chor nach Osten ausgerichtet ist, schließt sich statt eines nördlichen Seitenschiffs – es wurde zu Beginn des 20. Jh. abgerissen – ein breiter dreischiffiger Kirchenraum an. Der neugotische Erweiterungsbau ist mit einer barocken Ausstattung aus dunklem Holz versehen, die Altäre, Beichtstühle, Sitzbänke und die Kanzel umfaßt.

Südlich des Meinwegs dehnt sich der **Dalheimer Wald** aus. Mitten im Wald, in aller Abgeschiedenheit, bestand von 1258 bis zur Säkularisation 1802 ein *Kloster der Zisterzienserinnen.* Mit dieser Lage suchte man nicht nur die Ruhe für ein meditatives Leben, sondern man kam an einem solchen Standort auch der Ordensregel nach, unwirtliches Land zu erschließen und zu nutzen. Ähnlich war es nach 1122 im Bereich des Zisterzienserklosters Kamp begonnen worden. Früher als das Kloster, an das heute noch die *Dalheimer Mühle* und der Klosterhof erinnern, entstanden in der mittelalterlichen Rodungsphase während des 10./11. Jh. die Waldhufendörfer *Arsbeck, Rödgen* und *Wildenrath.*

Zwischen Rödgen und Arsbeck rechts des Helpensteiner Baches lag im Hochmittelalter die Burg der Herren von Helpenstein ›Alde Berg‹. Diese Motte mit ihrer zweiteiligen Anlage – einmal den 20 m hohen, steilrandigen Hügel der Hauptburg und zum zweiten der 80 mal 90 m großen umwallten Vorburg – gilt als die größte und am besten erhaltene Motte des Niederrheins.

Bemerkenswerte Geschichte machte Arsbeck zu Beginn des 20. Jh. mit einem inzwischen wieder ausgestorbenen Wirtschaftszweig: dem Schmuggel. Dieser blühte besonders in der Zwischenkriegszeit und brachte manchem Arsbecker Wohlstand, wenn auch Hausdurchsuchungen in Arsbeck und den benachbarten Grenzdörfern an der Tagesordnung waren. Täglich kamen Gruppen von 30 bis 40 Personen gegen 19 Uhr mit dem Zug aus Richtung Mönchengladbach an, um dann durch den Meinweg zu ziehen. Gegen solche nächtlichen Schmugglermassen blieb selbst eine verstärkte Mannschaft an Zöllnern machtlos, auch wenn hin und wieder sogar Todesopfer unter den Schmugglern zu beklagen waren. Bei diesen tragischen Fällen handelte es sich meist um angereiste Fremde. Einheimische wurden seltener erwischt, denn sie kannten die Schleichwege, im Gegensatz zu den Zöllnern, die gewöhnlich aus fremden Gebieten in diesen ›Wilden Westen‹ versetzt worden waren. Heute können Sie beruhigt durch diese Wälder wandern; zwar begegnen Ihnen hin und wieder Zollbeamte, doch Schmuggler-Abenteuer finden hier keine mehr statt. Der Schmuggel geht inzwischen andere Wege.

Auch das **Haus Wildenrath** ist ein Beispiel dafür, daß gerade Unwirtlichkeit und Unzugänglichkeit des Naturraumes den Menschen angelockt haben. In den sumpfigen Quellmulden des Schaagbaches legten die Herren von Wildenrath im frühen Mittelalter – 1188 schon erwähnt – eine Motte an. Der Wasserreichtum des Bruches diente nicht nur dazu, die umfangreichen Burggräben zu füllen. Mit Hilfe eines verzweigten Dammsystems war es auch möglich, die Geländemulden und Brüche der Umgebung unter Wasser zu setzen und in den so gewonnenen Bassins Fischzucht zu betreiben.

Andere Spuren in der Umgebung von Haus Wildenrath weisen auf weitere Gewerbe hin, die zum mittelalterlichen Wirtschaftsbetrieb gehörten. Am *Schaagbach* wurden zahlreiche Töpfer-öfen und Scherbenhügel entdeckt, deren Keramikfunde in das 9.–13. Jh. datiert werden. Am obersten Bachlauf wurde in Eisenschmelzen das Raseneisenerz der verheideten Waldböden ver-hüttet. Zu dieser Wirtschaftseinheit, die sich um das Haus Wildenrath entwickelte, gehörte selbstverständlich auch die Landwirtschaft. Aus diesem Grund wurde Waldland nordöstlich der Burg Wildenrath an Bauern vergeben, die den Wald rodeten und das Land urbar machten. So entstand das Waldhufendorf Wildenrath als eine Villikation, d. h. als ein vom Lehnsherrn gegründetes und diesem zinspflichtiges Dorf.

Diese mittelalterliche Kolonisierungspolitik und Landerschließung war im Bereich von Schwalm und Nette weit verbreitet. Auch andere Grundherren ließen durch lehnspflichtige Bauern Wald roden. Auf den Rodungsinseln wuchsen Dörfer mit der charakteristischen Lang-gestreckten Form, die heute noch auffällt: die Hufen- oder Waldhufendörfer. An einen oftmals schon bestehenden Weg wurden Bauernstellen angelegt. Von den Höfen gingen langgestreckte Parzellen aus in den Wald. Diese Flächen hatte jeder Bauer zu roden und anschließend als Acker zu bestellen. Häufig reihen sich die Dörfer, die auch heute gelegentlich noch aus einer einzigen Straße bestehen, wie z. B. Lüttelforst, an der Fluß- oder Bachaue auf. Die frühen Sied-ler waren einerseits bestrebt, einen direkten Wasseranschluß auf ihrem Grund zu besitzen, andererseits auch das Vieh möglichst nah und sicher beim Hof zu haben. Die großen Bauern-höfe im Schwalm-Nette-Gebiet, so auch das Haus Wildenrath, zeigen noch nicht die typischen Bauformen des niederrheinischen bzw. niederdeutschen Hofes. In diesem Bereich dominiert noch der mitteldeutsche geschlossene oder auch fränkische Hoftyp: Um einen Wirtschaftshof gruppieren sich die einzelnen Gebäude.

Auf Haus Wildenrath bemüht man sich, soweit es die begrenzten finanziellen Mittel erlau-ben, die alte Landwirtschaft in ihrer typisch niederrheinischen Ausprägung lebendig zu halten. Ein Beispiel finden Sie in dem Bruch gegenüber der Hofzufahrt, wo in der Quellmulde des Duvebaches Weiden angepflanzt wurden. Als Lieferanten von Weidenruten gehörten diese Bäume zur bäuerlichen Wirtschaft. Durch das alljährliche Schneiden der jungen Triebe be-kamen sie ihre charakteristische Kopfform am oberen Stammende, wie es einige Exemplare am Zulauf des Duvebaches in den Wassergraben zeigen. – Haus Wildenrath und seine Umgebung bieten auch dem Besucher viel, der sich für die Naturlandschaft des Niederrheins interessiert. In dem repräsentativen Ausschnitt aus dem Naturraum der Schwalm-Nette-Platte hat die Ver-waltung des Naturparks Schwalm-Nette ein *Informationszentrum in Haus Wildenrath* und sechs verschiedene *Lehrpfade* durch die Umgebung angelegt (s. dazu auch das Kapitel ›Ein Streifzug durch den Naturpark Schwalm-Nette‹).

Am oberen Lauf der Schwalm

Knarrende Mühlräder, das Rauschen des Wassers und das Schlagen der Ölbänke stellten bis zum Beginn des 20. Jh. die typische Geräuschkulisse an der Schwalm dar. Das wasserreiche Flüßchen trieb auf seinem nur 32 km langen Lauf bis zur Mündung in die Maas nördlich von Roermond 21 Mühlen an; rechnet man diejenigen der Nebenbäche dazu, kommt man auf 31 Mühlen. (Einen guten Überblick über Mühlen an der Schwalm und der Nette bietet das Faltblatt ›Mühlen im Naturpark Schwalm-Nette‹ der Parkverwaltung.) Bei manchen Mühlen, wie z. B. in Rickelrath, Lüttelforst oder Niederkrüchten, bewegte das Wasser sogar zwei und drei Mühlräder.

Bis zum ausgehenden 19. Jh. war die Müllerei an der Schwalm ein florierender Wirtschaftszweig, denn die Felder des umgebenden Flachslandes, das sich zwischen Kaldenkirchen, Viersen und Erkelenz ausdehnte, lieferten reichlich Mahlgut. Von der Pannenmühle ist überliefert, daß es zu drei Vierteln aus Leinsamen und zu einem Viertel aus Rübsamen – den Samenkörnern des Raps' – bestand. Das Rüböl diente als Speiseöl und bis zur Mitte des 19. Jh. ebenso als Leuchtöl, dann wurde es allmählich vom Petroleum verdrängt. Das billigere Leinöl wurde meist faßweise an Lack- und Farbenfabriken verkauft. Die Preßrückstände kamen als Viehfutter auf den Markt. Die Mühlen an der Schwalm waren somit ein wesentlicher Bestandteil des Wirtschaftsgefüges, das vom Mittelalter bis zum ausgehenden 19. Jh. das Leben dieser Region bestimmte.

Durch die Sitte der Erbteilung war der bäuerliche Besitz oftmals zu klein geworden, um eine Familie zu ernähren. Als Nebenerwerb bot sich der Flachsbau an, der einerseits günstige natürliche Bedingungen vorfand und sich andererseits gut mit den weiteren Arbeiten in der Landwirtschaft verbinden ließ. Bis zu Beginn des 19. Jh. war neben der Wolle das Leinen wichtigster textiler Rohstoff. Heimweberei und Textilmanufakturen boten zusätzliche Einnahmequellen zur Landwirtschaft. In dieser Blütezeit des Textilgewerbes hatten die Müller reichlich Arbeit. Es änderte sich in der Mitte des 19. Jh., als importierte Baumwolle den Flachs zu verdrängen begann. Mancher Müller stellte sich um, indem er Mahlgänge für Getreide einbaute oder sich auf Dampfbetrieb umstellte, wie z. B. die Bischofsmühle in Wegberg. Aber der Untergang der Müllerei in den 1890er Jahren war nicht mehr aufzuhalten: Als letzte Mühlen wurden 1895 die Lüttelforster und die Brempter Mühle stillgelegt. Einige Müller hatten zu jener Zeit auch schon eine neue Existenzgrundlage geschaffen und Gastbetriebe in den Mühlen eingerichtet. Heute sind zahlreiche Mühlen beliebte Ausflugsziele und Gaststätten geworden.

Das Quellgebiet der Schwalm gelangte im frühen Mittelalter in den Einflußbereich der Aachener Stifte, denn Kaiser Otto der Große verschenkte Güter in Wegberg und Rickelrath. Im 10. und 11. Jh. entstanden am oberen Lauf der Schwalm Motten, die zu Grundlagen von Herrensitzen wurden. Ein solches Beispiel ist **Tüschenbroich** (Abb. 88). Aus einem Teich, dem alten Wassergraben, ragt rund 10 m der künstlich aufgeschüttete Hügel auf, der die erste Burg von Tüschenbroich trug. Um 1500 wurde es den Herren auf der Motte wohl zu eng, und sie errichteten auf einer etwas größeren Insel gegenüber eine spätgotische Wasserburg. Von der ehemals zweiflügeligen Anlage des Wohntraktes ist heute nur noch die Hälfte erhal-

ten. Das Gebäude wurde im 17. und 18. Jh. umgestaltet. In dieser Zeit erhielt auch der viergeschossige Eckturm seine barocke Schweifhaube. Von den einstigen Wirtschaftsgebäuden, die
zum Schloß gehörten, ist auf der anderen Seite des Wassergrabens eine *Mühle* mit Fachwerk-
wänden erhalten.

An der *Bockenmühle* und an der *Bischofsmühle* vorbei führt eine kleine Straße längs der
Schwalmaue nach **Wegberg.** Wie sich aus dem Namen des Städtchens ableiten läßt, hatte
Wegberg im Laufe seiner Geschichte eine gewisse Bedeutung als Verkehrssiedlung, die an
einer seit Römerzeiten genutzten Straße liegt. Auf dem ›Berg‹ der Stadt liegen die Pfarrkirche
St. Peter und Paul (15./16. Jh.) und das *ehemalige Kreuzherrenkloster* aus dem 18. Jh. – Im
20. Jh. sorgte eine Verkehreinrichtung Wegbergs für Schlagzeilen: 1939/40 wurde das Oval
des *Grenzlandrings,* das heute noch markant die Ortsteile Wegberg und Beeck umrahmt, aus
militärisch-strategischen Gründen angelegt. Nach dem Zweiten Weltkrieg diente der 9 km
lange Straßenring als Autorennstrecke, bis 1952 nach einem schweren Unfall der Rennbetrieb
aufgegeben und die Straße für den gewöhnlichen Verkehr geöffnet wurde.

In **Rickelrath** und **Schwaam** gibt es einige Kostbarkeiten der bäuerlichen Architektur zu entdecken, nämlich riedgedeckte Bauernhäuser. Einzelne Backstein-, aber auch Fachwerkbauten
aus dem 18. und 19. Jh. wurden sorgfältig restauriert. **Lüttelforst** auf der anderen Seite der
bruchigen Schwalmaue zeigt die typische langgestreckte Form eines Waldhufendorfes. Heute
spielt die Landwirtschaft in diesem Ort eine völlig untergeordnete Rolle – so wie in zahllosen
Dörfern im Umkreis größerer Städte. Der größte Teil der Erwerbstätigen in Lüttelforst arbeitet
im NATO-Hauptquartier Rheindahlen oder pendelt täglich nach Mönchengladbach und sogar
bis Düsseldorf oder Krefeld. Von der ehemals vielfältigen Landwirtschaft des alten Flachslandes sind nur wenige Betriebe übriggeblieben, die sich auf Rinderzucht und Schweinemast
spezialisiert haben.

Die Schwalmniederung wechselt bei Lüttelforst ihr Bild: Mit einem mäanderreichen Lauf
durchfließt die Schwalm das *Schwaamer Bruch.* Dieses Bild war bis zu den 1930er Jahren typisch
für die Schwalmaue, die stark versumpft war, so daß man nur auf wenigen Wegen und über die
Dämme der Mühlenteiche das Tal passieren konnte. Kurz vor dem Zweiten Weltkrieg hatte
man die Schwalm stellenweise begradigt und zusätzliche Entwässerungsgräben in der Flußaue
angelegt.

Am *Kranenbach,* einem östlichen Zufluß der Schwalm, liegt **Waldniel,** das weithin sichtbar
vom sogenannten **Schwalmtal-Dom** überragt wird (Abb. 91). Hier stoßen wir wieder einmal
auf ein Beispiel des Kirchenbaubooms im ausgehenden 19. Jh. Von 1879 bis 1883 wurde nach
Plänen des Kölner Architekten Heinrich Wiethase der neugotische Bau errichtet. Zu Füßen
des Domes zieht sich der alte Ortskern von Waldniel den Hang hinunter in die Bachaue. 1628
wurde der Ort mit einer Befestigungsmauer umgeben, deren Verlauf sich noch im Straßennetz
und in der Bebauung verfolgen läßt. Der untere Abschnitt der Durchgangsstraße von Dülken
nach Niederkrüchten – die *Lange Straße* – hat noch schön seinen ursprünglichen Charakter
bewahren können. Selbst die Pumpe an der Hauswand fehlt hier nicht.

Kehren wir noch ein letztes Mal ins Schwalmtal zurück! Ein kleines sehenswertes Backstein-
ensemble bietet **Brempt** gleich an der Abzweigung zum Hariksee. Der einschiffige Bau der

53   Schloß Moyland bei Bedburg-Hau

55 KLEVE St. Mariä Himmelfahrt, Marienaltar, H. Douvermann, 1513–15

◁ 54 KLEVE St. Mariä Himmelfahrt

56　KLEVE　Tiergartenstraße 36, Remise der Villa Sanders

58　KLEVE　Denkmal des Großen Kurfürsten mit Marstall und St. Mariä Himmelfahrt ▷

57　KLEVE　Moritzgrab (Kenotaph) am Papenberg

FRIEDRICH WILHELM
DER GROSSE KURFÜRST
1640–1688

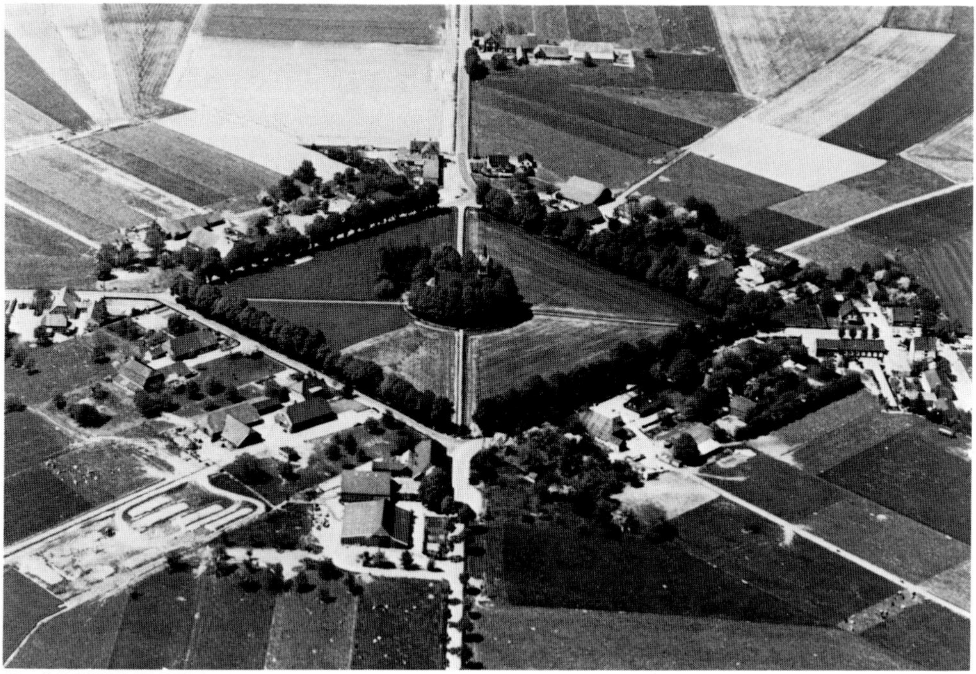

60 LOUISENDORF
◁ 59 KLEVE Amphitheater, Prinz-Moritz-Kanal und St. Vitus als ›point de vue‹ auf dem Eltenberg
61 KLEVE-GRIETHAUSEN Stahlbrücke, 1863–65

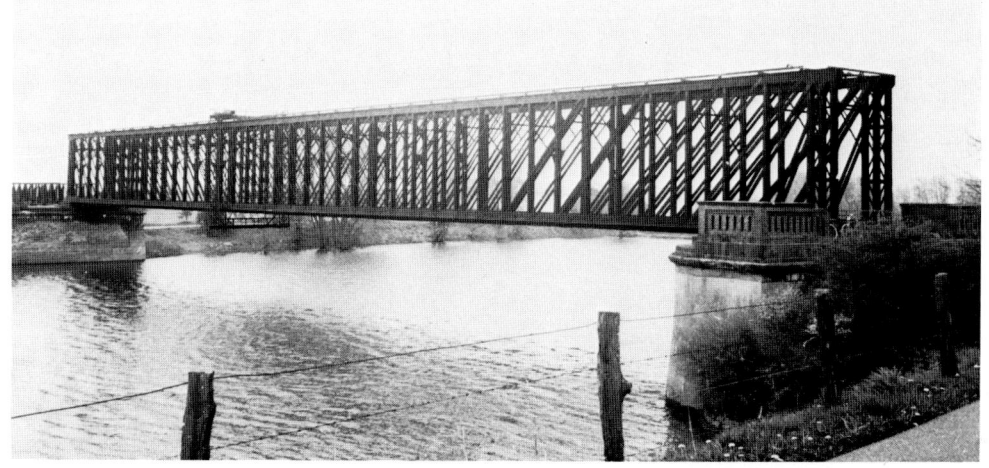

62   Angleridylle – frei nach Spitzweg

63   An der Fähre nach Schenkenschanz

64 Wintergäste am Niederrhein: sibirische Wildgänse

65 Herr und Hund

66 KRANENBURG Stadtgraben mit Mühlenturm

67 PFALZDORF Evangelische Kirche

68 GOCH Wassermühle an der Susbrücke

69 GOCH Steintor

70   GOCH   Frauenhaus

71   Schloß Wissen   Herrenhaus und Vorburg

72   KEVELAER   Fahrradpilger auf dem Kapellenplatz

73   KEVELAER   Devotionalien

74 KEVELAER Gebete an der Gnadenkapelle

75   KEVELAER   Marienbasilika, V. Statz, 1858–64

76   STRAELEN   In der Blumenversteigerungshalle

77 Gemüseanbau bei Straelen

78 Schafherde bei Geldern

Georgskapelle erinnert mit seinem Treppengiebel auf der Westseite an gotische Wohnhäuser. Mit ihrer schmalen, durch Blendarkaden gegliederten Fassade bildet die Kapelle einen reizvollen Gegensatz zu dem benachbarten alten Bauernhaus und seinem breit heruntergezogenen Krüppelwalmdach.

Am nördlichen Ortsende von Brempt beginnt der **Hariksee,** der sich rund einen Kilometer das Schwalmtal hinabzieht. Obwohl er durch Menschenhand – durch Torfabbau – entstanden ist, stellte er noch im letzten Jahrhundert ein reiches Ökotop dar, in dem Fischotter und Fischadler ihren Lebensraum hatten. Heute vermittelt selbst ein Spaziergang mitten in einer Winterwoche kaum mehr einen Eindruck von der einstigen Naturlandschaft. Freizeiteinrichtungen haben sich gründlich ausgedehnt: Wochenendhäuser säumen lange Strecken des Ufers; auf weit kleineren Arealen drängen sich Wohnwagen, erdrücken den ohnehin schon lichten Wald am Nordende des Sees; Gaststätten, Bootsverleih, Strandbad, Minigolfplatz und sogar eine Seilbahn runden das Angebot dieser ›Erholungslandschaft‹ ab – ein modernes Beispiel für den Umgang mit Resten der Naturlandschaft.

Im alten Textilgürtel des Niederrheins

Auf den Spuren des alten Textilgewerbes durch Dülken, Süchteln und Viersen

Diese Wanderung in die Vergangenheit der Städte, die noch gemeinsam mit Boisheim die vier Ortsteile der heutigen Stadt Viersen bilden, beginnt nicht erst mit der frühen Industrialisierung im 19. Jh. Sie setzt schon im Mittelalter ein, denn diese Städte entstanden im alten Flachsland. Der Anbau und die Verarbeitung des Flachses bis hin zur Weberei stellten die wirtschaftlichen Grundlagen der Orte dar, die sich mit einer Ausnahme rasch von klösterlichen Gütern zu befestigten Marktorten entwickelten.

Das mittelalterliche Stadtbild ist am schönsten in **Dülken** erhalten geblieben. Bevor die Siedlung zwischen 1352 und 1364 vom Jülicher Herzog Wilhelm I. die Stadtrechte verliehen bekam, hatte der Ort schon mehrfach den kirchlichen Besitzer gewechselt. Anfang des 13. Jh. gehörte er zum Zisterzienserinnenkloster in Roermond, Ende des 13. Jh. zum Viktorstift in Xanten. Das 14. und 15. Jh. wurden zur ersten Blütezeit des aufstrebenden Marktstädtchens. Von 1328 bis 1423 war Dülken bereits Münzstätte der Jülicher Herren. Für solch einen bedeutenden Ort wurde nun auch ein besserer Schutz nötig, zumal er nicht weit von der Grenze entfernt lag: Viersen gehörte bereits zum Herzogtum Geldern. Ende des 14. Jh. wurde die aus Wall, Gräben und Planken bestehende Befestigung Dülkens durch eine **Stadtmauer** ersetzt. Reste der Mauer sowie der wieder aufgebaute **Gefangenenturm** sind im südlichen Stadtbereich zu sehen. Darüber hinaus läßt sich jedoch der gesamte mittelalterliche Mauerring im heutigen Straßenverlauf und in der Namensgebung – wie z. B. Ostgraben und Ostwall, Westgraben und Westwall – mühelos verfolgen. Die ehemaligen Tore wurden 1836 abgebrochen, weil sie dem städtischen Wachstum zu Beginn der zweiten Blütezeit im Wege standen. Fundamente des Süchtelner Tores im Norden wurden 1986 bei Straßenarbeiten freigelegt und deren Linien anschließend in der Pflasterung der Lange Straße nachgezogen.

Die öffentlichen Gebäude des Mittelalters sind weitestgehend verschwunden. Das alte Rathaus am Markt brannte 1791 ab, Stadtwaage und Gewandhaus existieren nicht mehr. Selbst die erste Stadtkirche, ein dreischiffiger, gotischer Bau, besteht nicht mehr. Auch hier haben das gründerzeitliche Wachstum und der Kirchenbauboom jener Zeit für einen weit größeren Neubau gesorgt. Nach Plänen von Heinrich Wiethase wurde ab 1871 die neugotische, fünfschiffige Pfarrkirche **St. Cornelius** begonnen. Die Dimensionen des Kirchenbaus überraschen: Der Besucher steht in einem ›Pfeilerwald‹ der hohen lichten, dreischiffigen Hallenkirche, die noch von zwei niedrigen Seitenschiffen flankiert wird. Für die anderen Gebäude, die Dülken als aufstrebendes Industriestädtchen benötigte, fehlte es im mittelalterlichen Kern jedoch an Platz. Repräsentative Bauten wie z. B. das **Rathaus** im Stil der Neurenaissance (1895) oder die ehemalige, neugotische **Höhere Bürgerschule** (1872) – der Textilfabrikant Mathias Bücklers hatte der Stadt dafür 20 000 Taler gestiftet – entstanden auf dem zugeschütteten Stadtgraben gegenüber dem Gefangenenturm.

Im weiteren Verlauf der Theodor-Frings-Allee errichteten andere Textilfabrikanten ihre aufwendigen Häuser in den verschiedensten Ausprägungen des Historismus. Auf der Fortsetzung dieser Straße, sie teilt sich nun in Westgraben und Westwall, steht heute noch eine der ältesten Fabriken, die **Flachszwirnerei und -spinnerei** von **Gerhard Mevissen** aus den 1840er Jahren. Die Firma hatte ihren Standort, so wie später noch andere Betriebe, an einem natürlichen

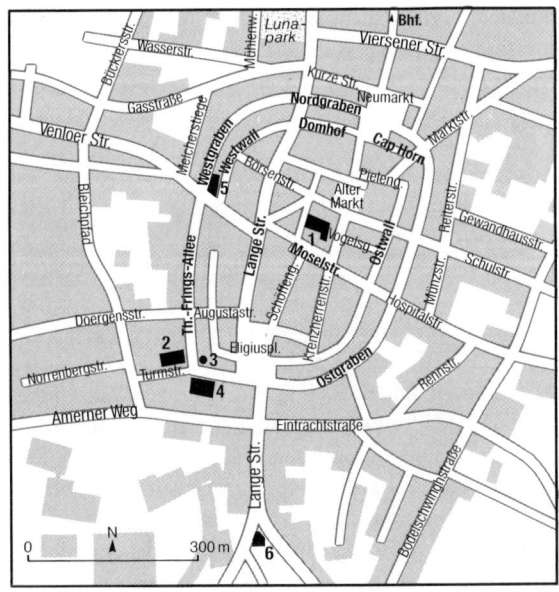

Dülken
1 *Pfarrkirche St. Cornelius*
2 *Rathaus*
3 *Gefangenenturm*
4 *Ehem. Höhere Bürgerschule*
5 *Flachszwirnerei und -spinnerei von Mevissen*
6 *Narrenmühle (Museum)*

266

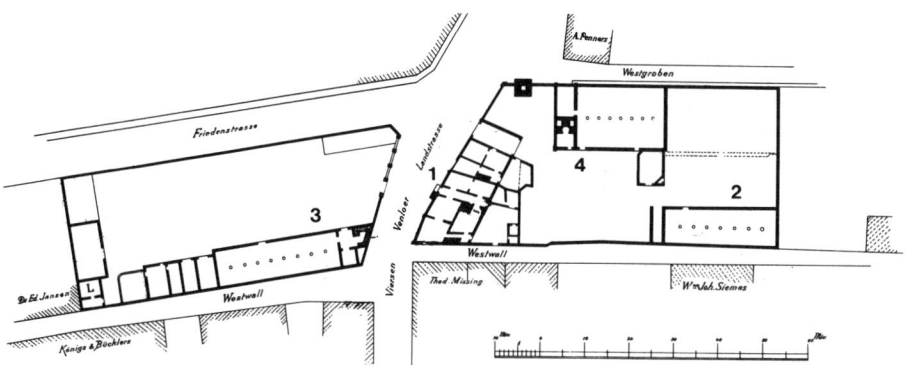

*Ehem. Flachszwirnerei und -spinnerei von Gerhard Mevissen, Lageplan um 1910 1 Wohnungen 2 Zwirnerei
3 Flachslager 4 Spinnerei*

›Abwasserkanal‹ gewählt. Als solcher wurde die Nette mißbraucht, die im Bereich der Mosel-
straße entspringt. Dülkens Zeugen aus der gründerzeitlichen Blüte – von historischen Fabrik-
gebäuden über alte Arbeiterhäuser in der Ernst-König-Straße bis hin zu Villen der Textilfabrikanten und ihren Geschäftshäusern, z.B. Lange Straße 14/16 oder 85 – vermitteln heute noch
ein anschauliches Bild vom bedeutendsten Kapitel niederrheinischer Industriegeschichte.

Südlich des mittelalterlichen Stadtkerns, an der Abzweigung der Rheindahler Straße von der
Lange Straße, steht die **Narrenmühle** mit dem Weisheitssaal und dem Narrenmuseum. Die
1809 errichtete Kastenbockwindmühle ist heute Sitz einer ungewöhnlichen Akademie. Die
›berittene Akademie der Künste und Wissenschaften, die erleuchtete Monduniversität‹ soll seit
dem 21. 2. 1554 bestehen. Ihr Ziel war ursprünglich, das gezierte Gehabe der 1419 eröffneten
Lateinschule zu verspotten; heute pflegt die Dülkener Narrenakademie das närrische Brauch-
tum in Dülken. Die 37 aktiven Senatoren reiten z.B. am 11. 11. auf Steckenpferden um die
Mühle und verleihen den Ehrentitel Dr. hum.c. (humoris causa). Selbstverständlich erhielt auch
schon Neil A. Armstrong, der erste Mann auf dem Mond, diesen Titel.

Eine ähnliche Ortsgeschichte läßt sich jenseits der Süchtelner Höhen in **Süchteln** beobachten. Hier beginnt die Entwicklung mit einem Fronhof des Kölner Stiftes St. Pantaleon im
13. Jh. Während des 14. Jh. kam er zum Territorium der Jülicher Herzöge, die ihn um die
Wende zum 15. Jh. auch mit einem Befestigungsring versahen. Den Bereich des mittelalterlichen
Marktfleckens umgrenzt heute der Verlauf des *Ost-* und *Westringes*. Einige der kleinen Straßen,
wie z.B. die *Kirchstraße* oder die *Klemensstraße*, haben noch den alten, kleinstädtischen Charakter bewahrt, auch wenn die Bebauung nicht mehr aus dem Mittelalter, sondern aus dem
18. und 19. Jh. stammt. In der Propsteistraße stoßen wir auf ein wichtiges Zeugnis aus der Vergangenheit Süchtelns: die *ehemalige Propstei*, heute **Haus Rossié**. Auf diesem Anwesen saßen
die Schultheißen von Süchteln, die den Besitz der Abtei St. Pantaleon in Köln verwalteten. Bis
zum Einmarsch der Franzosen 1794 teilten sie sich mit den Vögten als Vertreter des Jülicher

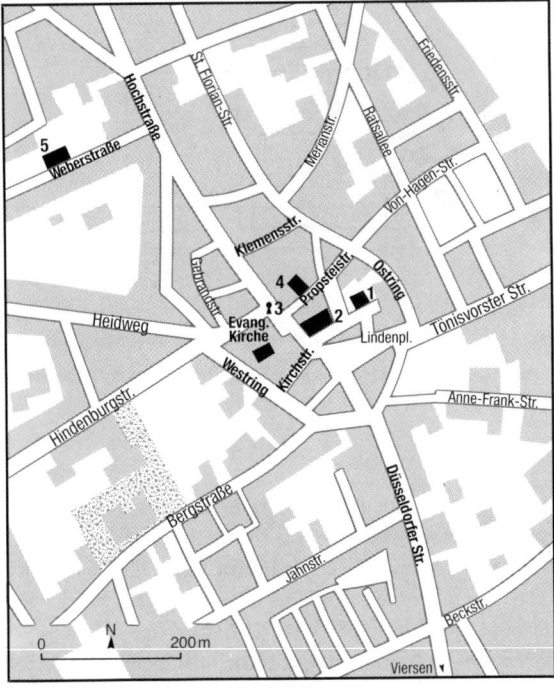

Süchteln
1 *Ehem. Propstei*
2 *Pfarrkirche St. Clemens*
3 *Weberbrunnen*
4 *Heimatmuseum*
5 *Ehem. Weberhäuser*

Landesherrn die Gerichtsbarkeit im Ort. Das herrschaftliche Wohnhaus, das 1797 als ein klassizistischer Putzbau mit Walmdach errichtet wurde, verrät die Bedeutung, die mit dieser Position verbunden war. Nach der Säkularisation ging die Propstei in Privatbesitz über.

Auf der Hochstraße, in direkter Nachbarschaft zur neugotischen Pfarrkirche **St. Klemens** (1855–58 von Vincenz Statz gebaut), stehen Denkmäler, die an das frühe Textilgewerbe erinnern. Der **Weberbrunnen** aus Tuffstein (1914) zeigt die Skulptur eines sitzenden Webers, der einen Warenbaum zwischen den Knien hält (Abb. 90). Gegenüber befindet sich das sogenannte **Süchtelner Weberhaus,** ein 1897 errichteter Gasthof, der heute eine Sparkasse beherbergt. Im ehemaligen *Jakobs-Gut* an der Propsteistraße befindet sich das **Heimatmuseum.**

Wandern Sie doch einmal die Hochstraße weiter aufwärts! Auf dem Abschnitt, der innerhalb des Stadtkernes liegt, ist noch einiges der historischen Bausubstanz aus dem 18./19. Jh. erhalten. Gleich außerhalb der alten Stadtmitte zweigt nach links die *Weberstraße* ab. Wie es der Name schon vermuten läßt, lebten hier Weber mit ihren Familien. Von den typischen *Weberhäusern* hat bis heute nur noch das Doppelhaus *Nr. 16/18* sein äußeres Erscheinungsbild bewahrt. In der Nachbarschaft ging man weniger einfühlsam mit der historischen Bausubstanz weiterer Weberhäuser um. Gut wurde dagegen die Siedlung aus den 1950er Jahren auf der anderen Straßenseite angepaßt.

268

An der südlichen Ausfallstraße, der *Düsseldorfer Straße,* finden wir andere Zeugen der Textil-industrie im 19. Jh.: nämlich die besseren Wohnlagen. Spätklassizistische Häuserzeilen werden von freistehenden Villen – ehemaligen Wohnsitzen der Textilfabrikanten – unterbrochen. In diese Richtung wuchs Süchteln der Nachbarstadt entgegen, in der ebenfalls das Textilgewerbe das Wirtschaftsleben und den Städtebau bestimmte.

Viersens Aufstieg führte nicht über die Station eines blühenden Markt- und Gewerbestädt-chens im Mittelalter. Dem wichtigsten Grundherrn in Viersen, dem Abt von St. Gereon zu Köln, lag nicht viel an einer städtischen Entwicklung auf seinem Territorium. Es gab seinerzeit genügend Beispiele, daß ein wirtschaftlich aufstrebendes Bürgertum zu Macht gekommen war und schließlich Stadt- oder Landesherren von ihren Ämtern vertreiben konnte. So war es ja selbst dem Kurkölner Erzbischof widerfahren, und die Äbte von St. Gereon ›begnügten‹ sich damit, die Abgaben der 187 zinspflichtigen Höfe in der Region zu kassieren und sich nicht auf

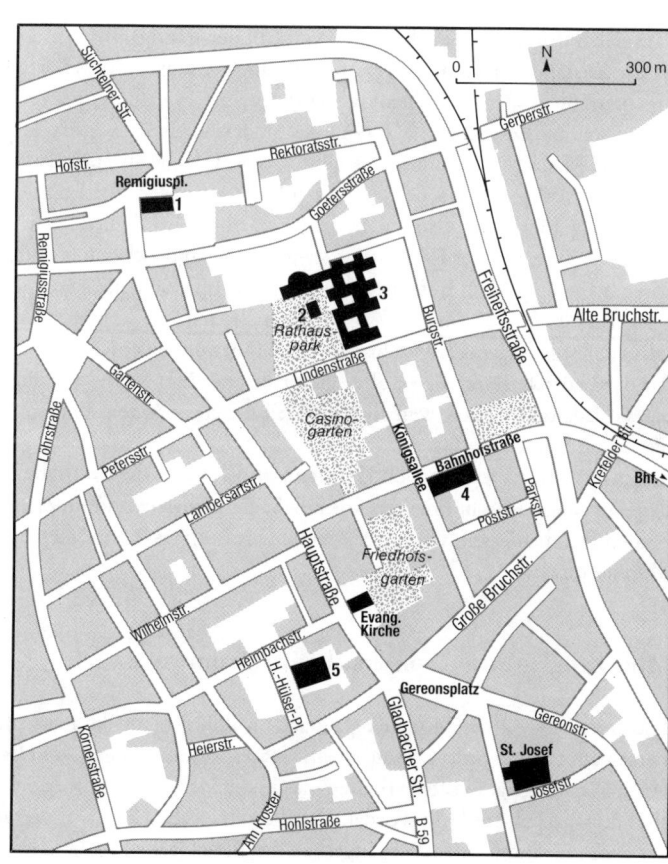

Viersen
1 Pfarrkirche
 St. Remigius
2 Städtische Galerie im
 Park
3 Kreishaus
4 Rathaus
5 Festhalle

das Risiko einer städtischen und gewerblichen Entwicklung einzulassen. Viersen blieb denn auch bis zur Mitte des 19. Jh. eine ›Herrlichkeit‹ oder eine ›Bürgermeisterei‹.

Zwei mittelalterliche Siedlungskerne bestimmten das Ortsbild zu Beginn des 19. Jh.: der *Alter Markt* (heute *Remigiusplatz*) mit der spätgotischen Kirche *St. Remigius* und der *Neumarkt* (heute *Gereonsplatz*). Den Rückstand, den Viersen im Vergleich zu Süchteln und Dülken in seiner städtischen Entwicklung hatte, konnte die Stadt in der zweiten Hälfte des 19. Jh. schnell aufholen. Heute prägt als Zeugnis des Wirtschaftswachstums ein auffallend rechtwinkliges Straßennetz den Innenstadtbereich zwischen den beiden Plätzen. In den 1850er Jahren – Viersen war gerade Stadt geworden – erkannte man die Notwendigkeit, das rasante Bevölkerungswachstum, das die Industrialisierung mit sich brachte, nicht in einen städtebaulichen Wildwuchs ausarten zu lassen. Die Planer orientierten sich an den Stadterweiterungen, die zur gleichen Zeit in Düsseldorf und Krefeld in die Tat umgesetzt wurden, und schufen mit dem Viersener Stadtbauplan von 1860 ein Bauprogramm, das den Erfordernissen und dem Geschmack der Zeit entsprach.

In der **Bahnhofstraße,** aber noch mehr in der **Königsallee,** ist die alte Bebauung in einem guten Zustand erhalten. Repräsentative Bürgerhäuser der verschiedenen Richtungen des Historismus (z. B. Nr. 18 neoklassizistisch, Nr. 18a und b neugotisch, Nr. 20 neobarock) bilden schöne Ensembles. Während des Stadtausbaus zum Ende des 19. Jh. errichteten ortsansässige Maurer- oder Zimmerermeister auch Häuser als Spekulationsobjekte. Auch hierfür bietet die Königsallee ein Beispiel, die anfangs sogar den Namen des größten Spekulanten am Platze trug: Pferdmengesstraße, bevor sie zu Ehren König Friedrich Wilhelms IV. umbenannt wurde. Am Beginn der Königsallee steht eine Gruppe kleinerer und schlichterer spätklassizistischer Gebäude – ein historisches Beispiel für Immobilienspekulation. – Das Haus der nahegelegenen *Städtischen Galerie im Park* diente in den 1860er Jahren einem Textilfabrikanten als sicherlich standesgemäßer Wohnsitz. Nach ihm nutzte der Kommerzienrat Kaiser, der Begründer der Ladenkette Kaiser's Kaffee Geschäft, die Villa als Verwaltungssitz gleich neben seiner Schokoladenfabrik. Auf dem einstweiligen Fabrikgelände dehnt sich nun der große Komplex des neuen *Kreishauses* aus.

Um 1912 errichtete man am Hermann-Hülser-Platz die **Festhalle Viersen** im historisierenden Stil: Klassizistische Formen, wie z.B. Säulen, Pilaster und ein Ziergiebel mit einem musizierenden Paar beiderseits des historischen Stadtwappens, bestimmen die Fassade des städtischen Musentempels.

Mönchengladbach – vom Flachs zur Baumwolle

Die ersten Bewohner Mönchengladbachs wählten nicht die markante Erhebung des Abteibergs zum Siedlungsplatz, sondern ein Gebiet weiter westlich. Im *Hardter Wald* ist von ihnen ein großes Hügelgräberfeld erhalten, das in die Hallstattepoche datiert wird. Römische Funde sind nur spärlich entdeckt worden. Zur karolingischen Zeit war vermutlich die erste Siedlung auf dem Hügel um einen Vorgängerbau der Pfarrkirche St. Mariä Himmelfahrt entstanden.

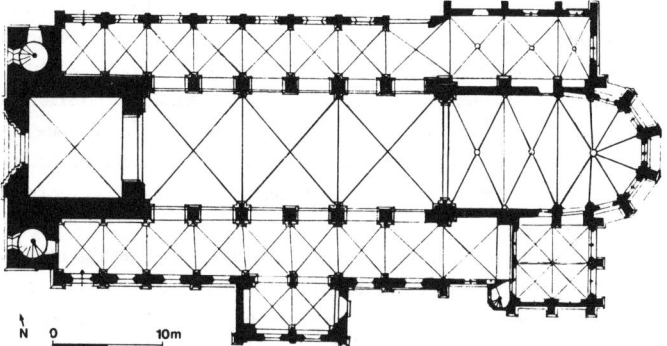

Mönchengladbach,
St. Vitus, Grundriß

N 0 _____ 10m

Der entscheidende Impuls zur Stadtentwicklung ging jedoch erst von einer Klostergründung im 10. Jh. aus. Auf kölnischem Stiftsland gründeten Erzbischof Gero und der aus dem Trierer Kloster St. Maximin stammende Benediktiner Sandradus 974 die Abtei **St. Vitus.** Die beiden müssen wohl eine große Zukunft für ihre Abtei im Auge gehabt haben, denn die Umstände des rheinisch-sächsischen Klüngels waren nicht schlecht: Erzbischof Gero, ein Sachse, war ein Vertrauter Ottos des Großen und Mitglied der kaiserlichen Hofkapelle, bevor er den Bischofsstuhl in Köln übernahm. Auch Sandradus hatte beste Beziehungen zum Kaiserpaar. Somit wurde es selbstverständlich, den hl. Vitus als Namens- und Schutzpatron des Klosters zu ernennen, da sich dieser sozusagen als ›kaiserlicher Heiliger‹ bewährt hatte. Im 9. Jh. waren Vitusreliquien nach Corvey in das Benediktinerkloster gekommen, und in der Folge – überliefert der Mönch und Geschichtsschreiber Widukind – stieg das Reich der Sachsen auf, während das Frankenreich unterging. Der Ursprung der Gladbacher Reliquien ist unklar, vermutlich hatten sie schon in einer Vorgängerkirche des heutigen Münsters gelegen. Eine Figur des hl. Vitus (1. Hälfte des 18. Jh.) finden Sie in der Krypta.

Beschäftigen wir uns nun mit dem Kirchenbau! Die schönste Ansicht und den besten Überblick über den *Außenbau* bietet ein Standort am Fuße des Abteiberges (Abb. 92). An der Südfassade der Kirche läßt sich nämlich mühelos feststellen, daß es während der Entstehungszeit eine starke Änderung des ursprünglichen Bauplanes gegeben hat. Die Trennungslinie zwischen den beiden Bauabschnitten verläuft zwischen dem Langhaus und dem Chor, wie es die unterschiedlichen Verhältnisse von Fenster- und Mauerflächen der beiden Abschnitte zeigen. Im romanischen Stil entstand das Langhaus von 1228 bis 1239, im gotischen dagegen der Chor in der zweiten Hälfte des 13. Jh. Das älteste Element des Außenbaus stellt der Westbau mit seinem achtseitigen Turm von 1180 dar. Das mächtige Mauerwerk der Westfassade, das nur von vier Rundfenstern und einem Stufenportal mit eingestellten Säulen durchbrochen wird, gibt diesem Teil des Gebäudes mehr den Charakter einer Festung denn einer Kirche.

Auch im *Inneren* lassen sich die drei Bauabschnitte deutlich unterscheiden. Das Obergeschoß des 1180 errichteten Westbaus diente ursprünglich als Abtskapelle, heute ist dort eine Orgel- und Sängerempore eingerichtet. Die Gliederung der Langhauswände trägt dank umfangreicher

Rekonstruktionen nach dem Zweiten Weltkrieg wieder spätromanisch-staufische Züge. Eine eigenwillige Lösung fiel dem Baumeister bei der Gestaltung der oberen Wandpartien ein. Die mittlere Arkade des Dreibogentriforiums greift hoch in den Lichtgaden hinein und umfängt mit einem Blendbogen gleichfalls das darüberliegende Fenster. Der Trend zur Vertikalität, der sich mit der gotischen Architektur zehn bis zwanzig Jahre später durchsetzen sollte, ist bei dieser Wandgestaltung bereits zu erkennen. In die gleiche Richtung weisen die Halbsäulen, die Dienste, die von jedem zweiten Pfeiler aus die Wände emporragen und das Kreuzrippengewölbe tragen.

Als rein gotisches Werk eines namhaften Baumeisters präsentiert sich der 1256 begonnene *Chor.* Meister Gerhard plante ihn, der gleichzeitig die größte Kirchenbaustelle im Rheinland leitete. Nach seinen Entwürfen wurde der Kölner Dom errichtet. Handwerker der Kölner Dombauhütte arbeiteten ebenfalls am Hochchor der Mönchengladbacher Abteikirche. Selbst die Gliederung der zweibahnigen Fenster mit einem bekrönenden Kreis hat ihr Vorbild in der Kölner Minoritenkirche. Die Schlichtheit einer gotischen Kirchenbauweise – hier bei den Benediktinern, dort bei den Franziskanern – hebt sich deutlich von den sonst üblichen Gestaltungsweisen bei Stiftskirchen oder Domen ab. Für St. Vitus trifft dieser Gegensatz nur in eingeschränktem Maße zu, denn gerade Benediktinerkirchen gehörten zu den nüchternsten Kirchenbauten des späten Mittelalters. Die aufwendige und ausgefallene Gestaltung des Triforiums widerspricht der Strenge einer Klosterkirche des Benediktinerordens im 13./14. Jh. – Kein Aufwand wurde in St. Vitus bei den *Glasfenstern* gescheut. Nach der Vorlage französischer Bibelfenster wurde zwischen 1265 und 1275 das mittlere Chorfenster gemalt. Auf den beiden Bahnen stehen verwandte Ereignisse aus dem alten Testament denjenigen des neuen Testaments gegenüber. Die Szene ›Christus und seine Jünger beim Abendmahl‹ wird einem Bild von drei Juden – erkennbar an den spitzen Judenhüten, die sie im Mittelalter zeitweise tragen mußten – beim Passahmahl gleichgestellt. Mit Feldstecher oder Opernglas können Sie die einzelnen Bildfelder gut erkennen und vergleichen. Dann entgeht Ihnen auch nicht, daß eine Darstellung des Weltgerichts und das Wappen der Stifter, nämlich die Familie Wachtendonk, die Bilderfolgen bekrönen.

Nach dem Exkurs in die Höhe des Kirchenraumes bietet sich als Kontrast die Besichtigung der *Krypta* an. Die dreischiffige Hallenkrypta mit zwei quadratischen Querarmen steht in der Tradition großer rheinischer Krypten des 11. Jh. Der Kirchenraum, der nun das Fundament des gotischen Hochchores bildet, entstand zu Beginn des 12. Jh. Starke Veränderungen hat dagegen der Kreuzgang auf der Nordseite der Kirche erfahren. Dort befindet sich heute auch die *Schatzkammer.* Die Auswirkungen der französischen Besetzung des Rheinlands zum Ende des 18. Jh. trafen auch die Abtei und ihre Kunstschätze schwer. Die Klosterbibliothek wurde aufgelöst, der Goldschmiedeschatz eingeschmolzen und in den Abteigebäuden eine Baumwollfabrik eingerichtet.

Nach dem Auszug der Mönche 1802 nahmen Fabrikanten aus dem Bergischen Land die Klostergebäude in Besitz und funktionierten sie um. Im Rahmen der französischen Wirtschaftspolitik erlebte die kleine Stadt am Abteiberg ihre ersten Anfänge als ›Rheinisches Manchester‹. 1811 gab es bereits elf Baumwollspinnereien in Gladbach. Doch bevor wir uns der aufstreben-

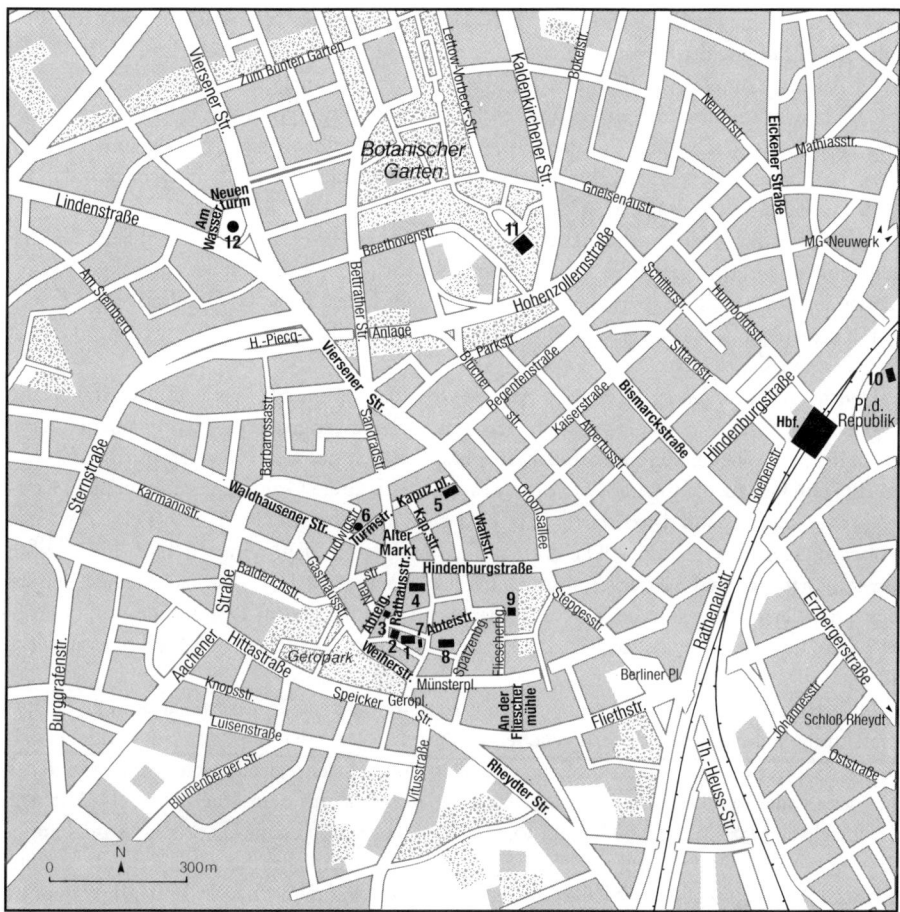

*Mönchengladbach   1 St. Vitus   2 Ehem. Abtei/Rathaus   3 Gasthaus St. Vith   4 St. Mariä Himmelfahrt
5 Evang. Christuskirche   6 Ehem. Stadtbefestigung und Dicker Turm   7 Ehem. Propstei   8 Städtisches
Museum Abteiberg   9 Haus Erholung   10 Ehem. Spinnereigebäude   11 Kaiser-Friedrich-Halle   12 Wasserturm*

den Textilindustrie und dem Stadtwachstum im 19. und 20. Jh. zuwenden, kehren wir noch
einmal zurück in den mittelalterlichen Stadtbereich und auf die Höhe des Abteibergs.

Auf einem Rundgang wollen wir die Spuren der Stadtgeschichte vor der Industrialisierung
suchen und die Stadtentwicklung im Schatten der Abtei verfolgen. Nicht nur die Säkularisation, sondern auch der große Stadtbrand im Jahre 1652 haben vieles der mittelalterlichen Bausubstanz vernichtet. Dazu gehören ebenfalls die alten Gebäude der einstigen **Abtei.** Von 1663

bis 1705 wurde die vierflügelige Anlage im Nordwesten angefügt. Nach der Baumwollverarbeitung ab 1802 diente der Gebäudetrakt seit 1835 der städtischen Verwaltung. Im Zweiten Weltkrieg fiel der Komplex den Bomben zum Opfer. Doch schon 1950 konnte sich das *Rathaus* wieder in dem rekonstruierten Gebäude etablieren. Das Hauptportal der einstigen Abtei von 1663 ziert heute den Rathauseingang im Nordflügel. Die beiden wichtigsten Personen aus der Vergangenheit des Benediktinerklosters bekrönen das Portal: Es sind der hl. Benedikt und der hl. Vitus, der ein Modell der Mönchengladbacher Abtei in seiner Linken hält.

Folgen wir der Rathausstraße nach Norden zum *Alter Markt*. Auf der linken Seite im spitzen Winkel zur Abteigasse steht das **Gasthaus St. Vith.** Der erste Bau des ehemaligen Gästehauses der Abtei aus dem späten 16. Jh. wurde kurz nach dem Ende des Dreißigjährigen Kriegs durch das jetzige Gebäude ersetzt. Von einer Ecknische blickt der hl. Vitus – wieder mit einem Kirchenmodell ausgestattet – in die Abteigasse.

Den höchsten Standort in der Stadt nimmt die Pfarrkirche **St. Mariä Himmelfahrt,** die sogenannte Marktkirche ein. Vielleicht erstaunt es Sie, zwei große Kirchen in solcher Nähe zu finden, doch bedenken Sie, daß St. Vitus ursprünglich nur den Mönchen für ihre Gottesdienste und Gebete diente. Die Pfarrkirche ist sogar eine ältere Gründung, denn schon in karolingischer Zeit bestand diese Pfarre. Von 1243 bis zur Aufhebung des Klosters (1802) war sie jedoch diesem untergeordnet. Die dreischiffige Basilika aus Tuffstein von 1469–1533 mußte ebenfalls nach schweren Kriegszerstörungen fast wieder neu aufgebaut werden. An diese jüngste Bauepoche erinnert der hohe Westturm, der in zeitgemäßer Form 1956 fertiggestellt wurde. In seinen Untergeschossen steckt noch Mauerwerk des romanischen Vorgängerbaus aus dem 12. Jh.

Die geringen Ausmaße Gladbachs führten zu einer besonderen Konstellation: Die Hauptpfarrkirche nahm in der mittelalterlichen Stadt einen zentralen Standort ein, während sich der Marktplatz in einer ungewöhnlichen Randlage befand, denn gleich nach dem Passieren des Viersener oder Markttors im Norden stand der Reisende auf dem Marktplatz. 1183 erhielt Gladbach das Marktrecht. Der heutige Platz bewahrt zwar noch seine historische Ausdehnung, doch die alte Bebauung nahm schon seit dem 19. Jh., vor allem aber durch die Kriegszerstörungen und die Abrißwelle der Nachkriegszeit ständig ab. Auf dem Pflaster des Marktplatzes ist noch der Grundriß des kleinen Rathauses zu sehen, das zu Beginn des 19. Jh. einstürzte.

Nach dem Zweiten Weltkrieg wurde der Alter Markt im Osten um den *Kapuzinerplatz* erweitert. Der Name weist noch auf ein 1802 aufgehobenes Kapuzinerkloster hin. Anstelle der 1803 abgebrochenen Klosterkirche errichteten die Protestanten ihre erste Kirche innerhalb der Stadtmauern. Im August 1845 legte der preußische König Friedrich Wilhelm IV. persönlich den Grundstein zu diesem Gotteshaus. Vor Errichtung der **Christuskirche** besaß die evangelische Gemeinde seit 1684 am Fliescherberg eine kleine Kirche – vor den Toren der Stadt.

Gegenüber der Einmündung des Kapuzinerplatzes zweigt die *Turmstraße* ab. Sie gehört zu dem Straßenkranz, der innen die Stadtmauer begleitete. Nun wird deutlich, wie klein das mittelalterliche Städtchen Gladbach gewesen ist. 1366 verlieh Herzog Wilhelm II. von Jülich der Siedlung die Stadtrechte. Im 14. Jh. begannen die Bürger mit dem Bau ihrer Stadtmauer aus Backstein, die in den folgenden Jahrhunderten, vor allem nach dem Stadtbrand von 1652, immer wieder ausgebessert werden mußte. Drei Tore boten Zugang zur Stadt, die in der ersten Hälfte des 19. Jh. mit der Stadtbefestigung abgebrochen wurden; im Norden war es das schon erwähnte *Viersener Tor* am Marktplatz, im Süden das *Weihertor* an der Weiherstraße und im Osten das *Judentor* an der Hindenburgstraße. Die von der 1,2 km langen Stadtmauer umschlossene Stadtfläche machte gerade 12 ha aus (zum Vergleich: Das mittelalterliche Köln umfaßte 401 ha).

Auf der Westseite sind noch größere Relikte der einstigen Stadtbefestigung erhalten. In der Nähe der Waldhausener Straße steht noch der **Dicke Turm** (Anfang 15. Jh.) mit Teilen der Mauer. Der südwestliche Mauerverlauf ist heute mit einigen Resten in den *Geropark* integriert. In dieser Gegend floß früher der namensgebende Gladbach, der auch für die Anfänge der Textilherstellung Bedeutung erlangte. Straßennamen wie Bleichstraße und An der Flieschermühle weisen noch heute auf den einstigen Bachlauf hin. Von Süden her – also der Weiherstraße und dem Geroplatz – hat man den schönsten Blick auf den **Abteiberg** und St. Vitus. Denn hier wurde der Hang im Laufe der Zeit nicht bebaut, sondern das Gelände des ehemaligen Abteigartens blieb als Grünanlage erhalten. Ein kleiner Teil des Klostergartens mit seinem alten Baumbestand bildet heute den historischen Teil des Parks, der die mittelalterliche Stadtgrenze im Süden flankiert. Über Treppen führt der Weg wieder nach oben zum modernen Museumsbau, der wie eine Skulptur den östlichen Abteiberg krönt. Der Eingang erfolgt von der *Abteistraße*. Auf dem Weg dorthin passieren Sie noch ein weiteres Haus, das ursprünglich zum Klosterkomplex gehörte. Der weiße Bau mit den roten Fensterläden *(Haus Nr. 37)* geht auf ein im 14. Jh. gegründetes Klosterhospital zurück. Im 18. Jh. wurde der Backsteinbau mit dem vortretenden Treppenturm als **Propstei** genutzt. Während des Zweiten Weltkriegs wurde er bis auf die Umfassungsmauern zerstört und präsentiert sich heute als eine Rekonstruktion.

Verlassen wir nun Historisches in alter oder erneuerter Form und wenden uns einem Museumsbau zu, dem ein anderes Architekturverständnis zugrunde liegt: dem 1982 eröffneten **Städtischen Museum Abteiberg** (Abb. 93). Hier fließen Kunst und Architektur sowie die sie umgebende Natur in Form des Parks ineinander. Aus dem Park steigen die Backsteinmauern der Treppen zum vielschichtigen Gebäudekomplex empor. Mehrere Ebenen, verschiedene Baukörper und eine abwechslungsreiche Dachlandschaft geben dem Museumsbau ein interessantes Äußeres. Um moderne Kunst und Architektur in Einklang zu bringen und das Museumsgebäude nicht als »zufällig Kunst beherbergendes Gehäuse« zu verstehen, wählte die Stadt den Entwurf des Architekten und Künstlers Hans Hollein für ihr neues Kunstmuseum. Auch im Inneren werden traditionelle Bauformen vermieden: Räume öffnen sich übereck; Türen fehlen; quadratische, runde oder polygonale Raumgrundrisse gliedern die Ausstellungsflächen; einige geschwungene Wandverläufe und Treppen bereichern die Strenge rechtwinkliger Gestaltung. Die Räume werden durch weiße Wände abgegrenzt oder untergliedert. Weiße oder farblich zurückhaltende Böden lassen die eigenwilligen Architekturformen klar hervortreten und geben trotzdem den Exponaten einen angemessenen Rahmen. In dem Maße, wie sich die modernen Gemälde vom traditionellen Bilderrahmen und die zeitgenössische Plastik vom Denkmalsockel entfernen, muß nun der Ausstellungsraum diese Funktionen übernehmen. Der Museumsraum als Baukunst schafft es, die eigenen Gesetze der Kunst des 20. Jh. zu respektieren. – Grundstock der Sammlung ist die Dr.-Walter-Kaesbach-Stiftung, eine umfangreiche Expressionistensammlung, die der Mönchengladbacher Kunsthistoriker 1922 seiner Heimatstadt vermachte. Darauf aufbauend wuchs ein Museumsbestand heran, in dem alle bedeutenden Kunstrichtungen des 20. Jh. vertreten sind.

Nur wenige Schritte weiter auf dem östlichen Hang des Abteibergs genügen, um mit dem **Haus Erholung** in die Wirtschaftsgeschichte und in die Gründerzeit der Textilindustrie Mönchengladbachs einzusteigen. Das 1861 eröffnete Haus im spätklassizistischen Stil diente dem gehobenen Bürgertum der Stadt als gesellschaftlicher Treffpunkt. Schon in den ersten Jahren des 19. Jh. hatten sich Mönchengladbacher zu einem Lesezirkel zusammengeschlossen, der sich bald als ein Club zur Freizeitgestaltung seiner Mitglieder verstand, sofern es sich um »den Vorschriften der Sittlichkeit nicht entgegen seyenden Vergnügungen« handelte. Als sozialer Numerus clausus wirkte die Aufnahmegebühr von 300 Reichstalern. Selbst die Religionszugehörigkeit spielte eine Rolle. Die Mitglieder der Gesellschaft ›Erholung‹ waren vorwiegend evangelisch. Als Gegenpart wurde 1862 die mehr mittelständische, katholische Casinogesellschaft gegründet.

Konfessionelle Unterschiede zeigten auch bei den ersten Anfängen der Textilherstellung beachtliche Auswirkungen. In der Mitte des 16. Jh. gab es unter den Gladbacher Bürgern verschiedene protestantische Gemeinden. Die Reformierten, Lutheraner, Wiedertäufer und Calvinisten betätigten sich vor allem in der Flachsgewinnung und Leinenweberei. Das Leinen aus Gladbach besaß einen hervorragenden Ruf und schuf gute Handelsverbindungen nach England und Holland. Zu einem schweren Schlag für die städtische Wirtschaft wurde die Vertreibung der Protestanten durch den Herzog von Jülich im 17. Jh. Von der Ausweisung profitierte dagegen Krefeld, wo zahlreiche Reformierte und Mennoniten Zuflucht fanden. Sie begründeten dort unter oranischer Herrschaft und Protektion Krefelds Aufschwung zu einem Zentrum der Textilherstellung und zur Karriere der ›Samt- und Seidenstadt‹.

Nach der wirschaftlichen Flaute in Gladbach während der zweiten Hälfte des 17. Jh. und des 18. Jh. sorgten wiederum protestantische Fabrikanten für eine erneute Belebung der Textilproduktion am Abteiberg. Nun waren es die Franzosen, die durch ihre Besetzung des Rheinlands und die Eingliederung in das französische Reich effektive Impulse setzen konnten. Die neue Gewerbefreiheit, die Öffnung neuer Märkte und das Ausschalten der mächtigen englischen Konkurrenz durch die Kontinentalsperre (1806) förderten die Textilproduktion am Niederrhein. Sie versprach so zu expandieren, daß Fabrikanten aus dem Bergischen Land ihre Heimat verließen und diesseits der französischen Grenze ihre Unternehmen aufbauten. Leerstehende Gebäude gab es im französischen Rheinland in großer Zahl, denn die Säkularisation hatte Stifts- und Ordensleute aus ihren Häusern vertrieben. Somit ist es nicht weiter verwunderlich, daß die ersten textilproduzierenden und -verarbeitenden Werke in Klostergebäuden entstanden. Nach 1805 zog ein bergischer Textilfabrikant auf dem Abteiberg ein.

Durch die guten wirschaftlichen Kontakte zu Holland begann schon Anfang des 19. Jh. die Baumwollverarbeitung in Gladbach. Ein folgenreicher Strukturwandel setzte ein, der Übergang von der Flachsverarbeitung und Leinenweberei in Heimarbeit zur industriellen Baumwollverarbeitung wurde eingeleitet. Mönchengladbach entwickelte sich zum ›Rheinischen

Manchester‹. Spinnereien und Webereien prägten weite Bereiche der Stadt, die nach dem Schleifen der Stadtbefestigung in den 1830er Jahren ins Umland hinauswuchs, den Dörfern und Herrschaften entgegen, die schon lange wirtschaftlich aufs engste mit Gladbach verknüpft waren. Hier lebten und arbeiteten die Weber, die in das Verlagssystem eingebunden in Heimarbeit zusammen mit der Familie die Gewebe herstellten. Auch für die halbmechanische Baumwollspinnerei in der ersten Hälfte des 19. Jh. waren nur Standorte in der Nachbarschaft der Stadt geeignet, da man noch auf die Wasserkraft angewiesen war. An den Stellen ehemaliger Mühlen errichtete man bevorzugt die Spinnereien. Ihre Gebäude waren meist mehrgeschossige Bauten – im Gegensatz zu den Webereien. Da die Spinnmaschinen leichter sind und weniger Erschütterungen verursachen, ließ sich das Fabrikgelände intensiver nutzen. 1849 gab es im Kreis Gladbach 18 halbmechanische Spinnereien mit fast 30 000 Spindeln. 1855 nahm die ›Gladbacher-Spinnerei- und Weberei‹ mit allein schon 15 000 Spindeln und 250 Webstühlen ihren Betrieb auf. Das **Spinnereigebäude** (Farbabb. 15) von 1853 beherbergt heute eine Berufsschule. Der Durchbruch zur maschinellen Produktion und Verarbeitung im Textilsektor war damit geschafft. Den Preis dafür zahlten zum größten Teil die Handweber und Heimarbeiter. Ihr spärlich gewordener Lebensunterhalt war damit endgültig in Frage gestellt. Bekam der Handweber 1870 für einen Meter Samt noch 3,50 Mark, wurde der Lohn 1881 stellenweise schon bis auf eine Mark heruntergedrückt. Die sozialen Gegensätze verschärften sich.

Heimweber und sein Enkel bei der Arbeit, Ende 19. Jh.

Im Städtebau fanden sie einerseits in Mietskasernen, andererseits in repräsentativen Gründerzeitbauten ihren Ausdruck. Während sich entlang der großen Ausfallstraßen Spinnereien, Webereien, Färbereien, Tuchfabriken, Maschinenfabriken und Wohnbereiche minderer Qualität aneinanderreihten, bildete sich östlich der Altstadt die City heraus – umgeben von besseren Wohnvierteln. Hauptachse der Unterstadt wurde die *Hindenburgstraße* als Verbindung zwischen dem Alter Markt und dem Bahnhof der 1853 eröffneten Düsseldorf-Gladbach-Herzogenrather Bahn.

Zu Beginn des 20. Jh. entstanden zwei Jugendstilbauten, die heute noch immer die sie umgebenden Wohnviertel markant überragen. Wie eine Blickachse aus der Landschaftsarchitektur des 18./19. Jh. führt die Bismarckstraße auf die auf einer Anhöhe liegende **Kaiser-Friedrich-Halle** zu. Von Spenden wohlhabender Bürger finanziert, wurde sie 1903 zu Ehren des 99-Tage-Kaisers Friedrich III. eingeweiht. Der Entwurf zu diesem Gebäude mit seinem mächtigen, grünen Ziegeldach – einer Mischung aus Mansard- und Pagodendach – stammt von den Wiesbadener Architekten Friedrich Wilhelm Wertz und Paul Huber. Die Kaiser-Friedrich-Halle wird heute einerseits als ›gute Stube‹ für festliche Veranstaltungen, andererseits als Tagungs- und Kongreßstätte genutzt.

An der Viersener Straße/Abzweigung Lindenstraße überragt ein technisches Denkmal die Stadt. Es ist der neue **Wasserturm** von 1909, ebenfalls ein Bauwerk des Jugendstils. Auch hier schließt eine orientalisch anmutende Dachzone den Bau ab (Abb. 94).

Bevor wir uns weiter mit der Vergangenheit der Textilherstellung in Rheydt beschäftigen, werfen wir noch einen Blick in interessante Vororte Mönchengladbachs. Im Norden der Stadt, in **Neuwerk**, entstand vor 1135 auf dem *Gutshof Kranendonk* der Gladbacher Abtei ein **Benediktinerinnenkloster**. 1135 wird als erste **Klosterkirche** eine Marienkapelle erwähnt. Nach 1170 erscheint in den Urkunden die Bezeichnung »ecclesia b. Marie in Gladbau, que dicitur Novum Opus« (die Kirche Mariens in Gladbach, die zum Neuen Werk genannt wird). Damit wurde verdeutlicht, daß die Kirche und das Kloster einen größeren Neubau erhalten hatten. Gleichzeitig war ein neuer Ortsname geschaffen worden.

Das älteste, um 1135 errichtete Gotteshaus war eine kleine Kapelle, deren Mittelschiff ungefähr die Ausmaße des heutigen Nordschiffes einnahm. In der Mitte des 12. Jh. wurde diese Marienkapelle bereits durch einen größeren, nach Süden verlegten Neubau ersetzt, der den östlichen Teil der heutigen Kirche umfaßt. Nach 1170 begann nach kurzer Baupause eine weitere Veränderung im westlichen Bereich, indem von Grund auf ein neuer Baukörper angefügt wurde. Über dem nahezu quadratischen Grundriß errichtete man einen zweigeschossigen Anbau an das Lagerhaus, einen Emporenbau, wie er typisch für mittelalterliche Frauenklosterkirchen ist. Das Erdgeschoß des neuen Westbaus diente als Kapitelsaal und war zum Kirchenraum hin geschlossen. Nur ein kleiner Erker ragte in das Mittelschiff hinein, in dem ein Altar stand. Dies erklärt auch den ungewöhnlichen Standort des kleinen Altars mitten in den Sitzreihen heute. Im Obergeschoß befindet sich die Nonnenempore, eine dreischiffige Halle mit Rankenmalerei aus dem 16. Jh. Säulen mit romanischen Würfelkapitellen, die – wie Altersuntersuchungen gezeigt haben – hier zum zweiten Mal verwendet wurden, tragen die farbig gefaßten Rippen des Kreuzrippengewölbes. Noch zierlichere, schwarze Säulen tragen das

Gewölbe des nördlichen Seitenschiffs. In seinem Chor finden Sie ein Glasbild der hl. Barbara, die seit dem 14. Jh. Schutzpatronin der Kirche ist. An ihrem linken Fuß steht ein kleiner Turm als ihr typisches Attribut. Er weist darauf hin, daß die Heilige von ihrem Vater zunächst in einem Turm gefangengehalten wurde. Doch diese Gefangenschaft und das schreckliche Martyrium brachten sie nicht vom christlichen Glauben ab: Sie wurde schließlich enthauptet.

Am Äußeren des Kirchenbaus ist deutlich die dritte Bauphase der Neuwerker Klosterkirche zu erkennen. Ohne Übergang steht der Ostteil mit seinem niedrigeren Seitenschiff an dem zweigeschossigen Westbau. Die Wandgliederung durch Lisenen und Rundbogenfriese kennen Sie schon als typisch romanischen Bauschmuck. Vom Platz östlich der Chorapsis ist zu sehen, daß das nördliche Seitenschiff nicht frei steht, sondern in den anschließenden Klostertrakt aus dem 16. und 17. Jh. eingefügt wurde. – 1802 wurde das Benediktinerinnenkloster aufgelöst. 1889 wurde in den alten Klostergebäuden ein Krankenhaus eingerichtet, das inzwischen durch große Anbauten erweitert wurde. Seit 1961 wird es von Salvatorianerinnen geführt.

Nicht weit von Neuwerk entfernt liegt **Schloß Myllendonk** an der kanalisierten Niers. Die Anlage ist ein gut restauriertes Beispiel einer zweiteiligen Wasserburg. Die ältesten Teile der Hauptburg sind noch in das späte Mittelalter zu datieren, wesentliche Veränderungen wie z.B. die Umgestaltung der Hoffassade erfuhr der Herrensitz im 16. Jh. Aus dieser Zeit stammt ebenfalls der Torturm der inneren Vorburg. Von ihm aus ließ sich durch einen vorspringenden Erker der Zugang zur Hauptburginsel kontrollieren. Dieser Brücke ist eine wiederum wasserumwehrte Vorburg vorgelagert. Schloß Myllendonk und die umgebenden Parkanlagen können nicht besichtigt werden.

Werfen wir einen Blick auf die Mönchengladbacher Vororte im Westen der Stadt, auf ehemals selbständige Dörfer und Gemeinden, die teilweise sogar eine längere Siedlungstradition aufweisen können als der Ort auf dem Abteiberg. Im *Hardter Wald* stoßen Sie z.B. auf eines der größten Hügelgräberfelder im Rheinland, das in die Hallstattzeit zu datieren ist.

Die Honschaft **Hehn** wird seit dem Mittelalter als Wallfahrtsort aufgesucht. Die neugotische *Kirche* (1851) von Vincenz Statz, eine *Wallfahrtskapelle* aus dem späten 19. Jh. und eine Reihe künstlicher *Grotten* in ihrer Umgebung, die verschiedenen Heiligen gewidmet wurden, sind auch noch heute Ziele von Pilgern.

Rheindahlen – bis 1878 nur Dahlen genannt – besitzt sogar ältere Stadtrechte als Gladbach. 1354 erhielt es durch Markgraf Wilhelm von Jülich die Stadtrechte. Das Gelände gehört mit zu den ältesten Siedlungsplätzen im Mönchengladbacher Stadtgebiet. Für die Archäologie im Rheinland ist eine ehemalige Ziegelgrube zu einem bedeutenden Fundort geworden. Vier Schichten mit Relikten steinzeitlicher Rastplätze geben einen Einblick in Jagdgewohnheiten, handwerkliche Fertigkeiten und das soziale Leben der Frühzeit. – Weit häufiger wird jedoch Rheindahlen mit dem *NATO-Hauptquartier* in Verbindung gebracht. Südlich des Hardter Walds dehnt sich die zwischen 1952 und 1954 errichtete Siedlung mit ihren englischen Straßennamen aus. Rund 13 000 Einwohner hat diese Kleinstadt im Grünen. Die größte Gruppe bilden die britischen Soldaten mit ihren Familien.

Im Süden Mönchengladbachs am oberen Lauf der Niers liegt ein weiterer großer Herrensitz, **Schloß Wickrath.** Der eigentliche Schloßbau existiert jedoch nicht mehr; er wurde 1895 abgebrochen. Statt dessen errichtete man 1883/84 ein Wohnhaus für den Direktor des Rheinischen Landesgestütes, das bereits seit 1839 in dem Komplex untergebracht war. Zur gleichen Zeit wie die Direktorenvilla entstand auch der südliche Flügel der Vorburg. Er bildet das Gegenstück zu dem nördlichen Gebäudetrakt aus der zweiten Hälfte des 18. Jh. Der *Schloßpark* mit seinen Wasserflächen ist heute ein beliebtes Ziel für Spaziergänger.

Schloß Rheydt und die Textilproduktion

Die Anfänge des Herrensitzes in der Niersaue sind typisch für das Niederrheingebiet. Das feuchte und unübersichtliche Bruchgelände bot einem ersten befestigten Haus auf dem künstlichen Hügel einer Motte ausreichende Sicherheit. Eine Wasserburg von ›Reyde‹ wird 1180 im Lehnsregister des Kölner Erzbischofs Philipp von Heinsberg erstmals genannt, nachdem dieser den Herrensitz erworben hatte. Er übertrug die Burg an Gefolgsleute, an die Herren von Heppendorf. Als sich Ende des 13. Jh. der Einfluß der Kölner Erzbischöfe am Niederrhein deutlich verringerte, gelangte der Rheydter Besitz gemeinsam mit Grevenbroich 1307 an die Jülicher Grafen. Bis zur französischen Besetzung des Rheinlands 1794 blieb Rheydt eine Unterherrschaft der Jülicher mit eigener Amtsverwaltung.

Von der mittelalterlichen Wasserburg ist nur noch wenig bekannt. Sie muß ein beachtliches Raubritternest gewesen sein, denn ihre Bewohner machten die Landstraßen durch Überfälle und Räubereien unsicher. Selbst die Reichsacht, die Kaiser Friedrich III. 1443 über Gerhard I. verhängte, bremste den Übeltäter nicht. 1464 schlossen sich die Kaufleute in Lüttich und Köln zusammen, finanzierten ein Söldnerheer und ließen die mittelalterliche Burg in einem Vergeltungsschlag zerstören. Noch im späten 15. Jh. wurde die Burg wieder aufgebaut. 1500 erhielt die Familie von Bylandt aus dem Klevischen Land Schloß und Herrlichkeit Rheydt vom Jülicher Herzog als Lehen. Heinrich von Bylandt war Rat und Stallmeister am Jülicher Hof. Sein Sohn Otto (1525/30–91) ließ die spätgotische Burg zu dem *Renaissanceschloß* umbauen, das durch den Architekten Maximilian Pasqualini italienische Baukunst am Niederrhein präsentiert. Zwischen 1565 und 1585 entstand der Renaissancebau, in dem sich italienische, niederländisch-flämische und niederrheinische Einflüsse mischen. Neben der Einrichtung eines feudalen Herrensitzes war der Familie von Bylandt – aber noch mehr dem Jülicher Herzog – daran gelegen, die Grenze des Herzogtums zu sichern. Die Niers trennte Jülicher Gebiet vom kurkölnischen Territorium, das auf dem 7 km entfernten Liedberg eine Landesburg besaß. Auch diesen Ansprüchen konnte der Architekt genügen, denn sein Vater Alessandro Pasqualini hatte nicht nur das Jülicher Schloß, sondern auch die Festungsanlagen entworfen. Als eine Miniaturausgabe der Jülicher Zitadelle plante der Sohn die *Befestigung* des Rheydter Schlosses. Ein zweiter Wassergraben wurde um den alten äußeren gelegt. Das zu einem Wall aufgeschüttete Gelände zwischen den beiden Gräben wurde zusätzlich durch fünf eingebaute Eckbastionen gesichert. Teile ihrer Gänge und Schießkammern sind noch erhalten und können nach vorheriger Absprache von Gruppen besichtigt werden. Mit dem Befestigungsring, der die damals moderne Flankenverteidigung ermöglichte, wurde auch die Torburg angelegt. Ursprünglich über eine Zugbrücke zu erreichen, betritt der Besucher sie heute über eine steinerne Brücke.

Das wirkungsvolle Befestigungssystem erlaubte nun dem Schloßherrn, auf Wehrhaftigkeit bei seinem Neubau zu verzichten und sich einen repräsentativen Palast errichten zu lassen. Vor die Hausfront wurde ein zweigeschossiger Anbau gesetzt, der durch seinen reichen Bauschmuck sofort ins Auge fällt (Farbabb. 5). Im unteren Geschoß ist die gesamte Wandfläche mit hervortretender Bauplastik bedeckt. Die hohen Kreuzstockfenster werden von Elementen der Tempelarchitektur gerahmt. Mit Blattwerk überzogene, vor die Fassade gesetzte Säulen tragen Schmuckgesimse und kleine Figuren. Ursprünglich plante der Bauherr, ähnlich wie im Erdgeschoß auch im oberen Geschoß die Fenster mit Halbsäulen zu rahmen. Finanznot muß ihn wohl zu einer kostengünstigeren Ausführung gezwungen haben. Ehrgeizige Pläne, seinen Palast um weitere Seitenflügel zu erweitern, um den in der Renaissance beliebten Innenhof auch bei seinem Schloß zu besitzen, mußte der Hausherr ebenfalls aufgeben, beziehungsweise nur einen Teil konnte er verwirklichen. Doch dieser beeindruckt auch schon! Vor den bereits bestehenden Gebäudetrakt ließ er einen schmalen Baukörper anbauen. Im Erdgeschoß entstand eine offene *Loggia*, deren Gewölbe von dorischen Säulen getragen wird. Die durch die Säulen vorgegebenen Linien werden im Obergeschoß von kannelierten Pilastern mit ionischen Kapitellen fortgeführt, eine typische Wandgestaltung der italienischen Renaissance. Die Steinmetzarbeit, wie zum Beispiel die Schlußsteine im Arkadengewölbe der Loggia oder die zahlreichen Masken in den Gesimsbändern, zeigt dagegen niederländisch-flämische Einflüsse.

Es ist schon ein besonderer Glücksfall, daß das Äußere des Schlosses vier Jahrhunderte weitgehend unbeschadet überstanden hat. Im *Inneren* wurde im Laufe der Zeit manches verändert – selbst die Raumfolge –, und auch die originale Ausstattung ging verloren. Große Umbauten erfolgten Ende der 30er Jahre, nachdem Propagandaminister Joseph Goebbels es geschenkt bekommen hatte. Seit 1953 beherbergt das Schloß eine **Sammlung zur Kunst- und Kulturgeschichte der Renaissance und des Barock.** Voraussichtlich bis 1992 werden Herrenhaus und Sammlung wegen umfangreicher Renovierungsarbeiten nicht zu besichtigen sein.

1977 richtete die Stadt in der Vorburg eine weitere Museumsabteilung ein, die **Webereiabteilung,** die schon im folgenden Jahr den Europapreis für das Museum des Jahres 1978 erhielt. In vorbildlicher Weise sei es gelungen, die industrielle Geschichte in ihrer speziellen Bedeutung für den Rheydt Mönchengladbacher Raum darzustellen, meinte die Jury. Entsprechend der historischen Entwicklung beginnt die Ausstellung mit der *Flachsbearbeitung*. Eine aufwendige Prozedur in verschiedenen Arbeitsgängen und dazugehörigen Geräten ist notwendig, um aus dem Flachsstroh verspinnbare Fasern – das Rohmaterial eines Fadens – zu erhalten. Der Materialverlust bei der Flachsgewinnung läßt die mühevolle Tätigkeit erahnen: Aus 1000 kg Flachsstengeln können 74 kg Langfasern gewonnen werden, die sich zu 65 kg Garn verspinnen lassen. Eine Ausbeute von bescheidenen 6,5% der Ausgangsmenge!

Zunächst wurde der Flachs bündelweise durch eine Riffel gezogen, um mit Hilfe des kammartigen Aufsatzes die Früchte von den Halmen zu lösen. Anschließend kam das Flachsstroh in wassergefüllte Kuhlen oder auf feuchte Wiesen. Die Nässe leitete einen Gärungsprozeß ein, der die holzigen Teile angriff. Nach dem Trocknen, dem Darren, war die Sommerarbeit abgeschlossen. Breche, Schwinge und Hechel kamen nun zum Zuge, um die holzigen Teile vollständig zu entfernen. Jetzt erst besaß man spinnfertige Fasern. Der nächste Arbeitsgang erfolgte mit Hilfe des Gerätes, das vielleicht auch noch die Kinder zumindest aus dem Märchen kennen: dem Spinnrad. Durch Haspeln und Spulen wurde das Garn für das Weben vorbereitet. Als nächstes mußte dann der Webstuhl präpariert werden. Die großen Geräte in der mittleren Ausstellungsfläche verdeutlichen die weiteren Arbeitsschritte.

Da die Webstühle und verschiedenen anderen Geräte, wie z. B. Spulengatter, Handschärrahmen oder Bäumtrommel, mit ausführlichen Beschriftungen versehen sind, kostenlose Informationsblätter zur Verfügung stehen und ein ausgezeichneter Katalog der Webereiabteilung an der Kasse erhältlich ist, erspare ich mir hier weitere Ausführungen zur Webtechnik und lenke die Aufmerksamkeit auf die ›Randerscheinungen‹ der Textilausstellung, denn die Menge der großen, historischen Geräte verführt dazu, die kleinen Exponate und Vitrinen an den Wänden zu überfliegen. Dabei wird gerade hier etwas vom Alltag, vom Gebrauch der Textilien, von den Lebensbedingungen der Weber, von Vermarktung und wirtschaftlichen Aspekten vermittelt. Das gilt für die Abteilung der Handweberei wie für diejenige der maschinellen Produktion im Erdgeschoß des ehemaligen Stallgebäudes.

Ein *Biedermeierzimmer* veranschaulicht, wie die ›gute Stube‹ eines Textilfabrikanten um die Mitte des 19. Jh. ausgesehen haben könnte. Keine protzige Ausstattung, sondern eine zunächst schlichte und sparsame Möblierung des Raumes finden wir vor. Doch die verwendeten Edelhölzer, wie z. B. das Mahagoni des Schrankes oder der runde Tisch aus Kirschbaumholz, machen deutlich, daß es sich um einen wohlhabenden Haushalt handelte. Einen Luxus bietet dieser Raum, wie er in der Wohnung eines Webers niemals existierte, nämlich freien Platz.

In den *Weberhäusern* nahm in einer kombinierten Wohn- und Webstube der Webstuhl den meisten Platz und auch noch den besten am Fenster ein. Man war auf das Tageslicht angewiesen, das seitlich auf den Webstuhl fiel. Künstliches Arbeitslicht war für den Weber in der Regel nicht zu bezahlen. Neben dem einfachen Mobiliar einer Weberstube, das jedoch durch die Plazierung im großen Ausstellungssaal nicht die übliche Enge vermittelt, werden Pläne, Abbildungen und Texte zur Wohnsituation der Weber geboten. Egal ob die Weber auf dem Land in Gehöften, in den Dörfern in den typischen Weberhäusern oder in Mietskasernen der Stadt lebten, unter beengten und schlechten Wohn- und Arbeitsverhältnissen hatten sie immer zu leiden. Auf Fahrten im Umland haben Sie vielleicht schon die langen Reihen – nach heutigen Vorstellungen – winziger Weberhäuser in den ehemaligen Dörfern, heute eingemeindeten Vororten z. B. Geneicken gesehen.

Das *Gladbacher Zweifensterhaus,* das unter anderem Namen genauso charakteristisch war für die übrigen Textilstädte am Niederrhein, besaß eine 4 bis 5 m breite Front. Neben dem Eingang lag die bereits erwähnte Wohn- und Webstube. Bedenken Sie bei den Ausmaßen, die der Raum gehabt haben muß, daß darin schließlich einer der großen Webstühle gestanden hat und noch andere Geräte, die für die Vorarbeiten nötig waren. Auf Bildern in der Ausstellung sehen Sie, daß z. B. Frauen und Kinder daneben saßen und Garne spulten. Vergegenwärtigen

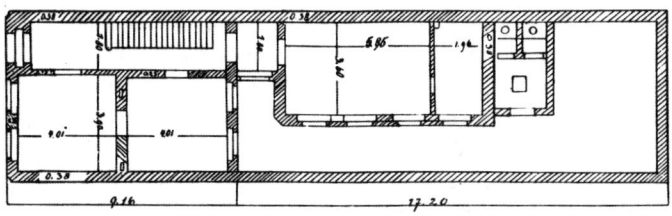

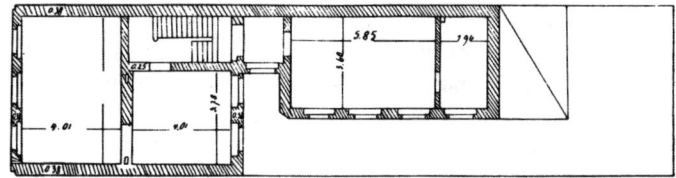

Weberhaus, Dreifenster-
haus, Breite 6,60 m,
Erdgeschoß und Ober-
geschoß

wir uns, daß die Handweberei zum großen Teil in Heimarbeit unter Mithilfe der Familien-
angehörigen erledigt wurde. Ein Photo zeigt, wie ein Weber mit dem Warenbaum auf der
Schulter, dem Holz, um das der gewebte Stoff gewickelt ist, und einem Bündel Spulen am
Liefertag vom Land in die Stadt zum Unternehmer geht.

Die technische Entwicklung der Handwebstühle schritt im 18. und 19. Jh. ständig weiter, so
daß auch feine Stoffe und Muster hergestellt werden konnten. Seide, Samt und Damast ließen
sich per Hand weben. Am beeindruckendsten sind vielleicht die Möglichkeiten des Webstuhls,
der mit einer *Jaquardmaschine* ausgestattet wurde. 1806 hatte Joseph-Marie Jacquard aus dem
französischen Seidenzentrum Lyon diese Maschine zur Vereinfachung der Musterweberei
erfunden. Erstaunlich feine Bilder konnten auf diese Weise produziert werden, wie es ein großer
Bilderrahmen am hinteren Ende des Saales zeigt. Souvenirkarten mit Ansichten des Kölner
Doms oder des Kriegerdenkmals in Krefeld, aber auch einige Porträts sind ausgestellt. Daneben
steht in einer Vitrine ein Kleid aus dem Jahre 1859. Schauen Sie den handgewebten Seidentaft
einmal genauer an! In das Streifengewebe wurden farblich abgehoben winzige Tulpen einge-
webt. Solchen Aufwand treibt man bei der heutigen Stoffherstellung kaum mehr, wo selbst mit
einfachen Mustern gewebte Stoffe selten produziert werden, sondern nur noch schnell und
kostengünstig Gewebe in Leinwandbindung bedruckt wird. Ein traditionelles Druckverfahren
nicht nur am Niederrhein war der *Blaudruck*. Erst Leinen-, später auch Baumwollstoffe,
wurden durch die dunkle Farbe schmutzunempfindlicher und waren so bei der Arbeitskleidung
sehr gefragt. Modeln und Druckproben zeugen von den modischen Vorlieben einfacher Leute.
In der Mitte des 19. Jh. arbeiteten im Gladbach-Rheydter Raum 93 Färbereien, die mit ihren
Abwässern die Wasserläufe des Gebietes enorm verschmutzten.

Im Treppenhaus auf dem Weg zur Abteilung der maschinellen Weberei sehen Sie Werke der
Textilgestaltung des 20. Jh. Fast nur noch im künstlerischen Bereich, wie z. B. bei den ausgestellten Wandteppichen, wird heute noch von Hand gewebt.

Die folgenschwere Mechanisierung der Textilherstellung setzte sich am Niederrhein in der zweiten Hälfte des 19. Jh. durch. Dies geschah übrigens mit rund einem halben Jahrhundert Verspätung im Vergleich zur führenden Textilindustrie in England. Im Rheydter Museum sind Maschinen bis aus der Zeit von 1940/50 ausgestellt. Für größere und modernere fehlt es bislang noch an Ausstellungsfläche. Musterbücher geben auch in dieser Abteilung einen Eindruck vom Geschmack vergangener Zeiten. Besonders reizvoll ist dabei ein kleiner Ausstellungsraum mit Kleidungsstücken von 1780 bis heute, von einem dreiteiligen Herrenanzug aus reiner Seide bis zur unvermeidlichen Blue jeans.

Den harten Alltag eines Fabrikarbeiters schildern *Fabrikordnungen*. Ein Beschluß des Königlichen Fabrikengerichts zu Gladbach vom 14. Juli 1842 hält fest, daß die tägliche Arbeitszeit 13 bis 14 Stunden beträgt. Verspätungen werden mit Lohnabzug geahndet, und bei »wiederholtem derartigen Versäumniß kann dem Widerspenstigen, Unaufmerksamen und Faulenzern auf der Stelle seiner Arbeit entsetzt werden«. Selbst das Reden während der Arbeit steht unter Strafe. Welchen Fortschritt stellt es dar, daß in der Fabrikordnung der Firma Brandts in Mönchengladbach 1885 die wöchentliche Arbeitszeit auf 60 Stunden bei 6 Arbeitstagen reduziert wird. Gearbeitet wird von 7 bis 12 Uhr und von 13.30 bis 19 Uhr mit einer anschließenden halben Stunde Putzen des Arbeitsplatzes. Verheiratete Frauen und Kinder unter 14 Jahren durften in dieser Fabrik nicht beschäftigt werden. Unter den Gladbach-Rheydter Unternehmern war Franz Brandts einer der fortschrittlichsten seiner Zeit, was die Mitsprache und die sozialen Belange seiner Arbeiter betraf. Der Fabrikant übernahm Ende des Jahrhunderts den Vorsitz im ›Volksverein für das katholische Deutschland‹. Der Verein hatte seinen Hauptsitz in Mönchengladbach und verstand sich als christliche Arbeiterbewegung gegen marxistische und sozialistische Bestrebungen zur Gleichberechtigung des Arbeiters.

Gemälde am Treppenaufgang geben Eindrücke und Stimmungen von der Industrielandschaft im Mönchengladbacher Raum wieder. Die wirtschaftliche Vergangenheit Rheydts unterscheidet sich dabei wenig von derjenigen Gladbachs, nur mit dem Unterschied, daß sich in der Nachbarschaft des Rheydter Schlosses keine Stadt entwickelte. Einzelhöfe, Weiler und Bauernschaften bestimmten das Siedlungsbild. Aus dem Nebenerwerb der Landwirtschaft, dem Flachsanbau und seiner Verarbeitung, ging die gewerbliche und schließlich die industrielle Textilproduktion hervor. Erst der Industrieort Rheydt wurde 1856 zur Stadt ernannt. Noch heute lassen sich in den Vororten um das junge Zentrum Dorfstraßen mit Resten ländlicher Architektur aufspüren, die natürlich durchsetzt sind mit typischen Gebäuden des 20. Jh. Ein solch buntes Bild liefert z. B. die Geneickener Straße.

Über diese Straße könnte der weitere Weg nach Südosten führen, wo alte Herrensitze manchen Abstecher lohnen. **Haus Horst** zwischen Giesenkirchen und Liedberg ist als Privatbesitz zwar nicht zu besichtigen, doch ein schöner Spazierweg führt um das neugotische Wasserschlößchen mit der Vorburg aus dem 17. Jh. Von dort empfiehlt sich die Weiterfahrt nach Liedberg oder Schloß Dyck. – Im Zentrum von Rheydt ›verpassen‹ Sie höchstens eine neoromanische Kirche von 1901 und ein Rathaus von 1893 – beide Ausdruck des gründerzeitlichen Wirtschaftsbooms.

Die Samt- und Seidenstadt Krefeld

Erst mit der Einführung der Seidenfabrikation im ausgehenden 17. Jh. trat Krefeld aus dem Schatten der benachbarten Städte Linn und Uerdingen heraus. Im Mittelalter gelang es dem Ort Creveld nicht, sich gegen die mächtigen Landesherren der Umgebung zu behaupten. Der Landbesitz der Abtei Werden bei Essen kam im 12. Jh. zu Moers. Umgeben von kurkölnischem Gebiet und der damaligen klevischen Herrschaft in Linn wurde es erforderlich, die Moerser Exklave durch den Bau einer Burg militärisch abzusichern. Auf die 1406 erstmals genannte Burg Cracau im Bruchgelände nordöstlich der heutigen Stadtmitte weist nur noch der Name Cracauer Straße hin. 1373 hatte Krefeld bereits die Stadtrechte erhalten, doch es blieb in den folgenden Jahrhunderten nur ein bescheidenes Ackerbürger- und Leinenweberstädtchen.

Eine ungeahnte Entwicklung setzte in der Mitte es 17. Jh. ein. Unter der oranischen Herrschaft fanden Mennoniten und reformierte Glaubensflüchtlinge in Krefeld eine neue Heimat. Sie kamen teilweise sogar aus anderen Gebieten des Niederrheins, wie z. B. aus Gladbach. Ein katholischer Landesherr, der Herzog von Jülich, hatte z. B. die protestantischen Bürger von dort vertrieben. Die Toleranz in Krefeld war wiederum nicht grenzenlos. 13 Familien aus Krefeld und Umgebung wanderten 1683 in die Neue Welt aus, um an den Ufern des Delaware eine neue Siedlung, Germantown, zu gründen. Die Philadelphia-Straße erinnert daran, daß dieses Pionierdorf heute ein Stadtteil von Philadelphia ist. Für das 300jährige Jubiläum der ersten deutschen Auswanderung nach Amerika kam sogar der damalige Vizepräsident George Bush an den Niederrhein.

Die bedeutendsten Neubürger Krefelds kamen in der Mitte des 17. Jh. aus dem Bergischen Land. Auch dort hatte die Flachsverarbeitung und Leinenweberei Tradition, so daß teilweise Fachleute ins Flachsland am Niederrhein hinüberwechselten. Unter ihnen befand sich 1656 der Leinenhändler Adolf von der Leyen aus Radevormwald. Richtungsweisend für das Krefelder Textilgewerbe sollten jedoch seine Kenntnisse bei der Posamentenherstellung werden, denn wichtigstes Rohmaterial für Bänder, Borten, Schnüre, Fransen und Quasten war die Seide. Seine Geschäftsbeziehungen zur Rohseidenbranche und die ständig steigende Nachfrage nach dem edlen Material bildeten eine gute Grundlage für sein Unternehmen. Schließlich befinden wir uns in der Zeit des Barocks, und wie hätte die damalige Mode ohne Seide auskommen können? Ludwig XIV. im Leinenanzug? Undenkbar! Seine modischen Vorlieben schufen an sämtlichen europäischen Fürstenhöfen eine zahlreiche Kundschaft für Seidenstoffe. Das herausragende Zentrum der Seidenverarbeitung Lyon lag weit genug entfernt, um das aufstrebende Unternehmen in Krefeld nicht zu behindern. Somit entwickelte sich für die Söhne und Enkel des Leinenhändlers eine günstige Marktlage. Nach 1700 konzentrierte sich die Familie von der Leyen auf das Weben von Seidenbändern, nachdem man in der Lage war, auf einem Webstuhl 40 Bänder nebeneinander zu weben. 1721 gründeten Adolfs Enkel Johann und Friedrich von der Leyen eine Firma, die neben Seidenbändern und -tüchern auch Nähseide und Seidenstrümpfe produzierte. Gleichzeitig begannen die Unternehmer mit der Herstellung von Samt. Ein wichtiger Schritt in die Unabhängigkeit war 1724 mit der Eröffnung einer Färberei für Seidenstoffe getan. Das Familienunternehmen florierte, auch noch nach der Abspaltung in

Eingeschossige Weberhäuser in Krefeld, Anfang 20. Jh.

eine zweite Seidenfirma der Brüder Friedrich und Heinrich. 1763 beschäftigte sie fast die Hälfte der Krefelder Einwohner.

Ein großer Teil der Weber arbeitete zu Hause an ihren Webstühlen – ähnlich wie Sie es bereits aus der Leinen- und Baumwollweberei aus dem Mönchengladbach-Rheydter Raum kennen. Weberhäuser, in denen die Maße des Webstuhls die Größe der Stube bestimmten, prägten auch in Krefeld das Stadtbild. Aber auch die Bewohner der umliegenden Dörfer und Honschaften waren in das Verlagssystem eingebunden. Das **Seidenweberdenkmal ›Meister Ponzelaer‹** an der Ecke Südwall/Ostwall zeigt einen Hausweber, der mit geschultertem Warenbaum – das kostbare Seidengewebe sorgfältig umwickelt – und einem Bündel für Garnspulen in der Hand zum Verleger geht (Abb. 89).

Schon im ausgehenden 17. Jh. hatte die expandierende Seidenverarbeitung für ein solches Bevölkerungswachstum gesorgt, daß 1692 mit einer ersten Stadterweiterung begonnen wurde. Die östliche Stadtmauer schob sich dabei von der Mennoniten-Kirch-Straße zur Lohstraße vor. Vorherrschende Bauform im neuen Stadtviertel war das einstöckige, kleine Weberhaus. Bereits nach 19 Jahren erfolgte die nächste Stadterweiterung, diesmal nach Süden. Der Neumarkt wurde angelegt, und die Stephansstraße galt als südliche Stadtgrenze. 1738 dehnte sich Krefeld nach Norden aus. An den mittelalterlichen Ortskern kam der Bereich bis auf die Höhe der

Carl-Wilhelm-Straße, eine Linie, die heute vom Rathaus zum Seidenweberhaus verläuft. Doch damit war das Stadtwachstum noch immer nicht abgeschlossen! Krefeld wuchs unaufhörlich weiter und gab Stadtplanern eine Lebensstellung. Von der Stadterweiterung des Jahres 1752 profitierten besonders die katholischen Bürger, die sich 200 Jahre lang mit der Klosterkirche St. Johann Baptist begnügen mußten, da ihnen der Bau eines neuen Gotteshauses verwehrt wurde. Als Abschluß der Rheinstraße entstand die Dionysiuskirche, ein kleinerer Vorgängerbau der heutigen Kirche.

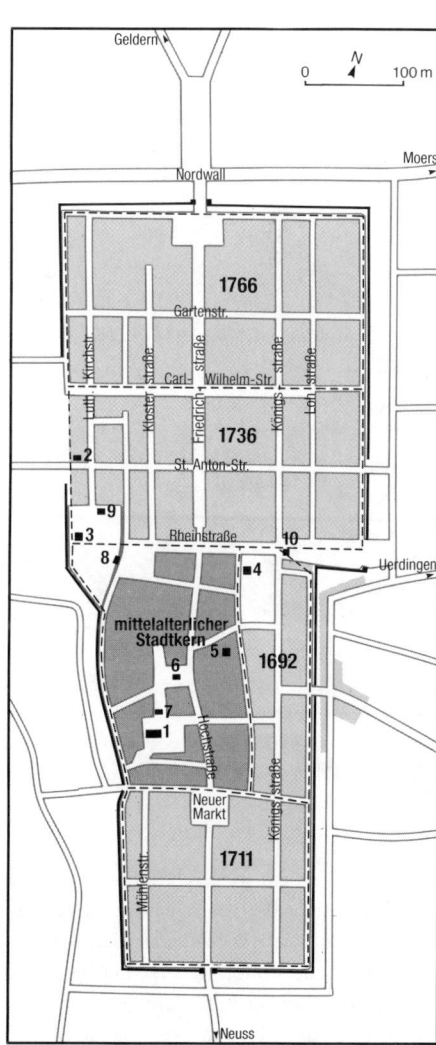

Religiöse Gemeinschaften und Stadterweiterungen in Krefeld im 17./18. Jh.
  1 Reformierte Kirche
  2 Lutherische Kirche
  3 Katholische Kirche
  4 Mennonitenkirche
  5 Synagoge
  6 Rathaus
  7 Reformiertes Schulhaus
  8 Katholisches Schulhaus
  9 Katholisches Pfarrhaus
  10 Reformiertes Schulhaus

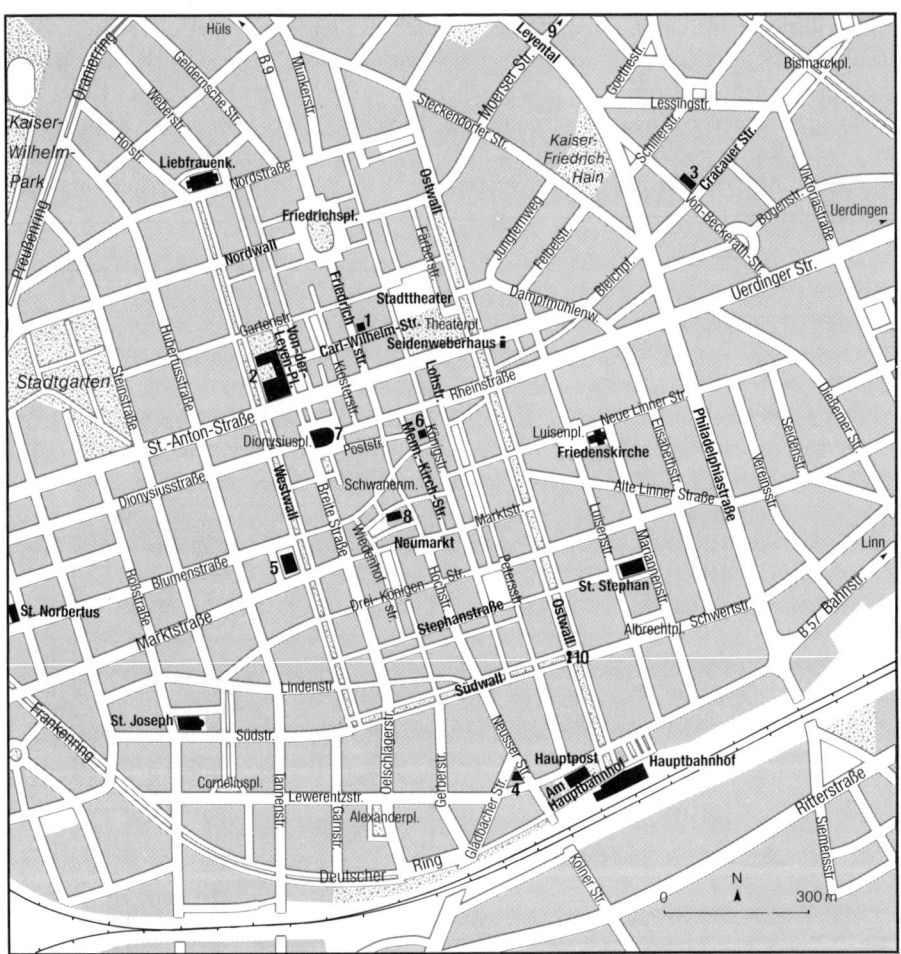

Krefeld   1 Floh'sches Haus   2 Rathaus (Von-der-Leyen-Haus)   3 Haus Neuleyental   4 Sinnhaus   5 Kaiser-Wilhelm-Museum   6 Mennonitenkirche   7 Dionysius-Kirche   8 Alte Kirche   9 Haus Lange und Haus Esters   10 Meister Ponzelaer

1766 begann ein weiterer Stadtausbau nach Norden bis auf die Höhe des Friedrichsplatzes. An der Mittelachse des neuen Stadtviertels, der Friedrichstraße, bauten die wohlhabenden Fabrikanten, wie z.B. Scheibler, Scheuten und Floh, ihre Stadthäuser. Die Eckgebäude waren meist stattliche, dreigeschossige Häuser, während der übrige Teil der Straßenzüge von schlichten, zweigeschossigen Häusern gebildet wutrde. Das **Floh'sche Haus** (Friedrichstraße 27) und die benachbarten Häuser zeigen noch dieses Städtebaukonzept.

Höhepunkt jener Bauperiode wurde das zwischen 1791 und 94 errichtete **Herrenhaus für Konrad von der Leyen.** Die Krefelder nannten sein Stadtpalais das ›Schloß‹; heute wird der repräsentative Bau als **Rathaus** genutzt (Farbabb. 16). Der Fabrikant spielte bei der Grundstückswahl seine Macht aus und ließ seinen Palast vor die westliche Stadtmauer setzen. Daraufhin mußte die Stadtmauer mit einer kleinen Erweiterung zusätzlich um das von der Leyensche Grundstück geführt werden. In Anlehnung an römische Portikusvillen ließ der Bauherr seinem Palais ebenfalls einen imposanten Portikus vorsetzen. Die Schaufassade wird von sechs ionischen Kolossalsäulen beherrscht, die über zwei Geschosse führen. Das Erdgeschoß fungiert als Sockel der mächtigen Säulenhalle. Bereits 1860 wurde das Schloß an die Stadt verkauft, die es nun als Rathaus nutzte. Ende des 19. Jh. wurde der Nordflügel im Neorenaissancestil angebaut. Im 20. Jh. erweiterte man das Gebäude. Den Zweiten Weltkrieg überstand das einstige Palais nur als Ruine, die Säulen und Reste der Umfassungsmauern blieben erhalten. Heute besitzt das Rathaus wieder sein historisches Erscheinungsbild, wobei die Gestaltung des Von-der-Leyen-Platzes die monumentale Strenge der klassizistischen Architektur noch unterstreicht.

Im Nordosten, vor den Toren der Stadt, baute die Familie von der Leyen zur gleichen Zeit das **Haus Neuleyental** als einen Sommersitz an der Cracauer Straße (Nr. 32). Im Vergleich zur aufwendigen Architektur des Stadthauses mit den wuchtigen ionischen Säulen ist das dreiflüglige Landhaus sehr bescheiden geraten.

Zu Beginn des 19. Jh. erhielten die geplanten Stadterweiterungen des 18. Jh. einen würdevollen Rahmen und vorläufigen Abschluß mit dem Karree der **Wallstraßen.** Diese Straßenzüge entstanden nicht, wie andernorts häufig zu finden, nach dem Schleifen der Stadtmauern auf dem einstigen Festungsareal, sondern sie waren Zeichen eines weiteren Wachstumsringes der Textilstadt. Mit dieser Baumaßnahme nach Plänen von Adolf von Vagedes, unter dessen Leitung z. B. auch Düsseldorf den Hofgarten und die Königsallee erhalten hatte, verdreifachte sich das Stadtgebiet.

Doch das städtische Wachstum lief zu jener Zeit der wirtschaftlichen Entwicklung davon. Die französische Besetzung hatte der Textilproduktion beachtliche Rückschläge gebracht. Nach einer Epoche königlich-preußischer Protektion und hervorragender Kontakte zwischen dem Königshaus und der Familie von der Leyen wirkten sich die Rheinzollgrenze (1798) und die Kontinentalsperre für die Seidenverarbeitung – im Gegensatz zur Baumwollindustrie am südlichen Niederrhein – für Krefelds Wirtschaft negativ aus. Die Auswirkungen reichten bis in die Dörfer des Krefelder Raums, da sie durch das Verlagssystem direkt von den wirtschaftspolitischen Entwicklungen abhängig waren. Unter der preußischen Herrschaft machte sich zunehmend ungünstig bemerkbar, daß die städtische Wirtschaft buchstäblich am ›seidenen Faden‹ hing. Die einseitige Ausrichtung auf die Seidenverarbeitung war nicht mehr zu vertreten, denn zusätzlich zu allen Problemen und Umstellungsschwierigkeiten vom Verlagssystem eines großen Unternehmers zur Abspaltung der einzelnen Arbeitsprozesse in selbständige Betriebe und zur Fabrikarbeit kam noch hinzu, daß die Seide unmodern wurde und als bevorzugter Stoff des Adels nun erst einmal verpönt war. Die Krise in der Seidenverarbeitung ging sogar soweit, daß in der Mitte des 19. Jh. die einstmals bedeutenden Unternehmen von der

Krefeld, Ostwall mit Moltke-Denkmal, um 1900

Leyen und andere große Betriebe schließen mußten. Metallverarbeitung und Maschinenbau etablierten sich neu in der ehemals blühenden Samt- und Seidenstadt. Trotz aller Schwierigkeiten blieb man der Textilverarbeitung treu. Günstigere Zeiten sollten wieder kommen, so z. B. in den 1870er Jahren: Die französische Konkurrenz existierte – vorübergehend – nicht mehr, Seide, Samt und andere kostbare Stoffe waren wieder en vogue bei einer breiteren gutbürgerlichen Schicht.

Unbeirrt von konjunkturellen Schwankungen setzte sich in der zweiten Hälfte des 19. Jh. ein schmaler, langer Seidenstreifen in der Mode durch, ohne den auch nach über hundert Jahren ein korrekt gekleideter Herr kaum auskommen kann: die Krawatte. Aus Frankreich bürgerte sich das Krawattentragen in Deutschland um 1820/30 ein. Bis zur Mitte des 19. Jh. reichten Importe aus, um die Nachfrage nach »dem leicht entbehrlichen und noch nicht allgemein getragenen Luxuskleidungsstück« zu befriedigen. Doch dann kam der Durchbruch, und Krefeld entwickelte sich nicht nur zum deutschen Krawattenzentrum, sondern die Erzeugnisse gingen sogar ins Ausland. Die Produktion der Krawatten erfolgte zunächst ähnlich der Seidenweberei – aber auch der Baumwollweberei im Gladbach-Rheydter Raum – im Verlagssystem. Der Verleger kaufte die Stoffe und das Zubehör und verteilte das Material an seine Heimarbeiterinnen, die die fertigen Krawatten dann wieder beim Unternehmer ablieferten. Ab den 1880er Jahren ging man zur Fabrikherstellung über. Bessere Kontrolle schien nötig, um Unterschlagungen und Unregelmäßigkeiten zu verhindern, andererseits erforderten auch die technische Weiterentwicklung und Rationalisierung eine räumliche Zusammenlegung.

Im Stadtbild künden heute trotz der schweren Kriegszerstörungen noch einige Bauten von den guten Zeiten der Krefelder Textilindustrie und dem damit verbundenen Wohlstand. Repräsentative öffentliche Gebäude, aber auch Wohnhäuser wurden teilweise rekonstruiert. Das **Sinnhaus** an der Neusser Straße, ein Kaufhaus von 1906, entstand wieder neu. 1907 wurde der **Hauptbahnhof** mit seiner monumentalen Architektur in Betrieb genommen. Formen der italienischen Renaissance griff der Architekt Hugo Koch beim Bau des Museums am Westwall auf. 1897 eröffnete das **Kaiser-Wilhelm-Museum** als Ausstellungsgebäude für Kunsthandwerk seine Pforten. 1910–12 mußte bereits ein zweiflügeliger Erweiterungsbau geschaffen werden, der sich im Stil nicht vom Hauptgebäude unterscheidet. Während zur Zeit des ersten Museumsdirektors Friedrich Deneken sich die Sammeltätigkeit stark auf neuzeitliches Kunstgewerbe (Möbel, Porzellan, Steinzeug) beschränkte, wurde unter seinen Nachfolgern moderne, avantgardistische Malerei zum Schwerpunkt der Museumsarbeit. Besondere Aufmerksamkeit galt dabei auch den niederrheinischen Expressionisten aus Krefeld, wie z. B. Johan Thorn Prikker, Heinrich Nauen, Helmuth Macke und Heinrich Campendonk.

Unter der Leitung von Paul Wember wurden u. a. Werke französischer Künstler wie Yves Klein oder amerikanischer Gegenwartskünstler angekauft. Selbstverständlich dürfen am Niederrhein Werke von Joseph Beuys nicht fehlen. Zur Zielsetzung des Museums wurde, die »jeweils jüngste Entwicklung zu zeigen, durch Erwerbungen oder durch Ausstellungen, bevor sie geklärt und historisch geworden ist«.

Über zwei Dependencen verfügt das Kaiser-Wilhelm-Museum in der Nähe des Stadtwalds. Die beiden Mies-van-der-Rohe-Bauten, **Haus Lange** und **Haus Esters** (Wilhelmshofallee 91 und 97) entstanden 1928–30 und werden heute für Wechselausstellungen zeitgenössischer Kunst genutzt.

Obwohl die Religionszugehörigkeit von außerordentlicher Bedeutung für die Entwicklung des Wirtschaftslebens und damit auch der Stadt war, so fehlen große Kirchenbauten aus jener Epoche. Nach schweren Kriegszerstörungen wurde die **Mennonitenkirche** zwischen Mennoniten-Kirch-Straße und Königstraße wieder rekonstruiert. Das alte Portal von 1683 gehört heute zu den ältesten Bauteilen im historischen Karree der Stadt.

Die **Dionysius-Kirche** auf der Rheinstraße hat inzwischen der *Alten Kirche* (1472) im mittelalterlichen Ortskern den Rang abgelaufen. Der hohe neugotische Turm mit seiner Mischung aus Sakral- und Burgenarchitektur überragt das Zentrum. Ein Zinnenkranz mit Ecktürmchen bildet den Übergang von den quadratischen Untergeschossen zu dem abschließenden polygonalen Aufbau. 1893 wurde das kreuzförmige Kirchengebäude, das diese Gestalt zwischen 1840 und 1842 erhalten hatte, angefügt. Nach Plänen des Kölner Dombaumeisters Ernst Friedrich Zwirner führte der Stadtbaumeister Heinrich Johann Freyse die Erweiterung des bestehenden Kirchenbaus aus dem 18. Jh. durch. Die mächtigen, gelb-schwarzen Säulen geben dem Kirchenraum ein interessantes und ungewöhnliches Aussehen. Ähnlich gestaltete Pilaster auf den Seitenwänden tragen die Gurtbögen und die Gewölbe mit. Im Schnittpunkt der beiden dreischiffigen Kirchenhallen steht der Altar. Einen reizvollen Gegensatz zu den kolossalen Formen des Kirchenraums bietet die Taufkapelle im Westteil. Ein reich verzierter, auf vier Säulen gestellter Baldachin überspannt den Taufstein.

Eingemeindungen brachten der Stadt Krefeld weitere Herrensitze, die zum Teil in das Mittelalter zurückreichen. Die Ritter ter Are gaben dem **Haus Traar** und bei der Zusammenlegung der Honschaften Rath und Vennikel auch dem neuen Ortsgebilde ihren Namen. – **Burg Rath** in Elfrath wurde 1246 als kurkölnischer Besitz erwähnt. 30 Jahre später vermachten die Eheleute ter Are den Herrensitz dem Deutschen Orden.

Südlich von Elfrath liegt in Bockum in einem Park an der Uerdinger Straße das **Haus Sollbrüggen**. Um 1840 wurde der Landsitz der Seidenfabrikanten-Familie de Greiff im klassizistischen Stil umgebaut. Heute beherbergt er die Städtische Musikschule. Der Vorort **Bockum** wurde zu Beginn des 20. Jh. nach Krefeld eingemeindet, als die Stadt sich zum Rhein hin ausdehnte. – Auch **Linn** (s. S. 109 ff.) mit der gut erhaltenen Burg und dem Deutschen Textilmuseum, das 1880 als ›Königliche Gewebesammlung‹ in Krefeld gegründet worden war und sich seit 1981 nahe der Burg befindet, gehörte zu dieser frühen Eingemeindungsphase. Die Orientierung zum Rhein mit der Anlage eines Hafens, der 1906 eröffnet wurde, sollte die Vielseitigkeit der Krefelder Industrie fördern. Einen Gewinn für die Stadt Krefeld stellte sicherlich die Eingemeindung **Uerdingens** (s. S. 129 ff.) im Jahre 1929 dar. Mit dem Bau der Rheinbrücke 1936 erhielt die Stadt eine gute Anbindung an das Ruhrgebiet.

Zu den jüngsten Eingemeindungen gehört die Gemeinde **Hüls**. Erst 1975 gelangte sie zu Krefeld, doch wirtschaftlich war sie schon lange mit ihr aufs engste verbunden. Im sumpfigen Gelände des Flöthbachs der Kempener Terrasse vorgelagert wurde 1144 eine erste Burg der Herren von Hüls erwähnt. Von der zweiten *Burg*, die Mitte des 15. Jh. errichtet wurde, sind heute noch die von einem Wassergraben umgebenen Ruinen neben dem Schulhof zu sehen. Die mittelalterliche Kirche *St. Cyriakus* wurde 1868/69 durch einen neugotischen Bau von Heinrich Wiethase ersetzt. Damals erlebte der Ort durch eine Hochkonjunktur der Krefelder Samt- und Seidenproduktion ebenfalls gute Zeiten. 1880 stand nahezu in jedem Hülser Haushalt ein Handwebstuhl: Bei 1366 Haushaltungen und 6088 Einwohnern wurden 1268 Webstühle für Samt und 197 für Seide gezählt. Der Höhepunkt der Hausweberei war gleichzeitig das Ende des Heimgewerbes, das seit dem 14. Jh. zunächst mit der Leinen- und Wollverarbeitung begonnen und dann mit dem Aufblühen der Krefelder Seidenweberei im 18. Jh. seine Fortsetzung gefunden hatte. Schon die Beginen, die Ende des 14. Jh. in Nachbarschaft der Cyriakus-Kirche einen Konvent gründeten, widmeten sich neben der Kranken- und Altenpflege auch der Flachsverarbeitung. Der restaurierte Gebäudekomplex aus verschiedenen Fachwerkbauten, die **Hülser Klausur,** und der alte Ortskern um den *Marktplatz* lohnen den Abstecher nach Hüls.

Damit gelangen wir auch zum letzten Mal in typisch niederrheinische Landnutzung und Verteilung der Siedlungen, bevor wir uns der künstlichen Landschaft des Braunkohletagebaus am Übergang zur Börde zuwenden. Es fällt auf, daß sich ein schmaler Siedlungsstreifen über Inrath nach Hüls zieht und selbst das jüngste Stadtwachstum Krefelds hier nicht so flächenhaft ausgreift wie in allen anderen Richtungen. Die charakteristischen Formen der frühmittelalterlichen Landnahme und Landnutzung scheinen hier durch. Die guten Böden des Kempener Lands, einer alten Flußterrasse, werden intensiv genutzt; nur Bauernhöfe in Streulage fanden sich einst über die Fläche verteilt. Am Rand zu den umgebenden, feuchten Auen entwickelten sich langgestreckte Straßendörfer. Wenn auch das Wachstum der Ortschaften dieses historische Siedlungsbild etwas verändert hat, so blieben doch die typischen Elemente des Niederrheingebiets erhalten.

Selbst ein Relikt des ehemaligen Stauchendmoränenwalls fehlt hier nicht. Rund 30 m erhebt sich der **Hülser Berg** über die Bruchlandschaft des *Orbroicher* und *Hülser Bruchs.* Von Nordwesten führte der Galgendyk – 1976 umbenannt in ›An der Lunie‹ – zum 64 m hohen Hügel. Dort wurden Silvester 1797 zum letzten Mal Räuber am Galgen des Kempener Gerichts gehenkt. Heute gibt es angenehmere Spuren der Geschichte, die zum Hülser Berg führen. An Wochenenden und Feiertagen schnauft die Dampflok des ›Schluffs‹ mit fünf Waggons von Krefeld zum Hülser Berg, der sich zu einem beliebten Naherholungsziel gemausert hat. Von seinem *Aussichtsturm* bietet sich an klaren Tagen ein guter Blick über den Niederrhein und das Rechtsrheinische bis zum Bergischen Land.

Ein Schlußstrich des Niederrheins im Süden

Weltbewegendes in der Ville: Der Braunkohlenabbau

Abbruchtrupps reißen das tote Dorf ab: Die Wohnhäuser mit ihren zugemauerten Fenstern und Türen, die Bauernhöfe, die Schule, selbst Kirche und Friedhof werden dem Erdboden gleichgemacht. Auch Wege, Straßen, Dämme und Bahngleise ebnet man ein. Büsche, Hecken, Bäume und Wald werden gerodet; Gärten planiert, Bäche und Teiche zugeschüttet. Der vergewaltigten Erdoberfläche nehmen Bagger ihre Bodenkrume, das letzte, was noch Leben zeigte. Nun harrt die ausradierte Landschaft ihrer weiteren, tiefgreifenden Zerstörung. Das Abtragen der geologischen Schichten bis in eine Tiefe von rund 200 m und das Trockenlegen ausgedehnter Gebiete folgen. Riesige Schaufelradbagger beginnen ihr Werk (Abb. 99). Ein Bagger mit einer Tagesleistung von 240 000 m³ ist 220 m lang, 85 m hoch und wird von 125 Elektromotoren (ungefähr 16 000 kW) angetrieben. Fünf Mann reichen aus, um den Giganten in Betrieb zu halten, dessen Schaufelrad von knapp 22 m Durchmesser mit jeder der 18 Schaufeln 6,6 m³ Abraum faßt. Das abgetragene Deckgebirge gelangt von den Schaufeln auf Bänder, die sich durch die langen Arme des Baggers ziehen. Am entgegengesetzten Ende wird das Material auf eine der Bandstraßen verfrachtet. Sie führen den Abraum mit einer Kapazität bis zu 39 000 t/Std. in den ausgekohlten Teil des Tagebaus, der auf diese Weise gleich wieder zugeschüttet wird. Die Absetzer, Maschinen von ähnlichen Dimensionen wie die Schaufelradbagger, füllen nicht nur das riesige Loch, sondern sie kippen das ehemalige Deckgebirge auch als Halden auf. Die *Vollrather Höhe* südlich von Grevenbroich erhebt sich als nördlichste Abraumhalde des Rheinischen Braunkohlenreviers rund 100 m über das Gelände. Die Kohle wird in betriebseigenen Zügen der Rheinischen Braunkohlenwerke AG (Rheinbraun genannt) zu den Kraftwerken und Veredelungsfabriken transportiert. Im Tagebau Garzweiler werden zwischen 30 und 40 Mill. Tonnen Rohbraunkohle jährlich gewonnen.

Als Landmarken erheben sich die dicken Rauchsäulen aus den Werken längs des ehemaligen Erfttales. Nutzen Sie die Schornsteine des Werkes Frimmersdorf am westlichen Ausläufer der Vollrather Höhe zu ihrer Orientierung. Sie werden es brauchen, denn die Ausblicke an zahlreichen Straßenabschnitten verstellen junge Anpflanzungen von Bäumen. Alte Straßen und Wege enden abrupt, neue Verbindungen wurden teilweise nicht zu Ende geführt, weil Abbau und Rekultivierung noch nicht entsprechend weit fortgeschritten waren; und die Landkarten hinken dem aktuellen Zustand um Jahre hinterher. Aus diesem Grunde möchte ich auch keine bestimmte Tour zu diesem Thema vorschlagen. Suchen und erfahren Sie selber – mit nicht allzu vielen Fehlschlägen – etwas über den fundamentalen Landschaftswandel vor Ort! Einen Einstieg bietet **Schloß Paffendorf**, das Informationszentrum der Rheinischen Braunkohlenwerke AG in Bergheim-Paffendorf (Öffnungszeiten s. Praktische Reiseinformationen: Technische Denkmäler). Von der Geologie über die Förderung und Verarbeitung der Kohle, Rekultivierung und andere wirtschaftliche Aktivitäten des Konzerns, der 1985 rund 95% der Braunkohle in der Bundesrepublik Deutschland förderte, erhält der Besucher Informationen. Im *Schloßpark* wurden Pflanzengesellschaften und Landschaftselemente zusammengestellt, die den früheren, zur Entstehungszeit der Braunkohle verbreiteten Formen nahe kommen.

Doch wo bleibt, wie lebt der Mensch in dieser Industrie- und Retortenlandschaft, in der die technischen Probleme trotz ihrer beängstigenden Dimensionen laut Rheinbraun unter Kontrolle und im Griff sind? Was hat dieses Gebiet noch mit dem Niederrhein zu tun? Fahren Sie

Schloß Harff bei Morken, erstmals erwähnt 1302, Herrenhaus des 17./18. Jh. in den 1870er Jahren im Stil der Neorenaissance verändert; in den 1970er Jahren mitsamt dem Dorf für den Braunkohlentagebau abgerissen

nach **Alt-Kaster,** und es wird Ihnen sofort deutlich werden, daß die Region des Erfttals einst dazugehörte. Sie finden – als Oase im Kohlenrevier – ein typisch niederrheinisches Kleinstädtchen: Stadttore und -mauern aus Backstein, Fachwerkbauten, verputzte Backsteinhäuser mit geschwungenen oder getreppten Giebeln – die ältesten aus dem 17. Jh., einige größere Bauernhöfe, enge Gassen, die sich zum Markt weitende Hauptstraße und die unverkennbare Atmosphäre eines geschichtsträchtigen Ortes.

Ein Außerachtlassen der Vergangenheit kann man den Planern der jungen, angrenzenden Ortsteile für die Umsiedlungsmaßnahmen nicht vorwerfen. Die Harffer Schloßallee erinnert an eine Wasserburg bei Morken, die 500 Jahre Architekturgeschichte widerspiegelte und dem Tagebau Frimmersdorf-Süd zum Opfer fiel. Die Straße in Kaster hat jedoch nichts mit einer Allee gemeinsam, die auf ein niederrheinisches Wasserschloß zuführt. Sie erweckt eher Assoziationen an die Schloßallee des Monopoly-Spiels: Ihre Bebauung ist zeitgemäß, modern und auswechselbar – sie könnte überall zwischen Flensburg und Rosenheim angesiedelt sein. Die Häuser täuschen darüber hinweg, wieviele Probleme und Schäden die erzwungenen Umsiedlungen verursacht haben. Von 1948 bis 1986 haben rund 28 000 Menschen im Rheinischen Braunkohlenrevier »eine neue Heimat gefunden« (so Rheinbraun), dazu mit der »einmaligen Chance« zur Verbesserung der örtlichen Infrastruktur: Verschachtelte Grundstücke, enge Straßen mit schmalen Bürgersteigen und gefährlichen Durchfahrten, unzureichender Entwässerung wurden beseitigt; die Wohnqualität in meist größeren Wohnungen erhöht, die nun »selbstverständlich über modernste sanitäre und elektrische Installationen und über Zentralheizung« verfügen. Andernorts – außerhalb der Umsiedlungsaktionen von Rheinbraun – soll es schon gelungen sein, alte Bausubstanz und Siedlungsstrukturen den zeitgemäßen Anforderungen anzupassen, ohne sie dafür gleich abzureißen! Neueste Konzepte in der innerörtlichen Verkehrsführung sehen vor, durch künstliche Hindernisse den Autoverkehr zu bremsen!

Den Preis für den Fortschritt in einer autogerechten Siedlung zahlt der Neubürger, denn er erhält nur den Wert seines ehemaligen Dorfhauses ersetzt, mit dem sich heute kein Neubau finanzieren ließe. Somit ist der einstige Hausbesitzer entweder gezwungen, sich in unbeabsichtigte Schulden zu stürzen oder zum Mieter zu werden. Die Probleme, die sich zu Schicksalsschlägen verstärken können, sind zahlreich. Junge Familien wagen z. B. den Neubau, da sie die Rente der alten Verwandten einplanen können; doch diese verkraften den Heimatverlust und die Auseinandersetzungen nicht und sterben, und ihr notwendiger finanzieller Beitrag bleibt aus. Einheimische weisen darauf hin, daß die Sterberate aufgrund des Kummers und Ärgers bei den Umsiedlungsaktionen gestiegen sei. Kaufleuten und Gewerbetreibenden droht der Verlust ihrer Läden oder Betriebe, denn der Prozeß der Stagnation und Abwanderung, das Sterben des Dorfes, beginnt schon viele Jahre vor dem Umzug. Sie verlieren ihre Kundschaft und müssen sich weit früher eine neue Existenz aufbauen.

Der Wandel trifft die Landwirtschaft ähnlich hart; nur Bauern mit größerem Besitz und finanziellen Reserven haben eine Chance, ihren Hof halten zu können. Die Nebenerwerbsbetriebe bleiben als erste auf der Strecke. Landwirtschaftliche Nutzfläche geht verloren, und durch das Aufschütten von Löß auf den Abraum läßt sich kein Boden mit den ehemals hohen Bodenwerten schaffen. Die Schichtung des Bodens und sein Kapillarsystem, das für gute Durchlüftung und hervorragende Fähigkeiten zum Wasserspeichern sorgt, entstehen durch Jahrhunderte dauernde Prozesse. Nach den fünf bis sieben Jahren Bewirtschaftung durch einen Landwirt der Rheinischen Braunkohlenwerke AG hat der rekultivierte Boden nicht seine frühere Güte, wenn er dem umgesiedelten Bauern übergeben wird.

Ein großes Problemfeld, das überregionale Bedeutung erhält und den gesamten südlichen Niederrhein betrifft, ist die Grundwasserabsenkung, die erst den Tagebau in solchen Tiefen ermöglicht. Initiativen in Mönchengladbach, Viersen, Erkelenz, sogar in den Niederlanden wehren sich gegen Eingriffe von diesen Ausmaßen in den Wasserhaushalt. Durch die Absenkung (Sümpfung) des Grundwasserhaushalts der tieferen Stockwerke verlieren die Städte und Gemeinden große Trink- und Brauchwasserreserven. Rund 1 Mrd. m³/Jahr werden dem Grundwasser der Erftscholle entzogen und zu zwei Dritteln in oberirdische Wasserläufe abgeleitet (Erft, Randkanal, Rur). Beim Vergleich mit dem Gesamtwasserbedarf aller Haushalte in der Bundesrepublik Deutschland von ca. 3 Mrd. m³/Jahr wird deutlich, welche Wassermengen ungenutzt bleiben. Die Grundwasserneubildung kann nicht damit Schritt halten (jährlich rund 66 Mill. m³), so daß es zu Bodenabsenkungen kommt. Spitzenwerte von 2,30 m wurden im Raum Paffendorf zwischen 1955 – dem Beginn der Sümpfung – und 1981 festgestellt. Eine Beeinträchtigung der Pflanzenwelt ist nicht in größerem Ausmaß zu befürchten, denn die Vegetation versorgt sich aus dem Regenwasser, das in den Bodenkapillaren gespeichert wird.

Dieses vielschichtige und problemreiche Thema, das weit mehr als nur das Landschafts- und Siedlungsbild im Raum Grevenbroich berührt, präsentiert das **Museum im Stadtpark** von **Grevenbroich** leider nur in dürftiger Weise: Mit einem Luftbild des Tagebaus, einem Schichtenprofil, einer Vitrine mit Fossilien und zwei historischen Abbildungen wird es – nichtssagend – abgehandelt.

Trotz der mageren Ausstellung zur Stadt- und Regionalgeschichte Grevenbroichs gehört das 1989 eröffnete Museum zu den herausragenden der niederrheinischen Museumslandschaft. Die Sammlung Dr. Bodo Schwalm stellt die Exponate des Museums mit seinen beiden Schwerpunkten Frühe Kulturen am Mittelmeer und Ethnographie Mittel- und Südamerikas. Faszinierende Einblicke werden beispielsweise in den ägyptischen Totenkult geboten. In der ›Grabkammer-Inszenierung‹ wurde eine Bestattungsszene auseinandergenommen – natürlich ohne der Mumie und den originalen Bestandteilen eines Mumiensarges zu schaden. Daneben stehen sogenannte Kanopenkrüge, in denen die Eingeweide des Verstorbenen aufbewahrt werden. Die Köpfe auf den verschiedenen Schmuckdeckeln der Krüge verraten dem Kenner, welches Organ in dem betreffenden Gefäß zu finden ist, denn sie bilden die jeweiligen Schutzgötter ab. Zur hervorragenden Ausstattung des Museums gehören die zahlreichen Führungsblätter, die dem Besucher z. B. auch die verschiedenen Arbeitsgänge einer Mumifizierung aufzählen. Nicht nur Menschen, sondern auch Tiere wurden auf diese Art konserviert: Die ausgestellten Mumien eines kleinen Krokodils, einer Katze, eines Falken – sogar eines Fisches – beweisen es. Mit Hilfe von Röntgenbildern können Sie die Tiere in den Bindenpaketen identifizieren. Ebenso beeindruckt eine andere Grabkammer-Inszenierung mit Mumien der Paracas-Nasca-Kultur aus dem südlichen Peru. Vor rund 2000 Jahren bestattete man dort die Toten in aufwendig gewebten, bunten Totenmänteln. Eine Auffassung vom Tode, die uns ziemlich fremd ist, wird im Raum ›Mexikanische Tanzmasken und Totenkult‹ gezeigt. Die fröhliche Sammlung kleiner Gerippe mit Flaschen, Zigaretten, Gewehren, Gitarren oder Trompeten in den Händen verdeutlicht, daß der Tod ein Anlaß zum Feiern sein kann, da der Verstorbene nun endlich ins Reich der Götter aufgenommen wird.

Der Ausflug in ferne Zeiten und Kulturen, den Ihnen die ausgezeichnet und ideenreich präsentierten Exponate bieten, findet trotz alledem in einem typisch niederrheinischen Rahmen statt. Das 1887 fertiggestellte und zur Museumseröffnung umfassend renovierte *Herrenhaus* gehörte dem Textilfabrikanten Erckens. Ursprünglich lagen die Villa und der sie umgebende Park, aber auch die Fabrikgebäude, auf einer Insel in der Erftaue. Eine Gruppe von Backsteinbauten nördlich des Museums, die heute u. a. die Stadtbibliothek und die Volkshochschule beherbergen, sind Relikte der ehemaligen Fabrikanlage.

Von Schloß Dyck zur Abtei Knechtsteden

Eine der schönsten Schloßanlagen des Niederrheins stellt **Schloß Dyck** nördlich von Grevenbroich dar (Farbabb. 6). Aus mehreren Gründen lohnt der alte Herrensitz einen Ausflug: Zum einen hat sich über die Jahrhunderte die Wasserburg mit dem Hochschloß und den vorgelagerten Wirtschaftstrakten in ihrem Erscheinungsbild aus dem 17. Jh. erhalten. Dazu kommt ein großer Park – eine grüne Oase in den durchrationalisierten Ackerfluren und in der künstlichen Landschaft des Braunkohlentagebaus an der Erft. Er wurde im Stil eines Englischen Landschaftsgartens zu Beginn des 19. Jh. umgestaltet und besitzt heute neben seinem historischen Aussehen eine beeindruckende Sammlung einheimischer wie exotischer Bäume. Der größte

Schloß Dyck, Familienwappen Salm-Reifferscheidt-Dyck, Relief am Torbau, 1868

Gewinn für den Reisenden ist dabei, daß Teile des Schlosses zu besichtigen sind und der Park genußvolle Spaziergänge und interessante botanische Exkursionen erlaubt. Bedenkt man den Aufwand und die Kosten, die der Unterhalt und die Pflege eines solchen Kunstschatzes erfordern, sollte den Besucher auch ein Eintrittsgeld für die Parkanlage nicht mißmutig stimmen. Das gesamte Anwesen befindet sich im Privatbesitz der Fürstin Cecilie zu Salm-Reifferscheidt. Das *Familienwappen derer zu Salm-Reifferscheidt-Dyck* (1868 als großes Steinrelief fertiggestellt) schmückt den ersten Torbau, den Privateingang zum Schloß.

Von einem großen Parkplatz nördlich des Schlosses gelangt der Besucher zunächst in den **Park** (Abb. 97). Während des großen Umbaus im 17. Jh., als aus der mittelalterlichen Burg ein barockes Wasserschloß wurde, paßte man auch die Gartenanlagen dem barocken Zeitgeschmack an. Heute lassen sich im Park die wichtigsten Elemente des englischen Landschaftsgartens aufspüren, wie er in der ersten Hälfte des 19. Jh. von dem Englischen Gartenarchitekten Thomas Blakey (1750–1838) und dem Fürsten Joseph – höchst persönlich – geplant wurde. Der Fürst widmete einen großen Teil seiner Zeit der Botanik. Er veröffentlichte 1834 mit dem ›Hortus Dyckensis‹ – dem Garten zu Dyck – ein Verzeichnis der Pflanzen im Schloßpark, von denen heute noch ein großer Teil erhalten ist. Dazu gehörte einstmals eine beachtliche Sukkulentensammlung in der Orangerie. Für seine Sammelleidenschaft waren die guten Beziehungen zu den bedeutenden Botanischen Gärten Europas recht förderlich. Durch Kontakte

Auswahl des Pflanzenbestands im Schloßpark Dyck   1 Robinie, Nord-Amerika   2 Rotbuche, Europa 3 Amberbaum, Nord-Amerika   4 Blutpflaume, Persien   5 Färbereiche, Nord-Amerika   6 Götterbaum, China   7 Amur-Korkbaum, Japan   8 Sommerlinde, Europa   9 Mirbeck's Eiche, Südosteuropa   10 Säuleneiche, Europa   11 Tränenkiefer, Himalaja   12 Ungarische Silberlinde, Europa   13 Schlitzblättrige Sommerlinde, Europa   14 Amerikanische Hopfenbuche   15 Katsurabaum, Japan   16 Kaukasische Flügelnuß 17 Rotblühende Roßkastanie, Nord-Amerika   18 Gartenform der Roßkastanie   19 Roßkastanie, Südosteuropa   20 Gartenform der Roßkastanie   21 Weißblättriger Eschenahorn, Nord-Amerika   22 Bergahorn, Europa   23 Tulpenbaum, Nord-Amerika   24 Japanischer Trompetenbaum   25 Winterlinde, Europa 26 Japanische Flügelnuß   27 Süntelbuche, Europa   28 Rosablütige Robinie, Nord-Amerika   29 Wintergrüne Eiche, Gartenzüchtung   30 Blutbuche, Europa   31 Bastardahorn, Europa   32 Kastanieneiche, Nord-Amerika   33 Eichenblättrige Buche, Europa   34 Türkische Baumhasel   35 Olivier's Linde, China   36 Stechpalme, Europa   37 Spitzahorn, Gartenform   38 Süßkirsche, Europa   39 Strauchkastanie, Nord-Amerika   40 Chinesisches Rotholz   41 Hemlocktanne, Kanada   42 Rotbuche, Europa   43 Eibe, Europa 44 Sternmagnolie, Ost-Asien   45 Tulpenmagnolie   46 Mammutbaum, Kalifornien   47 Federbuche, Europa 48 Ginkgobaum, China   49 Koreapappel   50 Wilsons's Pappel, China   51 Balsampappel, Nord-Amerika 52 Sumpfzypresse, Nord-Amerika   53 Schnurbaum, China   54 Gescheckter Bergahorn, Europa   55 Einblättrige Esche, Europa   56 Form der Spindusfichte   57 Butternuß, Nord-Amerika   58 Sumpfeiche, Nord-Amerika   59 Japanbirke   60 Säulenbuche, England   61 Rosagerändete Blutbuche, Gartenzüchtung 62 Hängebuche, Europa   63 Hängeesche, Europa   64 Schlitzblättrige Grauerle, Europa   65 Himalaja-Birke, West-China   66 Goldesche, Europa   67 Korallenlinde, Europa   68 Säulen-Hainbuche, Europa 69 Platane, Kulturhybride   70 Gelbblühende Kastanie, Nord-Amerika   71 Japanische Lärche   72 Geweihbaum, Nord-Amerika   73 Säuleneibe   74 Feldahorn, Europa   75 Goldeibe, Europa   76 Atlaszeder, Nord-Afrika   77 Hängende Hemlocktanne, Kanada   78 Schwarznuß, Nord-Amerika   79 Stieleiche, Europa 80 Kaiserliche Paulownia, China

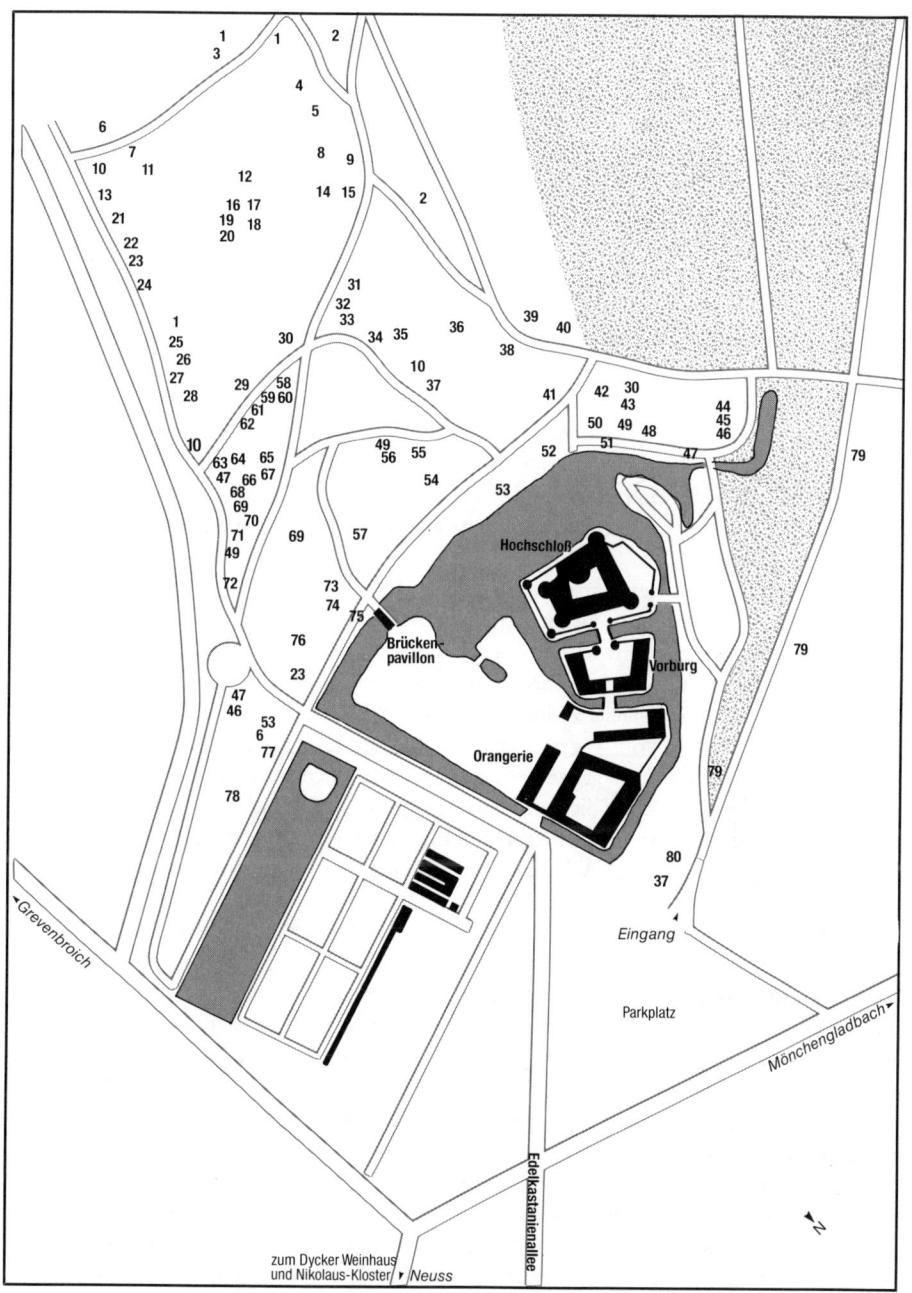

1
3
1
2
4
5
6
7
8 9
10 11
12
13
14 15
2
16 17
19 18
21
20
22
23
24
31
32
33
1
25
30
34 35
36
39
40
26
38
27
29
58
10
41
42 30
43
44
45
46
28
59 60
37
61
50 49
62
48
10
51
47
49 64 65
49 56
55
52
79
63 67
47 66
54
53
68
69
70
71
69
57
Hochschloß
49
72
73 74
75
Brücken-
pavillon
Vorburg
76
79
23
47 46
53 6
77
Orangerie
79
78
80
37
Eingang
Parkplatz
Grevenbroich
Mönchengladbach
Edelkastanienallee
zum Dycker Weinhaus
und Nikolaus-Kloster / Neuss

zu den Gärten von Kew und Chelsea in London, aber auch nach Paris, Brüssel, Gent, Leiden und Genf kamen nicht nur geistiger Austausch und Anregungen für die wissenschaftlichen Arbeiten des Fürsten zustande, sondern mancher Samen und Ableger dürfte auf diese Weise in den Park zu Dyck gelangt sein. Fürst Joseph betätigte sich gleichfalls als Forscher. Er entdeckte sogar bislang unbekannte Arten, die nun seinen Namen in ihrer Bezeichnung führen.

Das Sammeln exotischer Pflanzen war bereits zur Zeit des Barocks in Mode gekommen. Die Orangerien, die seitdem zu jedem Schloß gehören, dienten anfangs auch der Orangenzucht, doch entwickelten sie sich im 18. Jh. zu Gewächshäusern für exotische Reisemitbringsel. Mit der Ausdehnung von Kolonialreichen und internationalen Handelsbeziehungen zu allen Kontinenten sowie einer ständig wachsenden Zahl Reisender rückten ferne Erdteile in das Interesse vor allem des Adels. Es wurde schick, in seinen Park Bäume aus aller Herren Länder zu setzen. So wird Sie kaum überraschen, am Niederrhein chinesische Pappeln, kanadische Tannen, eine Himalayabirke, eine Atlaszeder oder eine Sammlung von Magnolien aus Amerika und aus Asien zu finden. Fürst Joseph bemühte sich nicht nur um möglichst interessante Pflanzen, sondern auch um wissenschaftliche Vollständigkeit. Elf verschiedene Buchenarten, teilweise von beeindruckender Größe, sind zu bewundern. Dabei handelt es sich nicht nur um Neuanpflanzungen während des 19. Jh. Ein alter Baumbestand aus Eichen und Buchen wurde in die Parkplanungen einbezogen.

Neben seinen botanischen Forschungen galt das Interesse des Fürsten einer zeitgemäßen Parkanlage. Nach den wohlgeordneten und geometrisch gestalteten Gärten des Barocks wurden im 18. Jh. die sogenannten Englischen Gärten modern. Auf den ersten Blick erscheinen sie eher wie ein Ausschnitt der Natur. Hier hat kein Gärtner mit dem Lineal und Zirkel geplant; weder Schere, Draht noch Spalier zwingen die Pflanzen in bestimmte Formen. Die geschwungenen Linien im Verlauf von Wegen und Wasserflächen, aber auch im Wechsel von Rasen, Baumgruppen und Waldrainen geben der Parkgestaltung einen naturnahen Charakter. Dabei stand die Landwirtschaft – also die von Menschen gestaltete Landschaft – Pate für den Englischen Garten. Im 17. Jh. hatte die Schafzucht in England durch eine gestiegene Nachfrage nach Wolle derart zugenommen, daß Äcker zu Weideland umfunktioniert wurden. Als Begrenzung pflanzten die Bauern Gehölze und Bäume, deren Laub ebenfalls zur Viehfütterung genutzt werden konnte. Aus dieser Form der Viehzucht entwickelte sich die englische Parklandschaft.

Auch der Zeitgeist im ausgehenden 18., frühen 19. Jh. unterstützte die neue Art, Schloßgärten und Parks anzulegen. Rousseaus Forderung »Zurück zur Natur!« und ein aufstrebender Individualismus, ein neues Selbstverständnis des Menschen, schlugen sich sogar in der Gartenarchitektur nieder. Selbst die Architektur wurde neu bewertet: Der Park mußte sich nicht mehr dem Schloß unterordnen und von verschiedenen Standpunkten aus mit sorgfältig geplanten Blickachsen das Gebäude in den rechten Blickwinkel rücken. Ein Gartenparterre mit von Buchs gesäumten Blumenbeeten, das nur der Steigerung der Pracht des Schlosses diente, war nicht mehr gefragt. Oftmals hatte sich die Architektur der Natur unterzuordnen; sie galt nur noch als ein Gestaltungselement in der Landschaft, sie wurde zur Dekoration in die Parklandschaft gesetzt. Pavillons, Tempelchen, Brücken – ja sogar künstliche Ruinen – stellten nun Akzente im Landschaftsbild dar. Hierzu bietet der Dycker Schloßpark mit dem Brückenpavillon ebenfalls ein Beispiel. Der Pavillon von 1769 stammt zwar aus der vorhergehenden Gartengestaltung, doch wurde er ganz nach dem neuen Sehverständnis in den Landschaftspark integriert.

Wenden wir uns nun den Gebäuden und ihrer Geschichte zu! Eine frühmittelalterliche Motte in der Aue des Kelzenberger Bachs stellt den Anfang dar. Der Name ›Dyck‹ oder ›Dyk‹ ist eine am Niederrhein häufig anzutreffende Bezeichnung für Dämme und Deiche, die nicht nur höher liegende und damit trockene Wege bildeten, sondern auch als Grenzwälle aufgeschüttet wurden. Ende des 11. Jh. wurden die Herren von Dyck erstmals erwähnt. Zu jener Zeit hatte eine feste Burg den Fachwerkbau des ältesten Herrensitzes abgelöst. Die Fundamente der romanischen Wasserburg wurden in der Nordostecke des heutigen Hochschlosses nachgewiesen. Ende des 14. Jh. erlebte Burg Dyck einen schweren Angriff, zu dem sich der Kölner Erzbischof Friedrich II., der Herzog Wilhelm von Jülich und Geldern sowie die Städte Köln und Aachen zusammengeschlossen hatten. Es zeigt, welche Macht die Herren von Dyck zu jener Zeit hatten. Gerhard II. von Dyck, einem gefürchteten Raubritter, galt die militärische Aktion im Jahre 1383. Doch nicht nur im Negativen machten die Dycker Herren von sich reden. Familienangehörige nahmen im 12. und 14. Jh. verschiedentlich an Reichstagen teil, andere lebten als Kanoniker in den bedeutenden Stiften des Niederrheins in Köln und Neuss und waren dadurch keineswegs vom politischen Leben ausgeschlossen. Der Burgherr auf Dyck, Gerhard II., mußte nicht nur eine Zerstörung seines Sitzes durch einen Landfriedensbund hinnehmen, auch die Natur arbeitete gegen ihn. Ende des 14. Jh. versanken Teile seiner Burg, die auf Pfahlroste in den weichen Untergrund der Aue gesetzt worden waren, in den Sumpf. Doch er hatte genügend Reserven; bereits 1393 fühlte er sich stark genug – sicherlich im Schutze einer neuen Burganlage –, der Stadt Köln die Fehde anzusagen. Erfolg war ihm jedoch nicht beschieden, denn noch Ende des 14. Jh. starb die männliche Linie der Herren von Dyck aus.

Durch Erbfolge gelangte der Besitz an das Haus Reifferscheidt. Johann V. und seinem Sohn Johann VI. gelang es, das Territorium weiter zu vergrößern und damit ihren Einflußbereich zu steigern. Die Hochzeit Johanns VI. mit Irmgard, der Tochter des Ritters Wilhelm von Wevelinghoven und der Johanna von Alfter, war ein besonders effektiver politischer Schachzug. Mit dem Besitz der Herrschaft Alfter war nämlich das Recht der Inthronisation des jeweils neu gewählten Kölner Erzbischofs verbunden. 1455 erwarb der Herr zu Reifferscheidt-Dyck noch die Grafschaft Alt- oder Niedersalm und begründete damit die Linie Salm-Reifferscheidt-Dyck. Die politischen Aktivitäten mögen wohl verhindert haben, daß der Burgherr seine gewachsene Macht auch in entsprechenden Baumaßnahmen dokumentierte.

Eine gründliche Umgestaltung der Wasserburg nahm Altgraf Ernst Salentin von Salm-Reifferscheidt-Dyck in der Mitte des 17. Jh. vor. Dabei erhielt sie ihr heutiges Aussehen. Zwischen 1656 und 1667 ließ er die Hauptburg durch den vierflügeligen Trakt des Hochschlosses ersetzen. Einige Wirtschaftsgebäude, wie z. B. Scheune, Reitstall, Wachstube und Brauhaus, waren schon vorher erneuert worden. Das neue Schloß entstand im Stil der Renaissance, als Innenhöfe groß in Mode kamen. Doch der wehrhafte Charakter der Anlage ging durch die geschlossene Bauform und die Beibehaltung der ausgedehnten Wasserflächen nicht verloren.

Im 18. Jh. erhielt das **Schloß** große Teile seiner Innenausstattung, die Sie heute bei einer Führung noch sehen können. Bevor wir uns dieser zuwenden, können wir kurz die Geschichte der Bauaktivitäten abschließen. Am äußeren Erscheinungsbild des Schlosses änderte sich wenig: Die runden Ecktürme erhielten barocke Schweifhauben. Zu Beginn des 19. Jh. entstand, wie Sie schon wissen, der ausgedehnte Park im Stil eines Englischen Gartens. Erst um 1900 bekam des Schloß ein repräsentatives Treppenhaus, indem ein neobarockes Stiegenhaus im Innenhof an den Südflügel angebaut wurde. Dabei erhöhte man die zwei Geschosse des Südflügels und gab damit die ursprüngliche Dreigeschossigkeit des Gebäudes auf. Dieser Trakt wurde durch Bombardierungen im Zweiten Weltkrieg in Mitleidenschaft gezogen. Einige Räume im Erdgeschoß des wieder hergestellten Südflügels und des Osttraktes wurden als **Schloßmuseum** eingerichtet, andere sind in ihrer originalen Ausstattung des 18. Jh. zu besichtigen.

Die Führungen beginnen am alten Treppenhaus, das vor dem repräsentativen Stiegenhaus die Geschosse miteinander verband. Die ersten Räume sind der *Waffensammlung* gewidmet. Es handelt sich dabei um eine der größten privaten Gebrauchswaffensammlungen Europas, d. h., ein großer Teil der Waffen wurde tatsächlich im Lauf der vier Jahrhunderte von den Familienangehörigen genutzt. Mit Sicherheit können Sie es von den Gewehren und Pistolen annehmen, die in doppelter Ausführung vorliegen. Wenn man einmal darauf aufmerksam gemacht wurde, sieht man ›plötzlich‹ in allen Vitrinen Paare von gleichen Waffen liegen. Da das Laden sehr zeitaufwendig war, besaß der Schütze in der Regel zwei Waffen. Mit einer schußbereiten lag er auf der Lauer, während ein Helfer die zweite präparierte. Nicht nur das Schießen, sondern auch die Herstellung erfolgte in Teamarbeit. Der Büchsenmacher konnte sein Werk nur vollenden, wenn Laufschmied, Schloßmacher, Schifter – der den Schaft herstellte –, Eisenschneider und Graveur ihre Vorarbeiten geleistet hatten. – Die umfangreiche Sammlung mit den ältesten Stücken aus der Mitte des 16. Jh. umfaßt ebenso sämtliche Entwicklungsstadien des Schloßmechanismus. Mit den ältesten Handfeuerwaffen aus der Zeit Ende des 15./Anfang des 16. Jh. kam das Luntenhahnschloß auf. Schon bald wurde es durch das Rad- oder Feuerschloß bei den Jagdwaffen ersetzt, während die Soldaten das einfachere Luntenhahnschloß bis zum ausgehenden 17. Jh. bevorzugten und dann dem Batterieschloß den Vorzug gaben. Nach 1820 setzte sich das aus England stammende Perkussionsschloß durch.

Den Laien mögen diese technischen Feinheiten weniger interessieren, dafür beeindrucken ihn die filigranen Einlegearbeiten an den Büchsenschäften. Besonders im 16. und 17. Jh. wurden Intarsien aus Hirschhorn und Perlmutt sehr geschätzt – nicht nur bei den zierlicheren Damengewehren. Den Begründer der Dyckschen Waffensammlung, Altgraf Ernst Salentin (1621–84), sehen Sie in einem Porträt im großen Waffensaal. Erinnern Sie sich noch, er war gleichzeitig auch der große Bauherr, dem das Schloß sein heutiges Aussehen weitgehend verdankt. Ungefähr 60 Gewehre der rund 700 Waffen umfassenden Sammlung stammen aus einer früheren Zeit und bildeten den Grundstock seiner Sammlung. Zu den jüngsten Gewehren (um 1930) gehört eine Sonderanfertigung, die im originalen Reisekoffer ausgestellt wird. Wegen einer Behinderung an der Hand wurde für den Fürsten ein Spezialauslöser per Knopf eingebaut. Zwei Gemälde im großen Waffensaal berichten von Ereignissen während des Achtzigjährigen Kriegs (1578–1648), dem Freiheitskampf der Niederlande gegen die spanische Herrschaft. Das

Niederrheingebiet wurde in diese Auseinandersetzungen mit hineingezogen, und heute durch-zieht noch als auffälligstes Relikt jener Zeit die Fossa Eugeniana von Rheinberg nach Straelen das Land am Niederrhein.

Auf der weiteren Besichtigungsroute durch das Schloß gelangen Sie in Räume, die noch weit-gehend ihr historisches Aussehen bewahrt haben. Die 20 000 Bände umfassende *Bibliothek* erinnert an den Wissenschaftler Fürst Joseph (1773–1861). Ein kleiner Einblick in die Arbeit des Botanikers wird möglich. Im nachfolgenden *Arbeitszimmer* mit einem besonders schönen Blick in den Park und auf den Brückenpavillon lernen wir seine Gemahlin, die Fürstin Con-stanze kennen. Die Vitrinen zeigen, daß sie sich auch als Schriftstellerin am französischen Hof und Komponistin betätigte.

Aus dem Studierbereich des Schlosses führt der weitere Weg durch die Eingangshalle in einen der großen, repräsentativen Säle, den *Gobelinsaal*. Die Sitzmöbel fertigten französische Kunst-tischler im 18. Jh., die ihre Werke auch signierten. Der Maler des Deckengemäldes blieb unbe-kannt, doch wird vermutet, daß er zu dem Kreis der Künstler gehörte, die ebenfalls an den großen rheinischen Residenzen in Düsseldorf, Brühl oder Bonn gearbeitet hatten. Um den dargestellten Säulenhof im richtigen Blickwinkel zu sehen, empfiehlt sich der Standort in der Mitte unter dem Leuchter. Dort bekommen Sie einen Eindruck ohne Verzerrungen – quasi aus der Perspektive eines Regenwurms! – Im *Damensalon* berichten die Bildfelder auf den Tapeten von der Freizeitgestaltung der feinen Gesellschaft (Abb. 98). Man beschäftigte sich mit Billard, Schattentheater und Brettspielen. Musizieren und Tanzen im Park erfreuten sich bei geeigne-tem Wetter sicherlich großer Beliebtheit. Hobbymaler an der Staffelei fehlen auch nicht. Schloß Dyck finden Sie ebenfalls als Kulisse wieder. – Im *Napoleonzimmer* sollten Sie sich nicht der optischen Täuschung hingeben, daß das Bett sehr klein wäre. Der Kaiser hätte schon hinein-gepaßt. Es gibt jedoch nur Mutmaßungen über einen Aufenthalt Napoleons auf Schloß Dyck. Einige Gründe sprechen dafür, wie z. B. die französische Schloßherrin Constanze. Zum ande-ren liegt das repräsentative Schloß nahe an der Bundesstraße 1, die der Feldherr von Aachen nach Osten bis Königsberg für seine Eroberungspläne anlegen ließ. Mit dem Nordkanal, der bei Neuss in den Rhein mündet, hätte es für den Kaiser einen weiteren Grund gegeben, dem Neuss-Grevenbroicher Raum und damit Schloß Dyck einen Besuch abzustatten.

Die besondere Sehenswürdigkeit des anschließenden *Herrensalons* ist die Wandverkleidung. Sie besteht aus 120 Ziegenhäuten. Im 18. Jh. wurde sie in Spanien angefertigt, doch erst kurz vor dem Zweiten Weltkrieg wurde sie von einem westfälischen Herrenhaus gekauft und auf Schloß Dyck angebracht. – Einen weiteren Weg hatte die Tapete des *chinesischen Salons* zurück-zulegen, ehe sie an den Niederrhein gelangte. Sie stellt eine der herausragenden Sehenswürdig-keiten des Schlosses dar (für mich steht sie auf einer Stufe mit dem Englischen Park). Keine Geringere als Kaiserin Maria Theresia war die erste Besitzerin der chinesischen Seidentapete. Ihr Vater Kaiser Karl hatte das Kunstwerk für sie in China in Auftrag gegeben. Chinoiserien waren große Mode im 18. Jh. Zu jener Zeit kam vieles ›Chinesische‹ auf den europäischen Markt, bei dem die phantasievolle Vorstellung Exotisches – aber kaum Authentisches – zuwege brachte. Amüsant sind dabei Darstellungen vor allem in der Porzellankunst aus deutschen Manufakturen wie z. B. Meißen.

Die Kontakte zwischen Europa und dem Fernen Orient waren bereits im 18. Jh. so hervorragend, ebenso die Verkehrsmöglichkeiten, daß dort nach europäischem Geschmack kostbare Gebrauchsgegenstände, vor allem Porzellan und Keramik, in Auftrag gegeben werden konnten. Chinesisches Kunstgewerbe, das kaum ein Chinese gekauft hätte, wurde zum Verkaufsschlager in der feinen Gesellschaft Europas. Der von Kaiser Karl bestellte Wandschmuck hätte dagegen auch in seinem Heimatland zahlreiche Liebhaber gefunden, denn seine Seidenmalerei steht ganz in der Tradition chinesischer Landschaftsmalerei. Wie in einem Bilderbuch wird der chinesische Alltag präsentiert: Da rühren Köche in den Töpfen des Gasthauses, Wasserträger und andere Männer mit Lasten an einem Tragholz laufen auf den Wegen; in einem Reisfeld ziehen Büffel den Pflug; hier sitzt eine Herrenrunde auf der Veranda, und dort treffen sich einige Frauen zum Gespräch. Werbung für chinesische Produkte wird auf höchst elegante Weise mit eingeflochten. Der Betrachter erhält Informationen von der Seidenherstellung und vom Teeanbau, gleichfalls wird ihm ein Blick in eine Porzellanmanufaktur gestattet. Das chinesische Naturverständnis unterscheidet sich wesentlich vom europäischen: Für den Chinesen ist der Mensch Teil des Kosmos; er hat sich in die Natur einzufügen, er beherrscht sie nicht, noch degradiert er sie zur Kulisse. Bergzüge und Felsen durchziehen das Bild ebenso wie Wasserläufe. Sie unterteilen das große Bild in kleinere, überschaubare Felder und Szenen. Der herumwandernde Blick erhält somit eine gewisse Hilfestellung, sich nicht in dem chinesischen Alltag und einer unbekannten Landschaft zu verirren. Durch den Gobelinsaal nähert sich die Führung ihrem Ende.

Von der Kunst des Fernen Ostens machen wir noch einen Sprung in die Römerzeit im Rheinland. Auf den Feldern um Dyck wurden die beiden Relikte von antiken Jupitersäulen gefunden.

In nordöstlicher Richtung verlassen wir das uns nun vertraute Schloß Dyck und den Park, um uns anderen Gebäuden zuzuwenden, die in einer engen Beziehung zum Herrensitz standen. Das sogenannte *Dycker Weinhaus,* knapp einen Kilometer entfernt, besaß nicht nur das alleinige Recht zum Weinausschank der Umgebung, sondern es war gleichzeitig Zollstation und Gerichtsstätte des Dycker Landes. In dem 1654 errichteten Haus wurden Gerichtsverhandlungen abgehalten, fanden Belehnungen und Versteigerungen statt. Heute lädt das Weinhaus mit seinen Tischen unter alten Bäumen noch immer zur Rast ein.

An der Straße, rund 400 m weiter – zum Ende der beim Schloß beginnenden *Edelkastanienallee* – steht das ehemalige Dycker Hauskloster **St. Nikolaus.** An der Stelle einer Eremitage wurde 1401 ein Tertiarierkloster gegründet, das zum Mutterhaus des Ordens am Niederrhein wurde. Mit der Säkularisation 1802 wurde es aufgehoben und blieb rund 100 Jahre ungenutzt, bis 1905 die Oblaten-Patres der Unbefleckten Jungfrau Maria einzogen. Kirchen- und Klostergebäude aus dem 17. und 18. Jh. sind erhalten. Eine ungewöhnliche Grenzmarkierung gibt es im Klostergarten. Ein Schild weist darauf hin, daß der Jüchener Bach die Grenze zwischen den Bistümern Aachen und Köln bildet.

Zum Wirtschaftsleben eines Herrensitzes gehörten früher die Mühlen. Die umliegenden Dörfer waren gezwungen, ihr Korn in bestimmten Mühlen mahlen zu lassen, es bestand Mühlenzwang bzw. Mühlenbann. Eine *Mühle* des Dycker Schlosses steht heute noch westlich von *Aldenhoven.* 1551 wurde dort schon ein Vorgängerbau der jetzigen Windmühle genannt.

Verlassen wir nun den engeren ehemaligen Herrschaftsbereich derer zu Dyck und wenden uns anderen Herrensitzen der Umgebung zu. Südlich von Schlich liegt in der Aue des Kommer-Bachs eines der wenigen im Rheinland erhaltenen Beispiele für eine Wasserburg, die zu einem großen Teil aus Fachwerkkonstruktionen besteht. Im Gegensatz zu den vielen Herrensitzen, die in privatem Besitz sind und oftmals uneinsehbar versteckt liegen, hat der Burgherr von **Haus Fürth** eine gute Lösung gefunden, Privatinteresse und touristische Neugier miteinander zu verbinden. Ein kleiner Spazierweg außen um den Wassergraben ermöglicht dem Fremden, das teilweise noch aus dem Mittelalter stammende Fachwerk zu bewundern (Abb. 96). Es ist ungewöhnlich, bei solch einem großen Fachwerkgebäude die Geschoßbauweise zu finden, d. h. die Ständer reichen über zwei Geschosse. Der frühere Bauherr muß über einen alten Baumbestand oder über gute finanzielle Mittel verfügt haben, um diese langen und mächtigen Balken verzimmern zu können. Auch bei der Gestaltung der Gefache war er anspruchsvoll, indem er sie mit Backsteinen im Fischgrätenmuster füllen ließ. Die zwei älteren Gebäudeflügel an der Grabenseite mit dem spätgotischen Fachwerk stammen aus dem 16. Jh., die beiden anderen Trakte des kreuzförmigen Grundrisses aus dem 17. Jh.

Eine weitere Attraktion bietet sich westlich von Haus Fürth. Auf dem Hügel von **Liedberg,** der sich einsam aus der ringsum flachen Landschaft erhebt, treffen Sie auf das einzige ›Bergdorf‹ am Niederrhein. Beim Spaziergang durch den alten Ortskern fühlt man sich irgendwo in das Rheinische Schiefergebirge, z. B. in das Bergische Land oder die ersten Höhen der Eifel, versetzt. Ein Sandsteinhorst bildet den Untergrund zu einer der seltenen niederrheinischen Höhenburgen. Die Schwanenburg in Kleve wäre das zweite Beispiel. Den Liedberger Sandstein bauten am Südhang bereits die Römer ab und verarbeiteten ihn u. a. in der Colonia Ulpia Traiana, dem römischen Xanten. Bis ins 19. Jh. wurde der Sandstein abgebaut. Wie es sich bei der topographischen Lage vermuten läßt, muß der Hügel von Liedberg ein begehrter Standort für einen Herrensitz gewesen sein. Um 1100 werden Edelherren von Liedberg genannt. Von ihrer Befestigung ist der Mühlenturm aus dem 12. Jh. erhalten, der heute die Südwestecke des Ortes überragt. 1279 gelangte das Territorium erstmals in den Besitz des Kölner Erzbischofs, 1367 dann endgültig. Aus dem 14. Jh. stammt auch die Burgmauer, die heute noch in Resten den oberen Hügelbereich abgrenzt. Der mächtige Torturm ist ebenfalls ein spätmittelalterliches Relikt der Burg, die im 17. Jh. zu einem Schloß umgebaut wurde. Doch von diesen Veränderungen hat kaum etwas die Zeit überdauert. Die barocke Schweifhaube des Torturms bleibt das einzige Sichtbare jener Bauepoche. Im Vergleich zu dem wenig gepflegten Schloß- und Burgrest bietet der alte Ortskern mit seinen malerischen Winkeln und den sorgfältig renovierten Fachwerk- und Backsteinbauten einen optischen Genuß (Abb. 95).

Nach dieser Runde zwischen Schloß Dyck und Liedberg wenden wir uns nach Südosten in die Richtung des Rheintals. Das Kloster Knechtsteden soll den Abschluß des Tagesausflugs bilden.

Zu den kurkölnischen Landesburgen gehörte ebenfalls **Burg Hülchrath** im gleichnamigen Ort nordöstlich von Grevenbroich. Aus einer frühmittelalterlichen Motte entstand eines der seltenen Beispiele einer Rundburg. Nach den Wechseln von den Jülicher Grafen zu den Herren von Heinsberg und schließlich zu den Klever Grafen gelangte die Burg 1314 in den Besitz des

Kölner Erzbischofs Heinrich von Virneburg, der bald darauf mit einem Neubau begann. 1385 führte der Erzbischof Friedrich von Saarwerden den Ausbau der Grenzfeste fort. Reste eines doppelten Wassergrabens sind zum Beispiel noch erhalten. Der mächtige Bergfried flankiert den Zugang von der Vorburg. Sein oberstes Geschoß sowie diejenigen des übrigen Gebäudekomplexes kragen als ehemalige Wehrgänge vor. Die Konsolen der Turmgalerien zeigen den rücksichtslosen Umgang der Erzbischöfe mit Andersgläubigen: Als Baumaterial verwendete man jüdische Grabsteine von den nächstgelegenen Friedhöfen. Ursprünglich befanden sich die Wohngebäude in der südlichen Hälfte des Mauerrings. Dem Palas war noch eine dreiteilige Bastion vorgelagert. 1658 wurden die Festungswerke geschleift.

Zu Beginn des 20. Jh. baute man in historisierenden Formen an die nördliche Innenseite der Burgmauer einen Gebäudetrakt an, da der ehemalige Palas nur noch als Ruine vorhanden war. Burg Hülchrath ist nicht zu besichtigen und – wenn die umgebenden Büsche und Bäume Laub tragen – auch kaum zu sehen.

Auf der weiteren Fahrt nach Knechtsteden wird deutlich, daß wir uns im Übergangsbereich vom Niederrhein zur Börde befinden. Das Landschaftsbild trägt auffällig ›fremde‹ Züge. Typisch Niederrheinisches ist nur noch im Erfttal und in den Bachauen anzutreffen; dort stehen vereinzelte Pappelhaine und andere Bäume, die auf eine höhere Bodenfeuchtigkeit hinweisen. Auch Weiden sind hier hin und wieder zu finden. Die Wasserläufe durchziehen wie grüne Bänder die sonst offene, weite Landschaft. Getreidefelder dehnen sich bis zum Horizont aus; die guten Böden der Börde drücken dem Land eine Monotonie auf, die durch die künstliche Landschaft des Braunkohlentagebaus unterbrochen wird.

Als Fremdkörper liegt die Halde bei Grevenbroich, die *Vollrather Höhe*, mit ihren getreppten Hängen in den weiten Ackerfluren. Qualmende Schornsteine, Kraftwerke, Bündel von Hochspannungsleitungen und die Reihen der dazugehörigen Masten konfrontieren den Reisenden plötzlich mit den aktuellen Problemen von Energiegewinnung, Landschaftszerstörung und Schutz des historisch Gewachsenen vor dem Umschichten – im wahrsten Sinne des Wortes – einer alten Kulturlandschaft. Die Dörfer dieser Region, die Sie auf dem Weg nach Knechtsteden passieren, unterscheiden sich auch deutlich von denjenigen des Niederrheins. Teilweise winzige, eng zusammenstehende Häuser sind typisch für die Dörfer der Börde. Auch die Zahl der stattlichen, verstreut liegenden Höfe, die zur Siedlungsweise am Niederrhein gehören, ist hier im Übergangsbereich verschwindend gering geworden.

Die Umgebung von **Kloster Knechtsteden** trägt jedoch noch einige Züge niederrheinischer Landschaft. Auch die Anfänge des Klosters sind eng mit niederrheinischer Geschichte verknüpft. 1130 gründete der Kölner Domdechant Hugo von Sponheim das Kloster, das er den Prämonstratensern übertrug. Wie Sie aus der Geschichte Xantens schon wissen, war der Gründer dieses Ordens, der hl. Norbert, Kanoniker im Viktorstift in Xanten. 1134 erhielt das Kloster auch die Pfarrechte, was sich im Bau der romanischen Kirche deutlich niederschlug. Der Hochchor im Osten diente den Mönchen, der Westchor den Laien für ihren Gottesdienst.

Eine solche Doppelchörigkeit wurde häufiger bei romanischen Kloster-, Stifts- oder Bischofskirchen geplant. Die Kirchenräume der Laien wurden deutlich von denjenigen der Kleriker getrennt bzw. an den geosteten Bau im Westen angehängt. Kaum einen Unterschied zwischen

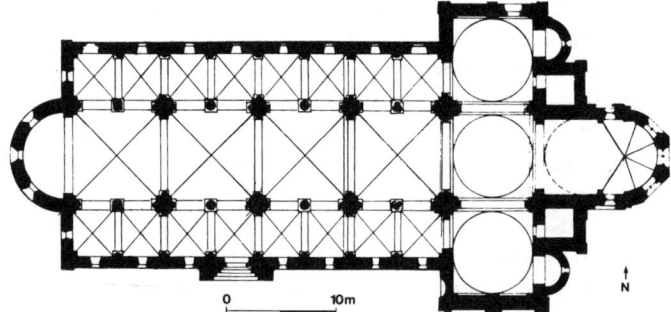

Klosterkirche Knechtsteden,
Grundriß

0   10m

↑
N

der Anlage im Osten und im Westen gab es, wenn ein König oder Kaiser seinen Stammplatz im Westteil besaß. Ein aufwendiges Westwerk mit einer Mehrturm-Fassade kann auf diesen Gegenchor im Außenbau hinweisen und damit das Kräfte- und Machtspiel zwischen kirchlicher und weltlicher Herrschaft in architektonischen Formen ausdrücken. Die salischen Kaiserdome zu Speyer und Worms sind dafür hervorragende Beispiele.

In der **Klosterkirche** von Knechtsteden finden wir diese Zweiteilung nur in bescheidenster Form vor. Dank ihrer relativ kurzen Bauzeit von 1138 bis ungefähr 1162 erscheint die dreischiffige Gewölbebasilika als ein einheitlicher Raum. Nach der Zerstörung des Ostchors während der Neusser Fehde (1474–77) wurde dieser in gotischen Formen neu gebaut und erhielt Maßwerkfenster. Baumaßnahmen im 17. Jh. in der Gewölbe- und Dachzone sowie eine umfangreiche Restaurierung nach dem Brand von 1869 durch Heinrich Wiethase im späten 19. Jh. haben die romanische Gestaltung kaum verändert. Typische Merkmale der romanischen Architektur sind in ihrer ursprünglichen Anlage zu sehen. Der Grundriß des Langhauses wird durch das Gebundene System bestimmt, d. h. einem quadratischen Mittelschiffjoch entsprechen jeweils zwei quadratische Joche in den Seitenschiffen. Die Langhauswände werden abwechselnd von Pfeilern und Säulen getragen. Von den Pfeilern laufen Dienste in den durchfensterten Obergaden und tragen die Gurtbögen. Zwischen ihnen spannen sich die Kreuzgratgewölbe. Die Kapitelle der Dienste und Säulen zeigen eine Folge verschiedener Würfelkapitelle: Von schlichten Formen bis hin zu Kelchblockkapitellen reicht die Serie.

Besondere Aufmerksamkeit verdient das Wandgemälde (um 1160) in der Kalotte der *Westapsis*. Die strenge und flächenhafte Darstellung der Figuren vor einem einfarbigen Hintergrund erinnert an byzantinische Kunst oder die von ihr beeinflußte mittelalterliche Buchmalerei. In der Mitte thront Christus als Weltenherrscher, zu seinen beiden Seiten stehen – durch Fabelwesen getrennt – Petrus und Paulus. Ihrem Rang entsprechend sind die beiden Apostel kleiner gemalt als die Majestas Domini. Zu Füßen des Weltenherrschers liegt ein weiß gekleideter Mensch, der in weit kleineren Maßen abgebildet ist. Es handelt sich um den Stifter des Freskos und Vollender des Kirchenbaus, den Propst Albert von Sponheim, der sich in demütiger Haltung malen ließ. Trotz aller Bescheidenheit hat er sich so ein langlebiges Denkmal gesetzt. Ein Schmuckband mit geometrischem Muster umrahmt das Gemälde. In der zweiten Zone folgen die Apostel, die in kleinen Gruppen zwischen die Rundbogenfenster gesetzt wurden. Zur Gestaltung der unteren Wandzone fiel dem Künstler eine interessante Lösung ein: Er malte einen geschlossenen Vorhang auf die Fläche.

Die äußeren Wandflächen des südlichen Seitenschiffes lassen noch erkennen, daß ehemals ein Anbau mit Gewölben hier gestanden haben muß. Die Höhe der einstigen Vorhalle wird durch die Bögen im Mauerwerk sichtbar. Auch die Ausdehnung des Raumes können Sie in der Pflasterung des Kirchenvorplatzes sehen. Von Süden her erfolgte der Hauptzugang in die Kirche. Das *romanische Stufenportal* gibt dem Eingang seinen würdevollen Rahmen. In jede zweite Gewändestufe ist eine Säule eingestellt, sämtliche Stufen und die Säulen werden durch ein durchgehendes Blattgesims verkröpft – miteinander verbunden. Schlichter und mit älteren Formen werden die Außenwände der Klosterkirche verziert. Lisenen – schwach vortretende, senkrechte Mauervorlagen – und Rundbogenfriese gliedern die Wandflächen. Daß auch der *Ostchor* in dieser Weise gestaltet war, ist am gotischen Umbau zu erkennen, denn die Maßwerkfenster schneiden die Lisenen ab: Gänzlich ohne System enden sie an verschiedenen Stellen der Fensterbrüstung. Die Chorflankentürme zeigen jedoch bereits auf dieser Höhe die charakteristische romanische Wandgestaltung. Sie blieben von den Zerstörungen im späten 15. Jh. verschont. Den Schnittpunkt von Querschiff und Langhaus markiert ein achteckiger Vierungsturm (Abb. 100).

Die **Klostergebäude** auf der Nordseite der Basilika haben ebenfalls unter dem großen Brand von 1869 gelitten. Mit den Resten aus dem 17. und 18. Jh. wurden die Bauten ab 1878 wieder errichtet. Nach rund 90jähriger Unterbrechung seit der Säkularisation 1802 zogen 1895 wieder Mönche nach Knechtsteden. Die Patres vom Heiligen Geist – auch Spiritaner genannt – gründeten hier ihr Missionshaus. Der Orden wurde 1841 von dem getauften Elsässer Juden Franz Maria Paul Libermann ins Leben gerufen und bemüht sich seitdem um die Missionierung in Schwarzafrika. Während der Gründer – als Franzose – die Verbreitung des christlichen Glaubens in den französischen Kolonien Mauritius, Réunion und Senegal vorantrieb, galt das Interesse der deutschen Missionspriester dem damaligen Deutsch-Ostafrika. Julius Nyerere, der Präsident von Tansania, äußerte sich einmal zu Missionierung: »Von allen Verbrechen des Kolonialismus ist kein schlimmeres, als uns glauben zu machen, wir hätten keine einheimische Kultur gehabt, oder diese sei wertlos gewesen; wir hätten uns schämen müssen, statt in ihr eine Quelle unseres Stolzes zu sehen.« Von der Zerstörungsarbeit christlicher Missionare zeugt das *Missionsmuseum.* Kultgegenstände der ›primitiven Heiden‹ brachten die Pater aus den Tropen mit, um hier heidnische Rückständigkeit und christliche Überlegenheit zu demonstrieren. Solche Kulturzeugnisse dürfen heute aufgrund von Ausfuhrverboten für Antiquitäten ihre Ursprungsländer – glücklicherweise – nicht mehr verlassen. Ebenso ist es ein Gewinn, daß internationale Artenschutzabkommen verhindern, daß Abartigkeiten, wie z. B. ein ausgestelltes ausgestopftes Schimpansenjunges mit einem Teller für Visitenkarten oder Gebäck, legal hergestellt und vertrieben werden können.

Der Schlußpunkt am Rhein: Zons

Auf dem Weg von Kloster Knechtsteden nach Zons überqueren wir in **Dormagen** die Trasse der ehemaligen Limesstraße. So ist es auch nicht weiter verwunderlich, daß wir auf Spuren römischer Siedlungen stoßen. Vom Reiterlager, dem Alenkastell *Durnomagus* aus, kontrollierten römische Soldaten diesen Abschnitt des Rheintals. Der Fluß nutzte zu jener Zeit ein anderes Bett als heute, das jedoch noch zu erkennen ist. Der Abschnitt der Bundesstraße 9 und die beim St. Raphaelshaus abzweigende Straße nach Zons ziehen den Bogen der ehemaligen Rheinschlinge nach. Zwischen 80 und 90 n. Chr. errichteten die Soldaten das erste Lager auf Dormagener Boden. Kölner Straße, Netter Gasse, Römerstraße und eine Linie nordwestlich des Rathauses, die das Viereck vervollständigt, markieren heute die Ausdehnung des drei Hektor großen Lagers.

In der Nachbarschaft des Rathauses erinnern einige Rekonstruktionen an die römische Vergangenheit des Ortes. Ein Abschnitt der steinernen Lagermauer, die in der Mitte des 2. Jh. die Holz-Erde-Befestigung ablöste, wurde aufgestellt. Ein Teilstück einer Säulenvorhalle, eines Portikus, wurde ebenfalls rekonstruiert. Solche Hallen stellten in Militärlagern, aber auch in zivilen Städten, den Bürgersteig dar. Aus dem Archäologischen Park in Xanten kennen Sie vielleicht schon diese Anbauten; auf der Südseite der Hafenherberge – gleich am Parkeingang – steht ein Portikus in seinen originalen Ausmaßen. Kopien von Produkten der Militär-

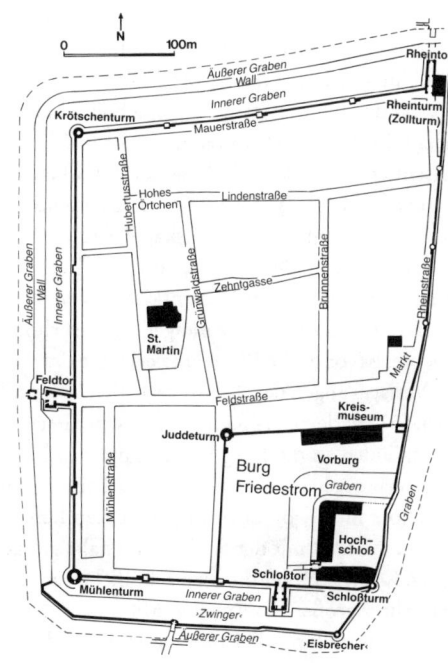

Zons, das mittelalterliche Befestigungssystem ist noch nahezu vollständig erhalten, mit Ausnahme des Feldtors

Zons, Stadtansicht mit Rhein. Kupferstich von M. Merian, 1646

ziegelei bei Durnomagus sind die Stirnziegel mit dem Medusenhaupt. Andere Kopien römischer Arbeiten finden Sie an der Rückwand des Portikus. Es sind Nachbildungen von Grenzsteinen und Weiheältären, die größtenteils in Dormagen und Umgebung entdeckt wurden.

Doch nun genug vom römischen Rheinland! Beschäftigen wir uns ein letztes Mal mit der mittelalterlichen Geschichte und einer sehr aktiven Gruppe in jener Zeit: den Kölner Erzbischöfen. Spaziert man durch den historischen Ortskern von **Zons** und durch die Rheinaue, fühlt man sich im Gegensatz zu Dormagen schon in niederrheinischem Gebiet. Doch die alten Verbindungen des Städtchens reichten kaum nach Norden, auch wenn die Neusser ihr Zollrecht 1373 an Zons abtreten mußten. Zons war im Lauf seiner Geschichte stets nach Köln orientiert. Bereits im 7. Jh. gehörte das Land zu einem der zwölf Tafelgüter des Kölner Erzbischofs. Im 11. Jh. schenkte der Erzbischof Heribert seinem neu gegründeten Benediktinerkloster in Deutz die Martinskapelle zu Zons, die damals zur Burgkirche von Bürgel gehörte. Doch schon im Mittelalter, vermutlich im 13. Jh., durchschnitt der Rhein diese Gemeinde. Erst 1593 wurde die Martinskirche von Zons auch formal vom rechtsrheinischen Bürgel getrennt und zur eigenständigen Pfarre erhoben. Zons besaß bereits 220 Jahre lang die Stadtrechte, bevor es die Pfarrechte erlangte.

Verlagerungen des Rheins verhalfen letztendlich auch dem Burgflecken zu seinen Stadtrechten. 1372 verlegte der Kölner Erzbischof Friedrich von Saarwerden seinen Rheinzoll von Neuss nach Süden an die Burg Friedestrom beim Dorf Zons. Einer seiner Vorgänger, Siegfried von Westerburg, hatte dazu einige Vorarbeiten geleistet, indem er auf dem Hofgut der Kölner Erzbischöfe im 13. Jh. eine Burg errichten ließ. Bei seinen Auseinandersetzungen mit der Stadt Köln, die 1288 mit der Schlacht im nahe gelegenen Worringen endeten, zerstörten die siegreichen Kölner Bürger die erzbischöfliche Burg. Steine der eroberten Burg verwendeten sie beim Bau ihrer großen Stadtmauer. Mit dieser Niederlage verloren die Kölner Erzbischöfe u. a. ihre Vormachtstellung als Landesherr am Niederrhein.

Zons, Rheinstraße. Bleistiftzeichnung von J. Kohlschein d. J., um 1944

Trotzdem war die Lage für eine Zollburg nach wie vor günstig, und zur Verstärkung bot sich der Ausbau des Dorfes zu einer kleinen Festungsstadt an. Noch heute bilden die kurkölnische Landesburg und das Städtchen eine Einheit, die dank umfangreicher Instandsetzungen ihr historisches Bild wiedererlangt hat. Sie finden hier das schönste Beispiel einer kleinen Festungsstadt am Niederrhein mit einer Stadtmauer, die in vollem Umfang erhalten ist. Wie ein Zwinger ist das Städtchen der Burg vorgelagert; die Stadtbefestigung aus Mauer, Türmen und Graben schützt zusätzlich die Burg. Auch bei der Wahl der Baumaterialien wird die enge Verbindung zu Köln deutlich. Wie bei der Kölner Stadtmauer oder den romanischen Kirchen wurden die vulkanischen Gesteine des Siebengebirges verarbeitet. Der sechseckige Säulenbasalt bildet die Quader der unteren Mauerpartien, der weichere Drachenfelstrachyt und Tuffe ergänzen das mittelalterliche Mauerwerk. Bei späteren Renovierungsarbeiten verwendete man dagegen typisch niederrheinischen Baustoff: nämlich Backstein.

Mehrfach wird das Städtchen von hohen Festungstürmen überragt. Der auffälligste ist sicherlich der **Juddeturm** mit seiner schlanken, barocken Schweifhaube an der Nordwest-Ecke des Burgbezirks. Seinen Namen erhielt er von einer Familie Judde, der der Turm einstmals gehörte. Eine Erinnerung an die einstige jüdische Gemeinde wäre auch gerechtfertigt. 1424 wurden die Juden endgültig aus der Stadt Köln ausgewiesen. Neben Deutz und Bonn wählten zahlreiche Personen Zons als neue Heimat. Von hier aus spielte die finanzstarke jüdische Gemeinde weiterhin eine wichtige Rolle im Kölner Geschäftsleben, denn das Pfandgeschäft und den Geldverleih bestimmte sie nach wie vor. Auf ihr Geld waren die Mächtigen der Stadt nach wie vor angewiesen. Sogar die Stadt Zons wechselte als Pfandobjekt ihren Besitzer. Von 1463 bis 1794 waren Stadt, Amt, Schloß und Zoll an das Kölner Domkapitel verpfändet; von finanziellen Engpässen blieben selbst die Kölner Erzbischöfe nicht verschont. – Die Zeiten haben sich geändert: Köln gehört heute mit zu den reichsten Diözesen der Welt!

Die Schaufront des Städtchens Zons ist damals wie heute die Ostseite (Farbabb. 2; Abb. 101). Das alte Bild der *Befestigungsanlagen* mit einem hohen, den nördlichen Stadtausgang schützenden Turm, einem kleinen, polygonalen Wachtürmchen und mehreren Wachhäuschen, den sogenannten *Pfefferbüchsen*, weist die Rheinstraße noch immer auf. Die Fortifikationen dienten nicht nur dem Schutz der Zollburg, sondern sie waren gleichzeitig auf den Feind auf der anderen Rheinseite, den Grafen von Berg, ausgerichtet. Der sechsgeschossige, auf quadratischem Grundriß errichtete **Rheinturm** sicherte den nordöstlichen Stadtbereich (Abb. 101). Wie Zierleisten setzen sich die hellen Trachytquader an den Ecken vom dunklen Basalt des Turmbaus ab. Ein vorkragendes Konsolenfries mit Spitzbögen trägt das Dachgeschoß.

Die **Rheinstraße** entlang der östlichen Mauer bietet ein buntes Bild an Bürgerhäusern in verschiedenen historischen Bauweisen. Die Enge und der begrenzte Raum innerhalb der Stadtmauern bestimmten die Grundrisse. Schmale hohe oder kleine Gebäude dominieren. Ein Stadtbrand im Jahre 1620 vernichtete den Ort bis auf fünf Häuser. Belagerungen durch hessische, französische, brandenburgische und niederländische Truppen in den unruhigen Zeiten des

79 WALBECK Kokerwindmühle ▷

80 NIEUKERK Webermarkt mit St. Dionysius

81 WACHTENDONK Pulverturm

82 KEMPEN Alte Schulstraße

83 KEMPEN Kuhtor

84 Berfes vom Raveshof bei St. Hubert

85 Frühlingswiesen bei Hinsbeck

86 Burg Brüggen, Palas (Jagd- und Naturkundemuseum)

87 HINSBECK-HOMBERGEN ›Die Scheune‹ Alt Kämpken

88 Wasserschloß Tüschenbroich

89 KREFELD Meister Ponzelaer

90 SÜCHTELN Weberbrunnen

91 WALDNIEL St. Michael, der ›Schwalmtaldom‹

92 MÖNCHENGLADBACH   St. Vitus auf dem Abteiberg

94   MÖNCHENGLADBACH   Wasserturm (1909) ▷
93 MÖNCHENGLADBACH   Städtisches Museum Abteiberg, H. Hollein (1972–82)

95 LIEDBERG

96 Haus Fürth bei Liedberg

97 Im Schloßpark zu Dyck

99 Schaufelradbagger und Absetzer im Braunkohlenabbau ▷

98 Schloß Dyck, Damensalon

100 Kloster Knechtsteden, Ostchor

101 ZONS Ostansicht mit Rheinturm ▷

102   Abend am Strom

17. Jh. behinderten den Wiederaufbau in Zons. Trotzdem prägen heute Häuser aus dem 17. und 18. Jh. die Rheinstraße. Fachwerk- und Backsteinbauten – naturbelassen wie verputzt – zeigen typische Gestaltungsformen: Vorkragende Stockwerke lassen die Fassaden der schmalen Fachwerkhäuser nach vorne springen, während sich mit dem Backstein leicht geschwungene und abgetreppte Giebel errichten lassen.

Wie die Stadt so hat auch die **Burg Friedestrom** unter den kriegerischen Ereignissen im 17. Jh. gelitten. Die beiden Teile der Anlage, die *Vorburg* und das *Hochschloß*, sind jedoch noch mit einigen Gebäuderesten erhalten. Im Burgbereich befindet sich heute eine Freilichtbühne. Als jüngster Baukörper begrenzt das ehemalige *Herrenhaus* aus dem 17. Jh. den Schloßbereich im Norden. Das Gebäude wird heute als *Kreismuseum* genutzt. – Mittelalterliche Bausubstanz ist in Tor- und Turmbauten zu sehen. Der Zugang zur Burg erfolgte früher von Süden, wie es das ehemalige Außentor bezeugt. Es gehörte zu einer *Doppeltoranlage*, vom vorgelagerten Turmtor führte ein gewölbter Gang zum zweiten Tor und damit in den Burgbereich. Einen besonderen Schutz bot der südöstliche Turm der Befestigung. Als *Eisbrecher* schützte er Burg und Stadt vor Eisschollen, die vor dem Bau hoher, den Fluß begleitender Dämme in weite Teile der Aue treiben konnten und damit auch Siedlungen bedrohten, die nicht in direkter Flußnähe lagen. Auf dem Turm an der Südwestecke der Stadtmauer wurde 1966 die *Windmühle* wieder rekonstruiert.

Das wirtschaftliche Leben der Stadt war einerseits auf den Rhein ausgerichtet, doch zum größten Teil basierte es auf der Landwirtschaft. Beim Spaziergang durch Zons werden Sie bemerken, daß ein Marktplatz fehlt. Während des Mittelalters gab es im Ort zwar einen bescheidenen Tuchhandel und gewisse Bedeutung als Umschlagsort von Waren, die auf dem Rhein heran transportiert und weiter ins Hinterland verschickt wurden. So wurden z. B. Tuffe für den Bau des Klosters Knechtsteden bis Zons per Schiff verfrachtet. Nach dem Wiederaufbau des Städtchens in der zweiten Hälfte des 17. Jh. muß es recht ruhig geworden sein. Größere Aktivitäten brachte der Bau der neugotischen Pfarrkirche **St. Martin** 1875–79 nach Plänen von Vincenz Statz in das Ackerbürgerstädtchen.

Heute ist Zons wieder besser in das rheinische Wirtschaftsleben integriert und durch eine Fähre an das rechte Rheinufer angebunden. Während der Woche pendeln die Zonser in die benachbarten Industriewerke, besonders zu den im Ersten Weltkrieg eröffneten Bayer-Werken. Am Wochenende strömen Besucher aus den nahe gelegenen Städten und Industriezonen nach Zons, um dort im historischen Gemäuer eines mittelalterlichen Burgstädtchens und in der unverbauten Flußlandschaft am Rhein spazieren zu gehen und sich den Träumen der – nur scheinbar – guten, alten Zeit und einer seit 2000 Jahren nicht mehr existierenden Naturlandschaft hinzugeben. Doch für solche Sehnsüchte bietet der Niederrhein zahllose Möglichkeiten!

Niederrheinische Spezialitäten

Frühe Touristen am Niederrhein

Versetzen wir uns einmal rund zwei Jahrhunderte zurück und begleiten einige Reisende durch Städte des Niederrheingebietes! Es ist die Zeit, in der Postkutschen über unbefestigte Sand- und Kieswege schaukeln. So unbequem und langsam die Fahrt in der engen Kutsche auch war, sie stellte trotzdem einen Luxus dar, denn das gewöhnliche Volk mußte einen unvermeidlichen Ortswechsel zu Fuß zurücklegen. In der Mitte des 17. Jh. wurden die ersten Postlinien am Niederrhein eingerichtet. Eine der frühesten Verbindungen folgte dem Verlauf der wichtigsten alten Römerstraße von Köln über Neuss, Rheinberg, Kleve nach Nimwegen.

Auf dieser Hauptverkehrsstraße fuhr Sophie von La Roche im Jahre 1786 in die Niederlande. »Wir kamen spät in das Posthaus der Vorstadt, der Residenz der alten Herzöge von Kleve, durch lauter Alleen von hohen Buchen, aber selbst mit der Post nur Schritt vor Schritt, durch die tiefen Wege voll Meersand.« Kleve gefiel ihr nicht, »denn wir fanden an dieser Grenze von Holland, Kälte und Grobheit im Betragen, ohne die annehmliche Reinlichkeit dieser letztern Nation«.

Zu einem anderen Urteil kam der preußische Beamte Justus Gruner, der 1799 durch Westfalen und das Rheinland reiste. »Durch seine schöne Lage, durch seine reizenden Lustpartien und durch seinen inneren Wohlstand war Kleve ehemals ein sehr angenehmer und häufig zum Vergnügen besuchter Ort. Als Hauptstadt eines reichen Ländchens, als Grenz- und Handelsort, als Sitz des Landeskollegiums und als Wohnort eines zahlreichen, sehr begüterten Adels, zog es manche Fremde an sich, und wer einmal dort war, blieb, durch die Gastfreiheit der Bürger und die sich mannigfach darbietenden Vergnügen gefesselt, gewiß längere Zeit hier. Das alles ist jetzt dahin.«

Durch die französische Besatzung war der Rhein 1794 wieder einmal zur Reichsgrenze geworden, und mit strengen Reglements versuchte Napoleon, die Grenzdepartements unter Kontrolle zu bringen. Schadenfreude kommt auf bei den Schilderungen des preußischen Staatsdieners, dem es gelingt, die französischen Grenzwachen auf den Arm zu nehmen. In der Mitte des 19. Jh. hatte sich die Lage wieder entspannt. Kleve erlebte einen Aufschwung als Kur- und Badeort, wurde zum Ziel eines grenzüberschreitenden Fremdenverkehrs.

Wilhelm Heinrich Riehl beobachtete die Entwicklung während verschiedener Reisen in den 1840er Jahren. Besonders beeindruckten ihn die Gegensätze, die diese Stadt zu bieten hat. »Cleve liegt an und auf dem Berge, die letzte Stadt echt deutscher Physiognomie, am Fuße des Berges aber zieht sich eine lange Reihe holländischer Villen mit fein und reich geschmückten Gärten, dann weiterhin der Tiergarten mit seinen hochschüssigen Bäumen und Alleen, von Kanälen begrenzt, auf deren stiller Flut grell durchbrechende Sonnenlichter mit dunklem Laubschatten wechseln. Es gibt deutsche Grenzstädte von weit ausgesprochenerem niederländischen Charakter wie Cleve, aber wohl keine, welche solch ein vollendetes Doppelbild gäbe: deutsche Art auf dem Berge und holländische im Tale.«

W.H. Riehl gibt in seinen ›Wanderungen am Niederrhein‹ interessante Einblicke in den Alltag seiner Zeitgenossen, denn dieser war gleichzeitig Forschungsgegenstand des 1859 ernannten
Professors für Kulturgeschichte und Statistik. Der Reisende schildert ebenfalls den touristi-
schen Alltag, berichtet über Speisesitten in Gasthöfen, vergleicht die Gewohnheiten mit denjenigen anderer Länder. Am Niederrhein war es zu jener Zeit üblich, daß die Touristen mit
am Familientisch des Wirtes speisten. Man konnte den Zeitpunkt und die Zusammensetzung
seiner Mahlzeiten nicht selbst aussuchen, sondern der Tafelzwang bestimmte, was und wann
gegessen wurde.

Auch in dem Reisebericht des Justus Gruner finden wir Ortsbeschreibungen mit Hinweisen
auf das Freizeitverhalten vermischt. »Das Äußere Emmerichs ist durchaus nicht schön, meisten-
teils altmodisch, häßlich und abwechselnd im holländischen und gotischen Geschmack erbaut.
An merkwürdigen Gebäuden gibt es hier nichts, als die Kollegiat- und Münsterkirche, der die
Stadt ihren Ursprung verdankt.« ... »Ein paar Kaffeehäuser in der Stadt und ein kleines Wirts-

Abschied an der Fähre. Prinzessin Wilhelmine von Preußen zu Besuch in Kleve, um 1786. Ölgemälde W. J. Laquy

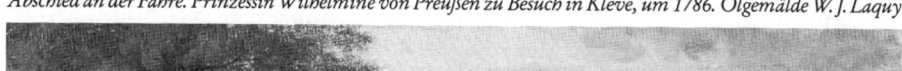

haus auf dem Eltenberge sind die einzigen öffentlichen Lustorte, welche aber auch meistens nur von Mannspersonen besucht werden.«

Mit den Bewohnern Emmerichs konnte er sich nicht sonderlich anfreunden, er meinte »daß die hiesige Bürgerklasse sich auch im Durchschnitt zur geselligen Unterhaltung nicht vorteilhaft auszeichnet. Die Tendenz ihrer Sitten nähert sich sehr der benachbarten holländischen. Es herrscht noch eine gewaltige Steifheit unter ihnen, die, wenn sie in Fröhlichkeit ausartet, die Grenzen des feineren Anstandes nicht genau zu stecken pflegt«.

Um die Wende des 18. zum 19. Jh. haben sich deutliche Unterschiede zwischen den Städten herauskristallisiert, die ihre Eignung für den Fremdenverkehr betreffen. Ein negatives Image hatte – außer bei den Liebhabern von Festungsbauten – Wesel. Justus Gruner gehörte jedenfalls nicht zu diesem Kreis: »Wesel hat eine herrliche Lage in einer vortrefflichen Fläche fruchbarer Äcker, hart am Rheinstrom, und dehnt sich mit seiner Zidadelle prächtig in die Ebene hinaus. Ich freute mich auf die schöne Stadt, ... Aber ich hatte vergessen, daß ich in eine Festung kam. Gleich der Eintritt durch die mehrfachen, kerkerähnlichen Tore erstickte gewaltsam meinen Frohsinn, und das inquisitionsmäßige Ausfragen am Tor erregte eine Beklemmung, die mich den ganzen Tag begleitete.« Man kann bei seiner Schilderung noch heute nachvollziehen, daß er froh war, den »freudeleeren Kreis« und »seine hohen dumpfigen Mauern« zu verlassen.

Weit schwerer fällt es uns dagegen, nach 200 Jahren seiner Meinung über Duisburg zuzustimmen. »Dieser Ort gehört zu den Städten, die, ohne zu imponieren oder auf den ersten Anblick zu gefallen, doch sehr reizend sind und durch eine stille Freundlichkeit ihres Äußeren angenehm anziehen. Die Lage von Duisburg ist malerisch.«

Ein Querschnitt durch die typischen Elemente der Niederrheinlandschaft oder: Heute kommt kein Kaiser mehr

Dieser Routenvorschlag für eine *Radwanderung* richtet sich an geographisch Interessierte (s. S. 9 ff.) und an die Liebhaber historischer Eisenbahnstrecken. An den Überresten eines ehemaligen Bahndammes zwischen Xanten und Uedem entlang fahrend können Sie die typischen Landschaftselemente wie feuchte Niederungen, höher gelegene trockene Terrassenreste und den Hügelzug eines Stauchendmoränenwalles kennenlernen. Dazu gibt es am Wegrand manches zu entdecken, was trotz einiger Veränderungen einen Einblick in die Eisenbahngeschichte am Niederrhein bietet.

Glauben Sie bitte nicht, daß Sie hier auf der Spur einer Provinzbahn durch Feld und Wald geschickt werden! Sie radeln längs einer Linie des internationalen Reiseverkehrs, einer ›Prominentenstrecke‹. Über dieses Teilstück der **Boxteler Bahn** lief um die Jahrhundertwende der Reiseverkehr von England nach Deutschland und weiter nach Österreich und Rußland. Prinzen, Kaiser und Zaren nutzten die Strecke von *Vlissingen über Boxtel, Goch und Xanten,* die dann bei *Wesel* über den Rhein führte.

»Wenn der Sonderzug des deutschen Kaisers die Strecke befuhr, dann wurden die Bahnhöfe auf Vordermann gebracht, Uniformknöpfe und Säbel geputzt und bei der Vorbeifahrt Haltung angenommen. Noch heute können sich alte Leute daran erinnern, als Kinder winkend an den Schienen gestanden zu haben. Gesehen wurde der Kaiser allerdings kaum, da der Zug zumeist die Reisegeschwindigkeit beibehielt.«

Für die Radwanderung empfiehlt es sich, zusätzlich eine topographische Karte der Region mitzunehmen, da die Strecke nicht ausgeschildert ist. Die Tour, die bequem an einem halben Tag zu schaffen ist (ca. 25 km), führt meistens über asphaltierte Wege. Wer jedoch Geländefahrten auch am Niederrhein haben oder auf den direkten Spuren der Eisenbahn radeln möchte, kann dies tun, denn teilweise führt der Fernwanderweg E 8 Nordsee – Rhein – Main – Donau ebenfalls auf dem historischen Bahndamm entlang.

Ausgangspunkt und Ziel der *Radtour* ist der *Parkplatz am Westwall* in **Xanten**. Über die Bahnhofstraße und ihre Verlängerung, die Sonsbecker Straße, geht es zum ›richtigen‹ Start der Wanderung: die *Boxtelstraße* ①. Jetzt befinden Sie sich genau auf der Strecke der 1867 gegründeten Boxteler Bahn, die an diesem Abschnitt einen *Bahnhof* besaß. Ein Blick auf die topographische Karte zeigt nun den weiteren Verlauf der Trasse durch Dammreste und Geländeeinschnitte an. In der Landschaft fällt der *ehemalige Bahndamm* ② oft als Gebüschstreifen mit einem weniger dichten Bewuchs in seiner Mitte auf.

Die Fahrroute verläuft so nah wie möglich längs des Bahndammes: Trajanstraße, Urseler Straße, Wesendonkshof. Dabei führt sie durch die feuchte Niederung. Verschiedene Abzugsgräben sowie die Tackeley und die Hohe Ley entwässern das Gebiet. Pappelreihen und Kopfweiden zeigen ebenfalls eine hohe Bodenfeuchtigkeit an. Die Bauernhöfe liegen in Streulage zwischen den Weiden und einigen Feldern.

Kurz vor dem Wesendonkshof überquert der Weg den Bahndamm. An dieser Stelle könnte ein Bahnwärterhäuschen gestanden haben. Sehen Sie einmal genau hin! Das *Haus Ursel 1* ③ verrät trotz Umbauten, daß es einst der Arbeitsplatz des Schrankenwärters war; dank einer sorgfältigen Restaurierung hat es seinen typischen Charakter bewahrt. Von hier geht der Weg weiter auf dem Bahndamm bis zum nächsten Querweg, dem wir nach rechts wieder bis zur Urseler Straße folgen. Auf dieser geht es in den Wald hinein, wo man nach ungefähr 100 m auf der rechten Seite wieder ein ehemaliges *Bahnwärterhaus* ④ sieht.

Bald wird die Streckenführung der Boxteler Bahn trotz des dichten Waldes wieder deutlich. Ein erhöhter Damm diente als Brückenrampe, da an dieser Stelle die Bahn die kleine Waldstraße überquerte. Die *Brücke* ⑤ wurde inzwischen abgerissen. Parallel zur Straße verläuft die steile Böschung des *Dammes* ⑥. Die Bahntrasse blieb in dieser Höhe, weil der Anstieg zum Hutscher Berg, einem Teil des Moränenwalles, bevorstand.

Die Marienbaumer Straße unterbricht den Damm – und manchmal auch den angenehmen Windschatten. Liebhaber der sportlichen Variante dieser Radtour folgen dem Weg geradeaus auf den Damm und mühen sich weiter auf dem Fernwanderweg ab. Der normale Weg geht weiter nach links und biegt gleich wieder rechts in die Uedemer Straße ein.

Der steilste Anstieg der Strecke steht bevor; ein Höhenunterschied von ungefähr 40 m ist auf dem nächsten Kilometer zu überwinden. Denken Sie doch an die deutlich längere Abfahrt,

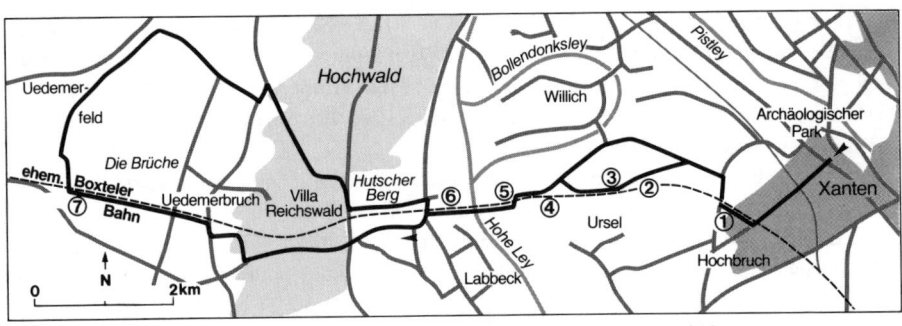

Auf den Spuren der Boxteler Bahn: Radwanderung zwischen Xanten und Uedemerfeld

zu der Sie sich hocharbeiten! Dabei erfahren Sie – im wahrsten Sinne des Wortes – das asymmetrische Relief einer Stauchendmoräne. Von Osten her näherte sich der Gletscher und schob die Flußschotter des Rheintals vor sich her. An dieser Stelle kam die Gletscherzunge zum Stillstand; der Eisrand ging über in die Geschiebemassen einer Endmoräne. Schmelzwässer aus dem Eis sorgten dafür, daß das Ablagerungsmaterial von der Höhe der Moräne weiter ins Vorland transportiert wurde: sanft abfallende Sanderflächen ähnlich den Schwemmkegeln der Flüsse entstanden auf der Westseite. Den kargen Böden, die sich auf diesem Untergrund bildeten, sowie der relativen Steilheit des Geländes ist es zu verdanken, daß der Höhenzug auch heute noch mit Wald bedeckt ist. Die ausgedehnten Mischwälder auf diesem Abschnitt des Stauchendmoränenwalles gehören zum Staatsforst Xanten.

Lassen Sie die Räder rollen! Die Fahrt geht weiter Richtung *Uedem*. Sobald das Gelände wieder flach wird, verschwindet der Wald, und der Boden wird landwirtschaftlich genutzt. In einiger Entfernung verläuft gut sichtbar der hohe Bahndamm. Folgen Sie dem Schild Uedemerbruch, und die Straße führt geradewegs wieder auf die alte Bahnlinie zu. Vor der Unterführung biegt ein Weg nach links ab. Zunächst am Fuß des Dammes, dann auf seiner Höhe gelangen Sie nach *Uedemerfeld.*

An der ersten Kreuzung, die der Bahndamm mit der Hauptstraße des Uedemerfelds bildet, fallen dem nun schon geübten Auge wieder Relikte der Boxteler Bahn auf. Kurz vor der Kreuzung führte der Weg bereits an ehemaligen Verladerampen vorbei, die heute ziemlich stark vom Gestrüpp überwuchert sind. An der Straße steht ein Gebäude, das in seiner Größe und seinem Aussehen keinerlei Ähnlichkeit mit einem Bauernhaus hat. Des Rätels Lösung: Das Ganze bildete einst die Güterverladestelle Uedemerfeld ⑦.

Hier verläßt die Rundtour die Nähe des Dammes. Schließen wir die Geschichte der Boxteler Bahn fürs erste ab und wenden uns statt dessen wieder der Landschaft zu. Die Höfe des Uedemerfelds reihen sich an einer markanten Linie im Gelände auf: Links der Straße steigt das Land leicht an, und der Hang ist nahezu ausschließlich mit Feldern bedeckt. Rechts der Straße liegen teilweise recht große Anwesen, die das typische Bild niederrheinischer Bauernhöfe zeigen. Dahinter dehnen sich in einem breiten Band Weiden aus, die von Entwässerungsgräben und Pappelreihen abgegrenzt werden. Dieser Bereich, die *Brüche* genannt, stellt eine ehemalige Abflußrinne der eiszeitlichen Schmelzwässer dar, die noch immer eine große Feuchtigkeit bewahrt hat. Die nasse Aue ist demzufolge weitgehend unbesiedelt und wird hauptsächlich als Weideland genutzt. Eine solche Landnutzung, die sich den verschiedenen natürlichen Verhältnissen gut anpaßt, breitete sich in ähnlicher Form bereits im frühen Mittelalter am Niederrhein aus. In der fränkischen Siedlungsepoche wurden die Höfe schon im Übergangsbereich von den trockenen, ackerbaulich genutzten Terrassen zu den feuchten Auen angelegt (s. S. 17) – eine Verteilung, die sich nach wie vor bewährt. Auf der Straße zum Kohlenbergshof – der erste asphaltierte Weg, der die Brüche durchquert – durchfahren wir die breite Niederung.

Mit einem Schlenker nach links erreicht man eine asphaltierte Forststraße, die langsam ansteigend durch den Wald zur *Villa Reichswald* (Restaurant) führt. Von der dortigen Höhe gibt es einen schönen Ausblick in das Rheintal, und die Domtürme von Xanten markieren deutlich den Ausgangs- und Endpunkt unserer Radtour. Eine reizvolle kleine Bergfahrt und der Radwanderweg Nr. 8, den Sie in Abschnitten bereits kennen, bringen Sie auf dem kürzesten Weg nach Xanten zurück.

Falls Sie noch weitere Relikte der Boxteler Bahn kennenlernen möchten, empfiehlt es sich, dieses im Rahmen einer Autofahrt zu tun. Der schnurgerade Verlauf der Landstraße zwischen Uedem und Goch folgt ebenfalls der ehemaligen Bahntrasse. Als eines der südwestlichsten Gebäude *Uedems* finden Sie dort den einstigen *Bahnhof*. Die auffällige Straßenerweiterung auf seiner Vorderseite sowie der gesamte Baukomplex verraten trotz der Umfunktionierung zum Wohnhaus noch die frühere Nutzung.

Fahren Sie weiter Richtung Goch. An der Abzweigung der Straße 504 nach Kalbeck wurde eine Gedenktafel aufgestellt. Sie zeigt eine Karte mit der Linienführung sowie Abbildungen des Gocher Bahnhofs und einer Lokomotive.

Nordwestlich von *Hassum* befindet sich – noch gut in seiner originalen Bausubstanz zu erkennen – der letzte Güterbahnhof vor der niederländischen Grenze.

In östlicher Richtung fallen bei *Wesel* die Reste einer *Eisenbahnbrücke* in der Rheinaue auf. 1878 wurde die steinerne Brücke erbaut und damit die Lücke zwischen dem linken und dem rechten Niederrheingebiet geschlossen. Wesel entwickelte sich daraufhin zum wichtigsten Eisenbahnknotenpunkt am Niederrhein. Der Zweite Weltkrieg setzte dieser Bedeutung ein Ende, denn die zerbombte Bahnbrücke wurde nicht wieder aufgebaut. Große Streckenabschnitte waren ebenfalls so stark zerstört, daß sie abgetragen wurden: Mit dem Bahnschotter verbesserte manche Gemeinde ihre Verkehrswege. Nur zwischen Goch und Uedem verkehrten noch bis 1963 Züge.

Bäuerlicher Alltag früher – heute präsentiert im Niederrheinischen Freilichtmuseum Dorenburg

Im Norden Grefraths (Kreis Viersen) begannen 1975 in der Nachbarschaft der geldrischen **Wasserburg ›Dorenburg‹** (um 1630) die ersten Arbeiten zum Wiederaufbau alter niederrheinischer Häuser. Die verschiedenen Baugruppen umfassen nicht nur Bauernhöfe, sondern auch andere Gebäude, wie z. B. eine Gerberei aus Moers, eine Posthalterei oder das ehemalige Spritzenhaus der Feuerwehr in St. Hubert-Vösch, die am neuen Standort sicherlich eine bessere Zukunft erwartet – statt des Verfalls in ihrer ursprünglichen Umgebung.

Bereits bei einem ersten Blick über das Gelände des Freilichtmuseums fallen die zahlreichen weiß gekälkten Fachwerkgebäude auf. In der Niederrheinlandschaft wurden sie dagegen nahezu vollständig von den rotbraunen Backsteinbauten verdrängt. Im ausgehenden 18. und 19. Jh. ersetzte man bei vielen Bauernhäusern die Fachwerkfassaden durch Backsteinmauern, behielt jedoch im Inneren als tragendes Gerüst die Holzkonstruktion bei. Balkenköpfe in Ziegelmauern verraten heute noch gelegentlich diesen Wandel in der ländlichen Architektur.

Schon im Mittelalter war es für den Bauern am Niederrhein keine preiswerte Angelegenheit, ein Fachwerkhaus zu bauen, da das wichtigste Baumaterial – dickes und gerade gewachsenes Eichenholz – in dieser Region selten und damit teuer war. Dementsprechend verwendeten die Bauherrn das wertvolle Eichenholz sparsam: Die das Holzgerüst tragenden Ständer wurden weit auseinander gestellt, die Quer- und Schräghölzer, die der Konstruktion die erforderliche Festigkeit geben, wurden ebenfalls auf das notwendige Maß beschränkt. Vergleicht man diese Bauweise zum Beispiel mit Fachwerkhäusern in Niedersachsen, wird der Unterschied zwischen ›verschwenderischem‹ Holzverbrauch dort und sparsamster Bauführung am Niederrhein deutlich.

Auch hier gab es natürlich Ausnahmen. Das Bauernhaus aus Mönchengladbach-Rasseln widerspricht dem allgemeinen Trend und zeigt, daß es für wohlhabende Bauern ein Statussymbol sein konnte, ihr Fachwerk mit weit mehr Holz als konstruktiv erforderlich auszustatten: In engen Abständen durchziehen die Riegel – die Querhölzer – das Erdgeschoß.

Eine andere Möglichkeit, seinen Reichtum zu zeigen, bot der Fußboden. Bis zum späten 18. Jh. waren sogenannte Keienböden in niederrheinischen Bauernhäusern sowie hausnahen Hofpartien modern. In einen Lehmgrund wurden verschiedenfarbige Steine aus den eiszeitlichen Moränenwällen gesetzt. Je nach Finanzlage des Bauern entstanden vor allem in den großen Dielen diese Natursteinböden mit ihren geometrischen Mustern. Es bürgerte sich dabei ein, das Datum der Grundsteinlegung sowie die Initialen der Bauersleute in Stein zu legen, statt sie wie andernorts in einen Holzbalken zu ritzen.

Fehlte das Geld für einen derart aufwendigen und individuellen Bodenbelag, wählte man rote Tonplatten. Die bescheidenste Ausführung eines Zimmerbodens war festgestampfter Lehm. An besonderen Festtagen konnten diese beiden Varianten jedoch verschönert werden: Man schüttete weißen Sand auf den einfachen Boden. Nach den Feierlichkeiten wurde er zu einem Haufen zusammengekehrt, um so auf seinen nächsten Einsatz zu warten.

Die Fassade des Fachwerkhauses aus Mönchengladbach-Rasseln zeigt – ähnlich wie andere Häuser – die innere Aufteilung des Hauses an. Wie ein alter Kirchenbau gliedert sich der Innenraum in drei unterschiedlich hohe Schiffe. Durch die Haustür gelangt man sofort in den zentralen Hauptraum, in dem sich der größte Teil des bäuerlichen Lebens im Haus abspielte. Die hintere Wand mit der Herdstelle bildet die Trennlinie zwischen dem vorderen Wohnteil und dem hinteren Wirtschaftstrakt. In einem solchen Wohnstallhaus lebten Mensch – die Bauersfamilie mit dem Gesinde – und Tier unter einem Dach. Die Bauersleute schliefen in kleinen Kammern der Seitenschiffe, während die Knechte in der Futterdiele nahe bei den Tieren schliefen. Für die Mägde richtete man Schlafplätze in der Dachschräge über den Ställen ein. Erst später wurden eigene Kammern für das Gesinde im Dachgeschoß eingebaut.

Zentrum des Hauses war die offene Feuerstelle. An einem sägeartigen Eisenblatt über dem ständig brennenden Feuer befestigte die Bäuerin den Kochtopf in der gewünschten Höhe. Im Rauchfang wurde Fleisch und Wurst zum Räuchern aufgehängt. Bemerkenswert ist, mit welch geringen Mengen an Haushaltsgeräten und Geschirr sich der Haushalt einer bäuerlichen Großfamilie führen ließ, besonders wenn man bedenkt, wieviele Tätigkeiten früher noch dazu gehörten, wie z. B. die Butter- und Krautherstellung, das Brotbacken und die Mostgewinnung. Im Winter wurde der Herdraum verstärkt als Werkstatt mitgenutzt. Wenn die Arbeit auf dem Feld ruhte, ging man häufig einer Nebenbeschäftigung nach. Zunächst stellte man Gegenstände für den eigenen Bedarf her, wie z. B. Korbwaren und Haushaltsgeräte.

Zu den bedeutendsten Nebengewerben entwickelten sich Flachsanbau und -aufbereitung. Aus diesem Grund gehört ein Spinnrad zur Einrichtung einer niederrheinischen Bauernstube, ein Webstuhl oft zum Haushalt.

Im Freilichtmuseum bemüht man sich nicht nur, die historische Bausubstanz zu bewahren, sondern man rekonstruiert auch wieder ein Umfeld, das sich sehr am originalen Standort orientiert. So stehen die Wohn- und Wirtschaftsgebäude, Scheunen inmitten von Gärten und Obstwiesen, umgeben von Feldern, Wiesen und Weiden. Unterschiede zum heutigen Nutzgarten werden dabei deutlich: Wege und Beete im alten Bauerngarten sind mit kleinen Buchsbaumreihen eingefaßt; Blumenrabatten und Gemüsebeete wechseln miteinander ab. Das Ganze verrät eine Gartenplanung nicht nur nach produktiven Gesichtspunkten, sondern auch eine gewisse künstlerische Gestaltung. Barocke Gartenarchitektur stand hier Pate. Es fällt auch auf, daß in diesen Gärten Obstbäume fehlen. Hierfür legte der Bauer einen besonderen Obstgarten oder eine Baumwiese an. Königlich-preußische Verordnungen zwangen ihn im 18. Jh. sogar dazu. Je nach Größe seines Anwesens hatte er eine bestimmte Zahl von Apfel- und Pflaumenbäumen zu pflanzen.

Kopfbäume

Kopfbäume prägen das Gesicht der Niederrheinlandschaft seit dem Mittelalter. Heute sind sie in manchen Regionen bereits ganz verschwunden, während man in den nördlichen Gebieten hier und da noch einen guten Eindruck vom historischen Baumbestand bekommen kann. Eine jahrhundertealte Nutzung der Bäume hat diese markanten Formen geschaffen (Farbabb. 29; Abb. 17, 47). Als Charakterbaum in Flußauen und Feuchtgebieten waren Kopfbäume nicht nur am Niederrhein verbreitet, sondern auch in ähnlich gearteten Naturräumen des Nordwesteuropäischen Tieflands.

Vor allem Weiden, wie die Silber- und die Korbweide, gehörten in der Regel zu einem bäuerlichen Betrieb. Sie bildeten die Grundlage für die Schneitelwirtschaft, die die vielseitig verwendbaren Ruten lieferte. Hatte eine Weide einen Stammdurchmesser von 5 bis 10 cm erreicht, wurde sie in Mannshöhe abgeschlagen. Die Schnittfläche vernarbte, und das Wachstum an dieser Stelle war damit unterbrochen. Statt dessen schlugen neue Triebe um ihren Rand herum aus. Schlanke, rutenförmige Äste wuchsen, die mit ihren Ansätzen gleichzeitig den Stamm verbreiterten. Köpfte man den Baum im Laufe der Jahre mehrmals in dieser Art, entstand auf einem dicken Stamm ein unregelmäßiger, nach oben abgeplatteter Kopf.

Spätestens nach vier, fünf Jahren mußten die jungen Äste abgeschlagen werden. Als Rohstoff wurden einjährige Weidenruten im bäuerlichen Haushalt – entweder für den Eigenbedarf oder als Nebengewerbe – weiterverarbeitet und zu Körben oder Truhen verflochten. Zum Baumaterial umfunktioniert konnten mit den Zweigen Gefache an Fachwerkgebäuden ausgestakt oder Zäune errichtet werden. Grabenböschungen sowie die Ufer von Wasserläufen befestigte man mit Weidengeflechten; steingefüllte Körbe bremsten die Erosionskraft des Rheinwassers. Als Erbsenholz steckte die Bäuerin die Reiser in den Gemüsegarten, damit sich die Pflanzen an ihnen emporranken konnten. Da Erbsen und Bohnen zu den Grundnahrungsmitteln gehörten, war der Bedarf an solchen Hölzern groß.

Aber nicht nur die Weide, sondern auch verschiedene andere Baumarten, die nicht zum hofnahen Baumbestand gehörten, lieferten Holz für die verschiedensten Verwendungen im bäuerlichen Alltag. Seltener sind Pappeln, Eschen, Rot- und Hainbuchen, Eichen sowie Ulmen noch als Kopfbäume anzutreffen.

Heute droht den meisten Kopfbäumen der Verfall, denn sie brauchen unbedingt den regelmäßigen Schnitt. An den Schnittflächen dringen Pilze und Bakterien in das weiche Holz ein, so daß es schnell verfault. Die Baumstämme werden hohl und spalten sich oftmals, aber immer noch gelangen ausreichend Wasser und Nährstoffe in die jungen Triebe der Baumkrone. Ein neues Gleichgewicht zwischen dem sich auflösenden Stamm und den Ästen pendelt sich ein bzw. wird durch den Schnitt der Ruten erhalten. Bleiben die Äste jedoch, wächst zusehends die Gefahr, daß sie zu schwer werden für den ausgehöhlten Stamm und schließlich abbrechen oder den Baum zerreißen. Die alten, bizarr geformten Stämme der Kopfbäume ›vertragen‹ nur noch junge Triebe.

Neben der Rolle, die die Kopfbäume im bäuerlichen Wirtschaftsleben spielten, kam ihnen auch eine wichtige Funktion im Naturhaushalt zu. Die Aushöhlungen des Stammes sowie das vermodernde Holz bieten einigen Tieren und Pflanzen einen Lebensraum, der ohnehin durch die Veränderungen in der Landwirtschaft schon klein geworden ist. Die Baumhöhlen werden oftmals von früheren Waldvögeln als Nistplätze genommen. Steinkäuze, Garten- und Waldbaumläufer, Grauschnäpper, Gartenrotschwänze, Kleinspechte und Bachstelzen wurden dort schon beim Brüten beobachtet. Dabei ernähren sie sich von den Insekten der umliegenden Felder und Weiden und unterstützen den Bauern in der Schädlingsbekämpfung.

Natur- und Vogelschützer widmen sich inzwischen den Kopfbäumen. Alte Bäume, die noch zu retten sind, werden wieder geschneitelt und junge Bäume neu angepflanzt. Die Natur erleichtert diese Arbeiten in einem wichtigen Punkt: Kosten für die Stecklinge müssen nicht unbedingt anfallen, denn frisch geschneitelte Weidenäste können ohne Schwierigkeiten für Neuanpflanzungen weiterverwendet werden.

Landwirtschaft heute: Straelen, die Blumenstadt am Niederrhein

Straelens blühende Landwirtschaft geht auf niederländische Entwicklungshilfe zu Beginn des 20. Jh. zurück. Obwohl noch bis in die 1930er Jahre die landwirtschaftliche Nutzfläche durch Kultivierung des Straelener Veens wesentlich erweitert werden konnte, und Bauern in der 1937 errichteten Plansiedlung Kastanienburg eine neue Heimat fanden, gehörte der Raum zu den wirtschaftlichen Problemgebieten. Die meisten Betriebe verfügten nur über kleine Flächen, die kaum ausreichende Einkünfte ermöglichten. Gelegenheiten zu einem Nebenerwerb fehlten ebenfalls, so daß die Landflucht zunahm.

Ganz anders sah es in der benachbarten niederländischen Provinz Limburg aus. Hier hatte man sich bereits vor der Jahrhundertwende auf Gemüseanbau spezialisiert, dessen Erzeugnisse vorrangig in den wachsenden Industriestädten an Rhein und Ruhr abgesetzt wurden. Durch den Ausbau des Eisenbahnnetzes und die steigende Nachfrage ergaben sich weitere grundlegende Veränderungen: Der Trend ging von der Grob- auf die Feingemüseproduktion sowie vom Freilandanbau zur Unterglaskultur. Weder die an Straelen vorbei transportierten Gemüsemengen noch die wirtschaftlichen Erfolge der niederländischen Nachbarn konnten die Straelener Bauern dazu bewegen, dem gewinnversprechenden Vorbild nachzueifern. Auch die klimatischen Bedingungen und die Bodenverhältnisse waren im Straelener Raum so günstig wie in der Umgebung von Venlo.

Trotz alledem waren es nicht die Bauern, sondern die Hobbygärtner, die sich um neue Anbaumethoden bemühten und schließlich unter der Leitung des Kaplans Jansen und des Kaufmannes Tenhaeff 1910 einen Obst- und Gartenbauverein gründeten. Die Mitglieder verpflichteten sich, Gemüse anzubauen und ihre Überschüsse nur über den Verein zu vermarkten. Damit ging man ein wesentliches Problem für die neuen Sonderkulturen, wie z. B. Salat (Abb. 77), an: die relative Marktferne. Dem einzelnen Gärtner oder Kleinbauern war es nicht möglich, seine empfindliche Ware allein in die benachbarten Industriegebiete zu bringen und dort zu verkaufen. Eine genossenschaftliche Vermarktung konnte hier Abhilfe schaffen.

Auch für die Organisation des Absatzes gab es Entwicklungshilfe aus den Niederlanden. Nach diesem Vorbild fand 1914 in Straelen die erste Gemüseversteigerung Deutschlands statt. Die Erfolge stellten sich bald ein, so daß die neuen Anbau- und Vermarktungsmethoden weitere Anhänger fanden.

Aus diesen Anfängen heraus entwickelte sich Straelen trotz Krisen und Kriegen zu einem bedeutenden Ort für die Landwirtschaft. Er ist nicht nur das Zentrum im Gebiet mit der größten Unterglasfläche der Bundesrepublik Deutschland, sondern gleichfalls das ›Nadelöhr‹ des deutschen Blumenhandels.

1953 wurde in Straelen – wieder nach niederländischem Vorbild – die erste Blumenversteigerung durchgeführt. Seit dem Beginn der 1950er Jahre setzten sich neben dem Gemüseanbau zunehmend die Schnittblumen- und Topfblumenkultur durch. Zum einen erweiterten die Bauern die Flächen und die Zahl der heizbaren Gewächshäuser, zum anderen steigerte man die Produktivität der Flächen, indem nach der Ernte von Salat oder Kohlrabi z. B. Nelken und Chrysanthemen als Nachkulturen gepflanzt wurden.

Auch in der Versteigerungshalle folgte der Blumenverkauf auf den Gemüseverkauf; doch bereits 1954 wurde für die Schnittblumenversteigerung eine eigene Halle eingerichtet (Abb. 76). Nach 10 Jahren hatte der Jahresumsatz bei den Blumen schon die Umsätze aus den Gemüseversteigerungen überrundet. Heute gehen ungefähr drei Viertel der erzielten Versteigerungsumsätze auf das Konto der Blumen. Über diesen Zeitraum kann man bereits gut den sich wandelnden Geschmack beobachten. Erinnern Sie sich noch, welche Blumen in den 50er, 60er Jahren am häufigsten verschenkt wurden und in den Wohnzimmern standen? Eine kleine Tabelle soll es veranschaulichen.

Versteigerte Blumen (in 1000 Stück)

Art	1953	1963	1983
Nelken	1068	37 168	46 250
Chrysanthemen	205	5178	14 700
Rosen	35	6431	41 379
Tulpen	34	8237	20 300

Das enorme Anwachsen der Zahlen zeigt auch, wie sehr Blumen zum alltäglichen Konsumgut geworden sind. Derzeit werden in Straelen 1 bis 1,5 Millionen Blumen pro Tag (!) versteigert. Vor ›blumenpflichtigen‹ Feiertagen sind es mehr als 2 Millionen Stück.

Um die vielen Verkaufsposten an einem Vormittag bewältigen zu können – in der Hauptsaison sind es täglich bis zu 5000 Posten –, findet die Versteigerung im Abwärtsgebot statt. Man beginnt mit einem Preis, der über dem normalen Marktpreis liegt, und läßt den Preis abwärts fallen. Auf einer Versteigerungsuhr sinkt der Blumenpreis solange, bis ein Interessent per Knopfdruck von seinem Pult aus den Zeiger anhält. Auf einen Blick sieht er dann, was er sich eingehandelt hat: z. B. 200 rote, 40 cm lange Rosen mit leichtem Mehltau für 27 Pfennige das Stück vom Erzeuger Schmitz.

Diese Verkaufsaktionen erfordern große Konzentration, denn es wird gleichzeitig über zwei Uhren verkauft. Da bleibt dem Profi kaum Zeit, sich an der vorbeiziehenden Blumenpracht zu erfreuen. Sie als Besucher können die vorbeifahrenden Wolken aus Schleierkraut, Berge von Chrysanthemen und Eimerreihen von Rosen schon mehr genießen.

Auf der Straelener Versteigerung werden nicht nur Produkte aus den Glashäusern und Freilandkulturen des Niederrheins und der benachbarten Niederlande vermarktet, sondern auch die Erzeugnisse aus fernen Ländern. Es ist nicht übertrieben, die Stadt als das ›Nadelöhr‹ des deutschen Blumenhandels zu bezeichnen. Selbst tropische Orchideen werden hier versteigert. In den frühen Morgenstunden pendeln Spediteure zwischen Straelen und dem Köln-Bonner Flughafen, um die Blumenimporte beispielsweise aus Thailand oder Israel an den Niederrhein zur weiteren Vermarktung zu bringen. Die Hauptsaison für die exotischen Gewächse ist der Winter. Doch über das ganze Jahr hinweg kommen die Händler über erstaunliche Entfernungen – für den Laien – nach Straelen. Nicht nur aus dem nahegelegenen Ruhrgebiet und den Großstädten am Rhein fahren sie an, sondern auch aus Norddeutschland, dem Saarland und dem Frankfurter Raum.

Auf die steigende Nachfrage tropischer Pflanzen (1983 wurden 6,7 Mill. Orchideen versteigert) haben sich die Gartenbauexperten am Niederrhein besonders eingestellt. So manche Orchidee in der Versteigerungshalle hat keinen Anflug, keine lange Anreise hinter sich: Sie stammt schon aus einem niederrheinischen Gewächshaus. Mit der Spezialisierung auf die Orchideenzucht versucht man, den kostenintensiven Unterhalt von Treibhäusern durch hochwertige Produkte zu finanzieren. Auch diese blühende Landwirtschaft hat ihre Probleme.

Für interessierte Besuchergruppen bietet die Stadt Straelen verschiedene Besichtigungen und Führungen an, die weitere Einblicke in die Landwirtschaft geben. Sie können einen Gartenbaubetrieb mit Schwerpunkt Orchideenzucht, die Blumenversteigerung sowie die Rheinische Lehr- und Versuchsanstalt für Zierpflanzen und Gemüse kennenlernen. Auskünfte erteilt das Städtische Werbeamt (Rathausstraße 1, 4172 Straelen 1, ✆ 02834/702-107). Für die Besichtigungen sind Voranmeldungen nötig.

Fossa Eugeniana – Bauskandal der Spanier im 17. Jahrhundert

So befremdlich die Überschrift auch klingen mag, wir bleiben nach wie vor am Niederrhein! Das gesamte linksrheinische Gebiet wird noch heute von den Resten eines Kanals durchzogen, mit dessen Hilfe der spanische König Philipp IV. die abtrünnigen niederländischen Provinzen wirtschaftlich in die Knie zwingen wollte.

Wie kam es dazu, daß das Land am Niederrhein in derart weitreichende internationale Auseinandersetzungen hineingerissen wurde und die Spanier 1626 schließlich den Bau eines rund 50 km langen Kanals beginnen konnten? Durch eine geschickte Heiratspolitik hatte das Haus Österreich-Habsburg seit dem 15. Jh. sein Territorium enorm vergrößert. In der Mitte des 16. Jh. dehnte sich das Reich Karls V. von Spanien bis zu den Niederlanden aus; 1543 brachte er auch das Herzogtum Geldern unter seine Herrschaft.

Besonders starker Widerstand gegen die spanische Macht regte sich in den nördlichen Provinzen der Niederlande. Dort wollte man nicht auf alte Vorrechte verzichten und sich dem absolutistischen Herrscher unterordnen. Der Konflikt verstärkte sich noch durch religiöse Gegensätze, denn die Lehre Calvins hatte bereits weite Verbreitung gefunden. Ein Bildersturm der Protestanten im Jahre 1567, bei dem Kirchen geplündert und ihre Einrichtungen zerstört wurden, löste den Achtzigjährigen Krieg aus. Den spanischen Truppen gelang es dabei nicht, die aufständischen und ketzerischen Niederländer zu besiegen. An zu vielen Fronten waren spanische Soldaten eingesetzt; die große Niederlage der Armada gegen die Engländer fiel auch in diese Zeit. So schlossen die Spanier und Niederländer 1609 einen Waffenstillstand, der bis 1621 dauern sollte.

In dieser Zeit erlebten die abtrünnigen niederländischen Provinzen einen bemerkenswerten wirtschaftlichen Aufschwung, der eng mit der Ausdehnung ihres Kolonialreiches verbunden war (z. B. 1602 Gründung der Niederländisch-Ostindischen-Handelsgesellschaft). Daraufhin änderten die Spanier ihre Taktik und versuchten, die Niederlande, die sie militärisch nicht bezwingen konnten, durch einen umfassenden Wirtschaftsboykott zu besiegen.

Isabella Clara Eugenia, Statthalterin der spanischen Krone in den Niederlanden. Gemälde von P. P. Rubens

Ein wichtiger Plan bestand darin, die Provinzen vom bedeutenden Rheinhandel abzuschneiden und im gleichen Zug von den sich daraus ergebenden Einkünften in spanisch besetzten Gebieten zu profitieren. Diesen Bestrebungen kamen Aktivitäten im Herzogtum Jülich und in Brüssel zugute, wo man sich bereits mit ähnlichen Gedanken trug – allerdings dort, um sich vor den Niederlanden zu schützen und eine bessere Verteidigungslinie zu schaffen. Die Spanier griffen die Planungen auf und integrierten sie in ihrem Projekt eines Rhein-Maas-Schelde-Kanals.

1626 begannen die Arbeiten des ersten Abschnitts, eines ungefähr 50 km langen Grabens (lateinisch: Fossa) zwischen Rhein und Maas. Der Kanal wurde zu Ehren der spanischen Statthalterin in den Niederlanden Isabella Clara Eugenia ›Fossa Eugeniana‹ genannt. Die Tochter Philipps II. war mit dieser Namensgebung jedoch nicht einverstanden. Nach ihrem Wunsch sollte die Rhein-Maas-Verbindung ›Fossa Sanctae Mariae‹ heißen; trotz dieser hohen Fürsprache setzte sich die Bezeichnung ›Graben der Heiligen Maria‹ nicht durch.

Die Festungen Venlo und Rheinberg bildeten die Endpunkte der Fossa Eugeniana, die Festung Geldern sicherte den mittleren Bereich. 24 Erdschanzen wurden zur weiteren Sicherung auf der feindabwärts gelegenen südlichen Kanalseite aufgeschüttet.

Die Bauarbeiten wurden zu einer schweren Last für die betroffenen Gemeinden. Sie hatten die Einquartierungen hinzunehmen und Futter für die Pferde, die bei den Arbeiten eingesetzt wurden, zu liefern. Ungefähr 8000 Menschen, darunter 2000 pfälzische Soldaten, arbeiteten gleichzeitig an den verschiedenen Abschnitten des Kanals und den dazugehörigen Schanzen. Immer wieder überfielen niederländische Truppen die Baustellen.

Nicht nur die feindlichen Angriffe, auch technische Schwierigkeiten des Wasserbaus und vor allem der chronische Finanzmangel führten dazu, daß bereits nach drei Jahren (1629) die

Bauarbeiten eingestellt wurden. Militärische Aktionen der Niederländer besiegelten zu Beginn der 1630er Jahre das Ende der Fossa Eugeniana. 1632 eroberten sie die Festung Rheinberg, den östlichen Endpunkt des Kanals – und zurück blieb eine Bauruine, die sich nun schon über 360 Jahre gehalten hat.

Folgen wir ihren Resten zwischen Rheinberg und der Grenze bei Straelen! Die Wassergräben zwischen der Festung Rheinberg bildeten das Verbindungsstück zwischen dem Rhein und dem Kanal. Noch heute ist dieser Abschnitt bis nach Kamp-Lintfort mit Wasser aus der Eyllschen Kendel gefüllt. Die Bundesstraße 510 folgt von der Autobahnunterführung bis zum Kamper Berg dem schnurgeraden Verlauf der Fossa Eugeniana. Südlich des Klosters biegt der Lauf in westliche Richtung ab. Von hier bis nach Geldern führt das Kanalbett kein Wasser mehr. Es ist zwar oftmals unterbrochen, aber trotzdem noch gut zu erkennen: Längere Grabenpartien oder Geländevertiefungen, die mit ihrem Busch- und Baumbewuchs die Landschaft durchziehen.

Ähnlich unterscheiden sich die Überreste der Schanzen durch Bäume und Sträucher von den sie umgebenden Feldern und Weiden. In den topographischen Karten werden einige namentlich genannt, wie z. B. Standers Schanze oder Maelenschanze südlich von Issum. Die Maelen-

Der Verlauf der Fossa Eugeniana. Kupferstich von A. Hogenberg, 1627

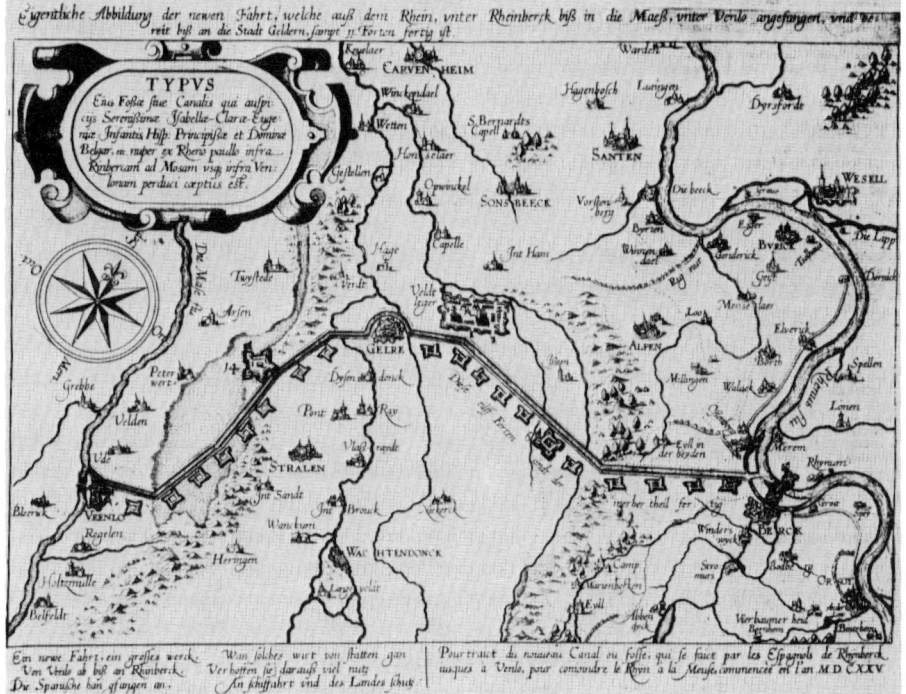

schanze an der Straße zwischen Issum und Sevelen leitet ihren Namen vom nördlich gelegenen Maelenhof, einem ehemaligen Adelshof ab.

Der ungefähr 2 m hohe Wall zeigt noch immer den ursprünglichen gezackten Verlauf. Auf der gegenüberliegenden Straßenseite beginnt ein rund 4 km langer gerader Abschnitt der Fossa. Eine schöne Allee begleitet hier das historische Kanalbett. Im Stadtgebiet von Geldern läßt sich sein Verlauf nicht mehr im Gelände nachvollziehen, da wahrscheinlich schon zum Ende des 17. Jh. der Graben dort zugeschüttet wurde. Im Westen der Stadt taucht wieder ein wassergefüllter Kanalabschnitt auf. Der Nierskanal fließt heute durch den alten Graben auf der Nordseite der Walbecker Straße. Östlich des Bümmershofs trennen sich die beiden Kanalläufe wieder, und die Fossa Eugeniana biegt in südwestlicher Richtung ab.

Südlich von Walbeck führt das Kanalbett erneut Wasser. Auf niederländischem Gebiet bei Lingsfort befand sich die größte Schanze. Von diesem Eckpunkt knickt der Lauf der Fossa Eugeniana nach Süden ab. In dem folgenden Abschnitt wird das historische Kanalbett seit der Mitte des 19. Jh. für die Entwässerung des Straelener Veens genutzt. Nicht weit davon entfernt versuchte Napoleon rund zwei Jahrhunderte später, wieder einen Kanal zwischen Maas und Rhein zu bauen.

Gebrauchsanweisung für eine Pilgerfahrt nach Kevelaer

Die »Gebets- und Tages-Ordnung für die die Eisenbahn benutzenden Prozessionen nach Kevelaer« enthält Regeln, deren »gewissenhafte Beobachtung dem Pilger ans Herz gelegt wird«. Ein festgelegtes Zweitageprogramm erwartete auch den Gläubigen, der das moderne Verkehrsmittel Eisenbahn der Fußwanderung vorzog. Zwischen 1860 und 1880 war die Bahnlinie Köln – Kevelaer – Kleve gebaut worden, und mit Sonderzügen sowie Fahrpreisermäßigungen machte man die Pilgerfahrt nach Kevelaer attraktiver. Mit beachtlichem Erfolg! In einem Hirtenschreiben des Bischofs von 1892 wird der Wallfahrtsort als die nach Lourdes am meisten besuchte Marien-Gnadenstätte der gesamten katholischen Welt bezeichnet und dabei von rund 400 000 Pilgern jährlich gesprochen.

1896 erschien in Köln die dritte Auflage eines Kevelaer-Prozessions-Büchleins, das auch die Eisenbahnfahrt einbezieht. Von der Pfarrkirche des Heimatortes zieht die Pilgerschar gemeinsam zum Bahnhof. »Bei der Abfahrt des Zuges wird in den Koupees gebetet«, dann erfolgt eine zehnminütige Pause, bevor die Gebete fortgesetzt werden. Das Büchlein betont besonders, daß die Pausen von den Gebetsenden abhängig sind und nicht von den Stops an den Bahnhöfen. In Kevelaer geht die Prozession erst zum ›Krausen Baum‹ und dann zum Kapellenplatz. »Beim Betreten des Kapellenplatzes wird die unten folgende Lauretanische Litanei gesungen. Die Prozession zieht singend um die beiden Kapellen bis zum ›Agnus Dei‹ der Litanei. Dann erst erfolgt der Einzug in die große Kapelle, woselbst die Opferkerze zurückgelassen wird.« Nach der Messe werden die Pilger in die Quartiere entlassen. »Ehe du dein Quartier aufsuchst, verrichte vor dem Gnadenbild folgendes erste Begrüßungsgebet.« Von zwei bis acht Uhr gibt es Beichtgelegenheit. Um sechs Uhr abends ordnen sich die Wallfahrer prozessionsweise vor der

Gnadenkapelle und ziehen unter Abbeten des Rosenkranzes entweder in die große Kapelle oder in die alte Pfarrkirche zur Betstunde. »Die Pilger werden erinnert, zeitig zur Ruhe zu gehen, damit sie am kommenden Morgen zur frühen Stunde nach gehöriger Vorbereitung und mit gesammeltem Geiste und reinen Herzen zum Tische des Herren gehen können.« Ein Abendgebet schließt den ersten Pilgertag ab.

Am nächsten Morgen – fast noch in der Nacht – geht es zwischen 4 und 5 Uhr weiter: »Kommunion der Pilger in der großen Kirche und Anhörung einer hl. Messe daselbst.« Nach der Messe sind Dankgebete oder auch Ablaßgebete in der Gnadenkapelle vorgesehen. »Trage jetzt deine eigenen und die dir empfohlenen Anliegen der Mutter Gottes in vertrauensvollem Gebete vor.« Darauf bietet sich die Möglichkeit, an einer zweiten Messe teilzunehmen – oder zu frühstücken, denn um acht Uhr trifft man sich auf dem Kapellenplatz zur Kreuzwegsprozession. Als Ordner und Vorbeter wirken die Brudermeister bei den Prozessionen. Auch für sie gibt es noch einige Regiehinweise: »Sie mögen sich doch einer deutlichen Aussprache befleißigen und außerdem sorgsam darauf achten, daß das Gebet auf der ganzen rechten Seite stets *gleichzeitig* beginnt. Leicht wird dies dadurch erreicht, daß der 2. Brudermeister in der Prozession den an der Spitze schreitenden, der 3. den 2. usw. beständig im Auge behält und beim Anfange des ›Vater unser‹ und des ›Gegrüßet‹ alle zu gleicher Zeit ihren Stab recht sichtbar zur rechten Seite der Prozession neigen.«

Von der letzten Station des Kreuzwegs zieht die Gruppe wieder zum ›Krausen Baum‹. Nach einem gemeinsamen Gebet erfolgt die Predigt. Danach kehrt man zum Kapellenplatz zurück. Als nächstes steht das Mittagessen auf dem Programm. »Nach dem Mittagessen, eine Stunde vor der Abfahrt, versammeln sich die Pilger in der großen Kapelle. Nach dem sakramentalischen Segen zieht die Prozession ohne irgend anzuhalten zum Bahnhof.« Von Kevelaer zur Bahnstation des Heimatortes wird in den Koupees wieder gebetet, jeweils mit zehn Minuten Pause – ohne das Halten an Bahnhöfen zu berücksichtigen. Von der Bahnstation bis zum Pfarrort wird der Rosenkranz gebetet, beim Einzug in den Heimatort singt die Prozessionsgemeinschaft die Lauretanische Litanei. Ein Lobgebet in der Kirche des Heimatortes schließt die Kevelaer-Wallfahrt ab.

Solch eine umfangreiche Wallfahrt konnte sich jedoch nicht jedermann leisten. Die einfachen Leute konnten nur den Sonntag für eine Fahrt nach Kevelaer nutzen. Mit Sonderfahrkarten und entsprechend abgestimmtem Fahrplan war es auch Arbeitern möglich, am Sonntagmorgen erst mit der Wallfahrt zu beginnen und dann Sonntagnachmittag auch schon wieder nach Hause zurückzukehren. Die Bessergestellten vermieden die überfüllten Züge am Sonntag und kamen lieber in der Woche. Sie blieben dann ein bis zwei Tage. – Internationale Unterschiede im Reiseverhalten bemerkte ein aufmerksamer Zeitgenosse bei den holländischen Pilgern. »Ihre Prozessionen blieben in der Regel drei Tage mitten in der Woche. Daraus ergab sich schon, dass ihre Teilnehmer meist wirtschaftlich Unabhängige sein mussten, die sich ein mehrtägiges Fernbleiben aus ideellen Gründen leisten konnten. Der Aufenthalt der Prozessionen war von der führenden Geistlichkeit im Sinne eines religiösen Exerzitiums streng geregelt ... Die Holländer hatten grössere Zwischenpausen. Ihr Charakter und ihre Neigung zu materiellen Genüssen brachten es mit sich, dass Andacht und Wohlleben dicht beieinander wohnten. Manch blanker

Die Gnadenkapelle zu Kevelaer. Stich des 18. Jh.

Gulden rollte dann und befruchtete das Kevelaerer Wirtschaftsleben.« (Marx, A.: Kevelaer. Wallfahrt und Wirtschaft. Kevelaer 1922, S. 42)

Das Wirtschaftsleben und der Pilgertourismus brachten so manche Blüte hervor. Letzter Verkaufsschlager wurde der Papst-Lolly. Der Besuch von Papst Johannes Paul II. am 2. Mai 1987 in Kevelaer sorgte für viel Wirbel und fand sogar seinen Niederschlag – im wahrsten Sinne des Wortes – auf Lutschern verschiedener Größe: Abbilder des Heiligen Vaters prangten auf zahllosen Lollys in den Schaufenstern der Läden, die Süßwaren im Angebot führten.

Eine neue Form der Wallfahrt findet seit einigen Jahren besonderen Anklang in der jüngeren Generation: die Internationale Motorradfahrer-Wallfahrt. In Zusammenarbeit mit dem örtlichen Motorradclub veranstaltete die Wallfahrtsleitung im Priesterhaus das Treffen im Juli 1989 zum fünften Male, und es ist geplant, diese motorisierte Wallfahrt zum dritten Juli-Wochenende zu einer festen Einrichtung werden zu lassen. Das Programm zieht sich zwar auch über zwei Tage hin wie die frühere Eisenbahn-Wallfahrt, doch unterscheidet es sich beachtlich davon. Freitags ab 17 Uhr bis samstags 14 Uhr soll die Anfahrt erfolgen. Eine Zeltstadt

wird am Stadtrand eingerichtet. Die Gebrauchsanweisungen für diese Wallfahrt passen knapp in zwei Abschnitte auf das Werbeplakat:
- Samstag, 15 Uhr, gemeinsame Fahrt im Konvoi zur Begrüßung und anschließend zum Zeltplatz. 21 Uhr Lichterprozession der Motorradfahrer zur Gnadenkapelle (Lichter = Scheinwerfer). Zum Abschluß gemütlicher Abend in der Zeltstadt.
- Sonntag 11 Uhr, Wortgottesdienst in der Zeltstadt, auch Gelegenheit zum Besuch der Hl. Messe. 14 Uhr gemeinsame Fahrt zur Verabschiedung und Segnung der Teilnehmer und ihrer Motorräder auf dem Kapellenplatz.

Unter den jährlich mehr als eine halbe Million Pilgern in Kevelaer macht diese Gruppe von vielleicht 2000 Motorradfahrern und Beifahrern nur einen verschwindend geringen Teil aus. Aber sicherlich ist sie die Auffälligste und Ungewöhnlichste. Lautes Beten ist weniger ihre Stärke, die liegt mehr in dem Dröhnen ihrer schweren Maschinen, das tausend einfahrende Motorräder auf dem Kapellenplatz schaffen. Ein bunt gemischtes Völkchen kommt zum Vorschein, wenn sie die Helme lüften. Nicht nur junge Leute, sondern auch manches ›reife Semester‹ befindet sich darunter, ebenso Nachwuchs, der noch nicht auf den Beifahrersitz paßt und statt dessen mit den Windeln im Beiwagen transportiert wird. Ob aus den beiden Mädchen, die im Rahmen des Abschlußgottesdienstes getauft wurden, auch richtige Motorradbräute werden?

Das Ruhrgebiet greift über den Rhein – Bergbau am linken Niederrhein

Ziemlich unerwartet trifft der Reisende am Niederrhein auf eine junge Stadt, die völlig vom Bergbau bestimmt wird. Anders als die Zechen im Ruhrgebiet hat das **Steinkohlenbergwerk Friedrich-Heinrich Kamp-Lintfort** und seine Umgebung wenig verändert. Es ist eine Zeche im Grünen geblieben, da keine Industriebetriebe an den neuen Standort gefolgt sind. Noch immer prägen die gut erhaltenen Werkskolonien die direkte Umgebung des Bergwerks und erlauben einen Einblick in den Zechenalltag vor 70 oder 80 Jahren. Das Leben in einer strengen sozialen Hierarchie, wie sie noch zu Beginn des Zweiten Weltkriegs Gültigkeit besaß, wird deutlich im Wohnungsbau der Zeche. Hinter dem Bergwerksgelände dehnt sich die Siedlung der Kumpel, die sogenannte Alte Kolonie, aus; vor dem Werk liegen die Beamten- und die Oberbeamtensiedlung. Das ›Kastenwesen‹ ging sogar soweit, daß den verschiedenen Berufsgruppen die Bürgersteige vorgeschrieben waren, auf denen sie zur Zeche zu gehen hatten. Die Kumpel liefen auf der Zechen-zugewandten Seite der Friedrich-Heinrich-Allee, den Beamten war die westliche Straßenseite vorbehalten. Die ›Beamtenlaufbahn‹ verband die besseren Wohnbereiche mit dem Haupteingang.
   Doch ehe wir uns weiter mit den feinen Unterschieden im Bergwerksalltag beschäftigen, wenden wir uns erst einmal den Anfängen der Zeche und damit auch des Bergbaus am linken Niederrhein zu. Es sind die großen Unternehmer des Ruhrgebiets, die in der Mitte des 19. Jh. auch das linksrheinische Gebiet in den Ausbau ihrer Imperien einbeziehen und sich dabei auch

recht riskante Investitionen leisten können. Die ersten Eigentümer der Grubenfelder in der Gemeinde Lintfort kauften das Gelände quasi als ›Katze im Sack‹. Als es 1862 in ihren Besitz gelangte, hatte erst eine einzige Probebohrung auf dem 93 km² großen Feld stattgefunden. Über die Art und Lagerung der Kohle wußte man kaum etwas, doch Leute wie Franz Haniel und Alfred Krupp störte das wenig. Sie vertrauten wohl auf die Geologie und die Lagerstättenkunde und nutzten die Gunst des neuen Standorts. Im Linksrheinischen galt nämlich noch – als Erbe der französischen Rheinlandbesetzung – das französische Bergrecht, das im Vergleich zum preußischen Bergrecht Steuervorteile für den Betrieb und keinerlei Größenbeschränkung bei den Grubenfeldern vorsah. 1862 erhielten Franz Haniel (Ruhrort), Freiherr von Diergardt (Viersen), Ferdinand Stein (Rheydt) und Wilhelm Königs (Köln) die Konzession zum Betrieb des Steinkohlenbergwerks. 1874 teilten sie das 93 km² große Feld des Bergwerks Humboldt, und aus dem östlichen Teil entstand die Zeche Friedrich-Heinrich. Der Freiherr von Diergardt gab seinen Namen dazu. Die beiden übriggebliebenen Drittel gehörten dem Kommerzienrat Königs und Alfred Krupp. Die weiteren Besitzerwechsel, so interessant sie auch sind, wie z. B. der Verkauf an eine französische Bankengruppe im Jahre 1906, um lothringisches Erz kosten-günstig zu verarbeiten, können wir nicht weiter verfolgen.

Vier weitere Mutungsbohrungen in den Jahren 1901 bis 1904 ergaben, daß die Kohlevorkommen im Bergwerk Friedrich-Heinrich von guter Qualität und Lagerung waren. Das technische Problem, die stark wasserführenden Deckgebirgsschichten mit Schächten zu durchziehen, wurde durch die Entwicklung eines Gefrierverfahrens zu Beginn des 20. Jh. gelöst. Man teufte die Schächte im Schutz einer ringförmigen Frostmauer ab. Nach allen Vorarbeiten, die im Mai 1907 begonnen hatten, wurde am 1. Juli 1912 die erste Kohle im Schacht 2 gefördert.

Ein ganz anderes Problem stellte sich noch der Werksleitung, nämlich der Mangel an Arbeits-kräften. Die überzähligen Arbeitskräfte aus der Landwirtschaft am Niederrhein hatten schon in den älteren Industriegebieten neue Bechäftigung gefunden. Trotzdem gab es noch Söhne aus niederrheinischen Bauernfamilien, die nichts erbten und ihre Existenz als Bergleute aufbauen wollten. Junge Bergleute, Polen, die schon in der zweiten Generation im Rheinland lebten, kamen aus dem Hamborn-Meidericher Raum, doch das Gros der Kumpel wurde in den länd-lichen Gebieten im Osten angeworben. Aus Ost- und Westpreußen, Oberschlesien und Polen fanden Arbeitsuchende den Weg nach Lintfort. Auch aus Westfalen wanderte man ab in den Bergbau am Niederrhein. Der Friedhof am Dachsberg gegenüber dem Kloster Kamp gibt einen Eindruck vom Völkergemisch im Schatten der Fördertürme. Eine polnische Schule wurde beim Wirtshaus Gardemann an der Rheinberger Straße eingerichtet. Polnische Gottesdienste fanden in der Notkirche der St.-Josefs-Pfarre statt, slowenische Messen wurden noch bis zu Beginn des Zweiten Weltkriegs abgehalten. Das Wachstum der Gemeinde Lintfort hing nahezu allein von der Entwicklung der Zeche ab. Im heutigen Stadtgebiet von Kamp-Lintfort (erst 1950 zur Stadt erhoben) wuchs die Bevölkerung von rund 4000 vor dem Bau der Zechenanlagen im Jahre 1906 auf 14000 am Vorabend des Ersten Weltkriegs. Am Ende des Zweiten Weltkriegs nahm die Alte Kolonie noch immer zwei Drittel der bebauten Gemeindefläche ein.

Während des ersten Bauabschnitts der **Alten Kolonie** zwischen 1907 und 1909 entstanden 128 Wohnungen in der größtmöglichen Nähe zum Zecheneingang – allerdings auf der Rückseite des Bergwerks. Zum typischen Haus der Werkskolonie wurde das eineinhalbgeschossige Doppelhaus, in dem zwei Familien jeweils einen eigenen Hauseingang besaßen. Der Wohnbereich für eine Familie bestand aus vier Räumen, zwei im Erdgeschoß und zwei im Dachgeschoß. Die Grundrisse der Häuser und ihre Fassaden wandelten die Bauplaner leicht ab, um das monotone Bild einer Zechensiedlung zu vermeiden. Dafür hatte das Ruhrgebiet genügend negative Beispiele hervorgebracht. Überhaupt galt die Alte Kolonie in Lintfort als eine fortschrittliche Siedlung, die auch auf die Bedürfnisse und die Herkunft ihrer Bewohner einging. Es lag der Werksleitung daran, ihren Kumpeln gute Wohnverhältnisse zu bieten, um so einerseits Arbeitskräfte in ihr Neuland zu ziehen und sie dann auch zu halten. Da der größte Teil

Kamp-Lintfort, die Zeche Friedrich-Heinrich und ihre Siedlungen

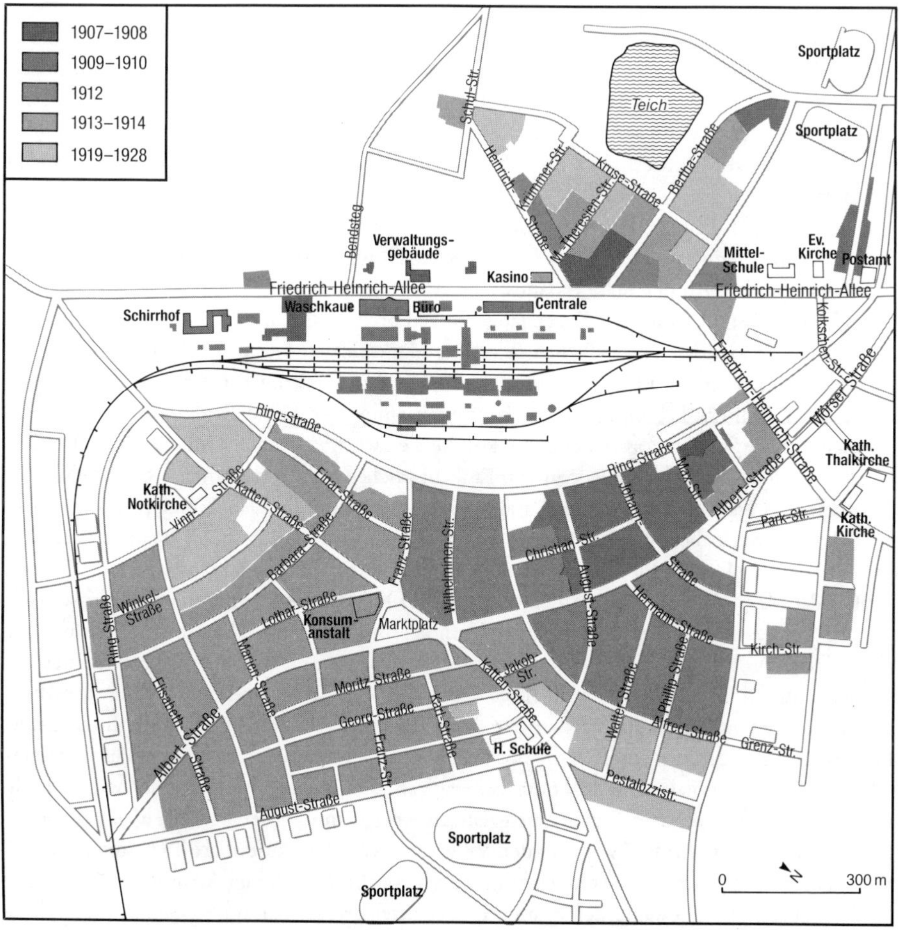

349

der Bergarbeiter aus dem ländlichen Raum kam, bemühte man sich, Teile ihrer ehemals vertrauten Umgebung wieder aufleben zu lassen. Zu jedem Haus wurde ein Stall für Kleinvieh errichtet, in dem die Ziege, die ›Bergmannskuh‹, Schafe, Hühner, Kaninchen und vielleicht noch ein Schwein gehalten wurden. Vor dem Haus lag ein Ziergarten, dahinter ein größerer Nutzgarten. Neben allen psychologischen Aspekten, die bei der Planung berücksichtigt wurden, ist natürlich nicht zu unterschätzen, daß sich die Bergarbeiter in Notzeiten mit den Erträgen aus dem eigenen Garten und der Viehhaltung weitgehend selber versorgen konnten.

Noch weit von unserem heutigen Standard entfernt waren die sanitären Einrichtungen in den Häusern, genauer bei den Häusern. In der allgemeinen Baubeschreibung vom 7. September 1909 ist es nachzulesen: »Für jede Familie ist ein Abort und Stall mit geräumiger Düngergrube vorhanden und geschieht die Entlüftung der Aborte über Dach. Die Entwässerung wird oberirdisch angelegt. Regenrohre werden in entsprechender Zahl angebracht.« Die Straßen und Bürgersteige waren anfangs noch unbefestigt und nur durch einen Bordstein mit einer Ablaufrinne voneinander getrennt. Auf den Straßen standen Druckpumpen für das Trinkwasser. Bereits während des Ausbaus der Alten Kolonie bepflanzte man die Straßen mit Bäumen, um auch hierdurch den ländlichen Charakter zu stärken. Bis 1914 konnte der größte Teil der Siedlung, wie sie heute noch erhalten ist, fertiggestellt werden. Rund 2100 Wohnungen standen den Bergarbeitern zur Verfügung.

Fährt oder spaziert man durch die Alte Kolonie, fällt auf, daß Geschäfte weitgehend fehlen. Dies war von Beginn an nicht anders, da die Zechenleitung keine Geschäftshäuser in der Arbeiterkolonie duldete. An der Ecke Johannstraße/Albertstraße (heute Ebertstraße) errichteten sie eine ›Konsumanstalt‹, in der die Zechenangehörigen preiswert einkaufen konnten. Ein zweiter Konsum entstand später am südlichen Rand des Marktplatzes. Der große Platz mitten in der Siedlung war zumindest an den Markttagen das Geschäftszentrum der Alten Kolonie. Einen beachtlichen Teil des Lebensmittelbedarfs deckten ambulante Händler, die mit ihren Pferdewagen durch die Straßen zogen. Bei ihnen konnte die Hausfrau ebenfalls Milch, Brot, Obst und Gemüse kaufen. Das weite Schleppen von Einkaufstaschen reduzierte sich auf diese Weise.

Schaffte ein Kumpel den Aufstieg zum Steiger, dann stand ihm ein Umzug auf die andere Seite des Bergwerks bevor – egal, ob es ihm paßte oder nicht. Auch in der **Beamtensiedlung** gab es noch feine Unterschiede in der Wohnlage: Der Steiger hatte sein Haus z.B. in der Berthastraße oder Maria-Theresienstraße zu beziehen. Die Oberbeamten wohnten in der Krusestraße oder Krümmerstraße. Damit näherte sie sich schon sehr dem Hauptgebäude der Zeche und der gehobensten Wohnlage, die für Direktoren reserviert war. Die großen, ehemals repräsentativen Gebäude an der Friedrich-Heinrich-Allee gegenüber der Zeche sind heute noch von Parkanlagen umgeben. Sämtliche Straßen der Beamtensiedlung bildeten eine Welt für sich. Die Hierarchie unter den einzelnen Berufspositionen war nicht minder fein ausgeprägt, und ungeschriebene Gesetze hielten sie lebendig. So war z.B. die Zeche ein ›evangelisches Unternehmen‹. Wer in die höchsten Stellungen gelangen wollte, mußte der ›richtigen‹ Kirche angehören. In der Nordecke des Parks mit den Villen und Kutscherhäusern eröffnete man 1915 das Beamtencasino. Ursprünglich standen seine Türen nur für die höheren Angestellten und deren Gäste offen. Als diese Besucherbeschränkung nach zwei, drei Jahren aufgehoben wurde, änderte sich nichts an der Gästeschar. Man blieb lieber unter sich in seiner vertrauten Gruppe, die Standesunterschiede ließen sich bzw. wollte man nicht überbrücken.

Die Häuser der Beamtensiedlung haben weniger ihr historisches Aussehen bewahrt als diejenigen der Alten Kolonie. Die zweigeschossigen, verklinkerten Doppelhäuser waren in besserer Qualität errichtet worden und besaßen natürlich eine gehobenere Ausstattung, außerdem standen sie in noch größeren Gärten als die Bergarbeiterhäuser. Gemeinsam ist den verschiedenen Siedlungshäusern, daß auch hier das Standardhaus durch leichte Variationen in der Fassaden- und Dachgestaltung von einer monotonen Bebauung ablenkt. Für den Betrieb des Bergwerks, besonders bei technischen Zwischenfällen oder Unglücken, war es nötig, die Steiger in schnell erreichbarer Nähe zu wissen. So konnten bei einem Ausfall oder bei dringender Verstärkung schnell Ersatzleute geholt werden.

Die Häuser der Beamtensiedlung werden auch heute noch gehobenen Ansprüchen gerecht, während die einst fortschrittliche Alte Kolonie nach dem Zweiten Weltkrieg als rückständig betrachtet wurde. Besonders die sanitären Verhältnisse wurden bemängelt; fließendes Wasser in der Wohnung und in der Toilette sowie ein Badezimmer gehörten inzwischen zu den Selbstverständlichkeiten. Die neuen Zechensiedlungen, die nach 1950 in Kamp-Lintfort erbaut wurden, besaßen diese Annehmlichkeiten und wurden besonders von den jüngeren Bergarbeiterfamilien bevorzugt. Denn trotz beachtlicher Eigeninitiative und Maßnahmen der Werksleitung ließen sich die alten Häuser kaum auf einen zeitgemäßen Standard bringen. Ein wohlbekannter Wanderungsprozeß setzte ein: Die jüngeren Deutschen zogen aus, die Alten blieben, und eine große Zahl von Ausländern (vorwiegend Jugoslawen und Griechen, später Türken) rückte nach. Das Völkergemisch der Bergwerksangehörigen wurde zu Beginn der 70er Jahre noch um Ostasiaten bereichert. Durch ein Abkommen zwischen der Bundesrepublik Deutschland und Südkorea erhielten koreanische Hochschulabsolventen, für die es in der Heimat keine Beschäftigung gab, Arbeit in der Zeche – meist unter Tage als Bergarbeiter.

Was ist von der typischen Flora und Fauna noch übriggeblieben? Ein Streifzug durch den Naturpark Schwalm-Nette

Nicht viel, denn der Mensch hat auch hier gründlich in den Naturhaushalt eingegriffen! Von der ursprünglichen Naturlandschaft Niederrhein konnte jedoch noch ein Bereich seinen relativ originalen Zustand bewahren, der nun den Mittelpunkt des **Naturparks Schwalm-Nette** bildet. In der Umgebung von **Haus Wildenrath,** dem Informationszentrum des Parks, können Sie auf mehreren Lehrpfaden Ausflüge in die Landschafts- und Kulturgeschichte, in das Gewässernetz und selbstverständlich auch in die ›Botanik‹ zu den typischen Pflanzengesellschaften unternehmen.

Geographisch wie botanisch gehört der Niederrhein bereits ganz zu Norddeutschland. Eiszeitlich geprägte Landschaftselemente bestimmen hier wie dort das Bild und bieten mit Lößflächen, sandigen Platten, Moränenwällen und feuchten Rinnen der Vegetation unterschiedlichste Lebensbedingungen. Doch alle diese verschiedenen Standorte waren einst mit einer

Vegetationsform bedeckt: dem Wald. Je nach den Bodenverhältnissen breiteten sich entweder mitteleuropäische oder nordische Pflanzengesellschaften aus. Unter günstigeren Bedingungen gedieh ein Wald aus mitteleuropäischen Gehölzen, wie z. B. die Stein- und die Stieleiche, Esche, Hain- und Rotbuche, Hasel, Schwarzerle, Schwarzer Holunder, Weißdorn und Vogelkirsche. Zu den bodennahen Krautschichten gehören Maiglöckchen, Buschwindröschen und die Große Steinmiere; an feuchteren Stellen wachsen der Bittersüße Nachtschatten und der Wasserdost. An den stärker benachteiligten Standorten – kühleren, nassen und schattigen Plätzen – siedelte sich eine nordisch geprägte Vegetation an: Eberesche, Moor-Birke, Zitterpappel und Faulbaum. Der Mensch, der natürlich auch hier in den Wald eingriff, veränderte ihn, indem er Fichten, Lärchen und Kiefern dazupflanzte. Zwischen den Waldkräutern findet man als typische Vertreter des Nordens Heidelbeere, Schmalblatt-Wollgras, Schlangenwurz und diverse Seggenarten. Auf den schlechtesten Böden, sei es durch besonders hohe Sandanteile oder auch durch einen extremen Wasserstand, hat sich eine Heide- und Moorlandschaft entwickelt. Ginster, Wacholder, Gagel und Glockenheide bringen während ihrer Blüte eine Farbenpracht in die Landschaft, daß man sich kaum noch vorstellen kann, hier in den Relikten eines zugrunde gerichteten Waldes zu stehen.

Der *vegetationskundliche Pfad* im Naturlehrpfad Haus Wildenrath vermittelt dem Interessierten einen Eindruck von diesen typischen Pflanzengesellschaften und ihren Standortbedingungen. Als Vorgeschmack auf eine naturkundliche Wanderung im Quellgebiet des Schaagbaches soll nun ein Überblick über die verschiedenen Vegetationseinheiten folgen. Auf den vorwiegend kiesigen und sandigen Böden der alten Terrassen dehnt sich ein Eichen-Buchen-Wald aus. Stieleiche und Rotbuche stellen die beiden Hauptbäume dar. Im Unterholz wachsen Vogelbeere und Faulbaum, zwei gute Bienenweiden-Gehölze. Darunter dehnt sich eine Strauchschicht mit Brombeerbüschen und Adlerfarn, der früher viel als Streu genutzt wurde, aus. Den Boden bedecken Heidelbeere, Weiches Honiggras, Maiglöckchen und Stern-Moos.

An den Terrassenkanten, die sich durch lehmige und feuchtere Böden auszeichnen, stoßen wir auf Eichen-Hainbuchen-Wald. Am besten jedoch haben sich nicht nur im Parkgebiet, sondern am gesamten Niederrhein die Bruchwälder erhalten können. Gerade die Abschnitte des Schwalm-, aber auch des Nettetales, in denen die Flüsse nicht korrigiert wurden, sind auch heute noch undurchdringbare, sumpfige Waldbereiche und Rückzugsgebiete einer Tierwelt, der viel vom ursprünglichen Lebensraum genommen wurde. Unter den Schwarzerlen und Moor-Birken breitet sich eine dichte Strauchschicht aus, die dem Bruchwald häufig einen urwaldähnlichen Charakter verleiht: Das Geißblatt kriecht am Boden oder windet sich mehrere Meter hoch durch die Strauchschicht von Vogelbeere und Faulbaum bis in die Bäume hinein. Moospolster, Schachtelhalme, Binsen und Seggen führen bei den schattigen und nassen Standorten ein schwieriges Dasein. Für das geübte Auge werden bei diesen Pflanzengesellschaften sogar die chemischen Verhältnisse des Wassers, wie z. B. der Kalkgehalt, deutlich. So bevorzugen Erlen Standorte an basenreicherem Wasser, Birken mögen es lieber sauerstoff- und basenärmer. Im Schutz der großen Bodenfeuchtigkeit haben sich in den Moorgebieten noch einige Raritäten erhalten können, wie z. B. die Sumpfcalla, die Moorlilie, das Gefleckte Knabenkraut und der Sonnentau.

In dieser vielfältigen Vegetation hat auch die Tierwelt wieder einige geeignete Lebensräume gefunden. Rehwild, Fuchs, Dachs und Marder bevölkern den Wald. Unter den Vögeln sind gerade Haubenmeise, Wespenbussard, Schwarzspecht und Nachtigall als regelmäßige Brüter heimisch geworden. Die Hohltaube, die sich in den verlassenen Baumhöhlen des Schwarzspechts niederläßt, und die Waldschnepfe gehören zu den besonders erwähnenswerten Vögeln, aber auch die Graureiher und Eulen als gelegentliche Gäste. Ständige Bewohner des Gebiets am oberen Schaagbach sind Kreuzottern, Deutschlands einzige freilebende Giftschlangen. Diese Schlangen liegen höchstens vor Mäusen auf der Lauer; dem Wanderer, der im Naturpark selbstverständlich die Wege nicht verläßt, wird sie nichts anhaben können. Sollte trotz alledem jemand gebissen werden, so kann mit dem notwendigen Serum in Haus Wildenrath Erste Hilfe geleistet werden.

Nach ausführlichen Spaziergängen im Naturlehrpark Haus Wildenrath wäre – mit einem anderen Ausflug – ein Besuch des **Jagd- und Naturkundemuseums** in **Brüggen** eine hervorragende Fortsetzung, denn hier wird die Umwandlung der Naturlandschaft, ihre zunehmende Erschließung und Nutzung seit der Steinzeit anschaulich dokumentiert. Im Laufe der Steinzeit wurden aus Jägern und Sammlern seßhafte Bauern, die begannen, den Wald zu roden und wilde Tiere zu domestizieren. In dem neu geschaffenen Lebensraum werden Sperling, Rebhuhn, Großtrappe und Feldhase heimisch. Getreidepflanzen aus dem Orient bereichern die heimische Vegetation. Die sich immer stärker ausbreitenden Siedlungen und landwirtschaftlichen Nutzflächen nehmen den Wildtieren, wie z. B. Bär und Wolf, den Lebensraum, sie werden verstärkt gejagt und schließlich ausgerottet. Der Wald, die ursprüngliche Vegetation, verändert sich in starkem Maße, da er ein viel genutzter Bestandteil der bäuerlichen Kulturlandschaft geworden ist. Schließlich werden auch noch die aktuellen Bedrohungen für den Wald aufgezeigt.

Glossar

Abraum im Bergbau gebrauchte Bezeichnung für die Gesteine, die Lagerstätten nutzbarer Minerale und Gesteine überdecken oder durchsetzen

Absetzer verstürzen/schütten den Abraum in die ausgekohlten Tagebaubereiche oder auf Außenkippen/Abraumhalden

abteufen (bergmänn.) einen Schacht anlegen

Ala römische Reitereinheit

Allmende Gemeinschaftsweide

Altarretabel Altaraufsatz, der entweder auf dem hinteren Teil der Mensa oder auf einem eigenen Sockel (Predella) aufgesetzt ist; in der Gotik häufig in einen festen Altarschrein und zwei bewegliche Seitenflügel gegliedert

Apsis/Apsiden Raum mit einem meist halbkreisförmigen Grundriß, von einer Halbkuppel überwölbt und sich zu einem Hauptraum öffnend

Architrav auf Stützen (Pfeilern oder Säulen) aufliegender, tragender Hauptbalken

Basilika/Pseudobasilika *römische B.:* mehrschiffiger Bau mit höherem und breiterem Mittelschiff, das Licht durch den Obergaden erhält; in der Regel als Markthalle, seltener als Gerichtshalle und repräsentativer Saal genutzt
christliche B.: meist nach Osten gerichtet, drei- oder fünfschiffig; Mittelschiff höher als die Seitenschiffe und selbständig belichtet durch Fenster im Obergaden/Lichtgaden. Fehlt diese Durchfensterung, handelt es sich um eine *Pseudobasilika*/Staffelhalle

Bastion/Bastei vorgeschobenes Verteidigungswerk bei der Befestigung von Städten oder Burgen, um dort Geschütze aufzustellen

Blendarkaden auf eine geschlossene Wand aufgelegte Bogenstellungen

Blickachsen Schneisen, Wege oder Kanäle in der Landschaftsarchitektur, die angelegt wurden, um auf einen ausgewählten Blickpunkt (point de vue) hinzuführen

Börtschiffahrt/Rangschiffahrt regelmäßige Schiffsverbindungen für den Güterverkehr (besonders Kolonialwaren) zwischen den Niederlanden und den niederrheinischen Häfen während des 16./17. Jh.

Boskett regelmäßige Baumanpflanzung oder Gebüschstreifen zur Gliederung eines Parks; die Pflan-

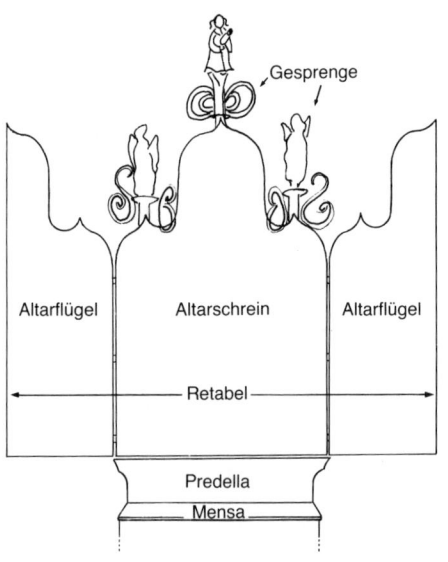

Gesprenge

Altarflügel   Altarschrein   Altarflügel

— Retabel —

Predella

Mensa

zen werden als Wände oder Laubengänge zurecht-
gestutzt

Capitol/Kapitol ranghöchster römischer Tempel, entweder Jupiter allein oder der kapitolinischen
Trias (Jupiter, Juno und Minerva) geweiht

Cardo nord-südlich verlaufende Straße der römischen Stadt bzw. des römischen Militärlagers
cardo maximus: Hauptstraße, die die mittlere der
Nord-Süd-verlaufenden Straßen bildet → decumanus

Castrum römisches Militärlager

Cella Hauptinnenraum des Tempels, in dem sich
das Götterbild befand

Cella memoriae Gedächtniskapelle

Chor der für das Gebet und den Chorgesang der
Geistlichen, Mönche oder Stiftspersonen bestimmte,
oftmals erhöhte Raum der Kirche; durch Chorschranken vom Laienraum abgetrennt

Colonia römische Siedlung mit höchstem Status:
Stadt

Dachreiter schlankes, meist aus Holz konstruiertes Türmchen auf dem First eines Daches; häufig
über der Vierung von Kirchen. Auch Glocken- und
später Uhrtürmchen

Deckgebirge geologische Schichten, die auf den
kohleführenden Schichten lagern

Decumanus west-östlich verlaufende Straße der
römischen Stadt; decumanus maximus → cardo

Dendrochronologie Mit Hilfe der Wachstums-
ringe von Bäumen lassen sich das Alter der Bäume
und frühere Klimaschwankungen bestimmen.
Durch das verwendete Bauholz können auch Bauwerke datiert werden, z. B. beim Fachwerkbau.

Dienst langes, schlankes viertel- bis dreiviertel-
förmiges Säulchen, das Gurte oder Gewölberippen
aufnimmt; der Dienst wird entweder einzeln als
Wanddienst oder gebündelt als Dienstbündel oder
um einen Pfeilerkern gelegt – Bündelpfeiler – verwendet

Eistage Die Temperatur bleibt dauernd unter
dem Gefrierpunkt

Erosion/erodieren Abtragung durch fließendes
Wasser

Fachwerk hölzernes Skelett aus senkrechten
(Ständer, Pfosten), waagerechten (Schwellen, Rie-
gel, Rahmen) und diagonalen (Bänder, Streben)
Hölzern. Die Zwischenräume (Gefache) sind mit
Flechtwerk – lehmverputzt –, Ziegeln oder Bruch-
stein gefüllt.

Fensterachse vertikale Fensterfolge

Fiale schlankes, spitz auslaufendes Türmchen auf
Strebepfeilern und Wimpergen

Flöz kohleführende Schicht

Fries schmaler, waagerechter Mauerstreifen mit
ornamentalen oder figürlichen Darstellungen als
Schmuck, Gliederung oder Umgrenzung einer
Wand

Frosttage Die Temperatur sinkt zeitweilig unter
den Gefrierpunkt, der Tageshöchstwert liegt jedoch
über 0 °C.

Gartenparterre Eine ebene Gartenfläche, die im
französischen Park unmittelbar an das Schloß oder
Haus anschließt und sich auf seine Architektur
bezieht, mit – oft – symmetrisch und ornamental
gestalteten Beeten (von niedrigem Buchs umrahmt)

Gefach Zwischenraum im Holzgerüst eines Fach-
werkbaus; → Fachwerk

Gesprenge geschnitzte Bekrönung des spätgotischen Altarschreins → Altarretabel

gesprengter Giebel Giebel mit ausgespartem Mittelteil

Gletschergeschiebe vom Gletscher transportier-
tes Gesteinsmaterial

Gurtbogen quer zur Längsachse eines Gewöl-
bes verlaufender, konstruktiver oder gliedernder
Bogen (Einteilung in Joche)

Hallenkirche mehrschiffige Kirche mit gleicher oder annähernd gleicher Deckenhöhe der einzelnen Schiffe und Belichtung nur durch die Seitenschifffenster

Honschaft Bereiche des niederen Landgerichts; sie erstreckten sich auf einzelne Kirchspiele oder Dorfschaften. Ein Schulze stand ihnen vor.

Horst Teilstück der Erdkruste, das sich gegenüber den Nachbarschollen gehoben hat oder bei deren Absenkung stehengeblieben ist (z. B. Süchtelner Höhen, Ville)

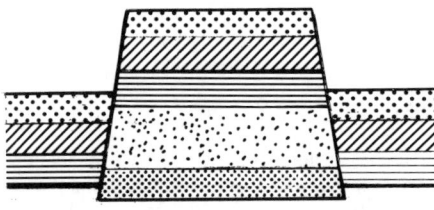

Ikonographie Lehre von Inhalt und Bedeutung bei Werken der Bildenden Kunst im Gegensatz zur Form- und Stilanalyse

Immunität Sonderrechtsstatus kirchlicher oder weltlicher Institutionen (Befreiung von finanziellen Belastungen, Befreiung von der ordentlichen Gerichtsbarkeit usw.)

Insula Baublock in einer römischen Siedlung, aus mehreren, bei Villen auch nur aus ein bis zwei Häusern bestehend

Joch Gewölbefeld; die Joche werden in Längsrichtung gezählt: z. B. dreischiffiges, sechsjochiges Langhaus

Kalotte Teilstück einer Kuppel

Kanneluren/kanneliert senkrechte, konkav eingeschnittene Vertiefungen (Hohlkehle) an Säulen, Pfeilern oder Pilastern

Kanoniker Stiftsherr, Chorherr, → Stift

Kenotaph (griech.: Leergrab) Scheinbestattung, Ehrengrab oder Gedenkstein für einen Toten (oder auch mehrere), der an anderer Stelle beigesetzt ist

Konche halbrunder Raum mit einer Halbkuppel wie die Apsis, jedoch ohne Altar, auch an nichtkirchlichen Räumen

Kreuzgang überdachter, meist gewölbter Gang um den rechteckigen oder quadratischen Hof eines Klosters; zum Hof durch Arkaden geöffnet, oft als Grablege genutzt

Krypta Raum unter dem Chor der Kirche; im frühen Mittelalter wurden dort Reliquien aufbewahrt, Märtyrer und Heilige bestattet; in späteren Jahrhunderten auch weltliche Würdenträger

Laterne runder oder polygonaler, durchfensterter Aufbau über einer Decken- oder Gewölbeöffnung, meist über der Scheitelöffnung einer Kuppel

Leinverkehr/Treidelverkehr Schiffe auf Flüssen oder Kanälen wurden vom Ufer aus – vom Leinpfad – durch Menschen, Tiere oder Maschinen geschleppt.

Lettner Chorschranke → Chor

Lisene schwach vortretende, senkrechte Mauervorlage; in der romanischen Architektur oft durch Blendbogen oder Bogenfries verbunden

Lobus/Loben Gletscherzunge/n

Maßwerk geometrisch konstruiertes Bauornament der Gotik, ursprünglich nur zur Aufteilung der Bogenspitze großer Fenster entwickelt, später auch zur Gliederung von Wandflächen, Giebeln und Brüstungen

monochrom einfarbig

Moor Boden mit mehr als 20 cm Torfauflage. Niedermoore entstehen durch das Verlanden stehender Gewässer, Hochmoore unter niederschlagsreichen, luftfeuchten Klimaverhältnissen.

Moräne Ablagerungen des Gletschereises mit ungeregelter Lagerung des Geschiebes; Stauchendmoräne: Der Gletscher hat zusätzlich Schotterterrassen aufgeschoben, daher besteht die Moräne aus geschichtetem und ungeschichtetem Material.

Motte ein künstlich aufgeschütteter Hügel meist in einer feuchten Niederung, mit befestigten Gebäuden besetzt – Vorläufer der Wasserburg

Mutungsbohrung Probebohrung

Obergaden/Lichtgaden Fensterzone im oberen Teil des Mittelschiffs einer Basilika

Palas Wohnbau einer Burg oder Pfalz

Pfalz Residenz und Verwaltungssitz der deutschen Kaiser und Könige im Mittelalter. Da es keine festen Regierungssitze gab, wurden die über das ganze Reich verstreuten Pfalzen vom Herrscher reihum aufgesucht. Die Pfalz besteht aus der Pfalzkapelle, dem Palas und den Wirtschaftsgebäuden.

Pilaster der Wand vorgelegter, flacher Pfeiler mit Basis und Kapitell

polygonal vieleckig

Pont de vue Blickpunkt → Blickachse

Porta principalis dextra, – – sinistra Haupttor rechts, -links

Portikus ein an den Seiten offener oder teilweise geschlossener Raum aus freistehenden oder mit der Mauer verbundenen Säulen, der dem Eingang oder der Fassadenmitte eines Tempels, einer Kirche oder eines Hauses vorgelagert ist; auch Säulenhalle an Straßen und Plätzen

Prallhang das steile, an der Außenseite einer Flußkrümmung (eines Mäanders) liegende, von der Strömung bearbeitete Ufer; ihm gegenüber liegt der sanfter abfallende Gleithang

Predella der Untersatz des spätgotischen Altarschreins, dort teilweise auch Aufbewahrung von Reliquien → Altarretabel

Pseudobasilika → Basilika

Quaderputzbau Gebäude mit einer Fassade aus vorgetäuschten, großen Bausteinen, die sich durch eine entsprechende Linienführung im Putz ergeben

Ravelin/Halbmond Außenwerk des Festungsbaus zur Sicherung des Vorgeländes (Glacis)

Rayon/Rayonbestimmungen Gebietsstreifen um eine Festung, der aus militärischen Gründen nicht bebaut werden durfte

Reliquiar, Reliquienbüste, Reliquienschrein Behälter zur Aufbewahrung der Überreste eines Heiligen

Retabel → Altarretabel

Risalit ein in der ganzen Höhe des Gebäudes vor dessen Flucht tretender Bauteil: Mittelrisalit, meist durch Giebel, Kuppel und architektonische Gliederung der Wand besonders betont; Seitenrisalit, Eckrisalit

Rocaille eine muschelähnliche, durch viele Schwünge und Schnörkel gekennzeichnete, asymmetrische Zierform der Mitte des 18. Jh.; das Ornament gab der Stilepoche Rokoko ihren Namen

Rundbogenfries ein Fries, der aus kurzen, aneinandergereihten Rundbögen besteht und eine Blendarkade bildet; beliebte Wandgestaltung in der Romanik

Säkularisation Enteignung von Kirchenbesitz, Verstaatlichung

Sander Sandflächen, die sich vor den Endmoränen bilden; ihr Material wurde durch die Schmelzwässer aus dem Moränengeschiebe herausgewaschen

Stift Zusammenschluß von Geistlichen und Laien (den Stiftspersonen) zu einer Glaubensgemeinschaft, deren Regeln und Aufgaben stark denjenigen der klösterlichen Gemeinschaften ähneln; im Gegensatz zu den Mönchen legten die Stiftsherren oder Stiftsdamen kein Gelübde ab und besaßen Privatvermögen

Straßendorf langgezogene Dorfanlage entlang einer einzigen Straße

Strebewerk Konstruktion aus Strebepfeilern und Strebebögen, um den Gewölbeschub im gotischen Skelettbau abzuleiten

Stützenwechsel wiederkehrender Wechsel von Pfeilern und Säulen in der romanischen Kirchenarchitektur

Suburbium Vorstadt außerhalb der Stadtmauern oder in der Nachbarschaft einer Burg

Tektonik Lehre vom Bau der Erdkruste und deren Bewegungsformen

tertiärer Sektor Dienstleistungssektor

Thermen antike, repräsentativ gestaltete Badeanlagen mit unterschiedlich temperierten Schwimm- und Badebecken in verschiedenen Räumen/Sälen, z. B. Frigidarium (Kaltbad), Caldarium (Warmbad), Sudatorium (Schwitzbad) oder Natatio (offenes Schwimmbecken); dazu kamen Umkleide-, Ruhe- und Aufenthaltsräume, Bibliotheken, Sport- und Gymnastiksäle sowie Restaurationsräume

Triforium in der Mauer ausgesparter Laufgang zwischen den Arkaden oder der Empore und der Fensterzone einer Basilika in der Höhe der Seitenschiffdächer

Tumba ein sich über dem Grab erhebender Unterbau (meist aus Stein), der die Grabplatte trägt

Tympanon Bogenfeld über einem Portal oder Fläche in einem Giebel

ungefaßtes Holz nicht farblich behandeltes Holz

unterschlächtiges Mühlrad Das Wasser fällt auf den unteren Teil des Mühlrads und treibt es somit an.

Verkröpfung/verkröpft das Herumziehen eines Gebälkes oder Gesimses um einen vorstehenden Bauteil, z. B. einen Pfeiler

Verlagssystem dezentralisierte Gütererzeugung, wobei der Unternehmer (Verleger) die Rohstoffe besorgt, diese an seine Heimarbeiter verteilt – teilweise auch die Arbeitsgeräte stellt – und den Absatz der fertigen Produkte organisiert

Vicus Lagervorstadt

Vierung Raumteil einer Kirche, der bei der Durchdringung von Lang- und Querhaus gebildet wird

Wirtel Schaftring einer Säule oder eines Dienstes

Zentralbau ein Bau, bei dem alle Teile im Gegensatz zum gerichteten Langhaus auf einen Mittelpunkt bezogen sind; die Form des Grundrisses ist eine regelmäßige geometrische Figur, z. B. Kreis, Ellipse, Quadrat; oft von einer Kuppel überwölbt

Zitadelle eine besonders befestigte Hauptverteidigungsanlage einer Festung und von dieser noch durch Gräben und ein Schußfeld (Esplanade) getrennt

Literatur (in Auswahl)

Aymans, Gerhard: Niederrheinische Studien, Arbeiten zur Rheinischen Landeskunde, Heft 46, Bonn 1980

Burkhard, Wolfgang: Abriß einer Wirtschaftsgeschichte des Niederrheins. Strukturelle Wandlungen in Handel und Industrie in Duisburg und in den Kreisen Wesel und Kleve, Duisburg 1977

Busch, Josefine: Der textilwirtschaftliche Niederrhein. Dissertation bei Prof. Kuske, Köln 1934

Ennen, Edith: Grundzüge des niederrheinländischen Städtewesens im Spätmittelalter (1350–1550), in: Schriftenreihe des Stadtarchivs Kleve 3: Soziale und wirtschaftliche Bindungen im Mittelalter am Niederrhein, Kleve 1981

Hambachgruppe (Hrsg.): Verheizte Heimat. Der Braunkohlentagebau und seine Folgen, Aachen 1985

Höpfner, Hans Paul: Eisenbahnen. Ihre Geschichte am Niederrhein, Köln; Duisburg 1986

ohne Verfasser: Kevelaer-Prozessions-Büchlein. Gebets- und Tages-Ordnung für die die Eisenbahn benutzenden Prozessionen nach Kevelaer, 3. Auflage, Köln 1896

Kreuer, Werner: Der Reichswald. Erholungsgebiet am Niederrhein, Kleve 1985

Gemeinde Nierswalde und Reichswalde (Hrsg.): Wald – Scholle – Heimat, 10 Jahre Reichswaldsiedlung 1950–1960, Goch o. J.

Piecha, E. Günter: Kamp-Lintfort im Spiegel der Geschichte. Vom Entstehen und Werden einer jungen Stadt, Köln 1978

Pistor, Rolf-Günter, *Smeets*, Henri: Die Fossa Eugeniana, Rheinisches Amt für Denkmalpflege (Hrsg.), Arbeitsheft Nr. 32, Köln 1979

Steeger, Albert: Studien zur niederrheinischen Landeskunde. Schriftenreihe des Kreises Viersen, Kevelaer 1981

Oberkreisdirektor Viersen (Hrsg.): Brüggen, Bracht, Born – Aufsätze zur Landschaft, Geschichte und Gegenwart, Kempen 1979

Stadt Xanten (Hrsg.): Studien zur Geschichte der Stadt Xanten 1228–1978. Festschrift zum 750jährigen Stadtjubiläum, 2. Auflage Köln 1983

Nachschlagewerke

Dehio, Georg: Handbuch der Deutschen Kunstdenkmäler Nordrhein-Westfalen, I. Rheinland, Darmstadt 1977

Horn, Heinz Günter (Hrsg.): Die Römer in Nordrhein-Westfalen, Stuttgart 1987

Petri, Franz; *Droege*, Georg; *Flink*, Klaus (Hrsg.): Handbuch der historischen Stätten III, Nordrhein-Westfalen, Stuttgart 1970

Ausführliche Beschreibungen einzelner Sehenswürdigkeiten in den Heften ›Rheinische Kunststätten‹, die vom *Rheinischen Verein für Denkmalpflege und Landschaftsschutz* (Düppelstr. 9–11, 5000 Köln 21) herausgegeben werden. Die Veröffentlichungen sind im Buchhandel, teilweise auch bei den Sehenswürdigkeiten erhältlich.

Abbildungsnachweis

Farb- und Schwarzweißabbildungen

Fridmar Damm, Köln   Abb. 17, 102
Marliese Darsow, Krefeld   Abb. 89, 93
Gemeinde Bedburg-Hau   Abb. 60
Grafschafter Museum im Moerser Schloß, Moers   Abb. 35
(W. Bogdanski); Historische Karte der Grafschaft Moers in der hinteren Umschlaginnenklappe
Max Grönert, Köln   Umschlagklappe vorn, Umschlagrückseite; Farbabb. 1, 2, 5–8, 10–23, 25, 26, 28; Abb. 3, 4, 6–11, 15, 16, 21–28, 32, 34, 36–40, 42–44, 47, 56, 59, 62–66, 68, 70–78, 80–88, 90–92, 94, 95, 97, 101
Michael Jeiter, Morschenich   Abb. 2, 31, 41, 45, 46, 48–55, 57, 67, 69, 79, 98, 100
Gabriele M. Knoll   Abb. 61, 96
Wulf Ligges, Flaurling   Umschlagvorderseite
Werner Otto, Oberhausen   Farbabb. 3, 4, 9, 24, 27, 29; Abb. 1, 20
Rheinische Braunkohlenwerke AG, Köln   Abb. 99
Tomas Riehle, Köln   Abb. 29, 30
Rudolf Scheidt, Duisburg   Abb. 18, 19
Michael Thuns, Bonn   Abb. 5
Ansgar Maria van Treeck, Düsseldorf   Abb. 12–14
Manfred Vollmer, Essen   Abb. 58

Abbildungen im Text

Alpen. Festbuch zur 900-Jahr-Feier. Hrsg. von Hans-Georg Schmitz, 1974   Abb. Seite 31
Annalen des Historischen Vereins für den Niederrhein, Heft 187, Bonn 1984   Abb. S. 138
Binding, Günther: Köln- und Niederrhein-Ansichten im Finckenbaum-Skizzenbuch 1660–1665, Köln 1980   Abb. S. 91, 167
Clemen, Paul: Die Kunstdenkmäler der Rheinprovinz, Kreis Geldern, Kleve und Moers, 1892   Abb. S. 139, 142, 157, 166, 211, 216, 220, 222, 224, 227
Cuypers, Wilhelm; Kaiser, Ruth: Krefeld. Der Niederrhein im Spiegel einer Großstadt, Köln 1986   Abb. S. 131, 133
E. neue auf Seydlitzsche Geographie für höhere Lehranstalten. Hrsg. von A. Rohrmann, Breslau 1930   Abb. S. 86
Geldrischer Heimatkalender 1982. Hrsg. vom Historischen Verein für Geldern und Umgegend, Geldern 1981   Abb. S. 10
Grafschafter Museum im Schloß Moers   Abb. S. 134
Max Grönert, Köln   Abb. S. 15, 97, 98
Horn, Heinz Günter (Hrsg.): Die Römer in Nordrhein-Westfalen, Stuttgart 1987   Abb. S. 149
Hortus Dyckensis. Fürstlich zu Salm-Reifferscheidt'sche Verwaltung, Schloß Dyck, Jüchen   Abb. S. 299 (Umzeichnung)
Michael Jeiter, Morschenich   Abb. S. 297
Kastner, Dieter: 750 Jahre Stadt Xanten, Köln 1978   Abb. S. 144, 161
Katalog der Weberei-Abteilung, Schloß Rheydt   Abb. S. 26, 283
Gabriele M. Knoll   Abb. S. 67, 68, 78, 81, 290

Kranenburg. Ein Heimatbuch, Kranenburg 1984   Abb. S. 34, 210
Kreis Viersen, Medienzentrum   Abb. S. 234
Landeskonservator Rheinland: Die Fossa Eugeniana. Eine unvollendete Kanalverbindung zwischen Rhein und Maas 1626. Rolf-Günter Pistor und Henri Smeets, Arbeitsheft 32, Köln 1979   Abb. S. 342, 343
Landschaftsverband Rheinland
   Landesbildstelle Rheinland, Düsseldorf   Abb. S. 23, 40, 346
   Rheinisches Amt für Bodendenkmalpflege, Bonn   Abb. S. 14, 96, 146
Museum Burg Linn   Abb. S. 24
Museum Insel Hombroich, Neuss-Holzheim   Abb. S. 108 (Umzeichnung)
Otto-Pankok-Museum, Haus Esselt, Hünxe-Drevenack   Abb. S. 94
Petri, Franz; Droege, Georg (Hrsg.): Rheinische Geschichte Düsseldorf 1978   Abb. S. 21, 22, 25, 27, 79, 175, 241
Petri, Franz; Droege, Georg; Flink, Klaus (Hrsg.): Handbuch der historischen Stätten III, Nordrhein-Westfalen, Stuttgart 1970   Abb. S. 287 (Umzeichnung)
Presseamt Krefeld   Abb. S. 277, 286
Radermacher, Klaus: Bad Cleve in Photographien um die Jahrhundertwende, Kleve o. J.   Abb. S. 207
Das rheinische Braunkohlengebiet – eine Landschaft in Not. Denkschrift des Vereins für Denkmalpflege und Heimatschutz, Neuss 1953   Abb. S. 294
Rheinischer Verein für Denkmalpflege und Landschaftsschutz, Köln. Rheinische Kunststätten:
   Hohmann, Karl-Heinz: Gemeinde Weeze (Niederrhein). Heft 295, Köln 1984   Abb. S. 218/19
   Mellen, Werner: Viersen–Dülken, Heft 323, Köln 1987   Abb. S. 267 (Medienzentrum Viersen)
   Wachtendonk, Heft 122   Abb. S. 231 (Stefan Frankewitz, Straelen)
Die rheinische Stadt. Lebensraum im Wandel der Jahrhunderte, Kleve 1988   Abb. S. 73
Heinz Schillinger, Nürnberg/Deutsche Bundespost   Abb. S. 109
600 Jahre Stadt Zons. 1373–1973. Hrsg. von der Kreisverwaltung Grevenbroich, 1973   Abb. S. 20, 309, 310 (Umzeichnung), 311
Städtisches Museum Haus Koekkoek, Kleve   Abb. S. 173, 174, 217, 331
Stadtarchiv Emmerich   Abb. S. 89
Steinkohlenbergwerk Friedrich-Heinrich A. G., Baubüro, Kamp-Lintfort 1930   Abb. S. 349 (Umzeichnung)
Voelz, Günter: 20 Jahre unter französischer Herrschaft. Camp und Lindforth von 1794 bis 1814. Sonderdruck aus dem Heimatkalender Kreis Wesel 1986   Abb. S. 29
Xanten als Postkarte: Regionalmuseum Xanten, Köln 1978   Abb. S. 33, 162

Karten und Pläne: DuMont Buchverlag, Köln

Praktische Reiseinformationen

Anreise

Autobahnen

A 2   Duisburg – Venlo
A 3   Düsseldorf – Duisburg – Emmerich/
      Elten
A 57 Köln – Neuss – Goch
A 61 Bergheim – Mönchengladbach – Venlo

Bahnlinien

Köln – Düsseldorf – Duisburg – Emmerich –
   Arnheim (Nr. 300/310)
Düsseldorf – Neuss – Mönchengladbach
   (Nr. 398)
Aachen – Mönchengladbach – Neuss – Kre-
   feld (Nr. 450)
Köln – Grevenbroich – Mönchengladbach –
   Venlo (Nr. 460)
Düren – Grevenbroich – Neuss (Nr. 461)
Köln – Dormagen – Neuss – Krefeld – Kem-
   pen – Kevelaer – Kleve (Nr. 470)
Duisburg – Moers – Rheinberg – Xanten
   (Nr. 475)

›Schluff‹ von Krefeld zum Hülser Berg
Von Mai bis Oktober sonn- und feiertags
(auch Reservierungen für geschlossene Gesellschaften)

Krefelder Verkehrs AG
St.-Töniser-Str. 270
✆ 0 21 51/71 80
4150 Krefeld

Schiff
Rund- und Vergnügungsfahrten zwischen
Duisburg, Wesel und Xanten.

Auskunft
Manfred Hell – Personenschiffahrt
Windmühlenweg 1
✆ 0 28 22/13 43 und 02 81/2 57 21
4240 Emmerich 1

Reisezeit
Es gibt das ganze Jahr über Gründe, an den
Niederrhein zu reisen. Die milden Winter
ermöglichen Radtouren auch zu dieser Jahres-
zeit. Der Karneval lockt Fremde an. Im Früh-
sommer ist Spargelsaison am Niederrhein.
Zur gleichen Zeit beginnen auch die zahllosen
Stadtfeste, Schützenfeste und Kirmessen. Die
Freilichtbühnen bieten ein abwechslungsrei-
ches Programm.

Nebel gilt am Niederrhein nicht als schlech-
tes Wetter (siehe Abbildung der Umschlagrückseite), sondern er ist typisch für die küh-
lere Jahreszeit. Entdecken Sie einmal die
Reize einer Sinfonie in Grau!

Auskünfte

Landesverkehrsverband Rheinland e.V.
Rheinallee 69
✆ 02 28/36 29 21 und 36 29 22
5300 Bonn 2
(80 Seiten umfangreiche Broschüre ›Niederrhein – Ruhrland‹)

Auswahl städtischer **Verkehrsämter,** die Informationen zu regelmäßig wiederkehrenden Veranstaltungen erteilen können oder auch Pauschalangebote vermitteln.

Verkehrsamt Brüggen
Klosterstr. 38
✆ 0 21 63/50 50
4057 Brüggen 1

Verkehrsverein der Stadt Düsseldorf e.V.
Immermannstr. 65
✆ 02 11/35 05 05
4000 Düsseldorf 1

Stadtinformation Duisburg
Königstr. 53
✆ 02 03/2 83 21 89 und 2 83 29 04
4100 Duisburg

Stadt Geldern, Werbeamt
Issumer Tor 36
✆ 0 28 31/39 82 24
4170 Geldern

Stadt Goch, Kultur- und Fremdenverkehrsabteilung
Rathaus, Markt 2
✆ 0 28 23/32 02 02
4180 Goch 1

Stadt Kalkar, Abt. Kultur und Fremdenverkehr
Grabenstr. 36, ✆ 0 28 24/1 31 20
4192 Kalkar

Verkehrsverein Kevelaer
Postfach 201
✆ 0 28 32/12 21 52
4178 Kevelaer 1

Wallfahrtsleitung Kevelaer
Postfach 275
✆ 0 28 32/60 31
4178 Kevelaer 1

Stadt Kleve, Amt für Wirtschaftsförderung und Fremdenverkehr
Rathaus
✆ 0 28 21/8 42 54 und 8 42 67
4190 Kleve

Verkehrsverein Kranenburg e.V.
Klever Str. 4
✆ 0 28 26/7 90 (nach 17 Uhr ✆ 4 14)
4193 Kranenburg

Stadtinformation Moers
Altes Rathaus, Unterwallstr. 9
✆ 0 28 41/2 22 21
4130 Moers

Stadt Neuss, Amt für Presse- und Öffentlichkeitsarbeit
Rathaus
✆ 0 21 01/2 06 20 21 und 2 06 20 27
4040 Neuss 1

Stadt Straelen, Werbeamt
Rathausstr. 1
✆ 0 28 34/70 20
4172 Straelen

Arbeitsgemeinschaft Freizeit & Fremdenverkehr Xanten e.V. (afx)
Karthaus 2
✆ 0 28 01/3 72 38 und 3 72 98
4232 Xanten

Karten

Empfehlenswert sind die *Kreiskarten 1:50 000*
des *Landesvermessungsamts Nordrhein-Westfalen,* die in Buchhandlungen erhältlich sind.
Nicht nur dem Wanderer und Radfahrer bieten sie die ideale Kartengrundlage für ihre
Touren, sondern auch dem Autofahrer, der
sich auf der Suche nach Sehenswürdigkeiten
abseits der Hauptstraßen bewegt. Die größten
Teile des Niederrheingebietes decken die Blätter der Kreise Kleve und Wesel ab, für den südlichen Bereich gibt es die Karten Kreis Viersen
mit der Stadt Krefeld und den Kreis Neuss.

Essen und Trinken

In der römischen Provinz Niedergermanien
waren üppige Mahlzeiten und kulinarische
Raffinessen eher die Ausnahme, das Volk aß
Mengen von Getreidebrei aus Weizen, Dinkel
oder Gerste. Durch archäologische Funde ist
gleichfalls belegt, daß Hülsenfrüchte - auch
als Brei –, Möhren, Runkelrüben und Wildge-
müse auf dem gewöhnlichen Speisezettel standen. Ein Würzmittel, das ähnlich dem heutigen Ketchup zu allen möglichen und unmög-
lichen Gelegenheiten benutzt wurde, schätz-
ten die alten Römer besonders: liquamen.
Fische mitsamt den Eingeweiden wurden ge-
salzen und anschließend in die Sonne gelegt.
War die Masse genügend durchgefault, rieb
man sie durch ein Sieb. Die dabei entstehende

Flüssigkeit – mit einem wohl markanten
Geruch – war das Universalgewürz liquamen.
Schon eher trifft da der Mulsum, eine wieder-
entdeckte römische Spezialität in Xanten, den
heutigen Geschmack. Dem antiken Likör-
wein werden Kräuter und Honig zugesetzt;
und nach aktuellen Geschmacksmoden gibt es
ihn in lieblicher sowie herber Variante.

Brei und Mus als Hauptnahrungsmittel
blieben auch über das Mittelalter hinaus am
Niederrhein üblich. Morgens aß man ›Papp‹,
in heiße Milch gerührtes Mehl, und Schwarz-
brot. Mittags gab es einen herzhaften Brei,
einen Eintopf aus Mehl, Erbsen, Bohnen,
Sauerkraut oder Möhren. Das Essen wurde in
einem großen Eisentopf gekocht, der über
dem offenen Feuer hing. Zum Mittagessen
wurden noch Speckstreifen verteilt. Für das
Abendbrot wärmte man die Reste wieder auf
und aß sie mit Brot. Wer es sich leisten
konnte, legte Fleischtage ein, vor allem am
Sonntag, und wenn es für mehr reichte, auch
noch am Dienstag und Donnerstag. Eierspei-
sen, Hering und Stockfisch galten dabei ebenfalls als etwas Besonderes.

Um die Mitte des 18. Jh. setzten sich grundlegende Veränderungen auch in der Küche des
›kleinen Mannes‹ durch: Mit dem Einzug
der Kartoffel und der Umrüstung der Koch-
gelegenheit vom offenen Feuer zum Herd
endete das ›Mus- und Brei-Zeitalter‹.

Heute ist die Speisekarte vielfältig, und man
findet dabei zahlreiche Hinweise auf die Nähe
zu den Niederlanden und zum Meer: Honig-
kuchen aus Kevelaer und Pfannekuchen –
pannekoek – mit süßen und herzhaften Fül-
lungen gehören hierhin. In verschiedenen
Zubereitungsarten kommt der Hering auf
den Tisch: als Matjes oder Rollmops, klein
geschnitten als wichtigster Bestandteil im
Heringssalat oder im Heringsstip mit einer

dicken Sahnesauce mit Apfel- und Gurken-stückchen. In allen Monaten, die auf ›r‹ enden, bietet die rheinische Küche Muscheln. – Ein Imbiß auch für Vegetarier ist in Düsseldorf der ›Halve Hahn‹, ein Roggenbrötchen mit Limburger Käse und Senf. Seien Sie genau, wenn Sie ein halbes Hähnchen bestellen wollen, auch bei der Angabe ›halber Hahn‹ könnte man dem Unkundigen mit Vergnügen das Käsebrötchen servieren! Keine Mißverständnisse gibt es dagegen bei der Gans, die Anfang November – und nicht nur am 11. – zum traditionsreichen Martinsgans-Essen auf den Tisch kommt. Der Rheinische Sauerbraten hat am Niederrhein auch eine lokale Abwandlung aufzuweisen. Das Geheimnis liegt in der Sauce, die mit Rübenkraut und Lebkuchen verfeinert wird und dadurch eine besonders dunkle Farbe und einen süß-säuerlichen Geschmack bekommt.

Das Reimpaar ›Rhein‹ und ›Wein‹ paßt nicht mehr auf den Niederrhein. Bereits mit Köln gelangen Sie – vom Weinland des Mittelrheins kommend – in die Klimazone des obergärigen Biers; tatsächlich bestimmen die Temperaturen eines milden, maritimen Klimas den Brauvorgang. Bis zur Erfindung der Kältemaschinen im späten 19. Jh. waren die Bierbrauer im Rheinland auf eine obergärige Hefe angewiesen, die bei 15 bis 20 Grad Celsius arbeitete. Daraus entstanden die bekannten rheinischen Bierarten Kölsch und Alt. Das Altbier trägt seinen Namen keineswegs zufällig: Diese Braukunst beherrschten schon die Sumerer im Vorderen Orient vor rund 6000 Jahren, und dort konnten sie auch ›nur‹ mit warmen Gärungsprozessen zum Erfolg kommen. (Mehr über das Altbierbrauen erfahren Sie bei einer Besichtigung der Privatbrauerei Diebels in Issum; s. ›Technische Sehenswürdigkeiten‹.)

Märkte

(Auskünfte bei den betreffenden Verkehrsämtern)

Große Kunsthandwerkermärkte bei Burg Linn und Burg Brüggen zu Pfingsten
Ferkelmarkt in Sonsbeck (Mittwochvormittag)
Versteigerungen des Blumengroßhandels in Straelen
Römischer Markt zur Saisoneröffnung im Archäologischen Park Xanten

Brauchtum und Feste

Man feiert gerne am Niederrhein. Jede Stadt oder Gemeinde, die auf sich hält, hat während des Sommerhalbjahrs ›ihr‹ Fest, meist eine Mischung aus Kirmes, Trödelmarkt – gelegentlich mit Kunsthandwerkermarkt, auf dem alte Handwerkskunst wie Korbflechten oder Holzschuhschnitzen gezeigt wird –, Musik- und Theaterveranstaltungen. Mit großem Ernst und viel Liebe werden am Niederrhein Schützenfeste gefeiert. Selbst die kleinsten Ortschaften ermitteln ihren eigenen Schützenkönig und sein Gefolge. In Nachbarschaftshilfe werden Häuser und Straßenabschnitte mit Tannengrün und unzähligen Papierblumen geschmückt, um den zahlreichen Umzügen eine schönere Kulisse zu geben. Das größte und aufwendigste Schützenfest am Niederrhein ist das Neusser-Bürger-Schützenfest am letzten Augustwochenende (s. S. 105 f.).

Die Nachbarstadt Düsseldorf hat unter den endlosen Veranstaltungen einer Großstadt zwei herausragende Feste zu bieten: den Karneval und zum anderen die riesige Kirmes auf den Rheinwiesen im Juli.

Einen privaten Charakter haben dagegen die Pumpenfeste und Pumpenkirmessen in den kleinen Städten und Dörfern des Niederrheins. Die Wasserpumpe – der Pütt – spielt auch heute noch eine wichtige Rolle im sozialen Leben. In den Neubaugebieten organisieren sich Straßengemeinschaften, um den Püttrechten der alten Ortskerne nicht nachzustehen (s. S. 161 f.).

Museen

Brüggen
Jagd- und Naturkundemuseum
Burg Brüggen
✆ 0 21 63/52 70
Di–fr 10–12 und 14–17 Uhr, sa, so 10–17 Uhr

Düsseldorf
Naturkundliches Heimatmuseum Benrath
Benrather Schloßallee 102
✆ 02 11/8 99 72 19
Di–so 10–17 Uhr

Goethe-Museum
(Anton- und Katharina-Kippenberg-Stiftung)
Schloß Jägerhof, Jacobistr. 2
✆ 02 11/8 99 62 62
Di–fr, so 10–17 Uhr, sa 13–17 Uhr

Hetjens Museum/Deutsches Keramikmuseum
Palais Nesselrode, Schulstr. 4
✆ 02 11/8 99 42 01
Di–so 10–17 Uhr

Kunstmuseum Düsseldorf
Ehrenhof 5
✆ 02 11/8 99 24 60
Di–so 11–18 Uhr

Kunstsammlung Nordrhein-Westfalen
Grabbeplatz 5
✆ 02 11/13 39 61
Di–so 10–18 Uhr

Kunstverein für die Rheinlande und Westfalen
Kunsthalle, Grabbeplatz 4
✆ 02 11/32 70 23
Di–so 11–18 Uhr

Landesmuseum Volk und Wirtschaft
Ehrenhof 2
✆ 02 11/44 61 08
Mo, di, do, fr 9–17 Uhr, mi 9–20 Uhr, so 10–18 Uhr, sa geschlossen

Löbbecke-Museum und Aquazoo
Kaiserswerther Str. 380
✆ 02 11/8 99 61 50
Täglich 10–18 Uhr

Schiffahrtmuseum im Schloßturm
Burgplatz 30
✆ 02 11/8 99 41 95
Di–so 11–17 Uhr

Stadtmuseum
Palais Spee, Bäckerstr. 7–9
✆ 02 11/8 99 61 70
Di, do fr, so 11–17 Uhr, mi 11–20 Uhr, sa 13–17 Uhr

Städtische Kunsthalle
Grabbeplatz 4, ✆ 02 11/13 14 69
Di–so 10–18 Uhr

Theatermuseum/Du Mont-Lindemann-Archiv
Hofgärtnerhaus
Jägerhofstr. 1
✆ 02 11/8 99 61 30
Di–so 11–17 Uhr

Duisburg

*Museum der Deutschen Binnenschiffahrt und
Museumsschiffe*
Dammstr. 11, Duisburg-Ruhrort
✆ 02 03/2 83 30 44
Di 10–17 Uhr, mi, do 10–16 Uhr,
fr–so 10–17 Uhr

Wilhelm-Lehmbruck-Museum
Friedrich-Wilhelm-Str. 40
✆ 02 03/2 83 26 30
Di 11–20 Uhr, mi–so 11–17 Uhr

*Kultur- und Stadthistorisches Museum
Duisburg*
(ehem. Niederrheinisches Museum)
Johannes-Corputius-Platz 1
4100 Duisburg 1
✆ 02 03/2 83 26 40
Di 10–17 Uhr, mi 10–16 Uhr, do–sa 10–17 Uhr,
so 11–17 Uhr
(feierliche Eröffnung März 1991)

Emmerich

Rheinmuseum Emmerich
Martinikirchgang 2
✆ 0 28 22/7 53 31
Mo–mi 10–12 und 14–16 Uhr, do 10–12 und
14–18 Uhr, fr–so 10–12 Uhr, von April – September auch fr 14–16 Uhr, so 15–17 Uhr

Goch

Steintormuseum und Langenberg-Sammlung
Am Steintor
✆ 0 28 23/32 02 41
Di–so 10–12 und 15–17 Uhr

Grammophonsammlung Tomberg
Kastellstr. 9
✆ 0 28 23/32 02 41
Fr, sa 14–18 Uhr, so 10–12 und 14–17 Uhr

Grefrath

Niederrheinisches Freilichtmuseum Dorenburg
✆ 0 21 58/38 40
1. 4.–31. 10. di–so 10–18 Uhr,
1. 11.–31. 3. di–so 10–16.30 Uhr

Grevenbroich

Museum im Stadtpark
Am Stadtpark 7
✆ 0 21 81/60 82 74
Di, mi, fr–so 10–17 Uhr,
do 10–21 Uhr

Hünxe

Otto-Pankok-Museum
Haus Esselt, Otto-Pankok-Weg 4
4224 Hünxe-Drevenack
✆ 0 28 56/7 54
Fr–so 10–13 und 15–19 Uhr

Issum

*Ehemalige Synagoge und jüdisches Schulhaus
mit Mikwe*
Kapellener Straße
4174 Issum
Jeden ersten Sonntag im Monat von 14–17 Uhr
und nach tel. Absprache mit der Gemeindeverwaltung
✆ 0 28 35/10 21

Kalkar

Städtisches Museum
Grabenstr. 66
✆ 0 28 24/1 31 18
Di–so 10–13 und 14–17 Uhr

St. Nicolai-Kirche
Pfarramt
✆ 0 28 24/23 80
1. 4.–31. 10. täglich 10–12 und 14–18 Uhr,
1. 11.–31. 3 täglich 14–17 Uhr

Kamp-Lintfort
Ordensmuseum Abtei Kamp
Abteiplatz 24
✆ 0 28 42/ 40 62
Di–sa 14–18 Uhr, so 11–18 Uhr

Kempen
Städtisches Kramer-Museum, Museum für Nie-
derrheinische Sakralkunst
Burgstr. 19
✆ 0 21 52/ 1 32 71
Di, mi, fr 11–17 Uhr, do 11–19 Uhr,
sa, so 11–17 Uhr

Kevelaer
Niederrheinisches Museum für Volkskunde und
Kulturgeschichte
Hauptstr. 18
✆ 0 28 32/ 60 66 und 60 67
Tägl. 10–17 Uhr, Nov. – April mo geschl.

Kleve
Museum Haus Koekkoek
Kavarinerstr.
✆ 0 28 21/ 8 43 02
Di–so 10–13 und 14–17 Uhr

Geologisches Museum im Schwanenturm/
Schwanenburg
✆ 0 28 21/ 2 28 84
1. 4.–31. 10. täglich 11–17 Uhr,
1. 11.–31. 3. sa, so 11–17 Uhr

Kranenburg
Museum Katharinenhof
Mühlenstr. 17
✆ 0 28 26/ 59 17
Di–so 14–17 Uhr, so 11–12 Uhr

Krefeld
Museum Burg Linn
Albert-Steeger-Straße, Krefeld-Linn

und *Niederrheinmuseum*
Rheinbabenstr. 25
✆ 0 21 51/ 57 00 36
1. 4.–31. 10. di–so, feiertags 10–18 Uhr,
1. 11.–31. 3. di–so, feiertags 10–13 und
14–17 Uhr

Deutsches Textilmuseum
Andreasmarkt 8, Krefeld-Linn
✆ 0 21 51/ 57 20 46
1. 4.–31. 10. di–so, feiertags 10–18 Uhr,
1. 11.–31. 3. di–so, feiertags 10–13 und
14–17 Uhr

Kaiser Wilhelm Museum/
Krefelder Kunstmuseum
Karlsplatz 35
✆ 0 21 51/ 77 00 44
Di–fr 10–17 Uhr, sa, so 11–17 Uhr

Mönchengladbach
Städtisches Museum Abteiberg/
Museum für Bildende Kunst des 20. Jh.
Abteistraße
✆ 0 21 61/ 25 46 14
Di–so 10–18 Uhr

Städtisches Museum für Kunst- und
Kulturgeschichte Schloß Rheydt
Schloß Rheydt
✆ 0 21 66/ 2 01 01
1. 3.–31. 10. di–so 10–18 Uhr,
1. 11.–28. 2. mi, sa, so 11–17 Uhr

Karnevalsmuseum/Altes Zeughaus
Weiherstr. 2
✆ 0 21 61/ 39 11 19
Erster Sonntag im Monat von 11–14 Uhr oder
nach tel. Absprache (✆ 0 21 61/ 39 35 42
W. Klein, ✆ 0 21 61/ 8 56 07 P. Ullrich)

Moers

Grafschafter Museum im Moerser Schloß
Kastell 9
✆ 0 28 41/2 80 94
Di–fr 9–18 Uhr, sa, so 11–18 Uhr

Neuss

Clemens-Sels-Museum
Am Obertor
✆ 0 21 01/2 59 55
Di–so 10–17 Uhr

Insel Hombroich
»Kunst parallel zur Natur«
4040 Neuss-Holzheim
✆ 0 21 82/20 94
Täglich, auch mo, 1. 4.–30. 9. 10–19 Uhr,
1. 10.–30. 11 und 1. 2.–31. 3. 10–17 Uhr,
1. 12.–31. 1. 10–16 Uhr
Die Besucher können in den Sommermonaten – nach Schließung der Gebäude – bis
21 Uhr im Parkgelände bleiben.
In dem relativ hohen Eintrittspreis (20 DM/
Person sa, so und feiertags, 15 DM mo–fr;
Schüler, Studenten und Behinderte jeweils
halber Preis) sind der Imbiß von einem bäuerlichen Buffet und die Getränke eingeschlossen.

Xanten

Archäologischer Park Xanten
Wardter Str.
✆ 0 28 01/29 99
16. 3.–31. 10 täglich 9–18 Uhr,
1. 11.–15. 3. täglich 10–17 Uhr

Regionalmuseum Xanten
Kapitel 13/Kurfürstenstr. 7–9
✆ 0 28 01/33 11
1. 5.–30. 9. di–fr 9–17 Uhr, sa, so 11–18 Uhr,
1. 10.–30. 4. di–fr 10–17 Uhr, sa, so 11–18 Uhr

Dom St. Viktor
✆ 0 28 01/14 92
1. 4.–31. 10 mo–sa 10–12 und 14–18 Uhr,
so 13–18 Uhr, 1. 11.–31. 3. mo–sa 10–12 und
14–17 Uhr, so 13–18 Uhr

Zons

Kreismuseum Zons – Burg Friedestrom
Schloßstr. 1
4047 Dormagen 5
✆ 0 21 06/4 67 15
1. 5.–31. 8. di–fr 14–19 Uhr, sa, so 10–12.30
und 14–18 Uhr, 1. 9.–30. 4. di–fr 14–18 Uhr,
sa, so 10–12.30 und 14–17 Uhr

Viersen-Dülken

Narrenmuseum
Rheindaler Straße
Mai – September, so 11–12 Uhr
Sonderführungen nach Vereinbarung ganzjährig
Auskunft
Dr. Volker Müller
Ratsallee 16
✆ 0 21 62/7 02 10
4060 Viersen 12

Burgen und Schlösser

Nur wenige der Burgen und Schlösser am
Niederrhein sind noch als ehemalige repräsentative Herrensitze erhalten und der Öffentlichkeit auch zugänglich. Dazu gehören:

Schloß Benrath

Düsseldorf-Benrath
Benrather Schloßallee 104
✆ 02 11/8 99 72 71
Di–so 10–17 Uhr

Schloß Dyck

Fürstlich zu Salm-Reifferscheidt'sche Verwaltung
4053 Jüchen 5
✆ 0 21 82/40 61 und 40 62
Park: ganzjährig, täglich ab 10 Uhr
Museum: vom 1. 4. bis 1. 11. (einschl.) außer mo tägliche Führungen durch die Waffensammlung und Schloßräume um 10, 11 und von 13–17 Uhr stündlich

Burg Linn

Krefeld-Linn
Albert-Steeger-Str.
✆ 0 21 51/57 00 36
1. 4.–31. 10. di–so, feiertags 10–18 Uhr,
1. 11.–31. 3. di–so, feiertags 10–13 Uhr und 14–17 Uhr

Schloß Rheydt (Mönchengladbach-Rheydt) und **Schloß Moyland** (Bedburg-Hau) sind voraussichtlich bis 1992 bzw. 1994 wegen umfangreicher Renovierungsarbeiten geschlossen. Die Ausstellungen in der Vorburg des Rheydter Schlosses mit der ausgezeichneten Weberei-Abteilung stehen dagegen dem Besucher offen.

Auf **Burg Brüggen** im Naturpark Schwalm-Nette werden die Räumlichkeiten durch das *Jagd- und Naturkundemuseum* genutzt. Im Turm der **Schwanenburg** in Kleve findet der Besucher ein geologisches Museum (s. ›Museen‹).

Ein ganz besonderes Erlebnis in historischem Gemäuer bietet die Stadt **Xanten** mit ›Wohnen im Turm‹. Im *Klever Tor, Westwallturm* und im *Pesthäuschen* wurden Ferienappartements eingerichtet. Auskunft erteilt die Arbeitsgemeinschaft Freizeit & Fremdenverkehr Xanten e. V.

Technische Denkmäler und Sehenswürdigkeiten

Brauereiwesen
Privatbrauerei Diebels
Herr Jörn Raith
Abteilung für Presse- und Öffentlichkeitsarbeit
Brauerei-Diebels-Str. 1
✆ 0 28 35/3 01 47
4174 Issum
Schriftliche Anmeldungen erbeten. Die Wartezeiten für eine Betriebsbesichtigung betragen von einem halben bis zu einem Jahr. Die Betriebsbesichtigung beginnt mit dem persönlichen Vortrag des Besucher-Betreuers und einer Tonbildschau, die Erläuterungen zur Herstellung des Altbieres – mit und ohne Alkohol – gibt. Auch die Geschichte des 1878 gegründeten Familienunternehmens wird nachgezeichnet – ein Stück niederrheinischer Wirtschaftsgeschichte. Darauf folgt der Rundgang durch die Brauerei. Mit einem kleinen Imbiß und dem Probieren der beiden Altbierspezialitäten schließt die Führung ab (zum Altbier s. auch ›Essen und Trinken‹)

Braunkohlentagebau
Informationszentrum der Rheinischen Braunkohle AG
Schloß Paffendorf
Burgstraße
✆ 0 22 71/5 81 64 12
5010 Bergheim-Paffendorf
Informationszentrum: März – November so 10–17 Uhr, keine Führungen; wochentags nur geführte Gruppen nach Anmeldung
Schloßpark: täglich von 10–17.30 Uhr von April – Oktober ohne Anmeldung

Anmeldung von Besuchergruppen, Informationen, Veranstaltungsprogramm:
Rheinische Braunkohle AG
Abteilung Presse- und Öffentlichkeitsarbeit
Stüttgenweg 2
5000 Köln 41
☎ 02 21/4 80 21 40
Auch hier muß wegen der großen Nachfrage
mit Wartezeiten von mehreren Monaten
gerechnet werden.

Landwirtschaft
Niederrheinisches Freilichtmuseum Doren-
burg/Grefrath (s. S. 335 ff.); Öffnungszeiten
s. ›Museen‹

Haus Bockdorf
Der aus dem Mittelalter stammende Herrensitz (Torgebäude 17. Jh., Herrenhaus und
Wirtschaftsbauten 19. Jh.) bei Kempen stellt
nicht nur ein typisches Beispiel für eine alte
Hofanlage des Kempener Lands dar, sondern
auch einen Gutsbetrieb im traditionellen Stil.
Es wird integrierte Landwirtschaft – Ackerbau und Viehzucht – betrieben, die Produkte
werden teilweise verarbeitet (Suppenessen!)
und auf dem Hof vermarktet. Zur Textilherstellung liefert die hauseigene Schafzucht das
Rohmaterial, das u. a. bei Spinnkursen auf
dem Gutshof verarbeitet wird. Führungen
(gegen Gebühr) geben Einblicke in die traditionelle rheinische Landwirtschaft und ihre
zeitgemäßen Formen; so wird z. B. noch
immer »der Pflanze ins Maul gedüngt«.
Jeden Samstag zwischen 11 und 14 Uhr gibt
es in der Spinnstube eine nach rheinischen
Rezepten gekochte Suppe (für Gruppen Anmeldung erbeten).
Auskünfte: A. von Heimendahl'sche Guts-
verwaltung, Haus Bockdorf, 4152 Kempen,
☎ 0 21 52/37 30

Gartenbaubetrieb mit Orchideenzucht
Information: Werbeamt der Stadt Straelen
☎ 0 28 34/70 21 10

Rheinische Lehr- und Versuchsanstalten
Herr Direktor Müller
Hans-Tenhaeff-Str. 40
4172 Straelen 1
Besichtigung der Versuchsanstalt für Zier-
pflanzen und Gemüse

Union Gartenbaulicher Absatzmärkte (UGA)
UGA-Straelen
Hans-Tenhaeff-Str. 44, ☎ 0 28 34/70 11 32
4172 Straelen 1
Besichtigung der Blumenversteigerungsanla-
gen mit vorheriger Filmvorführung

Mühlen
Alte Mühle Donsbrüggen mit Backhaus
Förderkreis ›Alte Mühle Donsbrüggen‹
Heidestr. 5
An der Mühle: ☎ 0 28 21/2 88 82
4190 Kleve-Donsbrüggen
Di 15–18 Uhr, sa 15–17 Uhr
Schulklassen und Gruppen auch an anderen
Tagen mit Anmeldung unter 0 28 21/3 02 73
(W. Vogel) oder 0 28 21/2 62 11 (P. Kersjes).

›Mahlwerk‹
Issum an der B 58
Alte Mühlentechnik und moderne Kunst
Besichtigung nach tel. Vereinbarung
☎ 0 28 35/17 63 Axel Theyhsen

Kriemhildmühle
Nordwall
4232 Xanten
☎ 0 28 01/65 56
Übliche Geschäftszeiten und so, mo geschlossen (Bäckerei)

Textilherstellung

Schloß Rheydt
Weberei-Abteilung im Vorburgmuseum
(Öffnungszeiten ›Museen‹)

›Die Scheune‹ Alt-Kämpken
4054 Nettetal, Hinsbeck-Hombergen
Hildegard und Walter Tillmann
(✆ 0 21 62/1 35 24 und 0 21 53/6 08 51)
Ende April – Ende November
Sa 15–18 Uhr, so, feiertags 11–18 Uhr
Die Sammlung umfaßt Zeugnisse aus der Geschichte der niederrheinischen Textilindustrie sowie eine private Fachbibliothek, die nach vorheriger Absprache zugänglich ist.

Bei den Führungen für Kinder und Erwachsene darf der Besucher auch einmal ausprobieren, »ob er den Bogen heraus hat« oder nicht »in Schuß« ist. Dabei macht es zusätzlichen Spaß, wieder zu entdecken, wieviel von der Webersprache in unserem Wortschatz steckt. Betrachtet man die Bedeutung der Textilherstellung – nicht nur für den Niederrhein –, ist es leicht verständlich, in unserer Sprache so zahlreiche Relikte – ›Denkmäler‹ – des historischen Wirtschaftslebens zu finden.

Neben der Ausstellung ›Spinnen und Weben‹, die jedes Jahr unter ein besonderes Thema gestellt wird, wie z. B. Flachs, Seide, Tierhaare stellen Gäste ihre künstlerischen Arbeiten oder Sammlungen aus dem Bereich der Textilgestaltung aus.

Anmeldungen für Gruppenführungen, die auch während der Woche möglich sind, nach telefonischer Absprache.

Schiffsverkehr

Hafenrundfahrten durch die Duisburger Häfen
Duisburger Hafenrundfahrtgesellschaft mbH
Mülheimer Str. 72–74, ✆ 02 03/39 55 45
4100 Duisburg 1

Von April bis Oktober verkehren die Schiffe nach Fahrplan zwischen den Anlegestellen *Schwanentor* in der Innenstadt, *Schifferbörse* in Ruhrort und *Rheingarten* in Homberg. Eine Rundfahrt dauert ungefähr zwei Stunden. Außerdem können Schiffe auch für Feste an Bord gechartert werden.

Museum der Deutschen Binnenschiffahrt
Museumsschiffe Radschleppdampfer ›Oscar Huber‹ und Eimerkettendampfbagger ›Minden‹ in Duisburg-Ruhrort (Öffnungszeiten s. ›Museen‹)

Hafenrundfahrten durch den Neusser Hafen
Sie beginnen an einigen Sommersonntagen (Mai – August, Dauer ca. 1 Std.) um 10 Uhr am *Hessentor*. Die Termine sind dort ausgehängt; sie können auch beim Städtischen Presseamt erfragt werden.

Naturparks und Naturschutzgebiete

Deutsch-niederländischer Naturpark Maas-Schwalm-Nette,
bekannter unter dem Namen ›Naturpark Schwalm-Nette‹.
Zentrum des Parks mit sechs markierten Lehrpfaden um *Haus Wildenrath* bei Wegberg
Zweckverband Naturpark Schwalm-Nette
Rathausmarkt 3
✆ 0 21 62/39 12 48 und 39 12 51
4060 Viersen

Naturpark Hohe Mark
Dammer und *Hünxer Wald* östlich von Dinslaken und Wesel
Geschäftsstelle
Kurt-Schumacher-Allee 1
✆ 0 23 61/53 50 10
4350 Recklinghausen

Ökologisches Reisen in das **Kranenburger Naturschutzgebiet,** Informationen über Wochenend-Angebote beim Verkehrsverein.

Parks und Gärten

Düsseldorf
Schloßpark Benrath, Botanischer Garten der Universität, Floragarten, Hofgarten, Schloßpark Kalkum, Nordpark mit Japanischem Garten, Rheinpark, Südpark, Volksgarten

Duisburg
Chinesischer Garten im Duisburger Zoo

Schloßpark Dyck

Kamp-Lintfort
Klostergarten der Abtei Kamp

Kleve
sog. Amphitheater, Forstgarten

Krefeld
Botanischer Garten im Schönwasserpark, Schönhausenpark, Sollbrüggenpark, Stadtwald

Schloßpark Moers

Schloßpark Wickrath

Festspiele oder andere regelmäßige Kulturveranstaltungen

(Auskünfte erteilen die Verkehrsämter)

Dinslaken: Freilichtspiele
Geldern: Internationaler Wettbewerb der Straßenmaler, -musikanten und -theatergruppen im August

Kleve: Deutsch-Niederländische Kulturbörse im April (Börse für Künstler aus den Bereichen Kabarett, Theater, Puppenspiel, Kindertheater, Pantomime, Zauberei, Tanz, klassischer Musik u. a.)
Moers: Internationales New-Jazz-Festival zu Pfingsten
Neuss: Bürger-Schützenfest im August
Xanten: Freilichtaufführungen in den beiden Amphitheatern, Veranstaltungen im Archäologischen Park Xanten
Zons: Freilichtbühne im Burgbereich (Märchenaufführungen)

Für Familien und Jugendliche

Preiswerte Übernachtungsmöglichkeiten
Auf dem Eggenberg 1, DJH
138 Betten
✆ 0 21 63/51 61
4057 Brüggen 1

Oberkassel, DJH
Düsseldorfer Str. 1
300 Betten (mit Gästehaus)
✆ 02 11/57 40 41
4000 Düsseldorf

Wedau, DJH
Kalkweg 148 a
136 Betten
✆ 02 03/72 41 64
4100 Duisburg

Elten
Luitgardisstr. 10
43 Betten
✆ 0 28 28/23 62
4240 Emmerich

Jugendgästehaus ›Alte Feuerwache‹
Schloßstraße,
30 Betten
✆ 0 21 81/6 08–6 23
4048 Grevenbroich

Mühle Wissel
Wissel, Dorfstraße
34 Betten
✆ 0 28 22/5 14 04
4192 Kalkar

Schravelen 58, DJH
130 Betten
✆ 0 28 32/82 67
4178 Kevelaer 3

Materborn, DJH
St. Annaberg 2
119 Betten
✆ 0 28 21/2 36 71
4190 Kleve

Haus der Jugend
Nütterden, Wolfsbergstr. 10
160 Betten
✆ 0 28 26/279
4193 Kranenburg

Hardt, DJH
Gritzkesweg 125
132 Betten
✆ 0 21 61/55 95 12
4050 Mönchengladbach 6

Hinsbeck, DJH Vierlinden
Heide 1
147 Betten
✆ 0 21 53/64 92
4054 Nettetal 1

Uedesheim, DJH (Jugendhof Neuss)
Macherscheider Str. 111–113
77 Betten
✆ 0 21 01/3 92 73
4040 Neuss

Forsthaus Hasenacker
Dassendaler Weg 71
65 Betten
✆ 0 28 38/24 14
4176 Sonsbeck

Das *Deutsche Jugendherbergswerk*, DJH-Landesverband Rheinland, Düsseldorfer Straße 1, 4000 Düsseldorf 11 (✆ 02 11/5 77 03 38 und 5 77 03 39) veranstaltet Familienferien und ›Schnupperwochenenden‹.

Ab Juni 1990 werden in der DJH Mönchengladbach-Hardt Öko-Seminare für Schulklassen und andere Gruppen abgehalten. Ein Umweltpädagoge vermittelt ökologisches Grundwissen und gibt Ratschläge für umweltbewußtes Verhalten.

Kinderbauernhof Neuss
Nixhütter Weg 141
✆ 0 21 01/46 64 15
4040 Neuss-Selikum
Täglich von 9–19 Uhr oder bis Einbruch der Dunkelheit, Eintritt frei
Frau Margret Keller organisiert für Kindergärten und Gruppen ein Picknick auf der Spielwiese oder in der Scheune oder auch ein Tagesprogramm in Neuss.

Führungen für Kinder und große Leute zu Themen der Textilherstellung und der Entwicklungsgeschichte der niederrheinischen Textilindustrie bietet das Ehepaar Tillmann in ›**Die Scheune‹** Alt Kämpken, 4054 Nettetal/

Hinsbeck-Hombergen (✆ 0 21 62/1 35 24 oder 0 21 53/6 08 51). Telefonische Absprache nötig!

Reiterferien für Kinder
Auskünfte erteilen die einzelnen Verkehrsämter. Informationen enthält ebenso die umfangreiche Broschüre ›Niederrhein – Ruhrland‹ des Landesverkehrsverbands Rheinland.

Märchenparks
Brüggen
Natur- und Tierpark Schwalmtal
Brachter Str. 98, an der B 221
9–19 Uhr, nur im Sommer und Herbst
Emmerich
Märchenberg-Naturpark am Fuß des Eltenbergs; im Sommer täglich geöffnet

Streichelzoos
Dormagen: Wildgehege Tannenbusch
Grevenbroich: Wildfreigehege im Gustorfer Bruch
Kleve: Tiergarten
Mönchengladbach: Tiergarten in Odenkirchen
Moers: Streichelzoo im Freizeitpark an der Krefelder Straße
Düsseldorf: Löbbecke-Museum und Aquazoo: Ferien- und Freizeitprogramme für Kinder und Jugendliche

Spielzeugausstellungen
Freilichtmuseum Dorenburg/Grefrath
Niederrheinisches Museum für Volkskunde und Kulturgeschichte Kevelaer: Sammlung J. Metzger
(Öffnungszeiten s. ›Museen‹)

Sportliche Aktivitäten

Radtouren lassen sich ganzjährig bei fast jeder Wind- und Wetterlage durchführen. Ein dichtes Netz ausgeschilderter Radwanderwege überzieht das Niederrheingebiet. Radwanderkarten der verschiedenen Kreise sind im Buchhandel erhältlich. Informationen – auch über den vielerorts möglichen Fahrradverleih – geben die städtischen Verkehrsämter.

Fietsen – radfahren – können Sie auch ohne Probleme in die *Niederlande*. Im August wird sogar alljährlich eine viertägige Volksradwanderung im Raume Kleve/Nijmegen veranstaltet.

Auskunft über die ›Internationale Fietsvierdaagse‹ erteilen das Sekretariat Stichting Internationale Fietsvierdaagse Nijmegen, Postbus 1266, NL-6501 BG Nijmegen und in Kleve das Amt für Wirtschaftsförderung und Fremdenverkehr.

Informationen über das Reiten mit geliehenen oder eigenen Pferden, Reitwege, Reitferien und Kutschenfahrten bieten die städtischen Verkehrsämter und die Broschüre ›Niederrhein/Ruhrland‹ des Landesverkehrsverbands Rheinland.

Abwechslungsreiche *Spaziergänge und Wanderungen* ermöglichen besonders die bewaldeten Hügelketten: von der *Bönninghardt* über den *Xantener Hochwald* zum *Reichswald bei Kleve* und im Südwesten die Ausläufer der *Süchtelner Höhen* mit dem *Naturschutzgebiet Krickenbecker Seen*. Markierte Rundwanderwege beginnen in den Orten oder an eigens eingerichteten Parkplätzen.

Die Flüsse und Seen des Niederrheingebiets eignen sich zum Teil für die verschiedenen **Wassersportarten:** *Paddeltouren auf der Niers* (Informationen Kultur- und Fremdenverkehrsabteilung Goch), *Segeln, Surfen, Rudern im Freizeitzentrum Xanten* – auf der ›Xantener Nordsee‹ (Auskunft afx), *Bootssport auf* *dem Rhein* (Informationen in der Broschüre »Niederrhein/Ruhrland« des Landesverkehrsverbands Rheinland).

Planwagen- und Postkutschenfahrten
Ausflüge mit *Planwagen* werden in den meisten Orten angeboten. Informationen bei den städtischen Verkehrsämtern.

Kein preiswertes Vergnügen sind Fahrten mit *historischen Postkutschen*.
Auskünfte erteilen die Arbeitsgemeinschaft Freizeit & Fremdenverkehr in Xanten und das Fahrsportzentrum Krefeld,
Gatzenstr. 48
℡ 0 21 51/56 00 41
4150 Krefeld-Verberg.

Raum für Reisenotizen

Register

Personen

Adolf von Kleve, Graf   175
Adolf II. von Kleve, Herzog   82, 111, 175
Adolf VI. von Kleve, Herzog   143
Alfter, Johanna von   301
Andreas, hl.   129
Anna Maria Luisa von Toscana   44
Anno II., Erzbischof   226
Antes, Horst   71
Antoniter   159
Antonius, hl.   159
Are, Ritter ter   292
Arminius, Cheruskerfürst   145
Armstrong, Neil A.   267
Arnold von Geldern und Jülich, Herzog   226
Arnt von Kalkar (von Zwolle)   170, 203
Arnt van Tricht   171
Arnulf, Abt   139
Aspel, Grafen von   87
Augustus, Kaiser   95, 133, 134

Baegert, Derick   170
Baegert, Jan   170
Barbara, hl.   159, 279
Bataver   98, 109, 147, 213
Baumeverd, Dieter G.   90
Beginen   23, 167, 217, 292
Behrens, Peter   68
Benedikt, hl.   274
Berendonck, Gerhard   160
Berg, Grafen von   36, 37
Berg, Graf Adolf VII. von   36, 37
Berg, Herzog Wilhelm der Reiche von   37
Beuys, Joseph   173, 212, 291
Beyer, Jan de   131, 217
Bismarck, Otto von   68
Blakey, Thomas   298
Blankenbyl, Heinrich   160
Bodt, Jan de   85
Böhm, Dominikus   224
Bongartz, Otto   82
Bonifatius IX., Papst   37
Brandenburg, Kurfürst von   171
Brandenburg, Kurfürsten von   25
Brandts, Franz   284

Brant, Sebastian   241
Brinkhoff, Wilhelm   32
Brune, Walter   70
Bruno, Erzbischof   19
Bruyn der Ältere, Barthel   155
Bücklers, Mathias   266
Bush, George   285
Busmann, Hendrik   220
Bylandt, Fam. von   280
Bylandt, Heinrich von   280
Bylandt, Otto von   280

Caesar, Gajus Julius   **13**, 95
Calvin, Johann   341
Campen, Jacob von   206
Campendonk, Heinrich   291
Cassius, hl.   155
Chlodwig, König   17
Ciberner   148
Claudius, Kaiser   96
Clemen, Paul   31, 74
Clemens August, Kurfürst   24
Cornelius, hl.   107
Cornelius, Peter   48
Coubillier, Fritz   48
Couven, Johann Josef   46, 47
Cugerner   213
Cyriakus, hl.   218

Daiwaille, A. J.   174
Dalbender   132
Deneken, Friedrich   291
Dericks, Jacob   201
Derik VI. von Kleve, Graf   165
Diekmann, Heinrich   93
Diepenbruck, Gertrud Sophie von   95
Diergardt, Freiherr von   348
Dietrich von Kleve, Graf   175
Dietrich V., Graf   166
Dietrich (Derik) VI., Graf   175, 176
Dietrich VII. von Kleve, Graf   82, 83
Dietrich IX., Graf   176
Dinnendahl-Benning, Trude   93
Dinslaken, Herren von   82

Orte

ORTSREGISTER